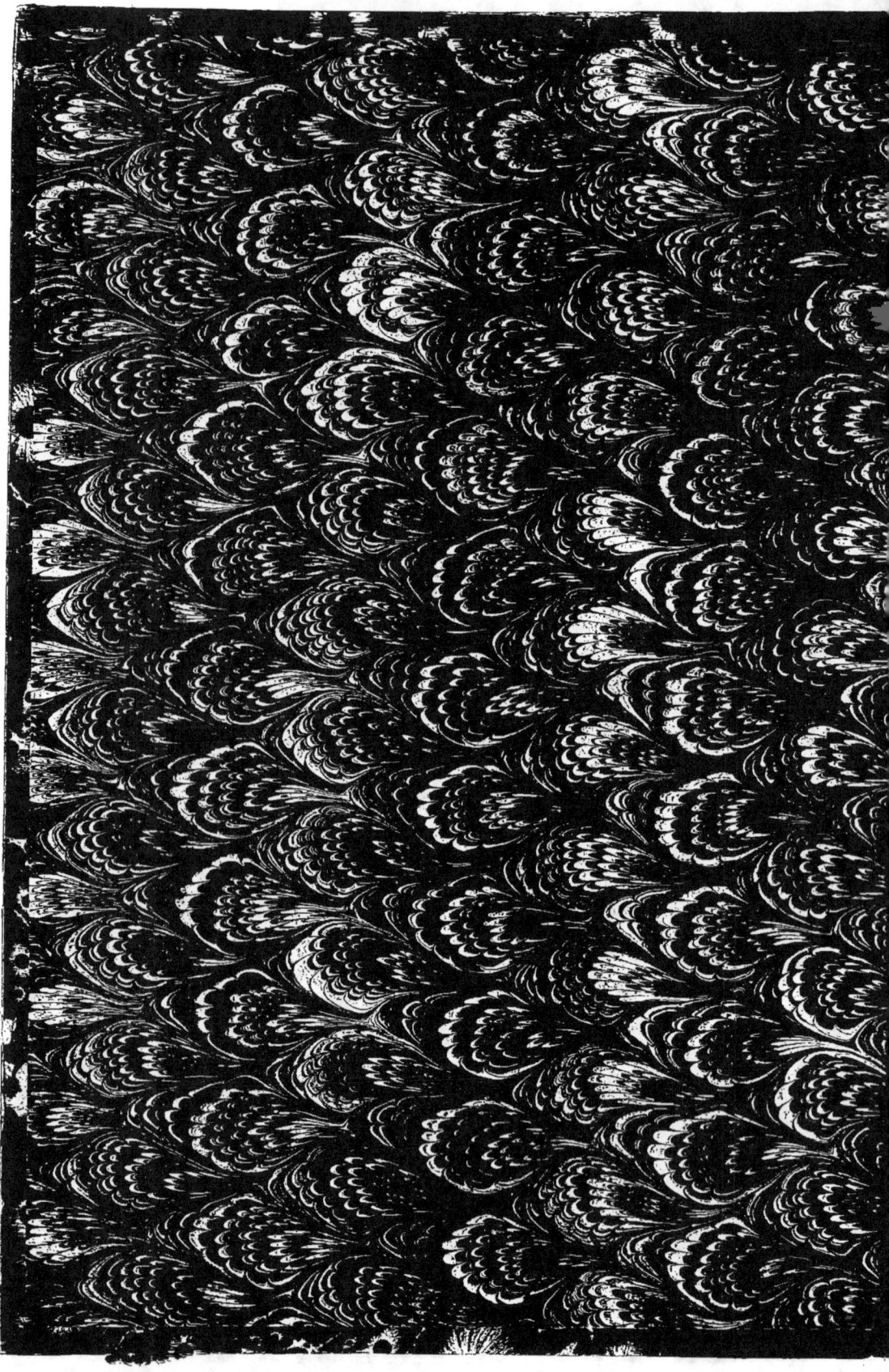

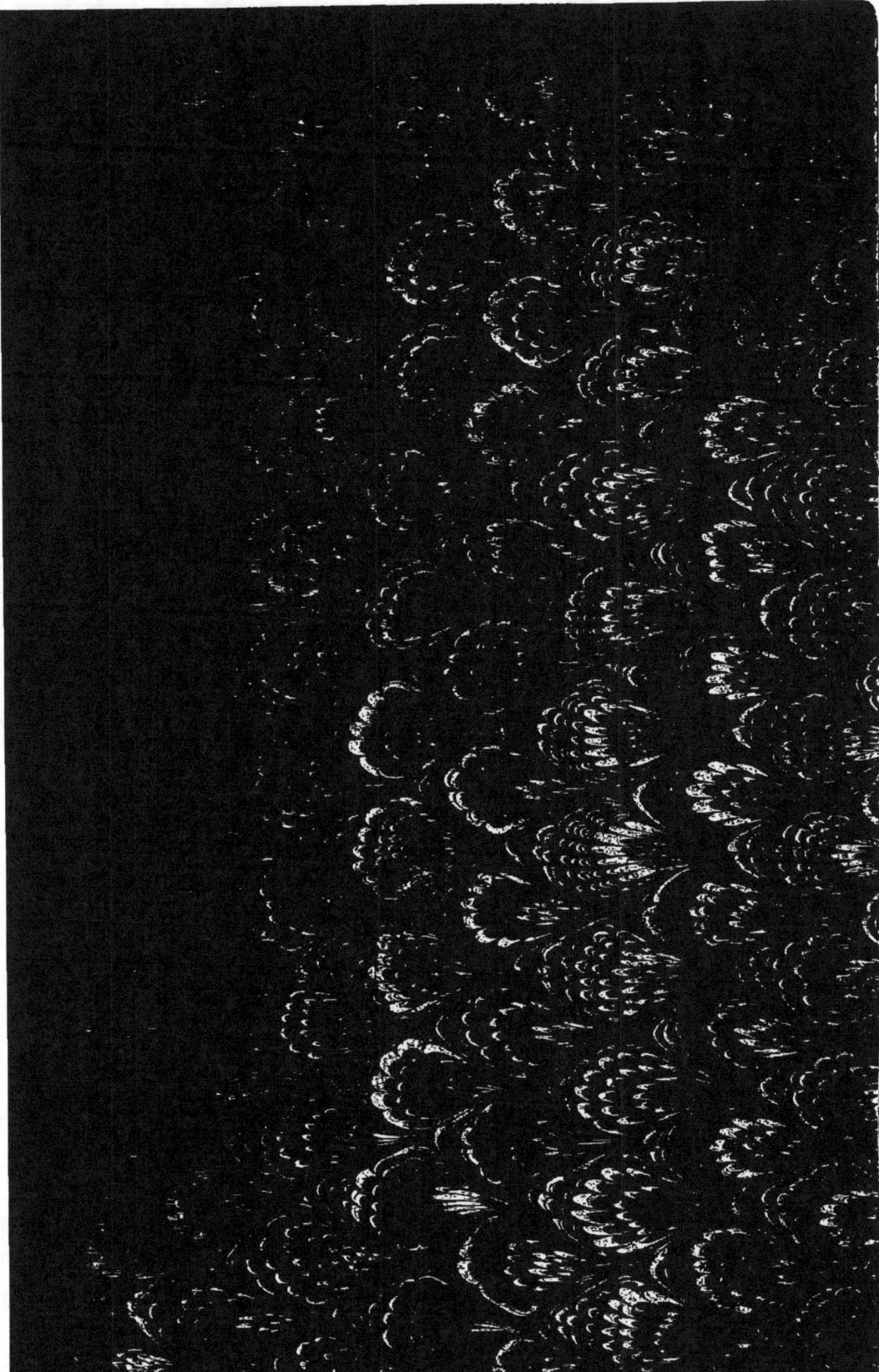

LIVRE-JOURNAL

DE

LAZARE DUVAUX

PARIS. — TYPOGRAPHIE LAHURE
Rue de Fleurus, 9, & se trouve chez Aubry, libraire, rue Séguier, 18

LIVRE-JOURNAL

DE

LAZARE DUVAUX

MARCHAND-BIJOUTIER ORDINAIRE DU ROY

1748-1758

PRÉCÉDÉ D'UNE ÉTUDE.

SUR LE GOUT ET SUR LE COMMERCE DES OBJETS D'ART
AU MILIEU DU XVIIIe SIÈCLE

ET ACCOMPAGNÉ

D'UNE TABLE ALPHABÉTIQUE DES NOMS D'HOMMES, DE LIEUX ET D'OBJETS
MENTIONNÉS DANS LE JOURNAL ET DANS L'INTRODUCTION

TOME II

A PARIS

POUR LA SOCIÉTÉ DES BIBLIOPHILES FRANÇOIS

—

M DCCC LXXIII

AVERTISSEMENT.

L'impreſſion du *Journal de Duvaux* eſt terminée depuis le mois de juillet 1870. L'*Introduction* qui devoit précéder le *Journal*, écrite en 1872, s'eſt groſſie au point de former elle-même un livre & d'exiger la diviſion de l'ouvrage en deux volumes. C'eſt donc à la fin de cette Introduction qu'on devra aller chercher la deſcription du manuſcrit publié & apprendre quelle a été la méthode adoptée par ſon éditeur. Ces renſeignemens ſur les différentes époques d'impreſſion des deux volumes ſont en même temps néceſſaires pour expliquer certaines diſcordances que le lecteur pourroit remarquer dans la déſignation des ſources. De 1870 à 1873, les documens conſervés aux Archives nationales ont été reclaſſés & ont tous reçu des cotes nouvelles. Dans le premier volume de cet ouvrage (qui a été imprimé le dernier), nous avons eu le foin de ramener toutes nos citations aux nouvelles cotes. Nous fouhaitons que ces renvois reſtent longtemps exacts : mais nous n'ofons pas l'efpérer, le dernier claſſement étant loin d'être définitif.

C'eſt un devoir pour l'auteur de déclarer que l'exiſtence des papiers de la Maifon du Roi & des Menus-Plaifirs, fi précieux pour l'hiſtoire de la curiofité & vierges encore de toute recherche, lui a été obligeamment révélée par M. Edgar Boutaric, chef de feĉtion aux Archives nationales. Une partie de la table alphabétique générale qui termine le Ier volume a été dreſſée par M. Ulyſſe Robert, de la Bibliothèque nationale.

Juin 1873.

Louis COURAJOD.

LIVRE-JOURNAL

DE L. DUVAUX.

MARCHAND ORDINAIRE DU ROY.

Journal du crédit commencé au nom de Dieu le 16ᵉ feptembre 1748.

Septembre 1748.

1. Du 17. — M. de BOULOGNE doit : Deux armoires d'encoignure en bois fatiné à fleurs, garnies de pieds, de chutes & d'un cartouche de bronze doré d'or moulu fur chaque porte, avec leurs marbres de Serancolin à moulures, 450 l. — Les ports du tout, 4 l.
2. Du 19. — M. HÉBERT : Deux luftres de criftaux de Bohême montés en lyre, moyens, plus garnis qu'à l'ordinaire, 720 l.
3. Du 20. — S. A. S. MADEMOISELLE : Une table plaquée en carreaux de bois fatiné avec une tablette garnie de velours, 54 l. — Un petit cabaret noir pour une encoignure, 18 l.

4. Du 22. — Mme la Ducheffe de Brissac : Un cachet d'argent gravé aux armes de Cornillon, 33 l.
5. Du 23. — Receu de la fucceffion de M. le Marq. de Bissy la fomme de trois cent quatre-vingt livres pour le montant de mon arrêté de quatre cent vingt-quatre livres. — Pour perte d'un dixième environ, 44 l.
6. Du 24. — M. de Sonning : Pofé à Neuilly trois glaces de cheminée, dont une de 30 pouces fur 30, 64 l.; une de 20 pouces fur 30, 34 l.; une de 12 pouces fur 30, 19 l. — Les tains, 15 l. — Profit à deux fols pour livre, 13 l. — Frife, vis & clous, 3 l.
7. Du 26. — Receu de S. M. la Reine, par les mains de M. Mosaque, la fomme de douze cent vingt-huit livres, pour le mémoire de trois paires de bras, 1224 l.; donné à fon garçon, 4 l.
8. — M. le Cte Dorlique : Les chaffis & deffus de porte garnis de toile & papier des Indes à fleurs & figures, avec les moulures en vernis jonquille, dont prix fait à 288 l. — Un deffus de porte des mêmes papiers pour le cabinet de Madame, 12 l. — Les ports, 2 l.
9. Du 28. — M. Charpentier : Pour le raccommodage d'une cave : reverni en entier, refait une ferrure & clef, ajouté un portant & une charnière, & rétabli les compartimens, 24 l.

Octobre.

10. Du 5. — Mme la Cteffe de Maurepas : Quatre chaffis garnis en toile & papier des Indes, fond blanc à fleurs, figures & oifeaux, 40 l. — Une tablette d'encoignure en blanc & bleu de 15 l.
11. Du 7. — Mme la ducheffe de Lauraguais : Un écran à pupitre & tiroir, 24 l. — Papier, ficelle & port au coche de Fontainebleau, 2 l.
12. — M. de Boulogne : Un fauteuil de toilette garni en maroquin, 15 l. — Une fontaine d'Angleterre & fa jatte, 13 l.

13. Du 8. — M. Angot, notaire : Les toiles, collage & raccordage de sept deffus de porte en papier des Indes, 105 l.
14. Du 10. — M. Doüet : Un luftre de criftal de Bohême monté en lyre, à fix branches, de 384 l. — Un cordon de foie cramoifi, 24 l.
15. Du 11. — M. l'abbé de Malherbe : Un paravent de feu à quatre feuilles, en papier des Indes, 60 l. — Avoir repeint en blanc & bleu une paire de petits bougeoirs, 6 l.
16. Du 18. — Mme la Marq. de Courcillon : Le raccommodage d'une boëte d'écaille à cage, 4 l.
17. Du 21. — M. de Lannoy : La garniture d'un pot pourri de Saxe, terraffe & cercle dorés d'or moulu, 72 l.
18. — M. de La Reynière : La toile & papier des Indes, fond blanc à fleurs, oifeaux & figures, d'un panneau de 11 pieds fur 8 de large, façon & raccordage, 96 l.
19. — M. de La Sablière : Une commode en bas d'armoire, de 30 pouces, plaquée en bois fatiné, avec fon marbre de brèche d'Alep, 144 l.
20. Du 22. — M. de Gagny : Deux corbeilles en potspourris à fleurs, 48 l.
21. — M. de Cury : Deux grandes tablettes en bois verni pour des in-folio, 100 l. — Un verre d'eftampe, 3 l.
22. Du 25. — Receu de Mme la Dauphine, pour folde de compte, la fomme de 672 l.
23. — Mme la Marq. de Courcillon : Une armoire d'encoignure en mérifier, à filets, avec fon marbre, de 25 l. — Une tablette au-deffus, 9 l. — Le raccommodage d'un cabaret verni, 6 l. — Les ports, 1 l.
24. Du 26. — M. Boucher de Saint-Martin : Un vafe de porcelaine blanche de Vincennes, avec deux perroquets à côté fur une terraffe de bronze doré d'or moulu, portant un bouquet de plufieurs branchages de laiton imitant la nature, garni de fleurs de Vincennes afforties à chaque plante, 384 l. — Un écran de méri-

fier à tablette, garni de papier des Indes, 14 l. — Une table de nuit de noyer, 6 l.

25. Du 27. — Mme la Ducheſſe de Lauraguais : Un voyage fait à Verſailles, 10 l.

26. — Mme Loisan : Un paravent à feu, à quatre feuilles, en papier des Indes, de 72 l.

Novembre.

27. Du 4. — Mme la Ducheſſe de La Vallière, jeune : Un chaſſis de cheminée garni en papier des Indes, fond blanc, 24 l.

28. — M. de Boulogne : Un écran en bois d'amaranthe garni en ſatin, 24 l.

29. — M. de Jullienne : Un bois d'écran ſculpté & doré avec la doublure, 108 l.

30. Du 5. — Mme la Ducheſſe de Lauraguais : Un voyage fait à Verſailles pour tendre & raccommoder les papiers de la garde-robe, 24 l.

31. — M. le Cte d'Hérouville : Un pied de table à conſole en bois ſculpté, avec ſon marbre de brèche d'Alep, poſé dans la Bibliothèque, 120 l. — Deux autres pieds à conſoles raſſemblées, avec leurs marbres de brèche violette, 144 l. — Les ports, 2 l.

32. — M. de Boulogne : Une paire de bras à double branche, dorés d'or moulu, 168 l.

33. Du 6. — M. de La Reynière : Une commode à pieds de biche plaquée en vernis de Coromandel, garnie partout de bronze doré d'or moulu, avec ſon marbre de brèche d'Alep de cinq pieds. — Une paire de girandoles à 3 branches ſur des groupes de Saxe & terraſſe dorée d'or moulu ; les branches & branchages vernis & garnis de fleurs de Vincennes. — Un panneau en papier des Indes de 11 pieds ſur 8 de large. Le tout 1,950 l.

34. Du 7. — M. le Cte de Caraman : Un cabinet en papier des Indes, fond blanc à fleurs & oiſeaux ; les toiles & papier, 120 l.

35. Du 8. — M. le Préſident Molé : Le nettoyage de

deux luftres de criftal de roche démontés en entier, 12 l. — Fourni du fil & trois baffins de criftal, 12 l. — Port & rapport d'un luftre de bronze, 3 l.

36. Du 11. — Mme Dangé : Une table de nuit plaquée en bois fatiné, avec un marbre de brèche d'Alep, de 36 l.

37. — M. de Boulogne : Un paravent à fix feuilles de cinq pieds, en papier des Indes des deux côtés, 90 l.

38. Du 19. — M. de La Reynière, fermier général : Avoir dépofé & démonté deux luftres de criftal de roche, 24 l. — Payé les ports, 6 l.

39. — Mme Dangé : Une table de piquet brifée de 27 l.

40. — S. A. Mme la Cteffe de Marsan : Une petite grille de bronze doré d'or moulu, avec des guirlandes en vernis blanc & bleu, garnie de fes pelle, pincettes & tenailles, 125 l. — Des bras à une branche en blanc & bleu, garnis de fleurs, 36 l. — Un fecrétaire de bois fatiné à fleurs, avec fes garnitures dorées d'or moulu, cornets argentés & velours bleu, 258 l. — Une table de brelan à cinq places, 48 l. — Une dite de piquet, brifée, en drap fin, 34 l.

41. — Mme la Ducheffe de Lauraguais : Un luftre de criftal de Bohême monté en lyre, à fix branches, de 300 l. — Un pied de table fculpté & doré d'or jaune, avec fon marbre de brèche d'Alep de 3 pieds & demi, 180 l.

42. — M. le Cte de Choiseul : Une paire de bras à une branche, vernis, en fleurs de Vincennes, 120 l. — Deux œillets que l'on a caffés, 2 l.

43. — M. Roussel, fermier général : Une table de piquet brifée, de 27 l.

44. — M. de Cury : Le nettoyage d'une paire de girandoles à trois branches, 2 l.

45. — S. A. Mme la Cteffe de Marsan : Une table de quadrille en noyer, garnie de drap fin ; fournie dès le mois d'août & qui n'a pas été comprife fur l'arrêté de ce jour, 36 l.

46. — Mme la Dauphine : Livré à Mme la Duchesse de Brancas vingt petites feuilles de papier des Indes à fleurs, à 5 l.
47. Du 23. — S. M. le Roy : Pour l'appartement de Mesdames, quatre paires de girandoles à double branche en porcelaine de Saxe & fleurs de Vincennes, fur les terrasses & branchages dorés d'or moulu ; deux paires fur des figures & deux fur des oiseaux, à 12 louis la paire, 1,152 l. — Le port à Versailles, 5 l.
48. — Mme la Duchesse de Lauraguais : Avoir refaucé en couleur d'or moulu deux paires de bras à double branche, 9 l.
49. Du 25. — M. de Cury : Une écritoire d'argent à foupape & plumes d'or, dans fon étui de rouffette, 48 l.
50. Du 27. — S. A. Mgr le Duc de Bouillon : Un plateau à rebord en vernis vert & rouge poli avec une tulipe dorée d'or moulu, pour un crachoir, avec une petite girandole de porcelaine blanche garnie de bronze doré d'or moulu & d'une double gorge au pied de la girandole, 75 l.
51. Du 28. — M. le Cte de Cossé : Un fauteuil de commodité en canne, garni de maroquin rouge, 54 l.
52. Du 29. — M. de La Sablière : Un feu de bronze garni de fes pelle, pincettes & tenailles, 72 l. — Un soufflet, badine & balai, 7 l. — Un écran à pupitre, 16 l. — Une table de bois fatiné, à pupitre & porte-chandelier, avec fes cornets & maroquin, de 72 l. — Une paire de petits bras à une branche, en blanc & bleu, garnis de fleurs, 36 l.

Décembre.

53. Du 2. — M. de Courgy : Le raccommodage de trois tables ; fait dégraisser les draps, remonter à neuf de crin, baguettes & ronds, 24 l.
54. — Mgr le Duc de Chevreuse : Trois tabatières la Chine à 12 l., 36 l. — Trois plus petites, à 9 l., 27 l. (rendues).

55. — M. de Coigny : Une paire de girandoles à trois branches, dorées d'or moulu, fur oifeaux de Saxe, de 24 louis, 576 l.
56. Du 3. — Mme la Duchefſe de La Vallière, jeune : Un écran en mérifier avec des papiers des Indes, de 12 l.
57. Du 6. — M. le Préfident Portail : Un luftre de criftal de Bohême à fix branches, monté en lyre, de 384 l. — Un cordon de foies mêlées, 24 l.
58. — Mme de Voigny : Les toiles et papier des Indes de feize chaffis de différentes grandeurs formant des lieux à l'Angloife, 150 l.
59. — S. A. S. Mlle de La Roche-sur-Yon : Une table d'encoignure en bois d'acajou, 24 l.
60. — M. Houel : Une petite grille argentée, avec fes garnitures, de 54 l. — Une paire de petits bras en blanc & bleu, à fleurs, de 36 l.
61. Du 7. — M. le Cte de Bissy : Un bois d'écran en mérifier & la garniture de l'écran en jais & damas avec un galon.
62. — Mme Rouillé : Le nettoyage d'une paire de girandoles de criftal de roche, 3 l.
63. Du 9. — Mme la Vteffe de Rochechouart : Deux petites figures des Arts, 32 l.
64. — Mme la Marq. de Coëtlogon : Une table plaquée en bois fatiné & fleurs, garnie d'ornemens dorés d'or moulu, le deffus en velours & cornets argentés, 240 l. — Repris la table en 1749, pour la fomme de 192 l.
65. Du 11. — M. de Boulogne-de-Preninville : Un paravent de 5 pieds & demi, à fix feuilles, en papier des Indes des deux côtés, 90 l.
66. Du 12. — M. Duchap : Un écran de mérifier à pupitre, en papier des Indes, 24 l.
67. Du 14. — Mme la Marq. de Courcillon : Le raccommodage d'un paravent de papier des Indes, 9 l.
68. — Mme Dangé : Un écran de taffetas peint, 7 l.
69. Du 16. — M. de Cury : Un paravent à cinq feuilles, en bois doré, garni par en bas de papier des Indes &

fatin brodé, le haut en glaces, les charnières en cuivre doré d'or moulu, 550 l.

70. — Mme la Cteffe d'Egmont, douairière : Un fecrétaire plaqué à mofaïque & fleurs de bois fatiné, 144 l. — Un pot à l'eau de Saxe garni de vermeil avec fa jatte à contours, 84 l. — Sur quoi receu, 72 l.

71. — Mme la Ducheffe de Montbazon : Un paravent à couliffe, à quatre feuilles, en papier des Indes, 60 l.

72. — Mme Brochant, jeune : quatre taffes, foucoupes, pot à fucre de Saxe fur plateau la Chine, 72 l.

73. Du 17. — M. de Saint-Martin : Un modèle de paravent à trois feuilles, 9 l.

74. Du 18. — Mme Rouillé : Deux figures de terre des Indes groupées, 96 l. — Une petite écuelle de Saxe à côtes, 60 l. — Un pot pourri d'un vendangeur de Saxe, garni de bronze doré d'or moulu, 96 l. — Une boëte de lacq, aventurine & fleurs en or, de 120 l. — Une table à compartimens & écran, 66 l.

75. — Receu de S. M. la Reine par les mains de M. Mosaque, pour folde des fournitures de l'année 1747, la fomme de 168 l.

76. Du 19. — M. l'abbé Pernety : Quinze éventails des Indes, à 24 fous, 18 l.

77. Du 20. — M. de Verdun : Les plantes & garnitures d'un vafe de porcelaine, 245 l. — Avec un pied doré d'or moulu, 72 l. — La caiffe & emballage en toile graffe, 11 l. — Frais à la doüane, 16 l. — Augmentation de deux plantes, 18 l.

78. — M. Brochant, l'aîné : Une grille de feu en bronze doré d'or moulu, nouveau modèle, 320 l. — Trois panneaux formant un cabinet, en papier des Indes, 80 l. — Un fecrétaire en vernis bleu, peint dans le goût des Indes, 216 l. — Une petite table à écran, 60 l.

79. Du 21. — M. Calabre : Une caiffe de terre brune garnie de gorges, terraffe & confole dorées d'or moulu, avec des fleurs de Vincennes, 156 l.

80. — M. Trouart : Un étui à diamans de 14 l. — Un grand pied pour une table la Chine, 15 l.

81. Du 23. — Mme la Ducheſſe de CHAULNES : Deux lions de porcelaine blanche ancienne, 192 l. — Un très-beau coq blanc, 72 l. — Deux burettes, 24 l. — Deux encriers de pierre de lard, 48 l.
82. — S. A. S. MADEMOISELLE : Un pot pourri de porcelaine la Chine, carré, à trois étages de 96 l. (rendu).
83. Du 26. — M. de BOULOGNE : Deux magots doubles de terre des Indes, remuant tête & mains, 336 l. — Deux chandeliers à branchages dorés d'or moulu & fleurs de Vincennes, ſur des figures des Arts, 264 l. — Deux girandoles en bougeoirs, 48 l. — Une pierre à papier à moutons, 72 l. — Une table à compartimens & écran, 66 l. — Une plume & crayon d'or, 18 l. — Une boëte la Chine, 6 l.
84. — M. le Préſident HÉNAULT : Une tabatière carrée de Martin, garnie & doublée d'or, avec un portrait, 312 l.
85. — Mme LOISAN : Une écuelle de Saxe à fleurs, 84 l. (rendue). — Un cabaret d'une taſſe à feuilles, un ſucrier, théière en roſe, plateau noir, 84 l.
86. — M. de SAINT-MARTIN : Un cabaret la Chine, quatre taſſes, ſoucoupes & pot à ſucre de Saxe à fleurs, 72 l.
87. Du 27. — M. HÉBERT : Une théière de lacq, aventurine & fleurs d'or, 168 l. (rendue). — Une boëte fond noir à moſaïque, 108 l. — Deux boëtes à ſucre de Saxe en chou, 54 l.
88. — M. CALABRE : Une écritoire de trois magots bleus, 116 l. — Deux bougeoirs bleus & violets, 48 l. — Un groupe de deux figures de terre, 96 l. — Deux branches de fleurs dans des caraffes, 60 l. — Une table en croiſſant à ſtore, 60 l.
89. — M. BAZIN : Un cabaret à deux taſſes, à anſes contournées, aventurine & noir, 21 l.
90. — M. le Préſident HÉNAULT : Une paire de girandoles à deux branches ſur des chardonnerets, terraſſes dorées, branchages peints, 192 l.
91. — M. PICTET : Un luſtre de criſtal de Bohême à ſix

branches & tige découverte, 312 l. — La caiffe, emballage et foin, 18 l.

92. Du 28. — M. de Saint-Martin : Un huilier de Saxe avec fes caraffes de criftal, 78 l.

93. — M. Vigier : Des ferrures & clefs pour un cabinet, 12 l. — Deux boëtes de Martin, vernies, 24 l.

94. — M. Jacquet : Une feuille de papier, fond d'or, 4 l.

95. — Mme la Marq. de Villeroy : Le raccommodage d'une navette émaillée & deux couffinets dans l'étui, 9 l.

96. — Mme de Fulvy : L'échange d'une pierre à papier contre un pot pourri en vendangeur de Saxe, garni, 24 l.

97. Du 29. — Mgr le Duc de Beauvilliers : Une petite table de bois de rofe, à compartimens, 60 l.

98. — M. de Saint-Martin : Une table de vernis en vert & fleurs, garnie en velours & cornets argentés, avec un cabaret auffi verni; quatre taffes & foucoupes, pot à fucre & théière de Saxe, fond vert à fleurs naturelles, 200 l.

99. — Mme la Ducheffe de Boufflers : Une lanterne de glace à cinq pans, garnie de fleurs blanches, 216 l.

100. — Mme d'Egmont, jeune : Un citron sur une feuille, avec une cuiller, de 72 l. — Deux chiens de Saxe, 48 l.

101. — M. de Villaumont : Un morceau de lacq garni en bronze doré d'or moulu, 960 l. — Un berger de Saxe avec un mouton fur une terraffe dorée, garnie de fleurs, 960 l.

102. Du 31. — Mme la Maréchale de Villars : Un gobelet de Saxe couvert, à miniature, avec la foucoupe à tulipe & un plateau à anfe, 60 l.

103. — M. de Cury : Une écritoire d'or, avec fa plume & fon crayon dans un étui de rouffette, 180 l.

Janvier 1749.

104. Du 2. — Mme la Marq. de Villeroy : Une lan-

terne carrée de huit pouces & demi, en glaces & fleurs de Vincennes, 192 l.

105. — Mme la Ducheffe de FLEURY : — Payé au sieur Digeon, suivant fa quittance, la fomme de 48 l.

106. Du 7. — S. A. S. MADEMOISELLE : Un gobelet de Saxe couvert dans fa foucoupe à tulipe, de 42 l.

107. Du 8. — M. BARRAU : Une terrine de Saxe, de 72 l. — Une écuelle à figures & fruits deffus, 144 l. — Une table à tablette & écran, de 24 l.

108. — M. de SAINT-AMARANTHE : Le raccommodage d'une boëte d'écaille carrée, de 18 l.

109. — M. COUCICAULT : Une tabatière de Martin, de 30 l.

110. Du 10. — M. de PRENINVILLE : Deux fauteuils de canne, les doffiers arrondis, avec les couffins en maroquin, 100 l.

111. Du 11. — M. L'ECUYER : Un bronze d'un chaffeur de nuit, 50 l. — Receu à compte, 24 l. — Plus le 30, receu 12 l.

112. Du 13. — Mme de SAUVIGNY : Deux feuilles de papier, fond d'or, collé fur une armoire, 12 l.

113. — M. JACQUET : Une feuille de papier fond d'or, 4 l.

114. Du 17. — Mme la Cteffe d'EGMONT, douairière : Avoir monté un paravent en charnières de bronze doré d'or moulu, 90 l.

115. — Mme de FRESNEY, de Strasbourg : Trois paires de petits bras à une branche, garnis de fleurs à 36 l., 108 l. — La caiffe & papier, 5 l. — Receu, 84 l.

116. Du 18. — Mme la Cteffe d'EGMONT, douairière : Avoir rétabli un mouvement de montre, refait la clef, fourni une aiguille d'or & nettoyé la boëte, 12 l. — Avoir refait une charnière à un étui d'or à cifeaux, 5 l.

117. Du 20. — Mgr le Prince d'ENRICHEMONT : Pofé dans la garde-robe de fon appartement, rue du Bacq, une chaife percée d'un fauteuil de canne garni en maroquin, de 52 l. — Un bidet garni en maroquin, 21 l. — Une petite tablette en merifier, 4 l. — Trois ta-

blettes de bois, faites pour une niche, 3 l. — Garni en papier à mofaïque la garde-robe de la Princeffe, 9 l. — Deux pots de chambre de Saxe, à fleurs, 42 l. — Quatre de Chantilly, 40 l.

118. Du 21 Mgr le Prince d'ENRICHEMONT : — Deux tables de nuit, une en bois violet & l'autre en fatiné, à deux marbres de brèche d'Alep, à 24 l., 48 l. — Une table de garde-robe à deux tiroirs & tablette de bois fatiné, 54 l.

119. Du 24. — Mme la Marq. de MONTMORT : Deux armoires d'encoignure de vernis la Chine à pagodes, garnies de moulures, pieds & chutes dorés d'or moulu, les marbres de brèche d'Alep, 288 l.

120. Du 25. — M. GAYOT, de Strafbourg : Un serre-papier de bois noirci, garni en bronze doré d'or moulu, dans le gout de Boulle, 420 l. — Frais à la douane & plomb, 14 l. 10 s. — Caiffe, emballage, & port au roulier, 10 l. 10 s.

121. Du 26. — M. BOUCOT : Deux lanternes de criftal en cloche, avec leurs lampes de cuivre, 48 l. — Les poulies, cordons & contre-poids, 6 l. 12 s. — Une lampe de cuivre pour une autre lanterne, 8 l. — Port & pofage, 2 l.

122. — M. le Préfident HÉNAULT : Une commode bâtie de chêne, plaquée à mofaïque de différens bois des Indes, avec des ornemens de bronze doré d'or moulu & marbre de brèche d'Alep, 192 l. — Port à Verfailles, 10 l.

123. — M. Léonor LAFRESNAY : Une boëte la Chine, moyenne grandeur, de 10 l. 10 s.

124. Du 28. — Mme de LA REYNIÈRE : Une petite commode de bois violet, à tablette garnie en velours, avec le marbre de brèche d'Alep, chauffons & entrées dorés d'or moulu, 66 l.

Février.

125. Du 1ᵉʳ — S. A. S. MADEMOISELLE : Une petite pendule à mouvement fimple, fur un cygne de Saxe, garnie de terraffe, branchages dorés d'or moulu, &

FÉVRIER 1749.

fleurs de Vincennes, 240 l. — La caiffe & emballage, 3 l.

126. — M. de VILLAUMONT : Des toiles mifes fur cinq chaffis de fon cabinet, 7 l.

127. Du 3. — M. HERBAULT : Une boëte de lacq rouge, 168 l.

128. Du 4. — M. de PRESLE : Le nettoyage de fes luftres, dont un de criftal de roche, 12 l.

129. — S. A. Mgr le Duc de BOUILLON : Les toiles, collage & raccordage des chaffis des lieux à l'angloife du petit appartement, 70 l. — Port, 1 l.

130. Du 6. — Mme la Marq. du CHATELET : La garniture d'un huilier en bronze cifelé & doré d'or moulu.

131. — Mme la Marq. de BEUVRON : Une petite table en écran, en bois de lilas, avec le deffus qui fe lève, 66 l.

132. Du 8. M. de VILLAUMONT : Un bureau de quatre pieds, à contours, plaqué en bois d'amaranthe & fatiné à fleurs, avec fon quart de rond & ornemens dorés d'or moulu; le caiffon & ferre-papier en mêmes bois & ornemens, 1,000 l.

133. — M. BROCHANT, notaire : Un bureau de cinq pieds, en bois violet, garni de pieds, chûtes, crochets & entrées dorés d'or moulu.

134. — Mme la Cteffe d'EGMONT, douairière : Le raccommodage d'une boëte d'agathe à deux tabacs; dégoupillé les deux charnières, 9 l.

135. — Mme de BOULOGNE : Une table à écrire à écran & écritoire, 66 l.

136. Du 12. — M. le Marq. de BRANCAS : Deux taffes blanches fans foucoupes & deux autres taffes & foucoupes à miniatures, reftant d'un marché, 54 l.

137. — M. CALABRE le jeune : Un pot de chambre de Saxe, 24 l.

138. Du 13. — M. de PRESLE : Deux terraffes dorées d'or moulu pour deux petits cornets de Saxe, & deux branches de rofier avec dix rofes très-belles, 170 l.

139. Du 14. — S. A. S. MADEMOISELLE : Neuf onces & demie de fil de laiton argenté, 3 l.

140. Du 16. — M. Boucher, peintre : Un cabaret à fix taffes & foucoupes, boëte à fucre & théière céladon à figures, avec le plateau à rebord, 240 l. — Receu à compte, 144 l. — Receu, 90 l.

141. — M. de Presle : Les branchages d'une corbeille & différentes fleurs qui la compofent, avec la réparation de ladite corbeille, 506 l. 15 s. — Trois petits morceaux de bleu-célefte, 72 l.

142. Du 18. — M. de Villaumont : Un berger de Saxe avec un mouton sur une terraffe dorée d'or moulu, ornée de branchages & fleurs de Vincennes, 960 l. — Un enlèvement d'une Sabine de Saxe fur une terraffe dorée d'or moulu, ornée de branchages & fleurs de Vincennes, 14 louis, 336 l. — Une pendule compofée de trois enfans des Arts fur une terraffe dorée d'or moulu, avec des branchages & fleurs de Vincennes, le mouvement simple dans un tambour de criftal de roche, 432 l. — Une pendule plate, à fonnerie & huit jours, dans fa boëte dorée d'or moulu, garnie de branchages en blanc & bleu, les fleurs de Vincennes en blanc, 600 l. — Une paire de bras à double branche, formés de bouquets de différentes fleurs de Vincennes, 580 l. — Des girandoles verniffées en couleur, 10 l. — Quatre baffins de porcelaine remis à d'anciens bras & le nettoyage, 35 l. — Avoir refaucé les bronzes d'un pot pourri truitté, 4 l. — Un pot de chambre de Saxe à figure, 108 l. — Un autre fur des cartouches d'or, 96 l. — Deux dits à grains d'orge & fleurs, 48 l. — Les étuis de carton, 6 l.

143. — M. Bentabole : Une commode bâtie de chêne de trois pieds, en bois violet, avec chutes & boutons, le marbre de Flandre, 78 l.

144. Du 20. — M. Brochant, notaire : Le raccommodage d'un bureau, remis les bronzes en couleur & poli à neuf, 12 l.

145. — Mme la Ducheffe de Montbazon : Un paravent de feu à couliffe, en papier des Indes, 60 l.

146. — M. de Cury : Quatre flacons de garde-robe, 9 l.

147. — M. le Comte de Caraman : La fculpture des

cinq trumeaux de l'entresol, 90 l. — Les toiles & papiers d'une pièce à l'entresol, 120 l. — Les toiles & garnitures d'une pièce dont les chassis sont prets à recevoir les papiers, 36 l.

148. Du 25.— Mme la Duchesse de LAURAGUAIS : Trois cabarets à six tasses, à gorge renversée, en vernis vert & rouge, à 30 l., 90 l.

149. — Mme la Marq. d'AMBRES : Une petite table en bois de rose, avec un tiroir & compartimens, 72 l.

150. — M. de CURY : Un secrétaire de trois pieds à coffre-fort, en bois d'acajou, 135 l.

151. — M. de PRESLE : Deux tasses de composition de la Chine, 15 l.

152. — Receu de la succession de Mgr le Comte d'EGMONT par les mains de M. HUGUET, 363 l.

153. — Mme de FRESNEY : Un paravent à six feuilles, 66 l. — Un autre à quatre feuilles, papier fond d'or, 44 l. — Un verre de lanterne & raccommodage d'une lampe, 12 l. — Deux caisses & emballage, 24 l.

154. Du 27. — Mme la Marq. de POMPADOUR : Un trictrac plaqué en ébène & ivoire, avec ses dames blanches & vertes, 92 l. (Livré à M. de Cury.)

Mars.

155. Du 1er. — Mme de MONTMORT : Avoir rétabli les fers d'une grille repolie à neuf, remis les bronzes en couleur & remonté de vis neuves. — Des ports, 2 l.

156. — Mme la Marq. de COURCILLON : Une commode de quatre pieds & demi, à pieds de biche, en vernis rouge poli, garnie de chûtes, pieds, boutons & entrées de bronze doré d'or moulu, le marbre de Flandre, 220 l. — Deux armoires d'encoignure, à pied de biche, en vernis rouge poli, les marbres de Flandre, 130 l. — Deux gradins au-dessus, même vernis, 48 l. — Deux tablettes plates, même vernis, 42 l. — Le port, 3 l. — Le raccommodage d'une pagode, fourni un bras, 6 l.

157. Du 4. — M. BENTABOLE : Six éventails des Indes, 7 l. 4 s.

158. — M. de Villaumont : Le nettoyage d'un luftre & raccommodé l'aigrette, fait un trou à une pièce, 9 l.

159. Du 5. — M. de Villaumont : Une paire de bras à une branche, en blanc & bleu, avec des fleurs de Vincennes, 120 l.

160. — S. A. S. Mademoiselle : Deux paires de bras à fleurs pour le falon de Madrid, 96 l.

161. — Mgr l'Évêque de Senlis : Raccommodage & nettoyage d'une paire de girandoles, 4 l.

162. — Mme la Cteffe d'Egmont, douairière : Une charnière refaite à un couvercle, 3 l. — Fait ouvrir un flacon, 1 l.

163. — M. l'abbé Anisson : Le nettoyage de fes luftres, les avoir montés à neuf, fourni une pièce à l'aigrette & une à la tige, 24 l. — Les ports & rapports, 6 l.

164. — S. A. Mme la Princeffe de Turenne : Une figure d'ancienne porcelaine blanche, de 12 l.

165. Du 8. — Mme la Ducheffe de Boufflers, douairière : Deux jattes de Saxe avec deux pots à fromages couverts, de 132 l.

166. Du 12. — Receu de Mme la Marq. du Chatelet, pour folde de fon dernier arrêté, par les mains de M. La Croix, la fomme de 592 l., en date du 31 janvier dernier.

167. Du 13. — M. le Préfident de Lamoignon : Un luftre de criftal de Bohême, à tige découverte & cinq branches, avec le cordon, 216 l. — Receu à compte le même jour, 120 l. — Plus payé, 96 l.

168. — M. Hébert : Un oifeau de Saxe, de 12 l. — Feuilles de papier des Indes.

169. — Mme Dangé : Une table de piquet brifée, de 27 l. — Raccommodage d'un écran.

170. Du 15. — M. le Baron de Thiers : Le nettoyage de trois luftres & quatre girandoles en criftaux, 15 l.

171. Du 16. — Receu de Mgr le Duc d'Agénois, à compte de son arrêté, la fomme de 240 l. Fourni un receu.

172. — M. de Villaumont : Onze anneaux à vis, dorés, pour des fonnettes, 9 l.
173. Du 22. — M. de Villaumont : Un pied de bronze à contours, cifelé & doré, pour un pot pourri de Saxe, 120 l. — Un autre pied pour une urne couverte d'un Apollon, 90 l. — Deux pieds pour deux urnes moins fortes, 23 l. — Deux autres pieds avec des raifins pour deux cornets, 172 l.
174. — M. Tribou : Une commode de trois pieds & demi, garnie de pieds, chutes & entrées en couleur, avec fon marbre de brèche grife, 145 l.
175. — M. de Villaumont : Un pied de table en confole, fculpté & doré, avec fon marbre de brèche d'Alep de 50 pouces, de 240 l. — Un autre petit pied en confole, fculpté & doré, avec fon marbre de brèche d'Alep, 98 l. — Un marbre vis-à-vis fans pied, 28 l. — Deux pieds fculptés en encoignures & marbre de brèche d'Alep, 196 l.
176. — M. Boutron : Deux armoires d'encoignure plaquées en bois violet & fleurs, les pieds & entrées dorés, les marbres de Flandre, 180 l. — Une paire de bras à double branche, dorés d'or moulu, 168 l. — Une petite commode plaquée en paliffandre, en bas d'armoire, avec fon marbre de Flandre, 40 l. — Une table de piquet en noyer, garnie de drap fin, 33 l.
177. Du 26. — M. Lallemant de Betz : Deux médaillers plaqués en bois de rofe & autres bois, garnis en velours & bronze doré d'or moulu, 300 l.
178. — M. de Sonning : Avoir reverni une grande paire de bras en vert, 18 l. — Envoyé à Clichy nettoyer fes luftre & lanterne, fourni des fleurs.

Avril.

179. Du 1er. — M. de La Reynière, fermier-général : Une commode en amaranthe, à trois tiroirs, garnie de boutons & entrées, avec fon marbre, 120 l. — Une petite lanterne de glaces, avec des fleurs de Vincennes, 120 l.

180. — M. Boutron : Une petite commode en bas d'armoire, en paliffandre, avec quatre pieds & entrées, le marbre de Flandre. — Une table de piquet en noyer, garnie de drap fin, & fon furtout de moulures d'un pouce & demi, dorées, 83 l. — Une table de quadrille brifée, 22 l.

181. — M. Bentabole : Une tabatière la Chine, de 6 l.

182. Du 4. — S. A. Mgr le Duc de Bouillon : Avoir garni en toile trente-fix chaffis, collés en papier blanc & couverts de papier des Indes tiffu, pour les façon & raccordage, 290 l. — Les ports, 2 l.

183. — Mme la Marq. d'Ambres : Une paire de petits bras à une branche, en vert & fleurs, 36 l.

184. — M. l'abbé de Breteuil : Une paire de bras à double branche en vert & gris de lin, avec les binets, 72 l.

185. — Mme Roussel : Avoir ajouté à une table des côtés plaqués & un tiroir, 15 l.

186. — M. Bentabole : Les toiles de fept chaffis formant des deffus de porte à pièces, 24 l. — Un autre grand chaffis garni en toile & papier des Indes à magots, 13 l.

187. — M. Brochant, notaire : Deux trumeaux en trois glaces chacun. Les deux premières de 30 pouces fur 19, 58 l. — Deux de 20 pouces fur 19, 30 l. — Deux de 14 pouces fur 19, 20 l. — Les tains, 15 l. — Profit, 12 l. 6 s. — Clous & pofage, 6 l.

188. Du 5. — M. Bentabole, de Lyon : Une table de toilette en merifier, à contours, avec les coffres à double deffus, garnie de fa glace, écritoire en maroquin, 92 l. — Une bouilloire de cuivre des Indes, 6 l. — La caiffe, paille & papier, 8 l.

189. Du 9. — Mme la Vteffe de Rochechouart : Une paire de bras à double branche, vernis, garnis de fleurs, 72 l.

190. — M. de Presle : Une châffe en bois des Indes, garnie de verre blanc, 20 l.

191. — M. de Genssin : Deux douzaines d'affiettes de Saxe, peintes à oifeaux, les bords treffés, 480 l. —

AVRIL 1749.

Quatre compotiers à 36 l., 144 l. — Quatre au-deſſous à 27 l., 108 l.

192. — Mme BARTY : Une caſſette en vernis vert, doublée d'étoffe, ferrée en cuivre, 66 l.

193. Du 14. — M. de VILLAUMONT : Deux pieds de bronze, ciſelés & dorés d'or moulu, pour deux figures de Saxe debout, repréſentant des Malabares, 120 l.

194. Du 17. — M. TRIBOU : Une glace de cheminée de 36 pouces ſur 31, 116 l. — Le tain, 14 l. — Le parquet, ſculpture & dorure, 30 l. — Profit, 16 l. — Friſe, vis & clous, 2 l.

195. Du 18. — Mgr le Duc de TALLARD : Une boëte carrée de bois des Indes avec des reliefs de pierre de lard, 180 l.

196. M. BROCHANT, l'aîné : Une tablette avec des encoignures au bout, en vernis bleu & fleurs, 48 l.

197. Du 22. — Mgr le Duc d'AGÉNOIS : Avoir reverni trois paires de bras à une branche en vert & violet, 25 l.

198. Du 24. — M. de VILLAUMONT : Une terraſſe baroque en bronze doré d'or moulu, garnie de branchages & fleurs de Vincennes, pour une dormeuſe, 175 l.

199. — S. A. Mme la Princeſſe de TURENNE : Une paire de bras à une branche, en blanc & bleu, à fleurs de Vincennes, 120 l.

200. Du 26. — Mme la Marq. d'AMBRES : Avoir refait un coffre de cuivre noir pour des girandoles & reſaucé les girandoles en couleur d'or moulu, 21 l. — Redoit le ſurplus d'une lanterne à fleurs, 12 l.

201. Du 30. — M. de LA REYNIÈRE : Deux armoires d'encoignure en bois ſatiné à fleurs, garnies de doubles cartouches de bronze doré d'or moulu, avec les marbres en brèche d'Alep, 700 l. — Un pot pourri d'un vaſe de Saxe ſur un groupe de figures, garni de bronze doré d'or moulu, 450 l. — Une lanterne à cinq pans pour l'antichambre, 130 l. — Le cordon & lampe, 13 l. — Des ports, 6 l. — Le raccommodage d'une boëte d'écaille que l'on a fait fermer & remis les pointes, 3 l.

Mai.

202. Du 6. — S. A. Mgr le Duc de Bouillon : Les toiles, façon, collage & raccordage de deux cabinets ou paſſages faits en papier des Indes, 48 l. — Ports, 2 l.

203. Du 8. — M. de La Reynière : Un gros luſtre de criſtal de Bohême à ſix branches, de 450 l. — Un moins fort à ſix branches, de 360 l. — Deux cordons en ſoie à deux houppes, 60 l. — Deux pieds de table ſculptés & dorés, avec leurs marbres de brèche d'Alep de 3 pieds, 260 l. — Raccommodage d'une commode, 32 l.

204. Du 9. — Receu de S. M. la Reine, pour ſolde des dernières fournitures, la ſomme de 150 l.

205. — M. de Genssin : Une grande corbeille de Saxe ſur une grande terraſſe & conſole de bronze ciſelé & doré d'or moulu, garnie de pluſieurs plantes en cuivre verni & fleurs de Vincennes très-belles, 1,500 l. — Receu à compte, 600 l. — La châſſe en verre de Bohême, 48 l.

206. — Mme la Ducheſſe de Beauvilliers, douairière : Un vaſe de Saxe avec des dauphins peints, à fleurs naturelles, de 21 l.

207. Du 10. — Mme Rouillé : Une petite table de bois ſatiné avec un tiroir & tablettes dans les pieds, 24 l.

208. — M. Hébert : Une caſſette de lacq en noir & or, de 216 l.

209. — M. Brochant, l'aîné : Un pot pourri de porcelaine griſe, garni de branchages dorés d'or moulu & fleurs de Vincennes, 54 l. — Port du pot pourri chez M. Dulacq, 3 l.

210. Du 12. — M. Brochant, l'aîné : Une paire de bras à double branche ciſelés & dorés d'or moulu, 170 l. — Le raccommodage d'une autre paire, 4 l.

211. — M. Roussel, fermier-général : Raccommodé la ferrure d'une cave de marbre & fait doubler en plomb avec ſon fouloir, 6 l. — Fait reſouder & mis à neuf un cornet d'argent, 3 l.

212. — M. Marsollier : Deux cornets de porcelaine verte avec des reliefs de couleur, 96 l.

213. — Mme La Seigne : Une toilette de bois de noyer à contours, avec son miroir & tablette, 96 l.

214. — Mme Rouillé : Une commode de quatre pieds & demi, plaquée en bois satiné à fleurs, garnie de pieds & entrées dorés d'or moulu ; le marbre d'Antin, 530 l.
— Une commode plaquée à mofaïque de bois satiné, à trois tiroirs de hauteur, garnie de pieds, chutes & entrées dorés ; marbre de Flandre de 4 pieds, 200 l. — Une autre commode à mofaïque dans un cartouche de bois satiné, garnie de pieds, chutes & entrées dorés d'or de feuilles ; le marbre de Flandre, de 4 pieds, 200 l.

215. — S. A. S. Mademoiselle : Une petite commode en bas d'armoire, en faux bois satiné, à fleurs, avec son marbre de brèche d'Alep, 150 l.

216. Du 19. — M. Fayolle : Six tasses & soucoupes de Saxe à 10 l., 60 l. — Une théière, 21 l. — Un pot à sucre, 27 l.

217. — M. le Président de Lamoignon : Un sac de lustre en toile verte, de 9 l.

218. Du 21. — M. l'abbé de Malherbe : Un cordon d'escalier, de 18 pieds de long, en fil mêlé, 11 l.

219. — M. Dupont : Deux commodes de bois de noyer, avec leurs garnitures à 34 l., 68 l. — Trois tables à ferrures, 26 l. — De la paille, foin & cordes, 1 l. 10 s.

220. Du 24. — Mme Rouillé : Un lustre de Bohême monté en lyre, à six branches, de 280 l. — Un cordon de soie bleue à deux houppes, 24 l. — Le port à deux hommes, 10 l.

221. — Mme de Voigny : Un lustre de cristal de Bohême à tige découverte, à quatre branches, de 150 l. — Un cordon (rendu).

222. — M. Brochant, l'aîné : Deux petits oiseaux de Saxe, 22 l.

223. Du 26. — S. A. Mme la Ctesse de Marsan : Une lanterne de glace de cinq pans, avec son chandelier à

trois bobèches, 150 l. — Un cordon de fil mêlé, 10 l. — La caisse & foin, 6 l.

224. Du 27. — M. Rouillé : Une table à écrire, plaquée à fleurs sur un fond de bois de rose, garnie de bronze doré d'or moulu, le pupitre & tablette en velours bleu, 288 l. — Quatre petits pots pourris de Vincennes, 96 l. — Une paire de bras dorés d'or moulu, 150 l. — Une autre paire, 126 l. — Un pot à l'eau & sa jatte, à fleurs, 96 l. — Le port, 5 l.

225. — M. Boutron : Deux glaces pour un trumeau, dont une de 50 pouces sur 17, 95 l. — Le cintre de 16 pouces sur 17, 12 l. — Les tains, 15 l. — Sculpture & dorure, 338 l. — Profit à 2 sols pour livre, 46 l.

226. — Mme la Dauphine : Posé à la cheminée de son cabinet à Versailles une paire de bras à trois branches, composés de branchages vernis imitant la nature, avec les fleurs de Vincennes assorties à chaque plante; le haut de ces bras d'une branche de lys, tulipes, jonquilles, narcisses & jacinthes bleues, les branches du milieu en roses, celles en dehors d'anémones & semidoubles, celles en dedans de giroflées rouges & violettes; la jonction des branches garnie de différentes fleurs, le bas de boutons d'or & oreilles d'ours; les bassins de la même porcelaine avec les binets dorés d'or moulu, 1,200 l. — Une autre paire de même grosseur posée en trumeau vis-à-vis, dont le haut de trois gros œillets doubles, barbeaux, branche de fleurs d'oranger, tulipes, campanules; les branches du milieu, d'anémones & semidoubles, celles en dehors, de jacinthes d'Hollande à quatre cœurs, celles en dedans de jonquilles doubles; la jonction des bras ornée de différentes fleurs, le bas de boutons d'or & grosses jacinthes à cœur de rose, avec les bassins de porcelaine & binets dorés, 1,200 l. — Le voyage & port à Versailles, 24 l.

Juin.

227. Du 3. — M. de Belhombre : Une paire de girandoles sur des groupes de Saxe, terrasses & bobèches

dorées d'or moulu, à trois branches en fleurs de Vincennes & garnies d'autres plantes vernies imitant la nature avec leurs fleurs afforties, 1,200 l. — Une petite table avec un deffus qui fe lève, plaquée en bois de rofe & ornemens dorés d'or moulu, avec les cornets argentés, 192 l. — Une paire de petites girandoles en bougeoirs, à feuillage doré, fur des cygnes, garnies en fleurs de Vincennes, 120 l.

228. Du 4.—Mme de VOUGNY : Pofé à Neuilly un luftre de criftal de Bohême à fix branches, monté en lyre, de 250 l. — Une houppe de foie cramoifie, 7 l. — Le port du premier luftre, le port & rapport du fecond, 8 l. 10 s.

229. — S. A. Mme la Princeffe de TURENNE : Une lanterne de glaces à fleurs de Vincennes, 144 l. — Une autre plus petite, avec leurs chandeliers, 108 l.

230. Du 6.— M. de VILLAUMONT : Un bouquet de fleurs de Vincennes dans une caraffe à découpures, 40 l.

231. Du 7.— Mme la Marq. de BEUVRON : Une caffette plaquée en bois violet, avec un tiroir en bas pour des éventails & deux compartimens garnis en velours & tabis pour des bijoux, 86 l.

232. Du 9. — S. A. Mme la Cteffe de MARSAN : Une lanterne de criftal en cloche remife fur une vieille garniture, 14 l.

233. Du 11. — M. de VILLAUMONT : Une paire de bras à double branche que l'on a peinte en blanc & bleu & changé les fleurs, 48 l. — Fourni les baffins de porcelaine, 30 l. — Deux paires de bras à une branche compofés de très-jolies fleurs, de 300 l. la paire, 600 l. — Deux petites confoles en encoignures, fculptées & dorées, de 96 l. — Une terraffe de bronze doré d'or moulu pour une Andromède, 190 l.

234. Du 14. — Mme ROUILLÉ : Envoyé à Verfailles une petite commode en table de nuit, à deux marbres, 60 l. — Les papier & emballage, 3 l.

235. — M. de VILLAUMONT : Un luftre de criftal de roche, monté en lyre, à fix branches, de 4,690 l.

236. — Mme la Cteffe d'EGMONT : Le raccommodage

d'une fourchette où l'on a refoudé deux morceaux d'or & le raccommodage d'un bouchon de flacon, avec le raccommodage d'une tige de luftre, 13 l.

237. Du 18. — Mgr le Duc d'Agénois : Un grand luftre de criftaux de Bohême, monté en lyre, de 432 l. — Un cordon de foie cramoifie à deux houppes, 24 l. — Une paire de bras à double branche en bronze doré d'or moulu, 180 l, — Le nettoyage d'un luftre & pofé les glaces d'une cheminée, 9 l. — Les ports, 3 l.

238. Du 20. — M. Vigier : Une chaife de commodité en bois fculpté, garnie de canne, de 30 l.

239. — M. de Villaumont : Quatre terraffes en bronze cifelé & doré d'or moulu, pour quatre groupes de Saxe repréfentant les quatre Parties du monde, 630 l.

240. — Mgr le Duc de Villars : Le raccommodage d'une tabatière de lacq aventurine en oignon, 3 l.

241. Du 23. — S. A. Mme la Cteffe de Marsan : Deux feuilles de papier, fond d'argent à magots, 12 l.

242. Du 25. — Mgr le Maréchal de Richelieu : Avoir redreffé le deffus d'une boëte émaillée & incruftée de pierres en relief, fourni plufieurs des pièces gravées en burgaux & magellan, 120 l. — Avoir fait un étui de pièces en rouffette verte polie, fait retracer & poli la garniture guillochée, remis les pièces à neuf, 48 l.

243. — M. de Villaumont : Deux feaux à coquilles, peints à fleurs naturelles, de 90 l.

244. — M. Hébert : Une pendule à mouvement fimple fur un mouton de Saxe, garnie en bronze doré d'or moulu, de 312 l.

Juillet.

245. Du 1er. — Mme la Marq. de La Blache : Avoir raccommodé la gorge d'une boite d'écaille en ballon & fait diminuer une bague, 5 l.

246. Du 3. — Mgr le Duc d'Agénois : Deux tables en fervantes, de bois de rofe, de 12 l., 24 l.

247. Du 4. — M. Hébert : Un cabaret contourné, à anfe, en vert & rouge de vernis poli, 21 l. — Une taffe en coque, 11 l. (Rendue.)

248. — M. Boucher de Saint-Martin : Une taffe dorée en dedans & miniature en dehors, 40 l.

249. — M. Boutron : Quatre caraffes de Saint-Cloud, 5 l. — Une boëte de quadrille, 15 l.

250. Du 7. — M. Boucher de Saint-Martin : Quatre taffes & foucoupes de Saxe, gris de lin à fleurs, à 11 l., 44 l. — Un pot à fucre & théière affortis, 42 l. — Deux pots à pommade en blanc à fleurs & à contours à 12 l., 24 l.

251. — M. de Verdun : Un bouquet de fleurs de Vincennes, avec les branchages vernis, rubans & caiffes, 204 l.

252. — M. l'abbé de Voigny : Pofé chez Mme d'Armenonville un petit luftre de criftal de Bohême monté en lyre, à fix branches argentées, 250 l. — Le cordon en foie cramoifie à deux houppes, 21 l. — Le fac de gaze & port, 10 l.

253. Du 8. — S. A. Mme la Cteffe de Marsan : Une feuille de papier des Indes à fond d'argent à magots, 6 l.

254. — M. de La Reynière : Deux encoignures de vernis la Chine rouge & or, avec leurs marbres de Flandre, 168 l.

255. Du 12. — M. Boucher de Saint-Martin : Une paire de girandoles de deux groupes de Saxe fur des terraffes dorées d'or moulu, garnies de branchages en laiton imitant la nature & fleurs de Vincennes, 1,080 l.

256. — M. de Villaumont : Une grande terraffe ronde de bronze cifelé & doré d'or moulu pour un Hercule de porcelaine de Vincennes, 240 l. — Une paire de petits bras à une branche en feuillages vernis, garnis de fleurs d'orangers & barbeaux, 100 l.

257. — Mme la Cteffe d'Egmont, douairière : Une glace pour un fond de lanterne ajuftée en place, & redreffé la lanterne, 22 l.

258. — S. A. Mgr le Duc de Bouillon : Avoir rétabli & fait la ferrure d'un écrin, 6 l.

259. Du 14. — M. de Villaumont : La garniture d'un linge en théière, en cuivre doré & vermeil, 48 l.

260. Du 17. — S. A. Mme la Princeſſe de Turenne : Avoir démonté & renettoyé une pendule de porcelaine, remis à neuf les bronzes, 7 l.

261. — M. Vigier : Un parquet de trumeau avec ſculpture & dorure, jointure des glaces & montage des dites glaces, 78 l.

262. — M. Roussel : Le raccommodage d'une table de piquet, remis un coin & poli à neuf, 2 l.

263. Du 18. — Mme la Ducheſſe de Boufflers, douairière : Deux caiſſes de terre brune, montées en bronze doré d'or moulu, garnies de deux bouquets de fleurs de Vincennes, 336 l. — Un déjeuner de Saxe de deux taſſes & un ſucrier ſur un cabaret en feuille de même porcelaine à fleurs, 96 l. — Une paire de bras à une branche en bleu, garnie de fleurs blanches de Vincennes, 120 l. — Un fruit de pierre de lard en blanc, 96 l. —Des fleurs, pour 3 l.

264. — M. Vigier : Un parquet de cheminée, ſculpture & dorure. — Le tain d'une glace. — Les joints, vis & clous, 54.

265. Du 19. — Receu de M. Bentabole, l'aîné, la ſomme de 709 l. pour ſolde des fournitures écrites ſur le livre & déduction d'un ſecrétaire que j'ai repris; & ſommes demeurés quittes en compenſation de marchandiſes pour ſolde de part & d'autre.

266. Du 21. — M. de Caze, fermier-général : Deux vaſes en pot pourri de porcelaine gros bleu, garnis à conſoles & terraſſes de bronze doré d'or moulu, 600 l.

267. Du 22. — M. le Cte d'Apcher : Une paire de bras à double branche, vernis en blanc & bleu, à fleurs, 66 l. — Une petite table à tablette, 24 l. — Un ſurtout en peau bordé d'un ruban, 3 l. —Receu 48 l.

268. Du 24. — Mme la Cteſſe de Belsunce : Une table de bracelet montée en or, au retour du vieux or, 36 l.

269. Du 26. — M. Vigier : Une commode de bois ſatiné à fleurs, garnie de pieds, chutes, embaſes & tirans en bronze doré d'or moulu, avec ſon marbre de Flandre de 4 pieds, 300 l.

270. Du 30. — Mme la Dauphine : Un ſecrétaire de

30 pouces, plaqué à mofaïque de bois de rofe, avec les ornemens & moulures en bronze doré d'or moulu, de 672 l. — Le port & voyage à Verfailles, 24 l.

271. — Mme la Duchefſe de Lauraguais : Deux bouquets de différentes fleurs, faits pour des pots pourris, 480 l. — Reçeu, 288 l.

272. — Mme Rouillé : Pofé dans fon cabinet à Verfailles un pied de table en confole, fculpté & doré, avec le marbre de brèche d'Alep, 168 l. — Une paire de bras en blanc & bleu, avec des fleurs blanches, 75 l. — Le port à Verfailles, 6 l.

273. — M. de Caze, fermier-général : Deux vafes de porcelaine à pans, garnis en bronze doré d'or moulu, 1,200 l.

Août.

274. Du 2. — M. Brochant, l'aîné : Une table en forme de bureau, en vernis poli, garnie en maroquin, 72 l. — Un bureau de hazard remis à neuf, 144 l.

275. — M. de Villaumont : Deux facs de gaze pour les luftres de criftaux, 16 l.

276. Du 4. — Mme Jacquemin : Une table plaquée en bois violet, avec une armoire & écran, 72 l.

277. Du 6. — M. de Verdun : Les vis & montures de 4 bobèches de porcelaine & binets dorés, 6 l.

278. Du 9. — M. de La Reynière : Les toiles & façon d'un cabinet de toilette à Clichy, garni en papier des Indes, fond blanc à figures, fleurs & oifeaux, 288 l. — Voyage & frais des ouvriers, 22 l.

279. — Mme la Marq. de La Blache : Avoir travaillé à une boëte d'écaille en ballon, remontée fur la garniture.

280. — Mme la Marq. de Beuvron : Une table plaquée en bois de rofe, garnie de moulures & ornemens de bronze dorés d'or moulu, le dedans à compartimens de bois fatiné, 192 l. — Le port à Verfailles, 5 l.

281. — Mme la Marq. de Villeroy : Une lanterne de glaces, garnie de fleurs de Vincennes, avec fon chandelier, 175 l. — Un plomb & poulie bronzés, avec le

cordon en foie verte, 9 l. — La caiffe & emballage, 16 l.—Une table de bois fatiné & bois de rofe, avec une tablette garnie en velours, deux porte-chandeliers & le tiroir garnis de fatin; les cornets argentés; la table garnie de moulures & ornemens de bronze cifelé & doré d'or moulu, 192 l.

282. — M. le Cte d'APCHER : Une paire de bras affortie à fa première paire, 66 l. — Receu à compte du mémoire, 72 l.

283. Du 11. — S. A. Mgr le Duc de BOUILLON : Les toiles & papier des Indes, fond blanc à nuées bleues, de quatre panneaux de différentes grandeurs, 132 l.

284. — M. de VAUDREUIL : Quatre grands chaffis garnis en toile, avec les collage & raccordage defdits chaffis & ports, 96 l. — Des moulures unies d'un pouce & demi, 11 l.

285. Du 12. — Mme la Cteffe d'EGMONT, douairière : Le raccommodage d'une lanterne démontée & refoudée, avec les ports & rapport, 4 l. — Trois livres & demie de corde fur un échantillon, 4 l.

286. Du 14. — M. LAIDEGUIVE : Les collage, façon & raccordage de quatre panneaux en papier des Indes, fond blanc, 54 l.—Fourni trois feuilles, 21 l.— Payé les ports, 1 l. 10 s.

287. — M. de JULLIENNE : Un très-gros bouquet de différentes plantes en laiton verni imitant la nature, garni de fleurs de porcelaine de Vincennes afforties à chaque plante, 1,440 l. — Receu à compte le même jour, 600 l. — Plus le 3 feptembre payé pour folde, 840 l.

288. — M. le Duc de RICHELIEU : Une lanterne de glace à cinq pans, montée avec des branchages de cuivre garnis de fleurs blanches, avec fon chandelier, 216 l.

289. — Mgr le Maréchal de LA FARE : Quatre cornets de cuivre, argentés dedans & dehors, pour une écritoire de bureau, 36 l.

290. — M. ROUSSEL, fermier-général : Une table de piquet brifée, en bois rougi, de 27 l.—Une petite table à écrire, 6 l. — Une petite table en bois fatiné, à ta-

blette, 24 l. — Un petit écran, de 9 l. — Le port, 10 s. — Des cornets ajoutés à deux tables, 6 l.

291. Du 19.— M. Bonnet, payeur de rentes : Un secrétaire de bois satiné & de bois de rose meslés, le dedans à fleurs, garni d'ornemens dorés d'or moulu ; l'abattant & tiroir en velours & satin, les cornets argentés partout, & clef ciselée, 450 l.

292. Du 21. — M. de Thiers : Un bronze d'une tête d'Attila, de 360 l.

293. Du 22. — M. Brochant, l'aîné : Une lanterne de 13 pouces sur 8, à cinq pans, avec les deux chandeliers, 108 l.

294. Du 23. — M. Bazin : Un cabaret à six tasses & rebord renversé, en rouge poli, 33 l.

295. — M. de Villaumont : Une grille de deux lions de porcelaine blanche montés en bronze doré d'or moulu, avec ses garnitures, 480 l.

296. — Mgr le Cte d'Egmont : Avoir deposé & reposé des trumeaux de glaces dans son appartement.

297. Du 29. — M. de Genssin : Une grande table de piquet brisée, plaquée en bois d'amaranthe, garnie en velours, 96 l.

Septembre.

298. Du 1er. — M. de Thiers : Six morceaux en hauteur de terre peinte à figures & animaux, 48 l. — Deux buires de porcelaine bleue, garnies en bronze doré d'or moulu, 288 l.

299. Du 2. — M. Vigier : Un pied de table à consoles rassemblées, en chêne sculpté & doré, avec son marbre, de 82 l. — Une lanterne en cloche, 12 l.

300. Du 3. — M. de Busseval : Une pendule dont la boëte en bronze doré d'or moulu, garnie de branchages & fleurs, le mouvement à sonnerie & huit jours, 552 l. — Receu le même jour, 480 l.

301. Du 4. — M. Roussel, fermier-général : Le raccommodage d'un étui de chagrin, rétabli la serrure, & remis à neuf, 6 l.

302. Du 5. — M. Boucher de Saint-Martin : Huit tasses

à anses & soucoupes de Saxe à fleurs naturelles, 80 l. — La théière à branchages sur le couvercle, 22 l. — La boëte à sucre à contours & branchages, 26 l. — Un cabaret, vernis la Chine, à huit tasses, fond noir & bord rouge, 26 l.

303. Du 6. — M. de Busseval : Un pied de table en console, sculpté & doré, avec son marbre d'Espagne de trois pieds & demi, de 120 l.

304. Du 10. — Mme la Ctesse d'Egmont, douairière : Trente-cinq livres de grosse corde câblée sur un échantillon, 47 l. 10 s.

305. — M. le Cte d'Apcher : Un fauteuil rond en noyer, garni de canne, 30 l.

306. Du 12. — M. Bonnet, payeur de rentes : Une paire de petites girandoles en bougeoirs, de bronze doré d'or moulu, sur des cygnes, 120 l.

307. Du 13. — M. Brochant, notaire : Un fauteuil de canne, forme arrondie, en noyer sculpté, 36 l.

308. Du 15. — M. de Boulogne de Préninville : Un chandelier de lit d'un plateau de lacq, garni en bronze doré d'or moulu, avec l'éteignoir, 48 l. — Deux gardes-vue argentés, 18 l.

309. Du 16. — M. Boutron : Une glace de 40 pouces sur 39, 186 l. — Une de 16 pouces sur 38, 45 l. — Le tain, 27 l. — La frise, vis & clous, 2 l. — Profit à 2 s. pour livre, 26 l. — Un pied de table à une console, sculpté & doré, avec son marbre, 42 l.

310. — M. Boucher de Saint-Martin : Un vase de lacq rouge en forme de pot pourri, monté en bronze doré d'or moulu, 672 l.

311. Du 19. — M. l'abbé de Malherbe : Une cheminée de 10 pieds de haut sur 50 pouces de largeur en deux glaces, dont une de 43 pouces sur 34, 204 l. — L'autre de 43 pouces sur 16, 57 l. — Deux oreilles, 6 l. — Les tains, 32 l. — Le parquet, sculpture & dorure, 98 l. — Frise, vis & clous, 4 l. — Profit à 2 s. pour livre, 40 l. 2 s. — Une table à écrire plaquée en bois satiné à fleurs, garnie de cornets argentés. — Les ports, 2 l. — Une table en faux bois satiné, à abattant, 144 l.

312. Du 25. — M. Roussel : Six petits écrans de mérisier à tablettes, garnis en papier des Indes, à 7 l. 10 s. pièce, 45 l.
313. — M. Brochant, notaire : Un bureau de bois violet à quart de rond, chutes & pieds dorés d'or moulu, 478 l.
314. Du 27.—M. de Boulogne de Préninville : Une boëte à mouches de lacq, garnie & doublée d'or, de 384 l. — Augmentation du deffus doublé, 24 l. — Une paire de bras dorés à deux branches, 160 l.

Octobre.

315. Du 2. — S. A. S. Mademoiselle : Deux lanternes de glaces à cinq pans, avec leurs chandeliers, 216 l.
316. — M. de Caze, fermier-général : Une plante de laiton verni, garnie de fleurs de Vincennes, de trois tulipes, 34 l.—Une autre garnie de quatre narciffes, 32 l.
317. — S. A. S. Mademoiselle : Deux armoires d'encoignure, plaquées en bois de paliffandre avec pieds & entrées & leurs marbres de Flandre, 136 l.
318. Du 4. — Mme de Castelmoron : Le raccommodage d'une pendule, garnie de fleurs de Vincennes, fourni une guirlande vernie, 26 l.
319. — M. de Betz : Six binets argentés pour un luftre, 9 l.
320. Du 13. — S. A. Mme la Cteffe de Marsan : Une grande lanterne en cloche, remife fur une vieille garniture, 13 l.
321. — Mme la Vteffe de Rochechouart : Un Hollandois de porcelaine de Saxe, 26 l.
322. Du 15. — Mgr le Duc d'Agénois : Quatre panneaux en papier des Indes pour revêtir une niche, 48 l.
323. Du 16. — Mme la Vteffe de Rochechouart : Deux pots pourris de terre des Indes, avec des anfes, garnis en bronze doré d'or moulu, 180 l. — Deux vafes de Saxe à dauphins, avec des branches de lilas, 120 l.
324. — M. Camuset, fermier-général : Une commode

de 5 pieds, plaquée en vernis de Coromandel, garnie d'ornemens de bronze cifelé & doré d'or moulu, le marbre d'Antin, 960 l. — Une pendule fur un chien de Saxe, garnie de plantes & fleurs de Vincennes fur la terraffe & ornemens de bronze doré d'or moulu, 900 l. — Receu le même jour la fomme de 1,200 l., fourni un receu à M. Mauguez.

325. Du 18. — S. A. Mme la Princeffe de TURENNE : Une table à pieds de biche de trois pieds de long, avec deux coffres, pupitre en velours, tiroir doublé d'étoffe, les ornemens en bronze doré d'or moulu, 192 l.

326. — M. CAMUSET : Le raccommodage de deux commodes que l'on a replaquées & mifes à neuf; remis les bronzes en couleur avec les ports, 36 l.

327. — M. l'abbé ANISSON : Avoir rétabli quatre panneaux de papier des Indes, remis en place & augmentés haut & bas, collé deux feuilles de la menuiferie, 24 l.

328. Du 22. — M. CAMUSET, fermier-général : Une lanterne de glace à cinq pans, garnie de branchages & fleurs, 192 l. — Un cordon de foie verte & rofe à une houppe, 14 l. — Deux petits plumets, 2 l.

329. Du 23. — M. de VILLAUMONT : Un paravent à feu, 66 l. — Deux seaux de Saxe nouveaux, 108 l. — Deux petites perruches de Vincennes, 30 l.

330. Du 24. — Mme la Vteffe de ROCHECHOUART, pour M. de Buffeval : Deux affiettes de Saxe à contours & bouquets de deux couleurs, à 11 louis, 264 l. — Une grande feuille affortie, 72 l. — Deux dites moyennes, 120 l. — Quatre compotiers, 96 l. — Deux coquilles, 96 l. — Receu à compte le même jour, 480 l.

331. — M. de BOULOGNE de PRENINVILLE : Deux paravens à fix feuilles, en papier des Indes fond d'or, de cinq pieds de haut, à 72 l., 144 l.

332. Du 27. — M. CAMUSET, fermier-général : Une armoire d'encoignure de vernis la Chine, avec fon marbre d'Antin, de 112 l. — Deux gradins en vernis noir à filets d'or, 48 l. — Une lanterne en cloche, avec fa poulie & contre-poids, pofée en place, 24 l. — Une table plaquée en bois de rofe, avec pupitre & deux coffres,

les cornets argentés, le tiroir doublé d'étoffe, le dessus en velours, les ornemens dorés d'or moulu, 192 l. — Six panneaux de différentes grandeurs de toile & papier des Indes à petits magots, 80 l.

333. — S. A. S. Mademoiselle : Avoir raccommodé & remonté la ferrure d'un coffre de lacq en baril, 9 l.— Avoir raccommodé les charnières d'un grand coffre de la Chine, remonté en vis & bouché tous les trous, 30 l.

334. — S. A. S. Mlle de la Roche-sur-Yon : Six charnières faites pour un cabinet de la Chine & montées de vis, 36 l.

335. Du 28. — S. A. Mme la Princesse de Turenne : Les toiles & façon de deux chassis pour écran & devant de cheminée en papier tissu, 9 l. — Le raccommodage d'une boëte avec de la pierre de lard, 18 l.

336. Du 30. — Receu de S. M. le Roy, pour solde des fournitures faites au garde-meuble, pour le Roy & à l'occasion de Mesdames & d'un petit article pour M. le Dauphin, la somme de 2,552 l. pour solde de comptes.

Novembre.

337. Du 3. — M. Camuset, fermier-général : Une grille de feu avec ses bronzes dorés d'or moulu & ses pelle & pincettes, 320 l. — Deux gradins en vernis vert & filets d'or à 22 l., 44 l. — Une armoire d'encoignure plaquée en palissandre, avec son marbre de brèche violette, 58 l.—Fait diminuer le gradin & rétablir à neuf, 4 l.—Une paire de petits bras à une branche, composés d'un bouquet de giroflées, & le haut de fleurs d'orange, les bassins de porcelaine, le tout de Vincennes, 72 l. — Une table de toilette en chêne, pied de biche, 14 l.

338.— M. de Caze, fermier-général : Un écran de mérisier, garni en papier des Indes, bordé d'un ruban, 19 l.

339. Du 5. — M. l'abbé de Malherbe : La garniture d'une écritoire en bronze doré d'or moulu, 24 l.

340. Du 6. — M. Genssin : Deux corbeilles de Saxe rondes, à anſes, de 96 l.

341. — Mgr le Duc de Rohan : Un ſecrétaire plaqué en bois de roſe, garni d'ornemens dorés d'or moulu, les tiroirs en étoffe, l'abattant en velours & cornets argentés, 456 l. — Une table à écrire de bois ſatiné à fleurs, garnie d'ornemens dorés d'or moulu, à tablette en velours & cornets argentés, 216 l. — Une paire de bras de fleurs d'oranger, barbeaux & boutons d'or, les baſſins en porcelaine, & binets dorés, 216 l. — Une lanterne de glace de 8 pouces carrés, garnie en fleurs d'oranger, barbeaux & boutons d'or, 360 l. — Une table de nuit de vernis la Chine, 96 l. — Receu en argent, 360 l. — En une boëte émaillée, 720 l. — Plus la ſomme de 252 l.

342. Du 8. — Mgr le Duc de Rohan : Un cercle d'or fait pour une boëte d'or carrée, au retour d'un vieux cercle.

343. Du 10. — M. Camuset, fermier-général : Les toiles & façon de dix petits chaſſis faits en papier des Indes, fond blanc à nuées bleues, 96 l. — Un paravent à feu à quatre feuilles, garni en papier des Indes des deux côtés, 66 l. — Un petit écran de mériſier à pupitre en papier des Indes, fond d'or, 10 l. — Une petite table en bois de roſe, à tablette & porte-chandelier, les ornemens dorés d'or moulu. — Une paire de bras à double branche, vernis, garnis de fleurs, 84 l. — Six anneaux de ſonnette à contours dorés, à 25 s., 9 l. — Deux lampes de criſtal, 1 l. 4 s. — Un porte-montre d'Angleterre, 1 l. 16 s.

344. — M. de Cazé, fermier-général : Deux cornets argentés à virole, faits pour une écritoire de chagrin nettoyée, 15 l.

345. Du 15. — M. de Villaumont : Deux petits bougeoirs de porcelaine de Saxe avec oiſeaux, de 54 l. pièce, 108 l.

346. — M. de Genssin : Le nettoyage de ſes luſtres & bras, 9 l.

347. Du 19. — S. M. la Reine : Une petite terraſſe de

bronze cifelé & doré d'or moulu, pour une branche de corail blanc, 55 l. — Une boëte de lacq que l'on a faite de deux caiffes, doublée de lacq aventurine en dedans, garnie de ferrure en cuivre doré d'or moulu, la clef cifelée, 144 l. — Le port à Verfailles, 5 l.

348. — M. l'abbé Anisson : Une grande table de nuit en forme de commode, plaquée, avec fes marbres, 84 l. —Deux cordons de foie, deux couvercles de criftal & les tire-fonds pofés en place, 24 l.

349. — M. Camuset : Avoir nettoyé une lanterne, verni le dedans & bronzé le dehors de la garniture, 6 l. 10 s. — Fourni un tire-fond & le cordon, port & rapport, 2 l. — Trois pieds de bronze doré d'or moulu pour trois morceaux de porcelaine, 39 l. — Avoir démonté & nettoyé deux pots pourris à pagodes, 3 l.

350. — M. Coquinot : Une figure des quatre Saifons, 22 l.

351. — M. l'abbé Anisson : Une lanterne de glace à cinq pans, avec fon chandelier, de 135 l. — Une paire de bras à double branche, dorés d'or moulu, 280 l.

352. — M. Camuset : Une petite tablette d'encoignure en placage avec des portes, 21 l.

353. Du 20. — Mme la Vteffe de Rochechouart : Avoir peint le tronc & la terraffe d'un perroquet de Saxe, 3 l.

354. Du 23. — Mme Camuset : Un écran que l'on a refait en papier des Indes, fond d'or, 5 l. — Un paravent à quatre feuilles, à couliffe, 66 l. — Une petite tablette d'encoignure à pots, en bois de paliffandre.

355. — M. de Fontette : Une table à écran plaquée, de 72 l. — Deux bouquets de Vincennes dans des vafes de Saxe, 96 l. — Le port à Verfailles, 5 l.

356. Du 25. — M. l'abbé Anisson : Le vernis poli en rouge & filets noirs de deux encoignures à portes, 36 l. — Avoir coupé les marbres, ports & rapports, la couleur d'un bras à deux branches, remonté de vis neuves & fourni une plaque qui y manquoit, 3 l.

357. — Mgr le Duc de Tallard : Une table brifée, plaquée en différens bois, avec fes cornets argentés, 144 l.

358. Du 27. — M. de Belhombre : Un pied de table en console, sculpté & doré, avec son marbre de brèche d'Alep, 210 l. — La caisse & l'emballage. — Frais de douane, 29 l. 13 s. — Un beurrier de Saxe, 60 l. — Un vuide-poches garni de bronze doré d'or moulu, 192 l. — La caisse & emballage, 10 l. — Frais de douane, 5 l. 7 s. 9 d.

359. Du 28. — M. Dangé : Une table à écrire plaquée à carreaux, garnie de ses cornets argentés, 48 l.

360. — M. de Villaumont : Une figure de Saxe tenant un enfant dans un berceau, 114 l.

361. — M. Hautefage : Un trumeau à trois glaces, avec sa bordure dorée, de 72 l.

362. Du 29. M. Camuset, fermier-général : Un bureau en marqueterie de Boulle, garni de bronze doré d'or moulu, avec son caisson, serre-papier & pendule, 1,400 l. — Un fauteuil de canne rond, 30 l. — Un pied de noyer pour un nécessaire, 8 l. — Un cabaret rouge sur un pied doré, 108 l.

363. Du 30. — M. Pallu : Le raccommodage d'un cachet à trois faces, où l'on a refait un ressort en or, 12 l. — Le raccommodage d'une boëte de porcelaine, 3 l.

Décembre.

364. Du 1er. — M. Le Préfident de Lamoignon : Un paravent à six feuilles, de six pieds de haut, en papier de Paris des deux côtés, 45 l.

365. Du 2. — M. l'abbé Anisson : Une paire de grands bras à deux branches, en bronze cifelé & doré d'or moulu, 188 l. — Le raccommodage de trois paires en couleur, 12 l.

366. Du 6. — M. le Duc de Beauvilliers : Une tasse de Saxe doublée d'or, à miniature, sur un plateau rouge, 72 l.

367. Du 9. — M. de Villaumont : Un lustre à six branches, composé d'une corbeille de fleurs dans laquelle des plantes vernies imitant la nature, garni de fleurs de Vincennes, 1,900 l.

368. — M. de Saint-Martin : Six pots à pommade de porcelaine de Saxe à fleurs naturelles, de 6 l. 10 s. pièce, 39 l.
369. — M. de Presle : Un pot pourri de porcelaine bleue, garni de bronze doré d'or moulu, 144 l.
370. — M. l'abbé Anisson : Deux croiffans de cuivre doré, 6 l.
371. Du 12. — Mme Camuset : Une petite table à abattant d'un joli bois, 60 l. — Le raccommodage de deux tablettes de mérifier, 4 l.
372. — M. de Caze, fermier-général : Une grande corbeille de porcelaine, montée en bronze doré d'or moulu, remplie de branchages de laiton verni fur lefquels des fleurs de Vincennes afforties à chaque efpèce, prix fait, 1,500 l. — Receu fur l'ancien mémoire à compte, 240 l.
373. — M. Boulogne de Preninville : Une commode de quatre pieds & demi, plaquée en différens bois des Indes à fleurs, ornée partout de bronze doré d'or moulu, le marbre en brèche d'Alep, 700 l. — Une petite armoire de bois fatiné à fleurs, les pieds & entrées dorés d'or moulu, le marbre de Flandre, 78 l. — Les ports, 2 l.
374. — M. de Presle : Le nettoyage de fes luftres, 12 l. — La garniture en argent doré d'une taffe, & d'une foucoupe, les cercles & pieds, 36 l.
375. Du 14. — Mme Camuset : Un paravent de papier des Indes des deux côtés, à fix feuilles, de cinq pieds de haut, 96 l. — Avoir remis un deffus de velours à une pelote bordée en or, 2 l. — Le raccommodage d'un bougeoir verni à neuf, fourni un écrou, 2 l.
376. Du 16. — M. le Préfident de Lamoignon : Deux petites caiffes de Saxe carrées, avec des branchages portant des rofes, 144 l.
377. — Mme de La Force : Deux petites corbeilles rondes de Saxe, à anfes, 96 l.
378. — Mme Geoffrin : Quatre perroquets de Vincennes à 18 l., 72 l. — Deux bouvreuils, de 36 l.
379. Du 17. — Mme la Marq. de Brancas : Deux feaux contournés par le haut, 108 l. — Un gobelet à fleurs

gauffrées, 48 l. — Un petit écran, 15 l. — Une table à pupitre & ftore, 48 l.

380. — M. de Fontette : Un plateau de vernis, taffes & pot à fucre, à oifeaux, 84 l. — Quatre petits vafes à 8 l., 32 l. — Quatre figures, de 114 l.

381. Du 19. — M. Brochant, correcteur des comptes : Une écritoire de trois cornets de porcelaine blanche fur un plateau verni, 60 l.

382. Du 20. — Mme de Castelmoron : Deux petits bronzes debout, fur des pieds de bronze, 60 l.

383. Du 21. — M. Machard : Une table en vuide-poche de bois fatiné, 54 l.

384. Du 22. — M. de Boulogne : Deux petites caiffes de Saxe, garnies en giroflées & jacinthes, 144 l. — Un petit chien fur un couffin, 12 l.

385. — M. le Préfident de Lamoignon : Une boëte de lacq aventurine à bouquets deffus, 72 l. — Receu fur fon mémoire, 96 l.

386. Du 23. — S. A. Mme la Princeffe de Rohan, jeune : Deux feaux à liqueurs de Saxe, 96 l. — Un grand gobelet en blanc & bleu, 24 l. — Un écran, 15 l. — Un mouton, 15 . — Un cuifinier, 30 l. — Receu à compte, 120 l .

387. — Mgr le Duc de Beauvilliers : Une figure de Saxe jouant de la cornemufe, de 84 l. — Un Polichinel de Saxe, 39

388. — Mgr le Duc de Rohan : Avoir refaucé & repeint des chandeliers garnis de fleurs.

389. Du 24. — Mme la Marq. de Courcillon : Une commode à tiroirs & armoire de vernis rouge & filets noirs, avec fon marbre de Flandre & entrées dorées d'or moulu, 180 l. — Une petite table à pieds de biche, avec un marbre deffus en même vernis, 51 l. — Une table de nuit de noyer, 9 l.

390. — M. Barrau : Une caiffe de terre des Indes à pans, garnie de terraffe & confoles dorées d'or moulu, avec des branchages vernis & fleurs de Vincennes, 144 l.

391. — Mgr le Duc de Chevreuse : Un vafe violet

monté en pot pourri doré d'or moulu, de 288 l. —
Receu à compte le 13 janvier 1750, 144 l., le 24 mars
1750, 144 l.

392. — S. A. S. Mademoiselle : Une grande lanterne
de glace, à cinq pans, montée en fleurs, avec fon chandelier, 216 l. — Une dite plus petite, carrée, 108 l. —
Une caiffe de terre des Indes, avec terraffe & confole
dorées d'or moulu, garnie de branchages & fleurs de
Vincennes, 168 l.

393. — Mme la Ducheffe de Brissac : Un étui de rouffette verte ufé pour des cifeaux garnis d'or & le raccommodage d'un étui à dé, 10 l. — Raccommodage
de deux cachets, 12 l. — Les bras à jacinthes revernis
& nettoyés, 6 l.

394. — M. le Préfident Hénault : Deux groupes d'enfans de porcelaine de Saxe, formant des chandeliers,
168 l. — Deux petits chiens de Saxe, 72 l.

395. Du 26. — S. A. S. Mademoiselle : La caiffe &
emballage d'une lanterne envoyée à Tours, 15 l.

396. — Mme Camuset : Des grands bras à trois branches, dorés d'or moulu, 340 l. — Le raccommodage d'une lanterne & d'un bougeoir remis à neuf,
9 l.

397. Du 28. — Mgr l'Évêque d'Orange : Un luftre de
criftal de Bohême à fix branches, avec le cordon cramoifi, 336 l. — Payé le port, 33 l.

398. — M. le Préfident Hénault : Un magot de terre
des Indes couché, de 96 l.

399. Du 29. — Mme la Marq. de Brancas : Une petite
taffe de Saxe dans fa foucoupe en feuille, 20 l.

400. Du 30. — M. de Villaumont : Une caiffe de terre
des Indes garnie d'ornemens dorés d'or moulu avec
des fleurs, 168 l. — Un bois d'écran doré, 84 l.

401. — Mgr le Prince de Rohan : Un pot pourri d'un
vafe de Saxe en Watteau, avec terraffe & garnitures
dorées, le deffous en fleurs & deux enfans, 312 l.

402. — M. de Boulogne : Deux vafes de Vincennes
peints à fleurs, avec des anfes & fleurs en relief, 312 l.

403. — Mgr le Duc de Chevreuse : Une table à ar-

moire à couliffe, tiroirs & tablettes en faux bois fatiné à fleurs & mains dorées, de 120 l.

404. — Mme la Ducheffe de Boufflers, douairière : Un vafe de porcelaine rouge à médaille, garni en bronze doré d'or moulu, avec des branchages & fleurs de Vincennes, de 384 l. — La caiffe, 3 l.

405. Du 31. — Mme Rouillé : Quatre compotiers de Saxe, à oifeaux, 144 l. — Un morceau de pierre de lard en blanc repréfentant un branchage avec des fruits, 72 l.

406. — M. de Boulogne : Une écritoire fur un plateau noir & cornets de porcelaine blanche garnis, 60 l. — Une autre d'un plateau rouge & cornets de lacq garnis, 48 l. — Une taffe de céladon à fleurs, dans un plateau à anfe verni, 30 l. — Deux pots à pommade de Saxe à fleurs, 12 l.

407. — Mgr le Prince de Rohan : Un grand vafe de porcelaine, garni de bronze doré d'or moulu, 432 l.

408. — M. Boucher de Saint-Martin : Un petit pot à l'eau de porcelaine de Saxe, garni en vermeil, avec fa jatte, 12 l.

409. — M. Barrau : Une figure d'un Turc de Saxe fur une terraffe dorée d'or moulu, 84 l.

410. — M. Dangé : Une grille de bronze doré d'or moulu, avec fes garnitures, de hafard, 140 l.

Janvier 1750.

411. Du 3. — Mme Camuset : Une commode la Chine, à pagodes & dentelles partout, le marbre de trois pieds & demi, d'Antin, 470 l. — Deux encoignures de Coromandel, avec ornemens dorés, marbre d'Antin, 580 l. — Une table de bois fatiné, avec des tablettes, porte-chandeliers & cornets argentés, 78 l.

412. — M. de Caze : Une châffe de bois de couleur, garnie en verre de Bohême, 48 l.

413. Du 5. — Mme Camuset : Un pied de table en confole, fculpté, pour vernir, avec fon marbre de Flandre, 86 l. — Deux tablettes à jour faites fur la place en

vernis blanc & or, 48 l. — Deux petites caiffes de Saxe, 54 l. — Avoir réparé une ancienne plante mise dans l'une des deux caiffes, 6 l. — Fourni la plante, qui eft dans l'autre caiffe, en jacinthes & autres fleurs, 38 l. — Les branches de giroflées mifes dans deux vafes à anfes & réparé les garnitures dorées, 55 l. —Avoir refaucé à neuf les terraffes de deux bouquets & oifeaux ; fourni les branchages & fleurs qui font dans les petits vafes, 68 l. — Fourni un perroquet, 12 l. — Le raccommodage d'une petite pendule & fourni des fleurs de Vincennes, 12 l.

414. — M. Machard : Deux bronzes de deux animaux, 24 l.

415. — Mgr le Duc de Bouillon : Du mois paffé, un cabaret en vernis poli, forme en triangle, de 24 l.

416. Du 8. — S. A. Mme la Princeffe de Turenne : Deux corbeilles de Saxe à anfes avec des fleurs de relief, à 33 l., 66 l.

417. — M. de Villaumont : Une caiffe de Saxe, avec un rofier garni de rofes blanches, 192 l. — Repris en compte un chien, de 36 l.

418. — M. de Belhombre : Payé à M. Lebrun huit compotiers de Saxe, 216 l. — La caiffe, emballage & frais de douane, 6 l. 10 s.

419. Du 12. — M. Thomas : Une commode de cinq pieds, en lacq de Coromandel, garnie d'ornemens dorés d'or moulu & marbre d'Antin, de 960 l.

420. — M. Dangé, fermier-général : Avoir nettoyé & recollé les fleurs & plantes d'un furtout; fourni les fleurs qui manquoient, 24 l.

421. — M. Boulogne de Preninville : Deux navettes à Martin. — Une dite. — Une dite (rendues).

422. Du 13. — Mme la Marq. de Villeroy : Avoir démonté & repeint la garniture d'une lanterne, rétabli à neuf & fourni des œillets, 72 l.

423. — M. Pallu, Confeiller d'État : Un pot pourri de Vincennes à fleurs, 48 l. — Un pot à bouillon de Saxe, 72 l. — Un pot de chambre de Saxe, 24 l. — La caiffe, 3 l.

424. — Mme la Ducheſſe de Brancas : Pour Mme la Dauphine. — Deux pots de chambre de Vincennes, 48 l.
425. Du 14. — Mgr le Duc de Villeroy : La caiſſe, emballage & frais de douane pour des bras & douze bouteilles envoyés à Boulogne, 17 l. 4 s.
426. Du 19. — M. de Villaumont : Un bouquet d'une branche de giroflée, 22 l. — Payé au ſieur Quénaux un contre-poids, 27 l.
427. Du 20. — M. Ducrolay : Une boëte de lacq aventurine à médaille, avec tiroir & pupitre, 720 l.
428. — M. de Villaumont : Deux petites conſoles ſculptées & dorées, 56 l. — Un bois d'écran ſculpté & doré, en forme de coquille, 72 l.
429. — Mme Camuset : Une paire de bras à trois branches de bronze ciſelé & doré, de 34 l.—Deux conſoles ſculptées & dorées, 28 l. — Un pied de bronze doré d'or moulu pour une figure de Saxe, 9 l. — Démonté une fontaine & remis les bronzes à neuf, 2 l.
430. — M. Camuset, fermier-général : Une table plaquée en bois d'amaranthe, garnie de maroquin, écran de papier des Indes & cornets argentés, 40 l. — Une autre table briſée, en bois d'acajou, avec abattant, écritoire & maroquin, 108 l.
431. Du 27. — S. A. Mme la Princeſſe de Turenne : Une grille de feu de bronze doré d'or moulu & un bouquet peint en bleu, avec les garnitures de pelle & pincettes, 156 l. — Une petite armoire d'encoignure, plaquée en bois de roſe à fleurs, avec des ornemens dorés d'or moulu, marbre de Memphis, 144 l.
432. — Mme Rouillé : Envoyé chez Mme Pallu une petite table à la Pompadour, avec ſes cornets en bois ſatiné à fleurs, 72 l. — Un cabaret en gondole à anſe vernie avec deux gobelets à contours & ſoucoupe de Saxe, peints à oiſeaux, 72 l.
433. — M. de Boulogne de Preninville : Le dépoſage & le repoſage des chaſſis de ſes cabinets, fourniture des menuiſeries, poſage & apprêtage des moulures, collage & raccordage au peintre, fourniture de papier & autres frais, 135 l.

434. — M. Masse : Un groupe de Saxe repréfentant l'Hiver & le Printemps, 176 l. — Un autre repréfentant la Peinture & la Sculpture, 154 l. — Deux caiffes de Saxe avec différentes fleurs, 156 l. — Deux dites, avec des femidoubles & anémones, 144 l. — Un berger & une bergère de Saxe, 80 l. — Deux figures repréfentant des fauconniers, 80 l. — Douze petits vafes de Vincennes à 8 l., 96 l. — La corbeille garnie de fleurs, avec fon pied en argent à contours, cifelé, 720 l.

Février.

435. Du 3. — M. Bentabole : Une paire de bras à double branche, vernis, garnis de fleurs de porcelaine blanche, 72 l.
436. Du 6. — M. de La Salle : Une glace de 38 pouces fur 26 de large, 104 l. — Une dite de 36 fur 14 de large, 33 l. — Les tains, 15 l. — Profit à 2 s. pour livre, 15 l. 4 s. — Caiffe, emballage & frais de douane, 32 l. 7 s. 3 d.
437. — Mme Camuset : Un chandelier de lanterne, 3 l.
438. — M. le Duc de Bisache (1) : Avoir remonté un cachet de fes armes, 12 l.
439. Du 9. — Receu de Mme Camuset, à compte de mon mémoire, la fomme de 4,800 l., fourni un receu à M. Maugué. — Receu une vieille commode, 75 l.
440. — Receu de M. de Cury la fomme de 416 l., dont 324 l. pour folde de fon mémoire & 92 l. pour Mme la Marq. de Pompadour.
441. Du 10. — M. La Fresnaye, de la Croix-d'Or : Deux armoires d'encoignure plaquées en lacq ancien, garnies de bronze doré d'or moulu, avec les marbres de Porte-Or, 1,600 l. — Payé aux porteurs, 1 l. 16 s.
442. Du 11. — M. de Lannoy : Un luftre de Bohême, à lyre, 360 l. — Deux joueurs de tambour de Provence, 110 l. — Un groupe turc, 100 l. — Deux chiens, 66 l. — Deux tyroliens, 27 l. — Un cabaret

---

(1) C'eft probablement le duc de Bifaccia.

de fix taffes à contours, pot à fucre, théière & plateau verni, 156 l. — Repris un luftre à cinq branches pour 160 l.

443. Du 13. —Mme la Cteffe d'Egmont, douairière : Le raccommodage d'une boëte de nacre où l'on a remis un fond & un côté, 16 l.

444. Du 14. — M. de Lannoy : Un groupe repréfentant l'Hiver & le Printemps, 176 l. — Un autre repréfentant la Peinture, 154 l. — Quatre figures droites & groupées, repréfentant les quatre Saifons fur leur pied de bronze doré d'or moulu, 144 l.

445. — M. Dangé, fermier-général : Une grille de feu en bronze doré d'or moulu, avec fes garnitures, pelle & pincettes, 320 l.

446. — M. de Thiers : Un bronze repréfentant un Marfyas, 108 l.

447. Du 18. — M. de Villaumont : Une armoire plaquée en bois fatiné à fleurs, garnie de bronze doré d'or moulu, 1,100 l. — Trois cartons d'écran en camayeu, 30 l.

448. — M. de Cury : Deux taffes & foucoupes de Saxe, à fleurs naturelles, fans anfes, 20 l.

449. Du 19. — Mgr le Duc d'Agénois : Une caiffe carrée de Saxe, avec une plante d'anémone en cuivre verni, garnie en fleurs afforties, 204 l.—Deux vafes de Saxe, avec des plantes garnies de différentes fleurs de Vincennes, 192 l.—La caiffe, emballage & frais de douane de Paris, 28 l. 6 s. — Frais à Lyon, 4 l. 14 s.

450. Du 20. — M. de Lannoy : Une lanterne de glace carrée, garnie de branchages vernis, avec des fleurs d'oranger, jonquilles & œillets, le chandelier & la lanterne argentés, 384 l. — Le cordon & la guirlande en fleurs de foie, 18 l.

451. Du 21. — M. de Sonning : Un luftre de Bohême à 5 branches, avec fes vafes, 180 l. — Le cordon en cramoifi & blanc, 18 l.

452. Du 23. — M. de Sonning : Une lampe de nuit de Saxe, 18 l.

453. — M. le Chevalier de Genssin : Pofé à Chaillot

un très-gros luftre de criftaux de Bohême monté en lyre, à huit branches & fonte argentée, 750 l. — Le cordon en foie verte & blanche, avec la guirlande de rofes blanches, 40 l. — Une lanterne de glace à cinq pans avec fon chandelier, garnie de branchages vernis & fleurs de porcelaine blanche, 216 l. — Le cordon de fil blanc & vert avec une houppe, 12 l. — Un très-gros feu dont les bronzes repréfentent une chaffe, monté fur un très-gros fer, avec fes garnitures de pelle & pincettes, 350 l. — Les ports à cinq hommes, 9 l.

454. Du 24. — M. La Fresnay, de la Croix-d'Or : Un fecrétaire de vernis vert poli, peint dans le gout des Indes, de 216 l.

Mars.

455. Du 2.—Mme Camuset : La garniture en or moulu d'un pot pourri de porcelaine ancienne. — Un cornet argenté de quatre pouces de long, 6 l.

456. Du 5. — M. de Lannoy : Une paire de bras à double branche, compofés de branchages & fleurs de Vincennes, avec les bobèches argentées, 360 l. — La garniture d'un pot pourri en bronze doré d'or moulu, avec les fupports de deux figures de Saxe, 192 l.

457. — M. Bentabole : Une paire de bras à deux branches, vernies, avec des fleurs, 72 l.

458. — M. le Cte de Fontenau : Le raccommodage d'un petit paravent à feu, 9 l.

459. — Du 7. — M. Coquinot : Un bureau noir de fix pieds & demi, garni de pieds & entrées dorés, 180 l. — Les ports, 2 l.

460. Du 9. — M. le Chevalier d'Arc : Une grille en bronze doré d'or moulu, repréfentant des fujets de chaffe, avec les garnitures, 340 l.

461. — Mme la Vteffe de Rochechouart, douairière : Un garde-vue de bronze doré d'or moulu fur une figure de Saxe & fleurs de Vincennes, 156 l.

462. Du 10. — M. de Thiers : Deux poules de porcelaine ancienne, 192 l.

463. — M. Dangé, fermier-général : Une paire de bras moyens, à double branche, dorés d'or moulu, 148 l.
464. Du 16. — Mme la Marq. de Courcillon : Une table de marbre de quatre pieds, posée sur des barres de fer, 42 l. — Une toilette en vernis rouge & filets noirs, garnie de toutes ses pièces dans leurs compartimens d'étoffe, 220 l. — Une table de nuit de même vernis avec ses deux marbres, 62 l. — Les ports, 6 l.
465. Du 17. — M. l'abbé Anisson : Deux armoires d'encoignure à pieds de biche, en vernis rouge & filets d'or, avec les marbres, de 102 l.
466. Du 20. — Mme Calabre : Six feuilles de papier des Indes & six figures des Indes formant six écrans à mains, avec la façon desdits écrans, 108 l.
467. — Mgr le Duc de Tallard : Un tableau représentant un saint Jean tenant une croix, 96 l.
468. — Mme la Ctesse d'Egmont, douairière : Un porte-montre doré d'or moulu, 3 l.
469. Du 24. — Mgr le Maréchal de La Fare : Une commode en bas d'armoire, plaquée de bois satiné à fleurs, avec le marbre de brèche d'Alep, 168 l.
470. Du 25. — M. Dangé, fermier-général : Quatre tablettes d'encoignure pour la garde-robe de Puteaux, 26 l. — Une autre encoignure pour le boudoir, avec une armoire au milieu, 15 l.
471. Du 28. — M. le Chevalier de Genssin : Une paire de bras à trois branches, en bronze ciselé & doré d'or moulu, avec les binets, 335 l. — Les ports, 1 l. 10 s.
472. — M. de Lannoy : Une petite table en bois de rose avec un pupitre, tablette en velours, tiroir & cornets argentés, avec chandelier en S, 90 l.
473. — Mme de Saint-Amaranthe : Avoir rétabli les galons & compartimens de son nécessaire & celui de Madame..., 108 l.
474. Du 30. — M. de Belhombre : Un écran de bois de mérisier, garni en papier des Indes, 12 l.

Avril.

475. Du 2. — M. le Chevalier de Genssin : Deux vases de carton verni imitant l'albatre d'Orient, 102 l.
476. Du 4. — M. Dangé, fermier-général : Un vase moyen de Vincennes, avec un bouquet de fleurs d'oranger, 48 l.
477. — S. A. Mme la Cteſſe de Marsan : La couleur d'une grande paire de bras à deux branches, 6 l. — Une lanterne en cloche ſur une vieille garniture, 13 l.
478. — M. le Baron de Thiers : Deux bouteilles de porcelaine bleu-céleſte, avec des cercles à gaudrons dorés d'or moulu, 288 l.
479. — M. le Marq. de Voyer : Trois urnes de porcelaine truittée, vert céladon, 780 l.
480. Du 10. — M. de Belhombre : Une armoire en forme de bibliothèque, plaquée en bois des Indes, les portes de vernis du Japon à relief, garnie en bronze doré d'or moulu, 600 l. — Payé les ports à quatre hommes, 2 l. 10 s.
481. Du 13. — M. de Boulogne : Une petite boëte de bois de cèdre, garnie de charnières & ſerrure en cuivre, 12 l.
482. Du 14. — M. de Saint-Amaranthe : Avoir rétabli les compartimens de ſon néceſſaire, garni en entier d'étoffe & de galon neuf; le raccommodage de celui de Madame, 108 l.
483. — Mgr le Duc d'Aiguillon (avant duc d'Agénois) : Une paire de bras en blanc & bleu, garnis de fleurs avec les binets, 72 l.
484. Du 16. — Mme la Marq. de Sébeville : Une table de piquet briſée avec des tirans de bois, 24 l.
485. Du 18. — M. de Cury : Avoir fait des changemens aux compartimens de ſon néceſſaire, 16 l.
486. — S. A. Mme la Princeſſe de Turenne : Avoir raccommodé un carré de toilette de lacq & fourni les vis, 6 l.
487. Du 21. — M. Dangé : Avoir garni ſept chaſſis avec

des papiers des Indes, 38 l. — Sept douzaines de vis dorées; douze clous dorés, 7 l.

488. Du 22. — M. de Lannoy : Une boëte plaquée en bois fatiné, garnie de ferrure argentée & doublée d'étoffe en dedans, 42 l.

489. Du 24. — Mme la Marq. de Fervaques : Avoir démonté, nettoyé & remonté un luftre de criftal de roche, 8 l. — Les ports & rapports, 3 l. — Avoir fait refaucer un luftre de bronze doré d'or moulu, 30 l. — Payé à deux hommes qui ont tranfporté & pofé les glaces, 12 l.

490. Du 25. — Mme la Marq. de Pompadour : Deux magots de terre des Indes, 240 l. — Un de porcelaine grife, endommagé, 96 l. — Deux coqs de porcelaine la Chine, 240 l. — Un chandelier de porcelaine brune, 192 l. — Deux pots pourris truittés, 96 l. (payé par les mains de M. Desfarges en un mandement de M. de Voyer).

491. — M. le Marq. de Voyer : Deux morceaux de porcelaine céladon ancienne, repréfentant une plante avec des feuillages, avec les terraffes dorées d'or moulu, 720 l.

492. Du 29. — Mme la Duchesse de Lauraguais : Avoir réparé & nettoyé un luftre en cage, garni de fleurs, 24 l.

493. — Mgr le Duc de Beauvilliers : Avoir nettoyé & reverni une paire de bras à neuf. — Une paire de girandoles nettoyées & revernies à neuf.

494. — M. Machard : Deux écrans de lacq à pagode, 96 l.

495. — M. le Chevalier d'Arc : Une grille en bronze doré d'or moulu avec fes garnitures, 160 l.

Mai.

496. Du 2. — Mme Dufresney : Une lanterne de criftal mife fur une vieille garniture avec fa caiffe, & refoudé le cercle, 17 l.

497. Du 4. — Mme Geoffrin : Deux théières de terre

des Indes, de 18 l. pièce, 36 l. — Quatre oiſeaux, 72 l. — Un éventail, 1 l. 4 s.

498. Du 5. — Mme la Marq. de Fervaques : Le raccommodage d'un coffre d'Angleterre, réparé la ſerrure, 6 l.

499. — Mme de La Salle : Une montre d'or unie, à répétition de Gudin, 720 l.

500. — M. Coucicault : Une boëte d'écaille miſe ſur une vieille garniture, 13 l. 10 s.

501. — S. A. Mme la Princeſſe de Rohan, douairière : Un pied de table en chêne à quatre conſoles, de cinq pieds neuf pouces, avec ſon marbre blanc, de 290 l. — Deux autres pieds auſſi en chêne, avec leurs marbres blancs de trois pieds & demi, 240 l.

502. Du 6. — M. le Cte du Luc : L'échange de deux pots pourris truittés pour deux vaſes bleus, 360 l. — Deux morceaux de porcelaine céladon à reliefs, avec leurs terraſſes dorées, 720 l. — Une table plaquée en bois noir avec des ornemens dorés d'or moulu, 120 l. — Les cornets d'argent faits pour la table, 118 l. — Deux graines ajoutées aux vaſes bleus, en bronze doré d'or moulu, 40 l. — Sur quoi, j'ai receu 600 l. — Plus 120 l. — Plus 240 l. — Un chat de porcelaine violette ſur ſa terraſſe dorée d'or moulu, 600 l.

503. Du 8. — Mme la Vteſſe de Rochechouart : Une tablette miſe à une table plaquée en bois ſatiné, 9 l.

504. — Mme Dangé : Une grande table de nuit en forme de commode, pour vernir, avec deux marbres, 78 l.

505. Du 9. — Mgr le Duc de Villeroy : Sept cabarets à anſes, à ſix taſſes en poirier noirci & poli à 18 l. pièce, 126 l.

506. — M. le Baron de Thiers : Le raccommodage de deux pagodes & des pieds faits ſur les figures. — Repoli deux buires de porcelaine bleue.

507. — S. A. S. Mademoiselle : Une armoire plaquée en bois violet & bois ſatiné avec des tablettes à crémaillères, 65 l.

508. — Mme Camuset : Une terraſſe dorée d'or moulu

pour un vase de porcelaine, fourni deux oiseaux qui l'accompagnent, fait un bouquet de fleurs de Vincennes dans le vase, le tout avec les plantes, 425 l.

509. Du 11. — Mgr le Duc d'Aiguillon : Une paire de bras en bleu, avec les fleurs blanches & jaunes, les bobèches & binets argentés, 84 l.

510. Du 12. — S. A. Mme la Princesse de Rohan, douairière : Un lustre de cristal de Bohême à six branches, monté en lyre, de 384 l. — Un cordon de soie à deux houppes, en couleur de feu & blanc, 32 l.

511. Du 13. — S. A. Mme la Princesse de Rohan, douairière : Un lustre de Bohême à cinq branches & tige découverte, 180 l. — Un cordon en soie, couleur de feu & blanc, 27 l.

512. Du 16. — M. Rouillé : Deux armoires bâties de chêne, plaquées en bois des Indes, de 6 pieds de haut sur 4 de large, avec les ferrures à bascule, les tablettes à crémaillères, de 620 l. — Un coffre de chêne ferré de toute sa longueur, avec un secret dans le couvercle, garni de portans polis, 70 l. — Pour Madame : Avoir déplaqué les tours d'une table à écrire, avoir changé les tiroirs & en avoir fait deux aux côtés, & port, 62 l. — Payé les ports de la voiture & d'un crocheteur, & emballage, 18 l.

513. — M. le Chevalier de Genssin : Une tasse de Saxe & sa soucoupe peintes de jeux d'enfans, 48 l. — Une petite tasse à miniature, 24 l. — Une petite tasse & la soucoupe en feuille, 21 l. — Une tasse à fleurs & grains d'orge, 16 l. — Une dite à oiseaux, 16 l. — Une dite à fleurs naturelles, 11 l.

514. — Mme la Marq. de Pompadour : Deux singes du Japon remuant la tête, 960 l. — Une commode composée de tiroirs, d'ancien lacq, garnie de bronze doré d'or moulu, avec le marbre d'Antin, 864 l. — Trois petites tables vernies, en aventurine, dont les dessus sont de vernis des Indes à 60 l., 180 l. — Avoir fait des cornets argentés dans chaque table, & avoir doublé les tiroirs d'étoffe, 30

515. — Mme la Duchesse de Lauraguais : Avoir fait

réparer une pendule remis à neuf les bronzes & fait nettoyer le mouvement, 24 l.

516. Du 22. — Mme Rouillé : Obmis d'écrire le raccommodage de fon néceſſaire que l'on a rétabli à neuf; fourni une main & un bouton dorés d'or moulu, refait les compartimens en étoffe neuve, fait un fac de peau de vache pour le tout, 108 l.

517. Du 23. — Mme Geoffrin : Deux perroquets de Vincennes, 36 l. — Deux bouvreuils, 36 l. — Une taffe couverte, 27 l. — Deux théières des Indes en litron, 32 l. — Un gobelet de Saxe, 13 l.—Trois brocs de Saxe à 33 l., 99 l.—Sur quoy repris une taffe de 18 l.

518. Du 24. — Mme la Marq. de Beuvron : Un chandelier de métier à reffort, avec le garde-vue dans fon étui, 21 l.

519.—Mme Camuset : Trois chaffis de cheminée en papier des Indes, 36 l. — Une châffe avec des verres de Bohême, 26 l.

520. Du 26. — S. A. Mme la Princeſſe de Rohan, douairière : Une commode en vernis fond blanc, peinte dans le gout des Indes, avec des pieds & chûtes dorés d'or moulu, le marbre blanc de quatre pieds, 340 l. — Les ports, 1 l. 10 s.

521. — M. de Genssin : Une corbeille de Saxe montée en bronze doré d'or moulu, garnie de fleurs de Vincennes, de 35 louis, 840 l.

522. Du 28. — S. A. Mme la Princeſſe de Rohan, douairière : Un bidet en vernis bleu poli, garni de maroquin bleu & de fa cuvette, 32 l. — Deux feuilles de papier à fleurs, 16 l. — Trois à figures, 21 l.

523. Du 30. — M. Dangé, fermier-général : Une paire de bras à trois branches en bronze cifelé & doré d'or moulu, 312 l. — Payé le port & celui d'un marbre, 3 l.

Juin.

524. Du 2. — Mme la Cteffe d'Egmont, douairière : Six feuilles de papier des Indes, fond doré à pagodes, à 6 l., rendu deux des feuilles, cy 24 l.

525.—M. de Boulogne : Une commode bâtie de chêne, de cinq pieds, plaquée en vernis de Coromandel, garnie partout de bronze doré d'or moulu, avec fon marbre d'Antin, 909 l. — Un luftre de Bohême à huit branches, monté en lyre, de 500 l. — Un cordon de foie cramoifi & blanc, 30 l. — Une paire de bras à trois branches en bronze cifelé & doré d'or moulu, 325 l. — Les ports des luftre & commode, 3 l.—Payé les ports & transports de bras & grille, 4 l.

526. — Receu de M. de Belhombre la fomme de 3,000 l., fur les fournitures faites & à faire. Fourni un receu.

527. Du 4. — Mme la Cteffe d'Egmont, douairière : Avoir rétabli une grande lanterne & l'avoir mife en couleur, 13 l. — Fourni une glace qui étoit caffée, 19 pouces fur 12, 12 l.—La caiffe & l'emballage, 9 l. — Deux cabarets de la Chine à 6 l., 12 l. — Une grande bouilloire, forme angloife, 21 l. — Un pot à fucre de porcelaine la Chine, 6 l. — Deux fucriers de porcelaine ancienne, 12 l. — Trois théières de terre des Indes, 27 l. — Les chaines, 2 l. — Cinq fontaines de porcelaine, bleu & blanc, 63 l. — Douze affiettes la Chine, à camayeu, 30 l. — Deux grandes caiffes de Saxe à 60 l., 120 l.

528. Du 8. — M. Rouillé : Une tablette de bois noir en forme de ferre-papier, de 22 l.

529. — Mme Gerbeau : Une table de quadrille brifée, en bois rougi, 24 l.

530. Du 9. — M. de Boulogne : Avoir refaucé & mis à neuf trois paires de bras à double branche, dorés d'or moulu & pofés en place.

531. Du 12. — S. A. Mme la Princeffe de Rohan, douairière : Une grille de bronze doré d'or moulu formant un baluftre avec un bouquet, 375 l. — Un luftre de Bohême à huit branches, monté à confoles, de 528 l. — Le cordon en couleur de feu & blanc, 32 l. — Les ports, 1 l.

532. — M. Boutron : Les fculptures & dorures d'une cheminée, 60 l.—Deux glaces, dont une de 30 pouces

JUIN 1750.

fur 29, 67 l. — Une au-deſſus de 30 fur 14, 25 l. — Le tain, profit à 2 s. pour livre, friſe, vis & clous, 15 l.

533. — Mme la Cteſſe d'Egmont, douairière : Trois feuilles & demie de papier des Indes à magots, gris de lin, 28 l.— Avoir collé les feuilles fur des chaſſis, pour les clous & façons, 14 l. — Quatre feuilles de papier, fond d'or à magots, 24 l.

534. Du 14. — M. Herbault : Une boëte de lacq, fond d'or avec un magot deſſus, garnie de huit petites boëtes en dedans, 192 l. — Une théière aventurine avec des fleurs en or & rouge en dedans, 168 l.

535. Du 15. — Mme la Ducheſſe de Lauraguais : Une petite pendule d'un groupe de Saxe ſous un berceau, fur une terraſſe dorée d'or moulu, garnie de fleurs de Vincennes, 432 l. — Deux pots pourris de terre à reliefs, garnis, 240 l. — Une paire de girandoles de deux oiſeaux blancs & bleus de porcelaine ancienne, 288 l. — Une petite table de bois de roſe, garnie, 192 l. — Quatre feuilles de papier des Indes, à nuées bleues, 30 l.

536. Du 16. — Mgr le Duc de Beauvilliers : Avoir repeint à neuf une paire de bras à une branche, 7 l.

537. Du 18. — M. de Genssin : Une table de piquet briſée, garnie de velours & plaquée en amaranthe, de 96 l.

538. — M. Duflot : Quatre flacons de criſtal de roche garnis d'or, 693 l. — Un gobelet avec un cercle d'or, 62 l. 7 s. — L'entonnoir, 26 l. 8 s. — Une boëte à ſavonnette & éponge, 1,227 l. 13 s. — Un réchaud, or & façon, 285 l. 2 s. — Un miroir doublé en rouſſette, 225 l. — Un peigne d'écaille garni d'or, 27 l. 10 s. — Deux raſoirs, les manches de nacre à clous & garniture d'or, 264 l. — Ciſeaux, or & acier, cannelés, 115 l. 12 s.—Cure-oreille & cure-dents, gratte-langue, pince, le tout en or, 158 l. 8 s.—Deux œufs de criſtal de roche garnis d'or, 264 l. — Les compartimens en moire d'argent & bord d'or, avec une caiſſe rembourrée, & emballage, 120 l. — Receu au mois de février la ſomme de 2,400 l.

539. Du 20. — S. A. Mme la Princeffe de Rohan, douairière : Deux commodes à pieds de biche en vernis blanc poli & peintes avec des guirlandes de fleurs fur la face & les côtés, garnies de pieds & chûtes dorés d'or moulu, les marbres blancs de trois pieds & demi, 285 l. la pièce, 570 l. — Payé les ports, 2 l.

540. Du 23. — M. Dangé, fermier-général : Pofé à Puteaux, dans le falon, une paire de bras à trois branches, en bronze cifelé & doré d'or moulu, de 312 l. — Une commode pour la chambre de Madame, plaquée en bois fatiné à fleurs, garnie de pieds, chutes & moulures de bronze doré d'or moulu, avec fon marbre de Flandre de trois pieds & demi. — Le port à Puteaux. — Une tablette d'encoignure avec une armoire dans le milieu, pour la chambre de Mlle de Lorme.

541. — M. Coquinot : Un grand coffre de noyer formant un néceffaire, garni de doubles ferrures, ferrure & équerre polies. — Les compartimens & miroirs — La garniture en argent de deux pots à pommade. — Un garde-vue d'argent. — Le pied du coffre à tiroir, ferré en acier poli.

542. Du 26. — M. de Boulogne : Un feu de bronze doré d'or moulu, avec fes garnitures de pelle & pincettes. — Le port, 10 l. — Huit anneaux de fonnette dorés, 12 l. — Réparation faite à trois marbres d'encoignure, 12 l.

Juillet.

543. Du 4. — M. de Villaumont : Deux vafes de porcelaine bleue, garnis en bronze doré d'or moulu, dans lesquels deux gros bouquets de fleurs de Vincennes très-belles, de 2,400 l.

544. Du 7. — M. Bazin : Une corbeille de Saxe ronde à anfes, de 46 l.

545. Du 8. — Mme la Ducheffe de Rohan : Une figure de terre des Indes, remuant la tête, de 108 l. — J'ai en différentes pièces de porcelaine à Mme la Ducheffe pour la fomme de 300 l. — Deux autres pagodes de

terre, 252 l. — Payé le furplus en argent, le 5 feptembre, 60 l.

546. Du 10. — Mme la Ducheffe de Brissac : Deux tableaux ovales de gaze peints dans le gout des Indes, 19 l.

547. Du 12. — M. l'abbé de Malherbe : Les toiles, collage & façon de 14 chaffis en papier des Indes, 120 l. — Trois feuilles que j'ai fournies, à 6 l.

548. Du 14. — Mgr le Maréchal de Duras : Les toiles & papier des Indes de cinq chaffis de différentes grandeurs, avec les raccordage & façon, 132 l.

549. Du 15. — M. le Chevalier de Genssin : La garniture en bronze doré d'or moulu de deux vafes de la Chine, de quoi on a fait deux buires, 288 l.

550. Du 16. — M. Hébert : Une commode bâtie de chêne de quatre pieds, plaquée en bois fatiné & fleurs, garnie de pieds, chutes & portans dorés d'or moulu, le marbre d'Alep, 216 l.

551. — Mme la Ducheffe de Brissac : Une petite commode à pieds de biche, plaquée en amaranthe, le marbre de Languedoc, avec pieds & entrées, 76 l. — Le port à l'hôtel, 12 s.

552. Du 17. — M. Maillard : Un huilier de porcelaine de Saxe, garni de fes caraffes, 78 l.

553. — M. Brochant, notaire : Une tabatière d'écaille carrée, garnie à gorge avec un cercle & glace, 144 l.

554. Du 18. — Mme la Cteffe de Bissy : Un grand chandelier à trois bobèches avec un garde-vue en entonnoir, 48 l.

555. Du 21. — M. Boucher de Saint-Martin : Une petite caiffe carrée de porcelaine de Saxe, avec une branche vernie & quatre rofes de Vincennes, 60 l.

556. — S. A. S. Mademoiselle : Avoir ouvert une petite boëte de lacq en tire-lire, & fait une clef, 6 l.

557. Du 22. — Mme la Marq. de Pompadour : Une petite armoire de lacq en forme d'encoignure, garnie de bronze doré d'or moulu, les ferrures dorées & clef cifelée, les portes plaquées en bois de rofe dedans, le

fond ouvrant à fecret, garni partout en moire verte & argent, 525 l.

558. Du 23. — Mme la Marq. de Pompadour : Une table à écrire auſſi de lacq, garnie de bronze doré d'or moulu, avec une tablette qui fe tire, garnie en velours, deux porte-chandeliers aux côtés, plaquée en bois de roſe, avec ſon écritoire argentée, le dedans du tiroir & le deſſus de la table de moire verte & argent, 400 l. — Les toiles, collage & raccordage de dix petits panneaux en papier des Indes tiſſu, 66 l. — Les ports à deux hommes, 6 l.

559. — Mme Duperron : Une bouilloire de cuivre des Indes.

560. Du 25. — Mme la Marq. de Pompadour : Payé à trois hommes les ports d'une commode & de ſon marbre, 9 l.

561. Du 28.—Receu de Mme la Ducheſſe de Lauraguais la ſomme de 600 l., à compte des nouvelles fournitures. Fourni un receu à Mlle Victoire.

562. Du 29. — M. de Boulogne : Deux bibliothèques de bois citron à portes grillées, garnies en taffetas vert, 120 l. — Deux tablettes d'encoignure en vernis blanc & bleu, 32 l. — Les ports, 2 l. — Des clous à tête dorée, 2 l.

Août.

563. Du 1ᵉʳ. — M. de Boulogne : Deux verres de Bohême poſés à la niche du cabinet de toilette, 22 l.

564. Du 4. — Mme la Marq. de Pompadour : Deux petites tablettes d'encoignure à jour de 18 pouces, plaquées en bois fatiné à Madame, 20 l.

565. — Mme Duperron : Une table plaquée en bois violet, en forme de croiſſant, avec un pupitre & ſtore, garnie de ſes cornets, 120 l.

566. — M. de Boulogne : Un marbre d'Antin de 6 pieds, poſé un pied en conſole, 230 l.—Des clous & le poſage d'un trumeau, 3 l.

567. Du 6. — M. Duflot : Une petite montre de Lapis, garnie de brillants, le cadran d'émail fait à la turque,

732 l. — Une écritoire d'or avec fes plumes dans fa boëte d'or émaillé, l'étui de rouffette, 840 l. — Un étui de jafpe à canonnière d'or, 252 l. — Une tablette de lacq garnie d'or, dans fon fac, 317 l. — Un couteau de jafpe à lame & garniture d'or, dans fon étui, 243 l. — Un crayon d'or avec un diamant, 127 l. — Une boëte d'or pour de la poudre d'or avec un double couvercle & une cuiller, dans fon étui de rouffette, 344 l. — Un flacon de jafpe garni d'or, 168 l. — Deux caves de vernis en relief dans le gout des Indes, garnies de quatre flacons montés en vermeil, les pièces auffi en vermeil & autres en acier, le dedans en moire & or, les étuis en maroquin doré, les deux, 644 l. — Deux plats de porcelaine de Saxe montés avec des branchages de cuivre doré d'or moulu, garnis de fleurs de Vincennes, avec des compartimens de cuivre doré d'or moulu, garnis en velours pour des bijoux, 720 l.—Une poignée d'or à moulure fur un jet de 38 pouces, 200 l. —Deux entrées, deux becs, & deux boutons d'or pour les caves, 120 l. — La caiffe & frais de douane, 78 l. 6 s. 3 d.

568. — Mgr le Duc de VILLARS : Le nettoyage d'un luftre, 6 l.

569. Du 7. — M. de BOULOGNE : Avoir repeint les branchages de deux pots de fleurs & remis les bronzes en couleur.

570. — M. HÉBERT : Une table de nuit de bois fatiné, les marbres de brèche d'Alep, 42 l. — Un fecrétaire de prunier, 90 l.

571. — Mme la Marq. de POMPADOUR : Une paire de petites girandoles de bronze doré d'or moulu, fur des rochers blancs, 240 l. — Payé les ports de deux encoignures & les marbres, 6 l. — La toile & collage d'un chaffis de cheminée, raccordage & port à Bellevue, 8 l.

572. Du 8. — S. A. Mme la Princeffe de ROHAN, douairière : Une armoire d'encoignure à pieds de biche, en vernis blanc, peinte dans le gout des Indes, les pieds dorés d'or moulu, le marbre blanc, 108 l. — Le port, 1 l.

573. Du 13. — M. Pallu, Confeiller d'État : Deux beurriers de Saxe dans leurs jattes à contours, 120 l. — Deux pots à fleurs à cartouches peints avec des branchages & fleurs naturelles, 132 l. — Un gobelet à contours peint en bleu, 21 l.

574. Du 14. — M. Bonnet, payeur des rentes : Cinq petites taffes en Watteau fur leurs foucoupes, avec le plateau la Chine, 120 l.

575. Du 17. — M. Boucher : Un bronze d'une petite tête de cheval, 6 l.

576. — Mme la Marq. de Beuvron : Deux beurriers de porcelaine de Saxe dans leurs jattes à fleurs naturelles, 120 l.

577. — M. Perrot : Des compartimens faits dans un tiroir & trois cornets de cuivre argenté, 9 l.

578. Du 19. — Mme la Marq. de Pompadour : Deux tables à écrire avec tiroir & cornets argentés, la tablette en maroquin, l'entrée & pieds en bronze doré d'or moulu, 116 l. — Le mémoire des fleurs de Vincennes employées dans les vingt-quatre vafes de différentes grandeurs & quatre-vingt-huit plantes écrites plus bas, 2,455 l. 9 s. — Les garnitures defdits vafes en cannetille couverte de foie & de quatre-vingt-huit plantes, 800 l. — Quatre boëtes pour les plantes, trois boëtes dans quoi on a fait des compartimens pour lefdits vafes, 40 l. — Le port à Bellevue, 7 l.

579. Du 20. — M. de Boulogne : Une grille de cheminée en bronze cifelé & doré d'or moulu, avec le revêtiffement des fers auffi doré d'or moulu, les pelle & pincettes, 520 l. — Le port, 1 l.

580. — S. A. Mme la Princeffe de Turenne, pour Mme la Ducheffe de Bejar : — Trois tables plaquées en bois violet, fervant de cabarets & de tables de lit, avec un pupitre, deux petites caves & écritoire, les entrées & pieds en bronze doré d'or moulu, 828 l. — Quatre gradins à jour plaqués en bois violet à 24 l., 96 l. — Une grille en bronze doré d'or moulu avec un chien & un loup, & fes garnitures, 265 l. — Les caiffes & emballage en toile graffe, frais de douane, 104 l.

AOUT 1750.

581. Du 21. — Mme la Marq. de Pompadour : Une pendule fur groupe de Saxe, garnie en bronze doré d'or moulu avec des plantes & fleurs de Vincennes, le mouvement de Le Noir, à huit jours, pour Mme la Princeffe de Naples, 1,080 l.—Une paire de girandoles à double branche fur des groupes de Saxe, les terraffes dorées d'or moulu, avec des branchages en fleurs de Vincennes, 600 l. — Un pot pourri de Saxe d'un vafe à petites fleurs, doré en dedans, fur une terraffe dorée, & deux enfans à côté, 432 l. — Le port des porcelaines de Vincennes & rapport, 6 l.

582. Du 26. — Mme la Ducheffe de Luxembourg (compte de Mme de Boufflers) : Deux grandes caiffes de porcelaine de Saxe, carrées, à 60 l. pièce, 120 l.

583. — M. de Cury : Un vafe de porcelaine des Indes portant des branchages avec des fleurs de Vincennes, fur une terraffe dorée d'or moulu, 220 l.

584. — Mme Rouillé : Une table de bois des Indes plaquée à mofaïque, garnie de cornets argentés, les pieds & entrées dorés d'or moulu, 96 l.

585. — Mme la Ducheffe de Lauraguais : Avoir repeint & remis à neuf les bronzes de deux pots pourris & fourni des fleurs, 24 l.

586. Du 29. — M. le Cte de Choiseul : Un pied de marbre blanc à contours de 26 pouces de long, orné de quatre pieds en agraffes & quatre milieux en bronze cifelé & doré d'or moulu, 480 l.

587. — M. le Cte du Luc : Une table de nuit plaquée en bois violet, à deux marbres d'Alep, 48 l. — Un grand faladier de Saxe, 84 l.

588. — M. Duflot : Une boëte de Lapis à contours garnie d'or, 156 l.

589. — S. A. S. Mlle de Sens : Le raccommodage d'une girandole, celui d'une équerre garnie d'argent, fournie à M. Legrand, 21 l.

Septembre.

590. Du 1er. — M. Brochant, notaire : Une boëte d'é-

caille à charnières & gorge d'or avec le cercle, une glace & un raccommodage.

591. — M. de Boulogne : Un feau de faïence, de 12 l. — Une urne d'ancien la Chine.

592. Mme la Marq. de Pompadour : Un pot pourri de Saxe peint de fujets de Watteau, garni en bronze doré d'or moulu, 120 l. — Deux paillaffons de jonc d'Hollande, 4 l. — Un binet pour un chandelier brun de porcelaine, 2 l.

593. — Mme la Cteffe d'Egmont, douairière : Une taffe de Saxe dans une tulipe peinte à fleurs, 18 l.

594. Du 3. — Receu de S. A. Mme la Princeffe de Turenne, à compte du mémoire pour Mme la Ducheffe de Béjar, la fomme de 720 l., mis au bas du mémoire.

595. Du 7. — M. Hébert : Une table fans rebord de 23 pouces, plaquée en bois violet & fatiné avec un bouquet de fleurs, 48 l.

596. Du 9. — M. le Cte du Luc : Une taffe de Saxe couverte, 42 l.

597. — Mme la Marq. de Pompadour : Les ports d'une commode & rapport de porcelaine à Paris, 7 l. 4 s. — Avoir refaucé une terraffe d'une figure couchée, 3 l.

598. Du 12. — M. le Cte du Luc : Un pied de table à confole, fculpté & doré, avec fon marbre de brèche d'Alep de quatre pieds, 240 l. — Les ports & fourni deux clous pour parer le trumeau, 2 l. 10 s. — Huit taffes & foucoupes, pot à fucre de Saint-Cloud & un grand cabaret la Chine, 42 l.

599. — M. Duflot : Le cadre d'un miroir verni par Martin en or & aventurine.

600. Du 13. — Mme la Marq. de Pompadour : Deux commodes bâties de chêne, plaquées en bois fatiné à Madame, garnies de pieds, boutons & entrées dorés d'or moulu, à 140 l., 280 l. — Payé une voiture qui les a portées à Crécy, 36 l.

601. — M. le Marq. de Voyer : Deux gros vafes de porcelaine céladon, montés par Dupleffis en bronze doré d'or moulu, 3,000 l.

602. Du 15. — Mme la Marq. de Pompadour : Le port

à Crécy de trois boëtes contenant des vafes de fleurs, 24 l.

603. Du 18. — S. A. S. Mademoiselle : Deux petites armoires à pieds de biche, en bois de cèdre avec des filets d'ébène, avec leur marbre de Flandre, pour Athis, 125 l.—Le port à Athis, 5 l.

604. — M. de La Borde, fermier-général : Un luftre de criftal de Bohême à fix branches, monté en lyre, de 432 l. — Le cordon en foie verte à deux houppes, 24 l.

605. — Mme de Villemur : Payé à quatre hommes les ports d'un bureau & d'un ferre-papier, 3 l.

606. Du 19. — M. de Boulogne : Deux tableaux, dont un de Louis XIV & l'autre d'une Charité, avec leurs cadres dorés, les deux, 72 l. — Les port & rapport. — Le raccommodage d'une table de nuit, 11 l.

607. Du 21.—Mme la Cteffe d'Egmont, douairière : Une lanterne de fer blanc bronzé, avec des verres de Bohême & la lampe, 48 l. — Un contre-poids & poulie bronzés, avec une pièce de cordon, 8 l. 10 s. — La caiffe, papier & port au carroffe, 7 l. 10 s.

608. Du 25.—Mme la Ducheffe de Luxembourg : Une fonte de luftre à huit branches & confole très-forte argentées, & façon du luftre, 350 l. — Un cordon de foie de trois couleurs à deux houppes, de deux aunes de long, 50 l.

609. Du 28. — M. le Cte de Forcalquier : Un luftre de Bohême, moyen, à fix branches, monté en lyre, de 360 l. — Une corbeille de fleurs de Vincennes, 360 l.

610. Du 30. —Mme la Marq. de Pompadour : Payé à trois hommes les ports de Verfailles à Paris d'une commode de lacq rouge & d'un cabinet à pagodes, 15 l.

611. — Mme Trouart : Une pendeloque de carats, faite pour fon coulant, ajouté des pierres & la monture pour la fomme de 392 l. — Sur quoi receu, 72 l.

Octobre.

612. Du 2. — Mme Geoffrin : Le raccommodage d'un pot pourri, refait un pied & le bonnet, 12 l. — Repris deux brocs à déduire fur le mémoire, 57 l.

613. — M. le Cte de Forcalquier : Un cordon de foie en blanc & vert, à deux houppes, pour un luftre, 24 l. — Le nettoyage d'un luftre, 6 l.

614. Du 3. — Mme la Marq. de Pompadour : La garniture en argent doré d'un petit broc & un couvercle de porcelaine que j'y ai fait tailler, 28 l.

615. Du 5. — M. de La Granville : Les toiles & papier des Indes en blanc, à fleurs & oifeaux, de cinq chaffis de grandeurs différentes, formant un cabinet, 72 l.

616. — Mgr le Duc de Beauvilliers : Une écuelle de Saxe à cartouche de fleurs naturelles, de 60 l.

617. Du 6. — Receu de Mme la Marq. de Pompadour en un mandement fur M. de Montmartel la fomme de 6,000 l., à compte de mes fournitures, dont j'ai laiffé un receu à M. Collin, qui ne fervira que d'un feul avec le préfent.

618. Du 7. — Mgr le Duc de Villeroy : Avoir fait teindre un bâton d'épine, l'avoir fait apprêter & mis une poignée d'or, 32 l.

619. Du 10. — Mme de Boulogne de Preninville : Un coffre de noyer à caiffons, garni d'étoffe, compofant un néceffaire, deffous la place des diamans & deux tiroirs, un pour les bijoux & un pour l'écritoire, 96 l. — Fourni une bouilloire, 8 l. — Deux pots à pommade de Saxe, 18 l.

620. Du 12. — M. Hébert : Un écran de bois rougi, fans tablette, garni en papier des Indes, fond blanc, 21 l.

621. Du 16. — Mme la Marq. de Pompadour : Deux commodes de trois pieds & demi, bâties de chêne, garnies de pieds, boutons & entrées dorés d'or moulu à 136 l. pièce, 280 l. — Quatre morceaux de porcelaine cé-

ladon, dont deux en forme de cornets & deux poiſſons, le tout garni en bronze doré d'or moulu, 3,600 l. — Le port, 3 l.
622. Du 17. — Mme la Cteſſe d'Egmont, douairière : Des vis payées à M. Nolau & envoyées à Braine, pour la ſomme de 15 l.
623. Du 19. — M. le Cte du Luc : Une commode de cinq pieds plaquée en vernis de Coromandel, garnie partout de bronze doré d'or moulu, le marbre d'Antin, 960 l. — Une lanterne & ſon chandelier, 132 l. — Un paravent à couliſſe, 72 l. — Une paire de bras en couleur, 4 l. — Le cordon de la lanterne. — Receu le même jour, 120 l.
624. Du 20. — Mlle La Noix : Un deſſous d'écuelle de porcelaine de Saxe en céladon & fleurs naturelles, 33 l.
625. — Mme de Boulogne : Le raccommodage d'une tabatière de lacq par Martin, où l'on a refait pluſieurs parties en reliefs, 10 l. — Deux vaſes de Vincennes avec des cercles de cuivre, faits en dedans pour porter des bouquets, 40 l. — Le raccommodage d'une grille que l'on a agrandie, repoli les fers, mis les bronzes en couleur, raccommodé une pincette qui étoit caſſée, 18 l.
626. — Mme la Vteſſe de Rochechouart : Le raccommodage de deux rochers de porcelaine ancienne avec des oiſeaux, dont on a recollé les branchages & rajouté des feuilles & fleurs de porcelaine aſſortiſſante, 30 l.
627. Du 23. — M. Marsollier : Une caiſſe de porcelaine de Saxe, 48 l.
628. Du 25. — Mme de Villemur : Avoir fait nettoyer une girandole & fourni trois bouquets de cuivre verni, garnis de fleurs de Vincennes, 96 l.
629. — S. A. Mme la Princeſſe de Rohan, douairière : Un luſtre de criſtal de Bohême, moyen, monté en lyre, à ſix branches, de 384 l. — Un cordon de ſoie de couleur de feu & blanc, 32 l.
630. — M. Marsollier : Une table plaquée en bois de roſe, garnie en bronze doré d'or moulu, dont le deſſus ſe lève, avec des couſſins & cornets argentés, 192 l.

631. Du 27.—M. Hébert : Un grand écran de bois rougi & poli, garni de papier des Indes à pagodes, avec une treffe de foie & le plomb, 36 l.

632. — Mgr le Duc de Beauvilliers : Un paravent à couliffe à quatre feuilles, 72 l.

Novembre.

633. Du 2. — Mme la Marq. de Pompadour : L'or & la façon d'une navette de lacq, un étui de rouffette garni d'or, 200 l.

634. — S. A. S. Mgr le Duc de Chartres : Pofé chez M. le Chevalier de Pont une commode de vernis de Coromandel de quatre pieds & demi, garnie d'ornemens dorés d'or moulu avec fon marbre d'Antin, 720 l.

635. — M. Timothée : Une grille de feu en bronze argenté, avec fes garnitures de pelle & pincettes, 102 l.

636. Du 4. — M. de Fontaine : Les toiles, façon & raccordage de 15 chaffis garnis en papier des Indes, 288 l. — Les ports à Madrid, 8 l.

637. Du 5. — Mme la Marq. de Pompadour : Avoir fait remettre à neuf fix paires de bras à double branche dorés d'or moulu, & fourni douze binets qui y manquoient & que l'on a fait dorer d'or moulu, 46 l.—Un feu de fer poli à vafe, avec fes pelle & pincettes pour l'antichambre du Roy, 120 l.

638. Du 6. — Mme Camuset : Avoir repoli un feu & verni les bronzes en couleur d'or moulu, 24 l.—Avoir dégarni un paravent à couliffe & fourni un des côtés en papier neuf, 18 l.

639. — M. Bouret d'Erigny : Un écran plaqué avec les chandeliers argentés, 33 l.

640. S. A. Mme la Princeffe de Rohan : Le nettoyage de trois luftres de Bohême, 9 l. — Une groffe grille à vafe, en couleur, avec les fers polis & garnitures (rendue). — Le port, 1 l.

641. — S. A. S. Mademoiselle : Deux tablettes d'encoignure en bois de cèdre, 45 l.

642. Du 10. — Mme la Ducheſſe de Brissac : Avoir démonté, nettoyé & remonté un luſtre à neuf, avec les port & rapport, 12 l.

643. Du 12. — S. M. le Roy : Par ordre de M. de Fontanieu, pour Choiſy, un paravent à ſix feuilles, de ſept pieds de haut ſur deux pieds de large, en papier des Indes des deux côtés, dont on m'a fourni les papiers, avec les équerres en bronze doré d'or moulu, 75 l. — Le port, 1 l.

644. Du 13. — Mme la Ducheſſe de Rohan, douairière : Avoir démonté une corbeille, nettoyé les bronzes à neuf & les fleurs, 7 l. — Avoir fait refaucer les bronzes d'un alambic, fait redreſſer la lampe d'argent & remettre auſſi à neuf.

645. — M. le Cte du Luc : Une grille de bronze doré d'or moulu, avec les recouvremens auſſi dorés, 530 l. — Des bras à deux branches dorés d'or moulu pour la chambre à coucher, 132 l. — Un luſtre de criſtal à lyre, à ſix branches, 288 l. — Le cordon en ſoie verte à deux houppes, 25 l.

646. Du 14. — Mme la Marq. de Pompadour : La journée de deux hommes qui ont eſté poſer les ſculptures des panneaux de l'entreſol, fourni des vis dorées, 13 l.

647. Du 19. — Mme la Marq. de Pompadour : Dix commodes bâties de chêne de quatre pieds, plaquées en bois ſatiné, avec les ferrures en cuivre, les pieds, boutons & entrées dorés d'or moulu, à 140 l., 1,400 l. — Dix tables à écrire, à tablette & tiroir, garnies de cornets argentés, plaquées en bois ſatiné, garnies de pieds, entrées & boutons dorés d'or moulu, 580 l. — Six tables de nuit plaquées en bois ſatiné, 132 l. — Une lanterne de glace à ſix pans, les montans à baguette, poſée dans l'antichambre du Roy avec ſon chandelier, 510 l. — Deux autres lanternes à montans ciſelés, en glace, à ſix pans, dont l'une pour l'eſcalier du Roy & l'autre pour le veſtibule, avec un chandelier à neuf branches, 1,520 l. — Les toiles, façon & collage des papiers de la garde-robe du Roy (12 panneaux), 54 l. — Les toiles & façon des joncs pour la garde-robe de

Madame (12 panneaux), 70 l. — Une petite grille à ornemens, pofée à l'entrefol, 120 l.

648. Du 20. — Mme la Marq. de Pompadour : Une lanterne de glace carrée, les montans argentés, garnie de branchages & fleurs d'oranger, 360 l. — Une lanterne plus petite, garnie d'œillets, 280 l. — Un luftre de cuivre à fix branches, 150 l. — Avoir fait accommoder une commode de vernis rouge, remis les bronzes à neuf & remonté, 134 l. — Avoir fait refaucer les bronzes d'une commode de lacq à plufieurs tiroirs, à quoi l'on a bouché les ouvertures des tiroirs d'en bas, fait revernir par Martin & fourni ferrures, anneaux & entrées, 80 l. — Fait nettoyer un petit cabinet & mis deux ferrures & entrées au tiroir d'en bas, 40 l.

649. Du 21. — Mme la Marq. de Pompadour : Quatre-vingt-huit plantes de cannetille de différentes grandeurs, garnies de fleurs de Vincennes affortiez à chaque plante, quatre boëtes. (Cet article eft écrit au 19 août avec les vafes pour Crécy.) — Une petite grille à bouquet en bronze doré d'or moulu, garnie de pelle & pincettes, 120 l. — Une autre petite grille à ornemens avec fes garnitures de pelle & pincettes. — Deux paires de grands bras à trois branches, dorés d'or moulu, pour la falle à manger, 2,000 l. — Deux paires de bras à trois branches, dorés d'or moulu, pour le grand cabinet du Roy, 830 l. — Avoir remis à neuf les bronzes d'un berceau & de deux cigognes, verni les plantes en vert & garni en fleurs de Vincennes, 48 l. — Avoir fait ofter l'or fur une garniture de porcelaine bleue de fept morceaux & mis les bronzes à neuf, 36 l.

650. Du 22. — Mme la Marq. de Pompadour : Une commode de lacq, à pagodes, garnie de bronze doré d'or moulu, les tiroirs doublés de fatin bordé d'or, de quatre pieds & demi, 2,400 l. — Une table à écrire de trois pieds de long plaquée en bois de rofe avec des fleurs & ornemens dorés d'or moulu, les cornets en argent, 890 l. — Une tablette d'encoignure à jour en bois de rofe, 30 l. — Une encoignure fans porte en bois de rofe à fleurs; avec chauffons & moulures, 290 l.

— Une table de nuit de même bois, avec moulures & portans dorés d'or moulu, 270 l. — Une paire de bras de fleurs de Vincennes à double branche pofés dans le cabinet du Roy, 550 l. — Deux autres paires à trois branches dont les tiges font dorées, pofées dans le grand cabinet du Roy, 2,000 l. — Deux paires à trois branches dans la chambre de Mme la Marquife, 1,900 l. — Une petite paire dans le cabinet de Madame; le tout garni de bobèches dorées, 520 l. — Une grande paire de bras à trois branches en fleurs de Vincennes, pofés dans la pièce d'affemblée, baffins de porcelaine & bobèches dorées, 1,440 l. — Un grand feu de bronze doré d'or moulu avec un vafe & une guirlande de fleurs, garni de recouvremens dorés d'or moulu, avec les pelle & pincettes (pièce de compagnie), 1,160 l. — Un autre feu avec des patiffiers, les recouvremens cifelés & dorés, dans la falle à manger, 900 l. — Un feu repréfentant Apollon & la Sybille, avec les recouvremens cifelés (chambre de Madame), 620 l. — Un feu repréfentant l'Amour & une Veftale qui garde le feu facré, avec recouvremens, pofé dans le grand cabinet du Roy, 920 l. — Un feu à ornemens & plantes dans la chambre du Roy. — Une grille moyenne à chenets dorés d'or moulu, avec fes garnitures, pofée chez M. d'Argenfon, 300 l. — Avoir coupé deux vieux feux, avoir refait des barreaux qui eftoient brûlés & avoir refaucé les bronzes en couleur d'or, 36 l. — Trois tables de nuit de noyer, avec un marbre, 40 l. — Trois autres de noyer, fans marbre, 18 l. — Une table de lacq à tiroir & à tablette, les cornets d'argent, 534 l.

651. Du 28. — Mme la Cteffe d'EGMONT, douairière : Deux pots pourris de terre des Indes montés en bronze doré d'or moulu, 288 l. — Une tabatière de cornaline, à deux tabacs, garniture en or émaillé, 1,152 l. — Une montre d'or & chaîne émaillée en relief; le mouvement de Joly, 1,700 l. — Deux brillans ajoutés aux refforts, 86 l. — Un cachet avec une tête, 80 l.

652. — M. BARRAU : Une table de mérifier, avec un marbre deffus, 11 l.

653.—Mme Dangé : Deux écrans de bois rougi & poli, garnis d'étoffe des Indes de 22 l. pièce, 44 l.

654. — M. de Roissy : Un luftre de criftal de Bohême à fix branches, monté en lyre, de 450 l. — Un cordon de foie cramoifi à deux houppes, 25 l.—Un feu avec un cornet de fleurs & les poupées en cuivre doré d'or moulu, les garnitures de pelle & pincettes, 450 l. — Deux paires de bras à trois branches en bronze doré d'or moulu, à 330 l., 660 l. — Les ports à quatre hommes, 3 l.

655. — Receu de Mme la Marq. de Pompadour, à compte, la fomme de 12,000 l. en un mandement de M. Collin fur M. de Montmartel, dont fourni quittance.

656. Du 30. — Mme la Marq. de Pompadour : Deux encoignures de lacq à oifeaux, garnies de bronze doré d'or moulu, fans marbre, 1,350 l.—Une paire de bras en couleur à deux branches, 12 l. — Trois tables de nuit fatinées, 66 l.—Les ports & journée d'un homme, 10 l. — Le fciage de 778 feuilles de bois fatiné, à 17 l. 10 s. le cent, 142 l. 8 s. 6 d.

Décembre.

657. Du 2. — M. le Marq. de Brancas : Une table de piquet en bois rougi & brifée, 27 l.

658. Du 3. — M. Bouret, fermier-général : Deux pots pourris de Saxe avec des enfans à côté fur les terraffes dorées d'or moulu, 600 l.

659. Du 4. — Mlle La Noix : Une terraffe dorée à neuf, repeint les branchages d'un pot pourri. — Le raccommodage d'un rouët & d'un vafe à fleurs, 30 l.

660. — Mme la Duchefse de Lauraguais : Un écran de bois rougi & poli, 16 l. — Raccommodage d'une boëte d'écaille, 3 l.

661. Du 5. — Receu de Mgr le Dauphin, pour folde de compte, la fomme de 5,262 l.

662. — M. de Roissy : Deux bronzes repréfentant des têtes, 72 l.

663. Du 8.—M. de Boulogne de Preninville : Avoir raccommodé un flacon de criftal de roche & une boëte à mouches, 4 l.

664. — M. le Marq. de Brancas : Une grille de bronze doré d'or moulu, avec des oifeaux peints, les pelle & pincettes, 120 l. — Une paire de bras affortis, 72 l. Les ports, 1 l.

665. — Mme la Cteffe d'Egmont, douairière : Une commode de 4 pieds garnie d'ornemens dorés d'or moulu, le marbre d'Alep, 420 l. — Des bras à fleurs, 72 l. — Des encoignures de bois violet, 192 l. — Les gradins, 54 l. — Une caffette de vernis, 60 l. — Les compartimens & le furtout, 108 l. — Les ports, 3 l. — Une fontaine, 36 l.

666. Du 11.—Mme la Marq. de Pompadour : Une caffette de lacq avec des coqs deffus, de 360 l. — La garniture de ladite caffette, 132 l. — Une boëte de lacq, fond aventurine avec un magot deffus, dans laquelle il y a neuf petites boëtes auffi de lacq, à rofettes, 192 l. — Deux finges de terre des Indes, 96 l. — Un bonnet chinois garni de fleurs, 60 l. — Une petite figure de Saxe jouant de la guitare, ajoutée fur un rocher, 20 l.

667.—M. Hebert : Un citron de Saxe fur fa foucoupe, avec une petite cuiller, 72 l. — Un petit vafe de Saxe avec des fleurs, 40 l. — Un pot à fucre en rofe, 24 l. — Un écran de mérifier, 15 l.

668. Du 12. — Mme Camuset : Une glace que l'on a ajuftée dans un plateau de deffert, 240 l.

669. Du 14. — Mme de Villemur : Deux terraffes faites pour des figures de Saxe, avec des branches de laiton vernies, garnies de rofes & giroflées de Vincennes, 240 l.

670. — Mlle La Noix : Un déjeuner en argent, les caraffes & le gobelet faits fur une affiette à fleurs, 68 l.

671. — S. A. Mme la Princeffe de Rohan, jeune : Un fucrier de Saxe à fleurs bleues, 108 l. — Deux corbeilles de Saxe à jour, 96 l. — Une figure de Saxe tenant un enfant, 120 l.

672. — Mlle La Noix : Une caiffe de Saxe garnie de fleurs de Vincennes, 264 l. — Un cabaret de fix taffes, pot à fucre & théière, fond vert à fleurs d'or, au retour d'une autre de 120 l., 96 l. — Deux taffes en camayeu gris de lin, à figures, 54 l. — Un cabaret à anfe à contours, aventurine, 27 l.

673. — M. Pallu : Un petit chien de Saxe fur un couffin, 12 l.

674. Du 15. — M. de Roissy : Un cabaret de gobelets de Saxe verts à contours, miniatures, & fleurs, le pot à fucre, théière & plateau, 408 l. — Une table à écrire garnie de bronze doré d'or moulu, plaquée à fleurs, garnie en velours, de 288 l. (rendue).

475. Du 16. — M. de Roissy : Deux cabarets à une taffe à anfe, en vert & rouge poli, 36 l. — Un flacon, 2 l.

676. — Mme la Marq. de Pompadour : Deux grands vafes de porcelaine bleue à rofeaux, en forme de feaux carrés, garnis & doublés de bronze doré d'or moulu, 1,920 l. — Un vafe vert, garni, à confole, 720 l. — Les ports à Bellevue, 6 l. — Deux figures de Saxe repréfentant des Malabares, avec leurs terraffes dorées, 600 l.

677. Du 17. — Mgr le Duc de Rohan : Un fecrétaire plaqué en bois d'amaranthe, contourné de tous fens, avec les ornemens dorés d'or moulu, 240 l. — Le port, 1 l.

678. — S. M. le Roy : Un fecrétaire d'ancien lacq de trois pieds de long, garni partout en bronze doré d'or moulu, 1,800 l. — Deux buires de porcelaine bleu-célefte garnies en bronze doré d'or moulu, 600 l. — Les ports de Choify & Verfailles, 30 l.

679. — Mme la Marq. de Pompadour : Deux vafes de porcelaine truittée en forme de pot pourri, garnis en bronze doré d'or moulu, 1,200 l. — Le port à Bellevue, 3 l.

680. — M. Ducrolay : Un deffus de boëte d'ancien lacq, à oifeaux, 36 l.

681. — Mme la Marq. de Pompadour : Les réparations faites à 17 commodes & douze tables à écrire, rétabli

le tout à neuf, remis tous les bronzes en couleur, fourni les pièces qui y manquoient, 200 l.

682. Du 20. — S. M. le Roy doit une boëte de lacq à quatre tabacs, fond d'or, la garniture émaillée, de 60 louis, 1,440 l.

683. Du 21. — M. Duperron : Un luftre de Bohême à fix branches, monté à confoles, de 220 l. — Le cordon de foie cramoifi, 18 l. — Les ports, 2 l.

684. — Mme la Marq. de Pompadour : La monture en or à gorge d'une tabatière de lacq ovale, fond noir à pagodes, 140 l. — Un carroffe à quatre roues, payé, 150 l.

685. Du 22. — M. Hébert : Un citron de Saxe tenant à la foucoupe, 72 l. — Un vafe de Saxe avec des fleurs, 40 l. — Un pot à fucre en rofe, 24 l.

686. — M. de Boulogne : Une pagode d'un finge avec fon petit, 300 l. — Deux pots pourris de terre finguliere montés en or moulu, 312 l. — Deux boëtes des Indes vernies en vert, de 24 l.

687. Du 23. — Mme la Ducheffe de Lauraguais : Deux terrines de Saxe ovales avec des fleurs naturelles, 312 l.

688. — M. de Genssin : Un groupe d'enfans avec un bouc fur un pied en bronze doré d'or moulu, orné de petits enfans & d'une guirlande, 720 l.

689. — M. Hébert : Deux cabarets la Chine à 30 l. pièce, 60 l. — Deux girandoles à trois branches fur des cygnes de Saxe.

690. — M. de Boulogne : Une pendule fur une figure & un mouton de Saxe, le mouvement à fonnerie & huit jours, 480 l.

691. — Mme la Marq. de Pompadour : Deux tables de nuit plaquées en bois fatiné, 55 l. — Une table de nuit plaquée à fleurs, garnie en bronze doré d'or moulu, 270 l. — Un couteau de toilette à manche de lacq, la garniture & lame en or, 108 l.

692. Du 26. — Mme la Ducheffe de La Vallière : Un fecrétaire plaqué en bois fatiné, le dedans à fleurs, garni en bronze doré d'or moulu, garni de velours & les tiroirs doublés, 360 l.

693. — Mme Rouillé : Une petite table plaquée à fleurs,

avec trois tablettes, le tiroir garni, avec des bronzes dorés d'or moulu, 216 l.

694. — Mgr le Maréchal de Richelieu : Un pot pourri de Saxe à figures, garni, 144 l. — Deux chandeliers à une branche, à petites figures de Saxe, 288 l. — Une pagode double, en carton, 168 l. — Deux pots pourris verts à fleurs, 144 l. — Deux magots d'ancien blanc, 48 l. — Deux foucoupes ovales céladon uni, 48 l. — Deux bouteilles céladon anciennes, 168 l. — Receu à compte, 504 l.

695. — Mme la Ducheffe de Rohan : Un groupe de finges en pagodes remuant la tête, 336 l. — Un rocher de pierre de lard, 216 l.

696. Du 28. — Mme la Marq. de Pompadour : La garniture en or à gorge & charnière d'une boëte de lacq à pans, 146 l. — Idem d'une à contours, à deux charnières, 132 l. — Idem d'une ovale avec des oifeaux, 132 l. — Idem d'une pareille. — Un petit bras à deux branches & fleurs de Vincennes, avec une figure de Saxe, pofé dans la garde-robe du Roy, 195 l. — Un autre petit bras auffi à deux branches, garni de fleurs, avec une figure pour la garde-robe de Madame, 204 l. — La garniture de deux bouteilles grifes & bleues, cercles & bonnets dorés d'or moulu, 30 l. — Le port à Bellevue.

697. — M. de Boulogne : Un petit pot pourri de Saxe avec des moutons, garni en bronze, 108 l. — Un petit bronze avec une terraffe dorée, 108 l. — Une petite écuelle céladon à cartouches, 48 l. — Deux petits chiens de Saxe, 12 l. — Une petite figure de Saxe, 9 l.

698. — M. de Boulogne, Intendant de finances : Une table en forme de bureau, garnie en bronze doré d'or moulu, de 36 louis, 864 l.

699. Du 29. — M. de Roissy : Une fontaine bleue avec des oifeaux de Vincennes, garnie en bronze doré d'or moulu, 216 l.

700. Du 30. — M. de Calabre, jeune : Une paire de bras à deux branches, vernis en rofe & blanc, 84 l. —

Un cabaret verni avec deux taſſes, pot à ſucre & théière de Saxe, 96 l.

701. — M. le Marq. de BRANCAS : Deux petits pots pourris de Saxe, avec des enfans à côté, de 36 l. pièce, 72 l.

702. — M. de BOULOGNE : Deux Saiſons de Saxe ſur pieds, de 48 l.

703. — M. de ROISSY : Deux pagodes du Japon habillées en étoffe, ſur leurs pieds vernis, 144 l.

704. — Mme la Marq. de POMPADOUR : Deux vaſes de porcelaine des Indes à jour, à huit pans, garnis en bronze doré d'or moulu, 1,200 l. — Un couteau de toilette à manche de lacq, la lame & garniture en or, 108 l.

705. — S. M. le ROY : La ferrure d'une caſſette & clef ciſelée, avec l'étui en maroquin rouge, 180 l.

706. Du 31. — S. A. S. MADEMOISELLE : Avoir ajuſté une vieille garniture ſur un pot de porcelaine & l'avoir redorée, 17 l. — Une glace à biſeau pour une pendule, 3 l.

707. — Mme la Marq. de BEUVRON : Un cabaret à anſe verni, à contours, avec deux taſſes & ſoucoupes de Saxe, auſſi à contours, 52 l.

708. — M. RICHARD, Receveur général : Une toilette en mériſier avec tous ſes attributs, 120 l. — Une table à deſſus qui ſe lève, en bois ſatiné, 48 l. — Quatre petites taſſes de Saxe & pot à ſucre ſur un plateau la Chine, de 138 l.

709. — M. de LA POPELINIÈRE, fermier-général : Une table à fleurs, garnie en bronze doré d'or moulu, de 288 l.

710. — S. A. Mme la Cteſſe de MARSAN : Un plateau de deſſert à contours, argenté, avec la glace ; ſur quoi une corbeille de Saxe ſoutenue de quatre cygnes, avec la monture argentée, ſix petites figures de Saxe & ſix vaſes de Vincennes, avec la boëte, 360 l.

711. — Mme de CALABRE : Un plateau de lacq aventurine à rebord & quatre gobelets de Saxe à côtes, en vert à fleurs & miniatures, 216 l. — Une petit plateau de Saxe en camayeu bleu, & ſix taſſes à liqueur, 132 l.

— Une petite écuelle couverte, en bleu, 33 l. — Deux grands gobelets de Saxe à contours, 40 l. — Un grand cabaret la Chine en rouge, 18 l.

712. — M. de BOULOGNE : Un broc de Saxe à fleurs, 33 l. — Un gobelet à foucoupe de Saxe, 12 l. — Un plateau la Chine, 6 l. — Une figure de Saxe repréfentant Polichinelle, 33 l.

713. — M. TROUARD : Une agathe arborifée & la monture entourée de ladite bague, 156 l.

Janvier 1751.

714. Du 7. — Mme PRÉVÔT : Une paire de girandoles à trois branches & terraffes dorées d'or moulu, fur des groupes de Saxe en hauteur, 960 l.

715. Du 11. — Mme la Marq. de POMPADOUR : Une paire de bras à double branche en cuivre verni, garnie de fleurs de Vincennes, pour le cabinet de Verfailles, 560 l. — Deux cadres de bois de cèdre avec des verres blancs pour deux deffins, 6 l. — Le port à Verfailles, 5 l. — Avoir fait repolir à neuf une tabatière d'or émaillé, 7 l. 10 s. — Avoir regratté & poli à neuf une écritoire de rouffette, fait doubler le dedans en moire d'argent & remis les galons à neuf, 22 l.

716. Du 13. — Mgr le Cte d'EGMONT : Une commode de quatre pieds, garnie, 288 l. — Un bras à double branche, doré, de 180 l. — Un cabaret verni, quatre taffes, pot à fucre & théière, 126 l. — Une écuelle de Saxe à fleurs, 108 l. — Un pot à l'eau de Saxe, garni en vermeil, dans fa jatte à contours, 96 l. — Deux feaux de Saxe, 108 l. — Un pot pourri de Vincennes, 48 l.

777. Du 17. — Mgr le Duc de VILLEROY : Une paire de bras à double branche, à feuillage verni & fleurs, 72 l. — Deux figures jouant de la cornemufe, 160 l.

718. — Mme la Marq. de POMPADOUR : Une table à écrire plaquée en bois de rofe, garnie de pieds, chûtes, entrées & boutons dorés d'or moulu, le deffus, la tablette & les porte-chandeliers en velours, 192 l. — Les

cornets, cuvette & poudrier en argent, 120 l. — Le port à Marigny, 21 l.

719. — M. le Marq. de VOYER : Un vafe de porcelaine céladon, 960 l.

720. Du 21. — M. de NANTOUILLET : Un luftre de criftal de Bohême à fix branches & tige découverte, 324 l.

721 — Mgr le Duc de ROHAN : Un petit luftre de Bohême à fix branches, monté à confoles, 288 l.

722. Du 23. — Mme la Marq. de POMPADOUR : Un luftre de criftal de Bohême monté en lyre, à huit branches, de 550 l. — Le port à Verfailles, 10 l.

723. Du 25. — Mme la Marq. de POMPADOUR : Les toiles & façon de fix petits panneaux en papier tiffu, pour la garde-robe des bains, le port, pofage & vis, 32 l.

724. Du 26. — Mme la Marq. de POMPADOUR : Un feu en bronze doré d'or moulu repréfentant une poule & des pigeons, les poupées dorées, avec fes garnitures de pelle & pincettes, pour la chambre des bains, 726 l.— Un autre feu repréfentant l'Amour & Pfyché, avec les poupées dorées (chambre du Roy), 970 l. — Une autre grille repréfentant des enfans chaffeurs & poupées dorées (cabinet du Roy), 503 l. — Un autre feu repréfentant un berger & une bergère avec les attributs de chiens & moutons, les poupées dorées, avec fes garnitures, pour l'entrefol, 562 l. — Les ports à Bellevue, 15 l. — Une caffolette, vafe & lampe d'argent, la terraffe dorée d'or moulu, avec un morceau de porcelaine ancienne, 210 l. — La garniture de deux bouteilles de porcelaine verte dorée d'or moulu, 55 l.

725. Du 28. — Mme la Ducheffe de BRISSAC : Une table de bois de noyer, avec trois tiroirs & une armoire à côté, 72 l. — Port à l'hôtel, 1 l.

726. — Mme CAMUSET : Avoir raccommodé un paravent ; fourni un côté en papier neuf, 21 l. — Un écran regarni en papier neuf, 5 l.

727. Du 29. — Receu de Mme la Marq. de POMPADOUR,

en un mandement de M. Collin fur M. de Montmartel, dont j'ai fourni la quittance, la fomme de 9,000 l.

Février.

728. Du 4. — Mme la Marq. de Pompadour : Acheté au Louvre un cabinet de cèdre, 51 l. — Payé les ports à Bellevue, 15 l. — Douze plumets, 12 l.

729. Du 10. — Mme la Marq. de Pompadour : Une grille à figures en bronze doré d'or moulu, pofée chez M. de Gontaut, avec fes pelle & pincettes, 305 l. — Une autre grille à ornemens pofée dans la bibliothèque, avec fes garnitures. — Une table de nuit en bois fatiné. — Les ports & la journée d'un homme, 8 l. — Six plumets, 6 l.

730. Du 12. — M. Richard, Receveur général des finances : Deux groupes de Saxe repréfentant les Saifons, 330 l. — Receu un bronze; Idem, un petit pot pourri d'argent, 192 l.

731. Du 16. — Receu de Mlle La Noix en une pendule vendue à Mgr le Comte d'Egmont, la fomme de 264 l.

732. Du 16. — Mgr le Cte d'Egmont : Une table de nuit plaquée en bois fatiné, avec fes marbres de brèche d'Alep, 48 l. — Une tablette plaquée à jour, 24 l. — Un gobelet à lait fur fa foucoupe, 72 l. — Un petit pot pourri de vernis, 36 l. — Deux corbeilles de Saxe à jour, 96 l. — Deux pots à pommade de Saxe, 18 l. — Deux pagodes de porcelaine ancienne, 36 l. — Quatre autres à 9 l. pièce, 36 l. — Trois tablettes de marbre pofées dans la garde-robe, 45 l.

733. — M. le Cte du Luc : Deux feaux de Vincennes à demi-bouteilles, 96 l. — Un pot de chambre à miniature, 84 l. — Deux falières en bâteau, 66 l. — Deux feuilles en plateau, à 36 l., 72 l. — Une grande corbeille de Saxe à jour, 120 l. — Deux petites rondes, 96 l. — Deux girandoles à trois branches, dorées d'or moulu, 168 l.

734. — M. Pierre La Fresnaye : Un pot à tabac de Saxe, à fleurs, 30 l.

735. Du 19.—M. l'abbé de Voigny : Un luftre de criftal de Bohême à fix branches, monté en lyre, 264 l. — Le cordon en foie cramoifi, 24 l. — Receu à compte le même jour, 192 l.

736. — Mme la Marq. de Pompadour : Les toiles, collage de fept petits panneaux pour le n°..., 24 l. —Les ports, 3 l.

737. — M. Timothée : Une paire de bras à fleurs blanches, vernis en bleu, 72 l.

738. — M. le Premier : Avoir refait les charnières d'un paravent des Indes, 6 l.

739. — M. le Cte du Luc : Une paire de bras à trois branches, dorés d'or moulu, 330 l.

Mars.

740. Du 1ᵉʳ. — Mgr le Cte d'Egmont : Un luftre de criftaux de Bohême monté en lyre, uni, à fix branches, 440 l. — Un cordon à fix houppes de foie mêlée, 30 l. — Un feu de bronze doré d'or moulu, avec fes garnitures de pelles, 300 l. —Une paire de bras à trois branches en bronze doré d'or moulu, 340 l. —Une paire de girandoles à terraffe & trois branches de bronze doré d'or moulu, fur des cygnes de Saxe, 720 l. — Deux figures de Saxe repréfentant des Malabares, fur leurs terraffes dorées d'or moulu, 600 l. — Un pot pourri de Saxe fur des oifeaux, 168 l. — Deux vafes de Vincennes, avec des branchages de fleurs d'oranger & boutons d'or, 144 l. — Deux feaux de Saxe à une anfe, 72 l. — Un petit pot pourri de Saxe, monté à branchage doré d'or moulu, avec des moutons, 108 l. — Deux oifeaux de Saxe, 24 l. — Un cabaret en vernis rouge & vert, fix taffes & foucoupes vertes à cartouches, le pot à fucre & théière, 160 l.

741. Du 2. — Mgr le Duc de Villeroy : Un feu de bronze cifelé, en couleur & verni, avec fes garnitures de pelle & pincettes, 150 l. — Une paire de bras cifelés & en couleur, avec les binets, 96 l. — Le port à l'hôtel, 2 l.

742. — M. Ducrolay : Une boëte de lacq carrée, fond aventurine & couleur de bois, 96 l.

743. — Mgr le Duc de Rohan : Deux pots pourris de porcelaine, bleu & blanc, percés, avec deux boutons argentés, 24 l.

744. — M. de Cury : Un coffre de noyer avec ferrure & bande de cuivre poli, 27 l.

745. Du 5. — M. le Cte du Luc : Trois panneaux formant un petit cabinet en papier des Indes, fond blanc, avec les moulures vernies en vert, 150 l.

746. Mgr le Duc de Villeroy : Une commode bâtie de chêne, de cinq pieds, plaquée en amaranthe, garnie de bronze en couleur & verni, le marbre de Flandre. — Une autre commode de même bois & garniture, le marbre de Flandre. — Deux tableaux, fujets d'Oudry, 300 l. — Les ports, 6 l.

747. Du 6. — M. Louis L'Héritier : Une paire de bras moyens, en bronze doré d'or moulu, 110 l.

748. — M. de Cury : Une taffe de Saxe à quoi on a coupé l'anse, 6 l.

749. Du 8. — Mgr le Cte d'Egmont : Deux armoires d'encoignure plaquées en bois fatiné à fleurs, garnies de pieds & filets dorés d'or moulu, 245 l.

750. Du 9. — Mme la Ducheffe de Lauraguais : Une tabatière de lacq, à trois tabacs, la garniture émaillée, 1,344 l. — Sur quoi receu une boëte d'or, de 538 l. — Plus en argent, 360 l. — Refte, 446 l.

751. — Mme la Marq. de Pompadour : Un vafe d'ancienne porcelaine truittée à jour, garni & doublé de bronze doré d'or moulu, 480 l. — En avoir demonté un pareil, remis les bronzes à neuf & le port à Verfailles, 12 l. (Dernier article du mémoire fourni, 53,199 l. 11 s. 6 d.)

752. — Mme la Marq. de Brignolles : Un garde-vue de Saxe, monté en or moulu, avec des fleurs de Vincennes, 312 l. — Deux girandoles fur des Saifons de Saxe, à deux branches en or moulu, 240 l. — Deux pots pourris de deux citrons à charnières, avec des oifeaux à côté, garnis en or moulu, 384 l. — Une pendule fur

un Maure de Saxe, la garniture dorée d'or moulu, le mouvement fimple de Le Noir, 384 l. — Une petite table.

753. Du 10. — M. le Duc d'AIGUILLON : Six binets argentés, 7 l. 10 s.

754. Du 14. — Mme la Ducheffe de LAURAGUAIS : Un écran de bois rougi & poli, garni en papier des Indes, 16 l.

755. — Receu de Mme la Marq. de POMPADOUR la fomme de 6,000 l. fur M. de Montmartel, à compte, dont j'ai remis la quittance à M. Collin.

756. — M. de CAZE, fermier général : Le raccommodage d'un écran que l'on a refait en entier en papier fond blanc, 7 l.

757. Du 15. — Mgr le Cte d'EGMONT : Deux figures de Saxe jouant de la cornemufe & mufette, 336 l. — Une boule de criftal, 2 l. — Repris deux pots pourris de terre des Indes, montés en bronze doré d'or moulu, 240 l.

758. Du 17. — Mme la Marq. de POMPADOUR : Un voyage fait à Vincennes & le port & rapport de porcelaines à Verfailles, 8 l.

759. — M. de BOULOGNE : Le raccommodage d'une table où l'on a refait un chaffis & garni à neuf, 8 l.

760. — Mgr le Duc de TALLARD : Un vafe à pans d'ancienne porcelaine la Chine, 48 l.

761. Du 23. — Mme la Cteffe de ROCHEFORT : Six taffes & foucoupes de Saxe à grains d'orge et cartouches de fleurs à 16 l., 96 l. — Le pot à fucre & théière, 51 l. — Le cabaret, 30 l. — La caiffe & emballage, 3 l.

762. Du 26. — M. le Cte d'EGMONT : Une paire de bras à trois branches, en bronze doré d'or moulu, avec les binets, 340 l.

763. Du 29. — M. de VALLEROCHE : Une paire de bras à double branche, vernis, à fleurs, 72 l.

764. Du 31. — M. le Cte du LUC : Une chaîne d'or à trois rangs pour montre, 228 l. — Receu le même jour, 240 l.

Avril.

765. Du 1ᵉʳ. — M. le Cte de Lorge : Deux paires de petits bras à une branche, en vernis blanc & bleu, à fleurs, à 36 l., 72 l. — Receu le même jour, 48 l.

766. — Mlle La Noix : Un faladier de porcelaine de Saxe à deffins gauffrés & fleurs naturelles, 36 l.

767. — Mgr le Duc de Tallard : Une urne d'ancienne porcelaine, blanc & bleu, à broderies, garnie en bronze doré d'or moulu, 360 l.

768. Du 3. — M. le Cte du Luc : Quatre tables de nuit de noyer à deux marbres. — Un broc de Saxe, 27 l. — Receu le même jour, 48 l.

769. Du 7. — M. le Cte du Luc : Un faladier de Saxe, à bord d'ofier, peint à fleurs, 36 l. — Receu, 48 l.

770. Du 9. — Mgr le Duc de Rohan : Deux paires de bras à double branche, compofés de plantes de laiton verni, garnis de fleurs de Vincennes, avec les binets dorés d'or moulu.

771. — M. le Cte du Luc : Un pot de chambre de Saxe à fleurs, 24 l. — Un de Chantilly, 10 l. — Quatre de la Chine en blanc & bleu, 15 l. — Deux caraffes de criftal.

772. — M. de Roissy : Dix panneaux de différentes grandeurs, garnis en toile & papier des Indes, fond blanc à fleurs, avec les façons, 288 l. — Deux encoignures de Coromandel, garnies en bronze doré d'or moulu, marbre d'Antin, 650 l. — Une paire de bras à deux branches, dorés d'or moulu, 120 l. — Un feu doré, 140 l.

773. — Mme la Marq. de Pompadour : Le port à Verfailles de 36 feaux de porcelaine de Vincennes, 5 l.

774. Du 10. — M. de Roissy : Un luftre de criftal de Bohême à fix branches, monté en lyre, de 288 l. — Le cordon de foie à deux houppes, mêlé, 27 l. — Les ports, 6 l.

775. — Mme la Marq. de Pompadour : Les toiles, collage & façon de douze petits panneaux en papier

des Indes pour le n° 2 & le n° 3, 68 l. — Les ports à Bellevue, 3 l.

776. Du 14. — S. A. S. Mademoiselle : Une petite armoire compofée de tiroirs, dont deux font doublés d'étoffe, le tout plaqué partout de bois violet, 160 l.

777. — Mlle La Noix : Le raccommodage de deux groupes de Saxe vernis à neuf, 12 l.

778. Du 16. — M. le Cte de Lorge : Deux deffus de porte de figures des Indes à relief, 54 l.

779. Du 16. — Mme la Marq. de Pompadour : Une lanterne à fix pans, en bronze doré d'or moulu, de quatre pieds & demi de haut fur 30 pouces de diamètre, garnie de fes glaces & chandelier, 4,300 l. — Les ports de fix hommes & la journée d'un qui y eft refté, 26 l. — Un luftre de bronze à fix branches pofé dans la falle de MM. les Officiers, 150 l.

780. Du 19. — Mme la Marq. de Pompadour : Une table de nuit plaquée qui n'eft point comprife fur le mémoire fourni, 22 l. — Une armoire d'encoignure en vernis de Coromandel pour la garde-robe du rez-de-chauffée, 48 l. — Le port & la journée de deux hommes qui ont pofé & nettoyé les bras, luftre de criftal & encoignures, 10 l. — Deux tiroirs faits pour la chambre du Roy, revêtus de lacq & moulures dorées, 48 l.

781. Du 20 & 21. — Mme la Marq. de Pompadour : Les toiles, collage & façon de cinq panneaux en papier tiffu (garde-robe d'en bas), agrandis de deux côtés, 40 l. — Une lanterne de glace prêtée pour le voyage. — Les ports & la journée d'un homme, 8 l.

782. Du 21. — Receu de Mme la Marq. de Pompadour, à compte, la fomme de douze mille livres en un mandement fur M. de Montmartel, dont j'ai fourni une quittance à M. Collin.

783. — Mme la Marq. de Coëtlogon : Un cornet de cuivre poli à foupape, 6 l.

784. — M. le Cte du Luc : Une table de piquet & une de quadrille brifée, en bois rougi & poli, 48 l. — Une table de nuit de bois fatiné & les marbres en griotte d'Italie, 54 l. — Une table de bois citron avec

un marbre deſſus, une tablette & cornets argentés, 66 l. — Quatre miroirs de toilette, 51 l. — Une commode de quatre pieds de hauteur, à trois tiroirs plaqués, les pieds, boutons & entrées dorés d'or moulu, avec le marbre, 220 l. — Un feu d'un très-gros vaſe, ciſelé, en couleur & verni, avec les garnitures, 272 l. — Deux pots de chambre de Chantilly, 20 l. — Un grand broc, 32 l.

785. Du 22. — M. le Cte du Luc : Trois bouilloires de cuivre des Indes, une du n° 9 & deux n° 5, 29 l. — Pour le papier, paille & ficelle, 3 l. — Une voiture à Savigny, 14 l. — La journée d'un homme qui a conduit & chargé la voiture, 3 l.

786. Du 25. — Mme la Marq. de Pompadour : Un groupe de Saxe repréſentant l'Été & l'Automne ſur une terraſſe dorée d'or moulu, ornée de quatre figures aux coins & d'une guirlande de petites fleurs de Vincennes, 720 l. — Port à Bellevue & rapport de porcelaines à Paris, 5 l. — Un pot à pommade de Saxe à miniatures (rendu).

787. Du 26. — M. le Cte du Luc : Quatre taſſes & ſoucoupes de Saxe, en artichaut, à fleurs naturelles, 76 l.

788. — Receu de S. A. S. Mademoiselle la ſomme de 240 l., à compte, fourni un receu à M. Babel.

789. Du 28. — M. Bouret d'Erigny : Avoir refait un ſerre-papier que l'on a garni de bronze doré d'or moulu, fait auſſi remettre la pendule à neuf & nettoyer le mouvement, 105 l.

790. — Mme la Marq. de Pignatelli : Le raccommodage d'une montre & chaîne émaillée, réparé le mouvement & fait un étui de rouſſette verte uſée, 54 l.

791. Du 29. — S. M. le Roy : Livré à Mme d'Eſtrades, pour Madame, une boëte de lacq carrée, noir & or, le dedans aventurine, la garniture en or, la clef ciſelée, avec un compartiment d'étoffe, 408 l.

792. Du 30. — Mgr le Duc de Tallard : Une gaine de marbre de deux eſpèces, à contours, 156 l. — Receu à compte ſur une urne, 168 l.

793. — M. de Genssin : Trois paires de bras à double

AVRIL 1751. 83

branche, vernis, garnis en fleurs de Vincennes de toute efpèce, les baffins en porcelaine, les binets dorés, à différens prix les trois paires, 2,015 l.

Mai.

794. Du 3. — Receu de la fucceffion de M. le Duc de Mortemar, par les mains de M. Laideguive, la fomme de 788 l. 10 s., à compte.
795. — Mme la Ducheffe de Lauraguais : Le raccommodage de deux bouquets de fleurs de Vincennes, repeint les branchages & fourni des fleurs qui manquoient, 48 l.
796. — Mlle La Noix : Le nettoyage de fes glaces & luftres, 6 l.
797. Du 5. — Mme la Marq. de Pompadour : Une petite boëte de lacq, veinée en noir & brun, garnie & doublée d'or, les moulures gravées, 372 l.
798. — M. le Cte du Luc : Une bouilloire, forme angloife du n° 5 (rendue).
799. — M. de Thiers : Le nettoyage des luftres & des girandoles, 22 l. — Fourni une pièce de criftal, 8 l.
800. Du 7. — Mme la Marq. de Pompadour : La journée d'un homme qui a aidé à déménager les appartemens, 5 l.
801. Du 8. — M. de Presle : Un vafe en forme de pot pourri à confole, de porcelaine de Perfe bleue & violette, 312 l.
802. — S. M. le Roy : Une paire de girandoles à terraffe & branchages dorés d'or moulu, garnies de fleurs, fur des figures de Saxe jouant de la vielle & mufette, 288 l.—Une autre paire montée de même fur des bouvreuils, 264 l. — Une paire fur des chardonnerets de Saxe, montée en bronze doré d'or moulu, 216 l.—Une autre paire fur des Saifons de Saxe, la terraffe & bobèches dorées, les branchages vernis, 132 l. — Le port & frais à Marly, 18 l.
803. — M. le Cte du Luc : Avoir fait augmenter une chaîne d'or de trois chaînons, 20 l. — Un pot à pom-

F 2

made de Saxe à miniatures, 36 l. — Receu le même jour, 48 l.

804. — Mme de Castelmoron : Une petite table, à tablette & tiroir, plaquée en bois fatiné, de 30 l.

805. Du 14. — S. M. le Roy : Une boëte à parfiler en lacq aventurine & or, garnie d'entrées & charnières d'or, avec le compartiment d'étoffe (Mme Adélaïde), 365 l.

806. — Mme la Marq. de Pompadour : Un étui de pièces d'agathe avec fes pièces, garni en or, de 17 louis, 408 l. — Un flacon de criftal couvert & bouché d'or, 168 l. — Une petite bouteille d'or émaillé, de 60 l. — Deux œufs, un en jafpe, l'autre en agathe, garnis & couverts d'or cifelé à 168 l., 336 l. — Un petit flacon couvert d'or, 60 l. — Un petit œuf de jafpe couvert d'or, 60 l. — Quatre petites cages d'or avec un oifeau émaillé dans chacune à 60 l., 240 l.

807. — M. le Cte du Luc : Deux vafes de Saxe pour mettre des fleurs, de 120 l.

808. Du 15. — Mme la Marq. de Pompadour : La journée d'un homme qui a efté à Bellevue charger deux commodes & marbres pour Crécy, conduits à Verfailles, 5 l. — Quatre plumets pour Crécy, envoyés à Mme Duhal, 4 l.

809. — S. A. S. Mademoiselle : Pour avoir rétabli deux tablettes d'encoignure en bois & avoir replaqué les épaiffeurs, 13 l.

810. Du 16. — M. le Cte du Luc : Un feu de bronze cifelé, en couleur & vernis, avec fa garniture de pelle, pincettes & tenailles, 168 l.

811. Du 19. — S. M. le Roy : Une boëte à parfiler de lacq aventurine à médaille, garnie d'or & clef cifelée, avec un compartiment d'étoffe (Mme Victoire), 365 l.

812. Du 21. — M. de Cury : Une petite table à écrire, plaquée en bois violet, avec fes cornets argentés, 48 l.

813. — M. Roussel : Une paire de bras à deux branches, à fleurs, 72 l. — Une autre paire à une branche plus forte qu'à l'ordinaire, 42 l.

814. — Mme la Marq. de Pompadour : Un flacon de cristal pour la garde-robe de Marly, 2 l.
815. Du 24. — Mme de Castelmoron : Un lustre de Bohême monté en lyre, à six branches, 288 l. — Le cordon de soie cramoisie à deux houppes, 25 l. 10 s. — Le port, 2 l.
816. — M. de Genssin : Les fleurs de Vincennes & réparations refaites à un lustre, port & rapport, 168 l.
817. Du 25. — Mme de Briolley : Six anneaux de sonnette dorés, 9 l.
818. — Mme de Vernouillet : Pour réparation faite à un dessus de garde-vue en vert & or, payé à M. Martin, 12 l.
819. Du 28.—Mme de Preninville : Une bibliothèque de bois citron faite en cul de lampe, garnie en satin vert, 64 l.
820. — M. de Presle : Un vase violet & blanc, garni en bronze doré d'or moulu, 120 l. — Deux petits rouleaux de terre grise peints en cartes géographiques, garnis de cercles dorés, 72 l. (rendus).
821. Du 29. — M. Bentabole : Une cave de vernis rouge, garnie de flacons, gobelets & soucoupes en vermeil, 54 l.
822. — M. Molinié : Quarante évantails de la Chine à 24 s.
823. — Mme Dangé : Une table de bois citron avec un marbre dessus, avec tablette & écritoire, 48 l.
824. — M. Marcel : Une boule de cristal de Bohême pour son lustre, 2 l.

Juin.

825. Du 2. — M. de Boulogne, intendant des finances : Une table à écrire en forme de bureau, plaquée en différens bois des Indes, garnie partout de bronze doré d'or moulu, 864 l.
826. — M. de Genssin : Une guirlande de fleurs pour un cordon de lustre, 27 l. — Avoir repeint des bras à neuf, 13 l.

827. Du 4. — S. A. S. Mademoiselle : Une petite toilette plaquée à mofaïque de différens bois des Indes. — Quatre flacons de criftal, 5 l.

828. — Mgr le Maréchal de Richelieu : Un pot pourri ancien, très-fingulier, de 600 l. — Une pagode grife, même efpèce, 216 l. — Une feuille de papier la Chine avec une figure, 48 l. — Une autre feuille repréfentant des boëtes & armoires, 24 l.

829. — M. Bazin : Trois cabarets en vernis poli, à anfes, 57 l.

830. Du 7. — Mme la Marq. de Pompadour : Un luftre en forme de treillage peint & doré d'or moulu, à fix branches, avec des figures de Saxe & une pyramide de criftal de roche, formant le jet d'eau, garni partout en fleurs de Vincennes (cabinet du Roy à Crécy), 1,260 l. — Une paire de bras à double branche, vernis, garnis de fleurs de Vincennes, les bobèches dorées d'or moulu, les baffins de porcelaine, 490 l. — Le voyage & port à Crécy, 132 l. — Donné aux crocheteurs par ordre, 12 l.

831. Du 10. — Mme la Ducheffe de Brancas, douairière : Une tabatière de lacq veinée, montée en cage & doublée d'or, 840 l.

832. — Mme la Marq. de Pompadour : Le port à Verfailles de deux panneaux de papier des Indes, pour effayer en place, 5 l.

833. Du 11. — Mme la Marq. de Pompadour : Une pendule fur un groupe de porcelaine de Saxe, montée de terraffe & branchages dorés d'or moulu, les fleurs de Vincennes, le mouvement fimple, 490 l. — Un pot à tabac de porcelaine de Saxe à miniatures, garni d'or & une cuiller d'or, de 450 l. — Le port à Verfailles, 5 l.

834. Du 12. — S. A. S. Mademoiselle : Une paire de bras à double branche, en bronze doré d'or moulu, 132 l. — Une table à écrire à entrejambes, plaquée, & tablette en bois fatiné, 48 l. — Un petit plumet de 15 s. — Avoir nettoyé une pendule de porcelaine, 2 l. 5 s.

835. — Mme de Montmort : Une table de piquet brifée en bois rougi & poli, 27 l.
836. Du 13. — Mme la Dauphine : Une tabatière de lacq veinée, garnie & doublée d'or, grandeur moyenne, 600 l.
837. Du 14. — Mgr le Duc de Villeroy : Pour avoir redreffé & rétabli une paire de bras de campagne & les avoir fait refaucer en couleur d'or moulu, 7 l.
838. Du 15. — M. Duperron : Le raccommodage de trois bois d'écran, remis à neuf, & rétabli les papiers, 10 l.
839. — M. de La Vallette : Une toilette plaquée en différens bois, garnie de toutes fes pièces, 250 l.
840. — S. A. Mgr le prince de Turenne : Deux urnes de porcelaine truittée à ramages bleus, de 720 l.
841. Du 17. — Mme la Marq. de Pompadour : Un pied pour un cabinet formant un fecrétaire revêtu en lacq à pagodes, garni partout en bronze doré d'or moulu, le dedans plaqué en bois de rofe à fleurs, les tiroirs en cèdre, les cornets d'argent, 1,320 l. — Réparation du cabinet à M. Martin, fur fon mémoire, 96 l. — Port à Verfailles à quatre hommes, du cabinet & de fon pied, 20 l.
842. Du 22.—Mme la Marq. de Pompadour : Quarante-quatre petites feuilles des Indes à figures, à 2 l., 88 l. — Deux feuilles plus grandes, à figures & architecture, 24 l. — Une feuille en hauteur, partagée en deux, pour les petits panneaux, 12 l. — Les toiles, façon & racordage de dix panneaux, 480 l. — Le port à Verfailles defdits chaffis, rapport à Bellevue d'une table & rapport à Paris d'un pied de cabinet & deux lanternes, 15 l.
843. Du 23.—J'ai receu de Mme la Marq. de Pompadour la fomme de huit mille cent quatre-vingt-dix-neuf livres, onze fols, fix deniers, pour folde du mémoire fourni jufque compris l'article du 9 mars 1751, dont j'ai donné quittance à M. Collin ledit jour 23 juin 1751.
844. Du 25. — Mme la Marq. de Pompadour : La garniture de deux boëtes de lacq rouge, charnières, fer-

rures & boutons dorés d'or moulu, les clefs cifelées (porté à l'article de Crécy du 4 octobre 1751).

845. — S. A. S. MADEMOISELLE : Une petite table à contours, plaquée en bois de rofe, avec tablette qui fe tire & cornets argentés, 72 l. — Le raccommodage d'une autre table qui étoit déplaquée, & l'avoir repolie, 3 l.

846. Du 26. — Mme la DAUPHINE : Livré à Mme la Ducheffe de BRANCAS un métier à travailler en vernis vert poli à relief en or, garni de fes ferrures dorées d'or moulu, 400 l.

Juillet.

847. Du 1er. — Mme de BOISEMONT : Un luftre de Bohême monté en lyre, à fix branches, de 20 pouces, avec le cordon de foie bleue & le fac de gaze, 315 l. — Deux pieds de table en chêne, fculptés & dorés, avec leurs marbres de Flandre, 170 l. — Huit glaces compofant deux trumeaux, avec le tain, jointures & profit, 237 l. — Les caiffes, emballage & frais de douane, 103 l. 5 s.

848. Du 2. — M. DUFLOT : Deux bronzes repréfentant une courfe, fur leurs pieds de bois noir, 132 l.

849. — M. DUPERRON : Un fac de gaze pour fon luftre, 12 l. — Six binets argentés, 9 l.

850. Du 4. — M. de BELHOMBRE : Trois deffins de branches de vigne colorés, 22 l.

851. Du 7. — M. BAZIN : Une taffe & foucoupe de Saxe, à oifeaux, 14 l.

852. Du 10. — M. le Cte du LUC : Quatre chandeliers argentés à viroles, avec leur lanterne de criftal à la paire, 72 l.

853. Du 11. — Mme la Ducheffe de LAURAGUAIS : Deux taffes de Saxe à relief en or, 78 l. — Une petite lanterne, 48 l. — Une encoignure vernie en blanc & bleu, 18 l.

854. Du 13. — S. A. S. MADEMOISELLE : Une écritoire à compartimens en bois de cèdre faite dans un tiroir de table, 7 l.

JUILLET 1751.

855. Du 14. — Mgr le Duc de La Vallière : Une lanterne de glace à cinq pans en cuivre argenté, garnie de feuillage verni en blanc & bleu & fleurs de porcelaine, 288 l. — Le cordon & guirlande de fleurs, 27 l. — Trois paires de bras à double branche & branchages en vernis bleu & blanc, garnis de fleurs de porcelaine, les binets & vis argentés, à 90 l., 270 l. — Un cordon avec fa houppe, blanc & vert, 9 l. — Une lanterne à cinq pans argentée, 192 l. — Les ports à Montrouge, 18 l.

856. Du 15. — Mme de Villemur : Le raccommodage & nettoyage de deux figures fur une terraffe, 3 l.

857. — S. A. Mme la Princeffe douairière de Rohan : Un luftre de criftaux de Bohême à huit branches, monté en lyre, 560 l. — Le cordon de foie à deux houppes en couleur de feu & blanc, 32 l. — Une paire de bras à double branche à feuillage verni, garni de fleurs de porcelaine & binets, 72 l.

858. Du 16. — M. Boulogne de Preninville : Une bibliothèque plaquée en bois d'amaranthe de fix pieds de long fur cinq de haut, garnie de moulures, entrées & pieds dorés d'or moulu; les portes en laiton & taffetas cramoifi, 360 l. — Le port, 2 l.

859. — M. de Genssin : La réparation d'une pendule que l'on a refaucée à neuf, fait repeindre les figures, fourni des branchages vernis, garnis de fleurs de Vincennes, 240 l. — Quatre figures de Saxe repréfentant des bergers & bergères, à 132 l. pièce, 528 l.

860. — M. Dangé : Avoir fait repeindre à neuf les fleurs & branchages d'une lanterne, & avoir remis la lanterne en couleur, 24 l. — Le port à Puteaux, 3 l.

861. — Mme Victoire : Avoir fait un compartiment de lacq dans une boëte à parfiler, avoir rétabli la boëte & refait une clef cifelée qui étoit caffée, 36 l.

862. — Mme la Marq. de Briolley : Avoir rétabli à neuf une tablette de chagrin garnie d'or, 10 l.

863. Du 18. — Mme la Ducheffe de Lauraguais : Un pot pourri d'une corbeille de fleurs en porcelaine, blanc & bleu, 21 l.

864. Du 19. — M. de Cury : Pour avoir pofé & nettoye fes glaces, pofé fes tableaux & fourni les clous néceffaires, 12 l.

865. — M. Roussel, fermier-général : Une grille moyenne, à ornemens en bronze cifelé & doré d'or moulu, avec fes garnitures de pelle & pincettes, 185 l. — Une paire de bras à une branche, blanc & bleu, garnis de fleurs, 42 l.

866. — M. Bouillard : La garniture en argent doré d'un petit pot de porcelaine, avec un cercle au couvercle ; un autre plus grand fans cercle, 48 l.

867. Du 20. — M. de Roissy : La réparation d'une grille que l'on a fait refaucer à neuf, avec les port & rapport, 16 l.

868. Du 21. — M. Dangé, fermier-général : Les toiles, collage & raccordage de douze panneaux en papier des Indes formant le falon de Puteaux, 125 l. — Un fecrétaire plaqué à fleurs, garni de pieds, entrées & boutons dorés d'or moulu, 216 l. — Le port à Puteaux, 6 l.

869. — M. Léonor La Fresnaye : Un cabaret à fix taffes, à gorge renverfée, en vernis vert & rouge, 27 l.

870. — M. le Cte du Luc : Un fucrier de Saxe à fleurs naturelles, forme ronde à contours, avec fa cuiller, 90 l.

871. Du 25. — Mme la Dauphine : Fourni à Mme de Brancas une petite table à contours, plaquée en bois fatiné avec les pieds & boutons dorés d'or moulu & le deffus de marbre d'Italie, 54 l. — Le port à Verfailles, 6 l.

872. — Mme la Ducheffe de Brancas : Avoir fait recouvrir un petit coffre en chagrin noir & avoir fait dorer les garnitures & fourni un portant auffi doré, 38 l.

873. — Mme la Duchelle de Lauraguais : Une lanterne de glace à cinq pans, à feuillage bleu, les montans dorés, les fleurs de Vincennes, avec fon chandelier & guirlandes, 384 l. — Avoir fait ouvrir un portefeuille d'Angleterre & fait une clef, 5 l. — Le port & rapport, 9 l.

874. Du 27. — S. A. S. MADEMOISELLE : Une lanterne de glace moyenne, à cinq pans, garnie de branchages de fleurs de Vincennes, avec son chandelier, 192 l.

875. — M. le Cte de GOËSBRIANT : Le raccommodage & nettoyage d'un lustre de Bohême, avec le port & rapport, 12 l. — Avoir remonté de vis neuves & redressé des bras à deux branches, & les avoir refaucé en couleur d'or moulu, 7 l.

876. Du 29. — M. DANGÉ : Les toiles, collage & raccordage de dix-neuf chassis de différentes grandeurs, composant les deux chambres des bouts de la galerie & les deux cabinets sur la rivière, 166 l. — Les ports à Puteaux, 6 l.

877. — M. de PRESLE : Un petit pot à lait de porcelaine de Saxe à fleurs naturelles, 18 l.

878. — Mme la Marq. de POMPADOUR : L'or & la façon d'une boëte de lacq, fond d'or à oiseau, 720 l.

879. Du 31. — Mgr le Cte d'EGMONT : Un bureau de bois satiné, plaqué à fleurs, garni de pieds, chutes & quart de rond en bronze, le maroquin bleu, 350 l. — Une paire de bras à double branche à feuillage & fleurs en vernis bleu & blanc, 72 l. — Cinq morceaux de porcelaine ancienne, bleu & blanc, 24 l. — Les ports, 2 l.

880. — Mgr le Duc de BEAUVILLIERS : Pour avoir regratté des bras & repeint à neuf, 15 l.

Août.

881. Du 3. — M. le Cte du LUC : Deux buires de porcelaine céladon, garnies en bronze doré d'or moulu, 720 l. — Un magot de même porcelaine, 288 l. — Un pied de bronze doré d'or moulu, pour une Vénus, 60 l. — Une table de Boulle, 500 l. — Une lanterne de glace à cinq pans, dont le corps est doré d'or de feuille & les ornemens & console en or moulu, 415 l.

882. Du 6. — Mme la Marq. de POMPADOUR : Six tables à écrire plaquées & contournées, garnies de pieds, entrées & boutons dorés d'or moulu, avec tablette & cor-

nets argentés, 348 l. — Quatre corps d'encoignure, pour la garde-robe d'en bas, en vernis veiné imitant le placage, quatre gradins au-deffus, même vernis, 210 l. Quatre pots pourris garnis en bronze doré, 144 l. — Trois cornets d'argent pour une table de lacq, 98 l. — Le raccommodage des deux lanternes de l'efcalier des entrefols, fourni des fleurs qui eftoient caffées & ajouté deux couvercles de criftal, 24 l. — Un grand cabaret de lacq à oifeaux, fond aventurine, pofé dans l'entrefol fur un pied fculpté, 240 l. — Une lanterne de glace à cinq pans, à treillage; verni les montants & feuillages dorés d'or moulu garni de fleurs de Vincennes (garde-robe), 192 l. — Les toiles, façon & raccordage de 40 chaffis compofant huit garde-robes, dont trois en papier tiffu, & huit chaffis pour les cheminées de Bellevue, 310 l. — Fourni fix feuilles qui manquoient, 28 l. — Les ports, 27 l.

883. Du 7. — S. M. le Roy pour deux garde-robes à Choify : Les toiles, façon & papier des Indes, fond blanc à fleurs, de dix chaffis de différentes grandeurs, 240 l. — Cinq tablettes d'encoignure en vernis blanc & vert, à 18 l., 90 l. — Une lanterne de glace à cinq pans, en forme de treillage & partie dorée d'or moulu, garnie en fleurs de Vincennes, 360 l. — Une petite carrée entre les deux garde-robes, 96 l. — Une autre plus grande argentée dans l'antichambre, 264 l.—Trois cordons pour les lanternes, 60 l.—Les ports à Choify, 24 l.

884. Du 10. — Mme la Marq. de POMPADOUR : Deux paires de bras à double branche en forme de berceau, partie dorés d'or moulu, les branchages de lilas imitant la nature, garnis de fleurs de Vincennes, avec quatre enfans de Vincennes, 860 l. — Une paire de bras à double branche pofés dans le petit cabinet du Roy, en berceau verni avec des figures de Saxe, tous les branchages dorés d'or moulu, garnis de fleurs de Vincennes, 336 l. — Une écritoire de bois de cèdre pour une table de lacq de Bellevue où l'on a fait trois cornets d'argent, 132 l. — Deux cornets de pierre

de lard avec des pieds, le cercle doré d'or moulu, 54 l. — La garniture en or moulu de deux jattes bleu-célefte dont on a fait les modèles, 390 l. — Un cabaret de vernis vert & rouge poli, 30 l. — Les ports, 6 l.

885. Du 16. — Mgr le Duc de La Vallière : Les ports & voiture de ce qui a efté porté à Montrouge, 32 l.

886. Du 18. — Mme la Marq. de Pompadour : Une garniture de porcelaine, bleu-célefte uni, compofée de deux chats, & trois bouteilles à dragons garnies en bronze doré d'or moulu, dont les modèles ont efté faits exprès, 1,480 l. — Trois cornets d'argent pour l'écritoire du cabinet de lacq en fecrétaire, 106 l. — Un gradin à jour, en vernis noir & filet d'or, pofé fur le cabinet de Verfailles, 60 l. — Deux vafes de porcelaine brune à relief blanc, garnis de confoles, pieds & gorge en bronze doré d'or moulu, 360 l. — Un pot pourri brun à fleurs blanches en relief, garni de bronze doré d'or moulu & fleurs de Vincennes, 120 l. — Deux buires de porcelaine verte, garnies en bronze doré d'or moulu, 360 l. — Un magot de terre des Indes tenant un rateau, 108 l. — Deux poiffons, groupés par deux, de porcelaine céladon, formant des pots à fleurs, 144 l. — Deux jattes céladon gauffrées, à contours, 84 l. — Deux petites bouteilles brunes à relief bleu, 96 l. — Les ports à Verfailles & rapports à Paris, 15 l. — Des ports & rapports de porcelaines de Vincennes à Bellevue, 9 l.

887. — Mme Camuset : Du 9, obmis un pot à bouillon gris de lin, 84 l.

888. — Receu de Mme la Marq. de Pompadour, en un mandement fur M. de Montmartel, dont j'ai donné quittance à M. Collin, la fomme de 12,000 l.

889. Du 20. — Mme la Marq. de Pompadour : Livré à Mme Douy des pantoufles d'homme en maroquin rouge, 26 l. — Quatre canifs, 2 l. — Six petits plumets à manche tourné, 7 l. 4 s. — Les journées des différens ouvriers qui ont reparé & nettoyé toutes les dorures, nettoyé les bras & luftres, reverni les branchages, re-

poli à neuf & rétabli toutes les ébénifteries du château ; les journées des crocheteurs qui m'ont aidé à replacer tous les meubles & porcelaines à Bellevue & Verfailles, 130 l. — La garniture en papier de Paris de deux garde-robes des Seigneurs & trois armoires, dont une dans la bibliothèque, une, garde-robe de Madame, & celle de l'entrefol, plus garde-robe n° 11, 82 l.—Quatre grenouilles de terre des Indes fervant de pots à fleurs, 72 l. — Un luftre de bronze doré d'or moulu, falle de MM. les Officiers, 168 l. — Ports, 6 l.

890. Du 23. — M. le Cte du Luc : Payé les transports de fes meubles & porcelaines & des toiles pour les couvrir, 24 l.—Le raccommodage d'un cachet que l'on a déferti & à quoi on a ajouté une aigrette de diamans, 24 l.

891. Du 25. — S. A. S. Mademoiselle : Une petite toilette plaquée en différens bois à mofaïque, garnie de fon miroir, compartiment d'étoffe dans les caiffons, roulettes fous les pieds, & les pièces, 216 l. — Le port à l'hôtel & un plumet, 2 l.

892. — Mme la Marq. de Pompadour : Un bidet à doffier, plaqué en bois de rofe & fleurs, garni de moulures, pieds & ornemens de bronze doré d'or moulu, avec fa feringue & la cuvette du fond en étain plané, 360 l.— Le port à Bellevue, 3 l.

893. Du 28. — M. Brochant, notaire : Une glace de miniature pour une tabatière carrée, 2 l.

894. Du 31. — S. M. le Roy : (Pavillon de Choify.) Une petite lanterne de glace carrée & fon chandelier à une bougie, 60 l. — Une autre lanterne de criftal & fa garniture argentée, 24 l. — Une autre de criftal, la garniture argentée, avec fon chandelier à trois bougies, 33 l. — Les plombs, contre-poids & cordons des trois lanternes, 16 l. — Une paire de bras à deux branches en vernis blanc & bleu à fleurs, les bobèches & baffins de cuivre argenté, 102 l. — Une petite paire à feuillage verni, garnie en fleurs de Vincennes, les bobèches & binets dorés d'or moulu, 90 l.—Les ports à Choify & pofage, 12 l.

Septembre.

895. Du 2. — M. Coquinot : Une commode de quatre pieds, plaquée en amaranthe & filets, les bronzes de Boulle, avec fon marbre de Flandre, 342 l.—Les ports, 1 l. 10 s.

896. — M. Gaignat : Deux poiffons d'ancienne porcelaine céladon, garnis en bronze doré d'or moulu, forme de buire, 1,200 l. — Les garnitures dorées d'or moulu pour deux oifeaux de proie, 120 l.

897. — S. A. S. Mademoiselle : Une petite commode à pieds de biche, en armoire, plaquée à fleurs, garnie de pieds, chutes & entrées de bronze doré d'or moulu, 192 l. — Avoir raccommodé & poli une table, 2 l.

898. Du 4. — S. E. M. le Cte Des Alleurs : Livré à M. Bourlet deux caffettes de bois fatiné, plaquées à fleurs, garnies de ferrures d'argent, avec leurs clefs & glaces dans le couvercle, bordées d'un galon d'argent, à 140 l. pièce, 280 l. — Une autre caffette plate de lacq ancien, fond noir & or, garnie de charnières & plaques d'or à la ferrure, avec fa clef cifelée & glace dans le couvercle, bordée d'un galon d'or, 392 l. — Deux terrines de Saxe couvertes, avec leurs plats à petites fleurs bleues, 312 l. — Une autre terrine à grains d'orge & fleurs naturelles, avec fon plat, 120 l. — Deux corbeilles de Saxe ovales à anfes, 240 l. — Un fucrier à petites fleurs, 108 l. — Quatre petites feuilles à fleurs, 132 l. — Six taffes & foucoupes de porcelaine de Saxe, à contours, peintes à fleurs naturelles, à 15 l., 90 l. — Un pot à fucre afforti, 24 l. — Un cabaret à gorge renverfée, en vernis vert & rouge poli, 30 l.

899. — Mme la Marq. de Pompadour : Une voiture pour des ouvriers conduits à Verfailles, 23 l. — Deux tablettes d'encoignure en vernis vert poli, peintes à petites fleurs, pofées au n° 8, 48 l. — Deux en vernis rouge, pofées aux n°s 10 & 11, 44 l. — Deux autres, même vernis, 42 l. — Les ports à Bellevue & celui

d'un bufte de cire; rapport de porcelaine à Paris pour faire garnir, 9 l.

900. Du 7. — M. Brochant, l'aîné : Une petite tablette à plufieurs étages en bois d'acajou, très-propre, avec trois cartons faits pour les places, 72 l.

901. Du 11. — Mme la Marq. de Pompadour : Un chandelier brifé à deux bobèches, en cuivre doré d'or moulu, cabinet de Verfailles, 25 l. — Cinq balais de plumes pour l'Ermitage, 5 l. — Port & rapport à Verfailles de porcelaine de Vincennes, 10 l.

902. Du 12. — Mgr le Duc de Luxembourg : Un fecrétaire en forme d'armoire, plaqué en bois fatiné, garni de bronze doré d'or moulu, avec un coffre fort, cornets argentés & marbre, 264 l. — Le port à Verfailles, 15 l.

903. — M. Boucher : Un pot pourri d'ancienne porcelaine blanche à relief, garni en vermeil. — Receu en deux fois, à compte, 144 l. — Plus le deux octobre, receu, 24 l.

904. — Mme la Dauphine : Livré à Mme de Brancas deux petites tables à pieds de biche, plaquées en bois de rofe, les pieds & boutons dorés d'or moulu, couvertes d'un marbre d'Italie, de 54 l. pièce, 108 l. — Le port à Verfailles, 5 l.

905. Du 15. — S. A. Mgr le Duc de Bouillon : Le port d'un petit luftre à Verfailles, 5 l. — Un luftre de criftaux de Bohême, à fix branches, garni de fes vafes, & fonte argentée, 320 l. — Deux cordons de foie, cramoifi & or, avec leurs houppes, 72 l. — Le port des luftres à Verfailles, 10 l.

906. Du 17. — M. le Préfident Hénault : Le nettoyage de deux luftres & des lanternes de la falle à manger, 19 l.

907. Du 20. — Mme la Marq. de Pompadour : Une lanterne de glace à fix pans en forme de berceau, à treillage verni, les tours, montans, chapiteaux & couronnement en bronze doré d'or moulu, garnie de figures & oifeaux de Saxe, avec des branchages vernis garnis de fleurs de Vincennes, 1,870 l. — Deux cercles de bronze doré d'or moulu mis aux pieds de deux

grands pots pourris de Vincennes, 45 l. — Les ports à
Bellevue & rapport d'un luftre en criftal de roche à
Paris, 12 l.

908. Du 22. — Mme la Marq. de Pompadour : Deux
cornets d'argent pour un tiroir d'une petite table à
fleurs, 77 l. — Deux autres cornets d'argent pour la bibliothèque, 59 l. — Les pieds à contours en cuivre
doré d'or moulu pour cinq morceaux de porcelaine de
Saxe (cabinet du Roy), 68 l. — Port de porcelaine de
Vincennes à Bellevue, 6 l. — Un grand criftal bombé
pour une pendule (pièce d'affemblée), 16 l.

909. Du 26. — Mme la Marq. de Pompadour : Un cabaret verni de Martin, fond aventurine & or, à oifeaux,
pour Crécy, 96 l. — Un couteau de toilette à lame &
garniture d'or & en manche de lacq, pour Crécy, 120l.
— Un cabaret en vernis blanc & bleu à fix taffes, pour
l'Ermitage, 30 l.

910. Du 27. — M. Boucher : Une boëte des Indes avec
des pagodes de pierre de lard deffus & aux côtés,
30 l.

911. Du 28. — Mgr le Maréchal de La Fare : Un feu de
cheminée en bronze doré, avec des enfans, & fes garnitures de pelle & pincettes, 360 l. — Un autre feu à
ornemens auffi dorés d'or moulu avec fes garnitures,
240 l. — Les ports à l'hôtel, 2 l.

912. Du 29. — S. A. S. Mademoiselle : Une jatte à
contours fur fon plateau auffi à contours de porcelaine
céladon gauffrée, 96 l. — Deux daims de porcelaine
brune ancienne (rendus), 72 l. — Un petit plateau
d'ancien lacq uni, 42 l. — Deux foucoupes ovales de
porcelaine bleu-clair, 48 l. — Deux autres foucoupes
vert & bleu, 24 l. — Une taffe de Saxe à tulipe, 21 l.

Octobre.

913. Du 1er. — Mgr le Duc de Tallard : Un finge de
terre des Indes ancienne, de 96 l. — Deux petits plumets, 2 l. 8 s.

914. — Mme la Cteffe de Pontchartrain : Une co[...]

mode bâtie de chêne, de quatre pieds, plaquée à mofaïque, garnie de bronze doré d'or moulu & de fon marbre de griotte d'Italie, 384 l.

915. Du 2. — S. A. S. MADEMOISELLE : Le raccommodage de deux armoires de cèdre dont on a refait les corps en bois de chêne, 18 l.

916. — Mme la Duchefſe de LAURAGUAIS : Le nettoyage de fes luftres, 12 l.

917. Du 4. — M. de BOULOGNE : Un écran de bois rougi & poli à tablette, garni de papier des Indes, 16 l. — Deux foufflets à deux vents, 12 l.

918. — Mgr le Duc de LA VALLIÈRE : Quatre taffes & foucoupes de Saxe blanc & bleu, 64 l. — Le fucrier, 27 l. — Le cabaret verni, 30 l.

919. — Mme la Marq. de POMPADOUR : Porté à Crécy une commode bâtie de chêne, plaquée de vernis de Coromandel, garnie de bronze doré d'or moulu, le marbre d'Antin de cinq pieds, 1,200 l. — Deux lanternes de glace à fix pans en bronze cifelé & doré d'or moulu, avec leurs chandeliers à fix branches auffi dorés, 3,500 l. — Deux cordons de foie verte à deux houppes de trois aunes de long, les âmes de laiton, 184 l. — Avoir fait repeindre un luftre de cuivre verni & refaucer la dorure en or moulu, 52 l. — Un cordon de foie ponceau & blanc, avec les houppes garnies de jafmin, 46 l. — La couleur d'un luftre qui avoit fervi à Bellevue & tranfporté à Crécy, 13 l. — Un cordon de foie cramoifi à deux glands de trois aunes & demie de long, l'âme de laiton, 93 l. — Une paire de bras de cuivre en chevrefeuille, vernis, garnis de binets dorés, 96 l. — Avoir fait repeindre une autre paire pareille & refaucer les bobèches, 10 l. — La garniture de deux boëtes de lacq, charnières, ferrures dorées d'or moulu, les clefs cifelées, 108 l. — Les ports à fix hommes, 144 l. — La caiffe, papier, ficelle & voiture qui a porté la commode & le marbre, 66 l. — Frais de voyage pour MM. Boucher, Guefnon, & ramené M. Lagarde, payé 236 l.

920. — Mgr le Duc de LA VALLIÈRE : Les ports &

rapports d'encoignures & girandoles à Montrouge, 6 l.

921. Du 10. — Mme la Marq. de Pompadour : Deux vafes de porcelaine bleu-célefte, forme de cruche, montés en cuivre argenté & cifelé, 750 l. — Un pot pourri de porcelaine blanche ancienne, dont le cercle & les yeux font d'argent, la terraffe & bonnet en cuivre argenté & cifelé, porté fur trois animaux de porcelaine bleu-célefte, avec une plante de rofeaux vernie en blanc & bleu, 450 l. — Le port à Bellevue & Montrouge, 6 l. — Les ports & rapports de Bellevue de onze pots de fleurs de Vincennes, 12 l. — Une écritoire de bois de cèdre & trois cornets d'argent pour une table de l'Ermitage, 116 l. — Un vafe de porcelaine ancienne truittée à relief bleu, garni de pieds & cercle de bronze cifelé & doré d'or moulu, 180 l. — La journée d'un homme qui a travaillé & dérangé les appartemens, 5 l.

922. Du 13. — M. le Préfident Hénault : Une boucle d'or pour jarretière que l'on a fait fur une pareille, 45 l.

923. Du 15. — Mme la Marq. de Pompadour : La caiffe, emballage en toile graffe & autre toile de trois vafes garnis de fleurs de Vincennes, envoyés en Angleterre, 48 l.

924. Du 17. — Mme la Ducheffe de Lauraguais : Un petit feu de bronze doré d'or moulu repréfentant des enfans, avec fes garnitures de pelle & pincettes, 216 l. — Un autre feu auffi doré d'or moulu avec les mêmes garnitures, 195 l. — Le port à Verfailles, 6 l.

925. Du 20. — M. de La Taste : Une lanterne de glace à cinq pans, moyenne, garnie de fleurs & branchages vernis, avec fon chandelier, 180 l. — Le cordon en foie, rofe & blanc, 24 l.

926. — M. de Courgy : Le raccommodage de trois tables à jouer, fourni du drap neuf à toutes trois, 31 l.

927. Du 22. — Mgr le Duc d'Aumont : Un vafe de porcelaine violette jafpée, garni à confole & terraffe dorées d'or moulu (rendu), 480 l.

928. Du 23. — Mme la Dauphine : Livré à Mme de Brancas quatre boëtes à quadrille de nacre de perle, garnies à pitons & cercle d'argent, 108 l. — Une boëte de bois violet pour les quatre boëtes, 14 l. — Avoir fait doubler en lacq aventurine une boëte à parfiler & fait un caiffon auffi en lacq aventurine, démonté la garniture d'or & verni à neuf, 96 l.

929. — Mme la Ducheffe de Lauraguais : Une paire de bras en berceau, dorés & vernis en blanc & bleu, avec des figures & fleurs de Vincennes, les feuillages vernis, les bobêches & binets dorés, les baffins de porcelaine, 250 l. — Le port à Verfailles, 5 l.

930. — Mme la Cteffe de Rochefort : Une petite table vernie en blanc & bleu poli, 48 l.

931. Du 25. — Mme Geoffrin : Six taffes & foucoupes de porcelaine de Saxe en gris, à 3 l., 18 l. — Le pot à fucre & théière, 12 l. — Deux cornets de terre fingulière, garnis de pieds & cercles dorés d'or moulu, 48 l.

932. — Mme la Cteffe d'Egmont, douairière : Deux pagodes la Chine, de 60 l. — Deux vafes la Chine couverts, 42 l. — Une urne bleue fur fon pied, 15 l. — Deux groffes bouteilles, 18 l. — Deux rouleaux à pagodes, bleu-célefte, 12 l. — Deux bouteilles moyennes, 10 l. — Une garniture de cinq morceaux, 18 l. — Un couvercle bleu & blanc, 2 l.

933. Du 26. — Mme la Vteffe de Rochechouart, douairière : Une petite taffe de Vincennes couverte en blanc & or, à anfe, avec un plateau, 9 l.

934. — M. le Préfident Roujault : Le raccommodage d'un pied de marquetterie rétabli à neuf, 9 l.

935. Du 29. — M. le Cte de Choiseul : Avoir réparé à neuf deux grandes encoignures de Coromandel, verni & refaucé les bronzes, 50 l.

936. Du 30. — M. Bouret, fermier-général : Deux tables de nuit plaquées en bois fatiné, à deux marbres, à 48 l., 96 l. — Quatre pots de chambre la Chine, 10 l.

Novembre.

937. Du 4. — Mme la Marq. de Pompadour : Pour les ports & voitures qui ont été chercher les feux de Bellevue, 20 l.
938. — Mme la Marq. de Villeroy : Le raccommodage d'une table & mis une ferrure, 12 l.
939. — M. de Courgy : Le raccommodage d'une table de quadrille & d'une de brelan, couvertes de drap neuf, 29 l.
940. Du 5. — Mme la Marq. de Pompadour : L'expédition à la douane d'une caiffe d'arbres pour Londres, le plomb, paffeport, cordages & port au carroffe, 6 l. 10 s.
941. — Mme la Ducheffe de Bejar : Un luftre en arcade, à feuillage garni de fleurs blanches, 600 l. — Une corbeille de Saxe montée en bronze doré d'or moulu, garnie de branchages vernis & fleurs de Vincennes, 336 l. — Une table fervant de cabaret, avec une autre table deffus fervant de table de lit, garnie d'entrées & chauffons en bronze doré d'or moulu (la table comptée fur le pied de 264 l.), 276 l.
942. Du 8. — Mme de Villemur : Une caiffe en lofange, vernie, garnie en bronze doré d'or moulu, avec des branchages de cuivre verni ornés de fleurs de Vincennes afforties, 260 l.
943. — Mme la Cteffe d'Egmont, douairière : Une tablette d'encoignure à tablette en haut & le bas à porte, en vernis blanc & bleu, peinte à payfage, 32 l. — Deux petites tablettes en vernis blanc & bleu, 15 l. — Le vernis de deux pareilles, 6 l.
944. Du 9. — Mme de Montmort : Deux armoires d'encoignure en vernis la Chine, garnies en bronze doré d'or moulu, les marbres d'Alep, 288 l.
945. Du 10. — Mgr le Duc d'Aumont : Quatre taffes à anfes & foucoupes, pot à fucre & théière de Saxe avec le cabaret verni, 120 l.

946. — M. de Fer : Une table de quadrille & une table de piquet brifée, 48 l.

947. Du 12. — Mme la Ducheffe de Lauraguais : Le raccommodage d'une main de pagode de terre, 10 l.

948. Du 17. — Mme la Marq. de Pompadour : Avoir repoli les fers, pelles & pincettes de douze feux, rallongé & rétabli celles qui étoient caffées, remis tous les bronzes en couleur à neuf, redoré en or moulu les couvre-feux, les poupées & plufieurs parties defdits feux qui étoient brûlées, 420 l. — Les avoir reporté à Bellevue, 20 l. — Deux tablettes d'encoignures vernies pour les appartemens d'en haut, 42 l.

949. — Mgr le Duc d'Aumont : Six taffes, pot à fucre, théière de Saxe & cabaret verni, 150 l. — Quatre compotiers de Saxe en coquilles, 144 l.

950. Du 18. — M. Dangé : Le nettoyage d'un luftre, avoir remonté plufieurs pièces en fil neuf, & un morceau d'enfilage de une livre & demie, 12 l.

951. Du 19. — M. le Marq. de Brancas : Un paravent à feu de trois pieds & demi, garni en papier des Indes des deux côtés, 84 l.

952. — Mme la Marq. de Pompadour : Deux petites tablettes d'encoignure en bois d'acajou pour l'Ermitage (rendues). — La journée d'un homme & voyage à Verfailles pour ranger le cabinet & les porcelaines de l'appartement, 18 l.

953. — M. l'abbé de Malherbe : Une table plaquée à mofaïque en différens bois, les portes à couliffe, la tablette garnie en velours, avec un pupitre & tiroir, 192 l.

954. — Mme la Ducheffe de Mazarin : Le raccommodage & nettoyage d'un pot pourri à oifeaux de Saxe, 9 l.

955. Du 20. — Mme la Marq. de Pompadour : Pour la chambre du Roy, deux paires de bras à double branche à berceaux, partie dorés d'or moulu, avec des figures de Saxe; les branchages vernis, garnis de fleurs de Vincennes, les baffins de même, 1,800 l. — Deux girandoles à double branche dorées d'or moulu, fur

des enfans affis, garnies de fleurs de Vincennes (cabinet du Roy), 240 l. — Deux vafes de Saxe peints de fujets de Watteau, montés en pots pourris fur des terraffes dorées d'or moulu avec des enfans de Saxe aux côtés, au bas une guirlande de fleurs de Vincennes (pièce d'affemblée), 900 l. — Huit tablettes d'encoignure à jour en vernis de différentes couleurs, pour les chambres des feigneurs, 160 l. — Les ports & journées de trois hommes & le port & rapport de porcelaine de Vincennes, 16 l. — Quatre boutons dorés d'or moulu pour les tables de la falle à manger, 13 l.

956. Du 21. — Mgr le Maréchal de LA FARE : Un petit luftre à quatre branches, la fonte argentée, garni en criftaux de roche avec fes vafes, de 34 louis, 816 l. — Un cordon en foie verte avec fes houppes, 24 l. — Le port, 1 l.

957. — Mgr le Duc de VILLARS : Le raccommodage & nettoyage d'une commode de vernis la Chine, & avoir repeint à neuf & verni une paire de bras à double branche, garnis de fleurs, 24 l.

958. Du 22. — Mme la Marq. de POMPADOUR : Un cabaret d'ancien lacq, fond aventurine & or (chambre de madame), 192 l. — Deux feux de fer avec leurs garnitures de pelles & pincettes, 38 l. — Une table de nuit de noyer garnie de fes deux marbres, 18 l. — Les ports & deux journées d'un homme qui m'a aidé à ranger les appartemens, 12 l. — Deux boëtes & double emballage en toile graffe & cirée pour un étui, 3 l. — Un cabaret verni en rouge & vert, à fix taffes, 30 l.

959. Du 23. — M. de CAZE : Une paire de bras à une branche, vernis, les fleurs peintes & bobêches dorées d'or moulu, 120 l.

960. Du 24. — S. A. S. MADEMOISELLE : Un chien de Saxe, 84 l. — Le raccommodage d'un pot pourri garni d'or, 9 l.

961. — Mme la Marq. de POMPADOUR : Six pots à pâte porcelaine la Chine, 18 l. — Deux grands fceaux de fayence, 33 l. — Port de quatre fceaux de Vincennes, 3 l.

G 4

962. — M. le Cte du Luc : Un cachet d'un buste de négresse d'agathe-onyx monté en or émaillé, garni de diamans, la pierre d'une cornaline de M. Barrier, 400 l.
— Sur quoi j'ai receu en argent 192 l. & un cachet d'un chat avec des diamans, de 96 l.
963. Du 27. — M. de VILLAUMONT : Un grand flacon de cristal de roche que l'on a fait sur une vieille garniture, envoyé à Milan, & remis ladite garniture à neuf, 98 l.

Décembre.

964. Du 2. — Mme la Marq. de POMPADOUR : Deux tables en forme de table de nuit, de bois d'acajou, 144 l. — Une table en bois de rose, à pupitre, tablette & store, 96 l. — Les cornets d'argent, 75 l. — La garniture en vermeil d'un pot à l'eau de Vincennes, 27 l. — Le port à l'Ermitage, 18 l.—Une boëte d'or ovale, émaillée, à figures chinoises, de 60 louis, 1,440 l.—Un cercle & glace, 22 l.
965. Du 5. — M. BOUCHER : Une pagode de terre des Indes, assise, 72 l.
966. — Mme la Duchesse de MAZARIN : Avoir fait nettoyer & blanchir à neuf les garnitures en argent de huit morceaux de porcelaine de différentes grandeurs, fourni un ornement à l'un des pieds qui estoit cassé, avoir fait recoller les couvercles & la garniture d'un More, les pieds & girandoles de deux gros lions resaucés à neuf en or moulu & recollé à la porcelaine ce qui estoit cassé, 150 l. — Avoir fait remettre à neuf la garniture d'une petite caisse de porcelaine & fait un cercle d'argent au couvercle, & façon, 54 l.
967. Du 6. — Mme la Marq. de POMPADOUR : Un vase d'ancienne porcelaine bleue imitant le lapis, garni en bronze doré d'or moulu, 1,320 l. — Deux autres vases en hauteur de porcelaine céladon ancienne, montés en forme de buire, en bronze ciselé & dorés d'or moulu 1,680 l. — Un autre morceau en hauteur à six pans de porcelaine bleu-clair, monté en bronze doré d'or

moulu, 1,080 l.— Quatre vafes céladon gauffrés, garnis en bronze doré d'or moulu, 1,200 l.

968. — Mme la Marq. de POMPADOUR : Un petit vafe de porcelaine violette jafpée, garni à confoles & terraffe dorées d'or moulu, 400 l. — Un finge fur un rocher fervant de pot à fleurs, de porcelaine ancienne, 180 l. — Les ports à Bellevue, 6 l.

969. — Mme la Cteffe d'ESTRADES : Deux pagodes du Japon remuant la tête, affifes fur des cerfs, 384 l.— Un oifeau blanc d'ancienne porcelaine fur un tronc d'arbre, 360 l.

970. — M. le Marq. de THIBOUVILLE : Une petite taffe de Vincennes couverte avec fa foucoupe, blanc & or, 36 l.

971. Du 11. — Mme la Marq. de POMPADOUR pour l'Ermitage : Une petite lanterne à cinq pans de bronze doré d'or moulu, à treillage verni, montée en glace, garnie de fleurs de Vincennes, avec fon chandelier, 336 l. — Un cordon de foie à deux houppes, 24 l. — Deux écrans de bois d'amaranthe maffif, 48 l. — Deux petits chandeliers en forme de bougeoirs de Saxe, garnis, 48 l. — Deux pots pourris de compofition des Indes, garnis en bronze doré d'or moulu, 72 l. — Une figure blanche de Vincennes. — Trois balais à manches tournés, 8 l. — Un parafol de Chine, 9 l. — Les ports à l'Ermitage, 9 l.

972. Du 13. — M. DANGÉ : Avoir retaillé deux pièces de criftal de roche & les avoir repercées, 9 l.

973. — Mme la Cteffe d'EGMONT, douairière : Deux pièces de Bohême ajoutées à une aigrette, & en avoir fourni une autre au luftre, des écrous pour un luftre de criftal de roche, 8 l.

974. — Mme la Marq. de POMPADOUR : Un feu à figures & recouvrement fur les fers en bronze doré d'or moulu (pièce de mufique), 560 l. — Une commode de vingt-huit pouces en bois fatiné, garnie en bronze doré d'or moulu, au n° 2, 118 l. — Une fonte de luftre à fix branches à confoles, limée à pans & argentée avec l'aigrette, panache & binets argentés, 220 l. — Fourni

d'augmentation six pièces à côtés des vases au haut des consoles, pesant deux livres, huit onces, trois gros, & demi, 186 l. — Six pièces longues aux deux côtés du bouquet formant le haut du lustre entre les consoles, pesant une livre, onze onces, quatre gros, 120 l. — Six petites, haut & bas du milieu du bouquet, 27 l. — Trois boules au milieu des consoles, en dedans, pesant soixante onces, 420 l. — Un morceau augmenté à la tige, quinze onces, un gros, à 40 l. — Le fil & façon du lustre, 72 l. — Quatre piédestaux en porcelaine de Saxe, peints à fleurs, 28 l. — Trois petites maisons de Saxe, 144 l. — Un colombier sur tige élevée, garni de pigeons sur le toit, porté sur une terrasse avec deux figures & d'autres pigeons, 168 l. — Six petites figures de Saxe à 9 l., 54 l. — Quatre moutons couchés à 6 l., 24 l. — Six petits canards à 4 l. 10 s., 27 l. — Deux coqs à 5 l., 10 l. — Quatre pigeons à 4 l. 10 s., 18 l. — Six petits cygnes à 5 l. 10 s., 33 l. — Deux poules pintades à 8 l., 16 l. — Quatre dindons à 9 l., 36 l. — Une biche couchée, à 18 l. — Un feu à figures nouvelles en bronze doré, les poupées aussi dorées d'or moulu, avec ses garnitures (chambre de M. de Vandières), 360 l. — Deux cornets de plomb, 8 l. — Deux pintes d'encre, 2 l. 8 s. — Un petit plateau rond de lacq, noir & or, 21 l. — Un morceau de maroquin vert pour une table à écrire, 3 l. — Les ports à six hommes & la journée de deux qui sont restés, 24 l.

975. — Mgr le Duc de CHEVREUSE : Un vase de Vincennes bleu & or, avec un bouquet en cannetille, garni de fleurs de Vincennes, 670 l. — Frais de caisse, emballage & douane, 42 l.

976. Du 16. — Mme de BRIOLLEY : Un feu de cheminée avec les recouvremens en bronze ciselé & doré d'or moulu, 410 l. — Une paire de bras assortis, à deux branches, 168 l. — Un magot de terre des Indes, 144 l. — Deux saladiers de Saxe en choux, 108 l. — Un bateau de Vincennes & deux tinettes, 84 l.

977. — Mme la Marq. de POMPADOUR : Une tabatière

de vernis noir avec un bouquet deſſus imitant l'émaillé, 33 l. — Une très-grande pincette pour la ſalle à manger, 10 l.

978. — Mme la Princeſſe de ROHAN, jeune : Un ſinge de porcelaine de Saxe avec arbre & terraſſe, 36 l. — Un petit chien de Saxe, 5 l.

979. Du 17. — Mgr le Duc de BEAUVILLIERS : Un vaſe de Vincennes à anſes & fleurs en relief, 84 l. — Deux vaſes plus petits auſſi à fleurs, 96 l. — Deux taſſes de Saxe à miniatures, gris de lin, avec leurs ſoucoupes, 60 l.

980. — Mme la Marq. de POMPADOUR : Deux magots groupés ſur des animaux, remuant la tête & les mains, 120 l. — Le port à Bellevue, 3 l.

981. — Mme la Ducheſſe de LAURAGUAIS : Deux petits pots pourris d'argent à jour garnis en bronze doré d'or moulu, 240 l. — Une table à écrire plaquée en bois ſatiné, à pupitre, tablette & caiſſons aux deux côtés qui ſe renverſent, garnie en bronze doré d'or moulu, 156 l. — Une cuvette d'argent ajoutée à l'écritoire, 28 l. — Le port à Verſailles, 5 l.

982. Du 19. — Mme la Marq. de POMPADOUR : Un petit baril de lacq, fond aventurine & or, garni en or au couvercle, 96 l. — Une boëte de lacq fond d'or en forme de coquille, garnie d'une charnière & bec d'or, 90 l. — Une autre boëte de même lacq en forme d'éventail, garnie de charnières & bec d'or, 84 l.

983. Du 21. — Mme DUFOUR, jeune : Quatre rideaux de gaze d'Italie peints dans le goût des Indes, trois aunes & demi coupées en quatre, 36 l.

984. — S. A. S. MADEMOISELLE : Quatre corbeilles de porcelaine de Saxe à fleurs & anſes à feuillage, 192 l. — Un petit broc de Saxe, 30 l. — Une taſſe à anſe, à tulipe, 21 l. — La caiſſe & emballage, 3 l. — Le raccommodage d'une fontaine de Saxe où l'on a refait le robinet & redoré, 12 l.

985. Du 22. — Mgr le Duc de ROHAN : Un petit cabinet de lacq à pagodes, à tiroirs & plateau dedans, 600 l. — Un pot pourri, gros bleu garni de bronze doré d'or moulu, 120 l.

986. — M. Ducrolay : Deux boëtes de lacq fond noir & or, à feuillage, de 96 l.

987. — Mme la Duchesse de Rohan : Un buffle du Japon portant une pagode, avec une autre à côté, 300 l. — Deux magots d'ancienne porcelaine blanche sous des berceaux dorés avec les terrasses aussi dorées d'or moulu, 300 l. — Un bouquet de fleurs de Vincennes montées en cannetille, 108 l.

988. Du 24. — M. Boucher : Deux buires d'ancienne porcelaine, bleu-céleste, montées en bronze doré d'or moulu, & deux vases de même porcelaine montés en pot pourri, garnis en bronze doré d'or moulu & guirlande de fleurs, 1,200 l.

989. Du 26. — Mme la Marq. de Pompadour : Trois soufflets à bois contournés & vernis, en vernis poli à 22 l., 66 l. — Un pot de chambre rond de Vincennes en blanc & bleu, 36 l.

990. — S. A. Mgr le Prince de Turenne : Un petit cabaret d'ancien lacq, & deux gobelets de cristal de roche, 144 l.

991. Du 28. — S. M. le Roy : Posé au pavillon des Hubis (1) : une grille à ornemens & vases en bronze doré d'or moulu avec ses garnitures, 380 l. — Une autre grille à vase dorée d'or moulu, 166 l. — Une autre grille de fer à vase poli, 52 l. — Une lanterne de glace dont les montans sont en cuivre doré d'or de feuille & les pieds & consoles dorés d'or moulu, avec son chandelier, 415 l. — Une autre carrée aussi à consoles, 192 l. — Une dite carrée sans consoles, 150 l. — Trois cordons en soie cramoisie, garnis en dedans de fil de laiton, & leurs houppes, 160 l. — Trois balais & trois soufflets à deux vents, 24 l. — Les ports & voyage, 45 l.

992. — Mme la Marq. de Pompadour : Une table de nuit pour M. de Vandières, 24 l. — Trois maisons de

---

(1) Le pavillon des Hubis était situé près Sèvres. (Voir un dessin de la collection topographique du département des Estampes de la Bibliothèque impériale.)

Saxe à 52 l., 156 l. — Un moulin à vent de Saxe, 76 l.
— Une figure d'un Apollon fur un piédeftal, 92 l. —
Raccommodage d'une ferrure de tiroir, 1 l. — Le
port, 3 l.

993. — Mgr le Duc de TALLARD : Un grand cabaret à
contours en vernis aventurine & fleurs d'or, le raccommodage d'un autre cabaret (rendus).

994. — M. le Marq. d'ESTRÉHAN : Un luftre de criftal de
Bohême à fix branches, monté en lyre, 288 l. — Une
lanterne de glace à cinq pans dont la fonte argentée,
garnie de branchages & fleurs, avec fon chandelier,
220 l. — Une petite girandole à deux branches, 51 l.
— Une lanterne de garderobe à réverbere, 15 l. —
Quatre paires de bras à double branche en feuillage
verni & fleurs de porcelaine, 336 l. — Les ports, 4 l.

995. — M. de BOULOGNE, intendant : Un cabaret de fix
gobelets à anfe, en rofe, un pot à fucre & théière affortis, fur un plateau de vernis vert, 240 l. — Deux bateaux de Vincennes avec deux tinettes couvertes dans
chacun (rendus), 168 l. — Une petite table plaquée,
72 l. — Deux caiffes de Saxe garnies de plaques &
fleurs (rendues). — Un cabaret d'ancien lacq noir & or,
& rouge en dedans, avec quatre taffes & pot à fucre
de Saxe à contours, 156 l. — Deux bougeoirs bleu-célefte, garnis, 48 l. — Deux carrés de fer blanc & dix
oignons, 6 l.

996. Du 29. — M. de BOULOGNE, tréforier : Un cabaret
de fix taffes & foucoupes de Saxe, pot à fucre, théière
& plateau en vernis vert & rouge, 156 l. — Un pot
pourri de Saxe à relief de bigarreaux & feuillage, 96 l.
— Une paire de bras à une branche, à fleurs & feuillage vernis, 36 l.

997. Du 30. — M. de JULLIENNE : Quatre grands vafes
de porcelaine bleue à cartouches, de 24 louis, 576 l.
— Avoir coupé les vafes & fait des pieds & gorges à
moulures & godrons dorés d'or moulu, 216 l. — Deux
rouleaux de même porcelaine, 144 l. — Sur quoi j'ai
receu en dividens, 720 l. — Repris deux urnes la
Chine, 120 l. — Plus en argent pour folde, 96 l.

998. — M. le Marq. de La Salle : Une grille à ornemens de bronze cifelé & doré d'or moulu, avec fes garnitures, 260 l.

999. — S. A. Mme la Cteffe de Marsan : Un verre de lanterne fur une vieille garniture, 14 l.

1000. — M. le Cte du Luc : Un cabaret de lacq aventurine, trois taffes dorées en dedans & théière, avec un petit cabaret de lacq carré ancien, aventurine & or, le tout 18 louis 1/2, 444 l.

1001. — S. M. le Roy : Une boëte d'ancien lacq aventurine & fleurs d'or, 600 l. — La garniture en or cifelé & poli, un compartiment de lacq aventurine pour le dedans de la boëte, & un fac de peau, 288 l.

1002. — Mme la Marq. de Pompadour : Un vaiffeau à un pont percé de dix-huit pièces de canon, garni de troupes & de tous fes agrès, 360 l.

1003. Du 31. — M. Richard, receveur général des finances : Un magot de terre des Indes, très beau, 144 l. — Deux douzaines d'affiettes de Saxe peintes à fleurs & bords dorés, à contours, 336 l.

1004. — Mgr le Duc de Beauvilliers : Une paire de girandoles de deux figures de Saxe fur leurs terraffes & branchages dorés d'or moulu, garnis de fleurs de Vincennes, 216 l.

1005. — Mme Dufour, jeune : Une écuelle de Saxe à fleurs avec fon plateau, de 84 l.

Janvier 1752.

1006. Du 2. — Mme la Ducheffe de Fleury : Un écran de bois rougi & poli, garni de papier des Indes, 15 l.

1007. Du 4. — Mgr le Duc de Beauvilliers : Un éléphant de porcelaine de Saxe portant une figure, 216 l.

1008. — M. de Caze : Pour augmentation faite à une corbeille de fleurs que l'on a hauffée & rélargie, & fourni des fleurs, 120 l.

1009. — Mme la Marq. de Pompadour : Une pièce de

corps de jais achetée rue du Petit-Lion, à la Perle, 12 l.
— Un louis reſtant d'un mémoire d'une boëte de lacq pour le Roy, 24 l.

1010. Du 8. — Mgr le Duc de MAZARIN : Une boëte de vernis noir à fleurs peintes en émail, 27 l.

1011. Du 10. — S. M. le ROY : Deux armoires d'encoignure, bâties de chêne, à portes pleines de bois d'acajou; les chauſſons & entrées dorés d'or moulu, le port & celui des petites lanternes, 265 l.

1012. — Mme ROUILLÉ : Une tabatière de vernis noir, à bouquet émaillé, 27 l. — Un bateau & deux petits pots couverts de Vincennes, forme de tinette, pour mettre du beurre, 84 l. — Un grand gobelet à lait & ſa ſoucoupe de Saxe, peints en camayeux à figures, 84 l. — Deux petits chinois de Saxe, 108 l. — Un pot à l'eau de Saxe & ſa jatte à contours brodés, ſans garniture, 60 l. — Deux caiſſes carrées de Saxe, 84 l. — Une table en vuide-poche, 72 l. — Quatre compotiers en artichauts, 84 l. — Un cabaret de deux taſſes, théière en pourpre, le pot à ſucre d'une roſe, 80 l.

1013. — Mme la Marq. de BEUVRON : Un moutardier de Saxe, cuiller & plateau avec ſa chaîne d'argent, 32 l.

1014. — Mme la Marq. de BEUVRON : Deux ſucriers couverts ſur leurs plateaux à contours de porcelaine de Saxe, à 90 l., 180 l. — Deux moutardiers couverts avec leurs cuillers & plateaux, 54 l. — Deux petits compotiers longs, à contours, 36 l.

1015. — Mylord BALTIMORE : Quatre vaſes de Saxe, repréſentans les quatre Élémens ornés de tous leurs attributs, 168 l. — Emballage & frais à la douane, 17 l.

1016. — Mme la Marq. de POMPADOUR : Avoir fait expédier à la douane une caiſſe d'arbres pour Londres, payé 6 l. — Un ruban de tête acheté à la Perle, 6 l.

1017. Du 11. — S. A. Mgr le Prince de TURENNE : Un vaſe en hauteur de porcelaine céladon, monté en bronze doré d'or moulu, 1,680 l.

1018. Du 13. — M. RICHARD, receveur général des

finances : Un petit étui, vernis de Martin, avec un cercle d'or, 24 l.

1019. Du 14. — S. M. le Roy : Pour les Hubis : deux tables de quadrille brifées & deux tables de piquet en noyer, garnies de drap fin, 220 l. — Les ports, 36 l.

1020. Du 15. — Mme la Marq. de Pompadour : Une table à contours en bois d'acajou plein, avec trois tablettes qui fe tirent, garnie de boutons & chauffons dorés d'or moulu, garnie de roulettes dans les pieds, 112 l. — Le port à Bellevue, 3 l. — Un morceau de porcelaine ancienne, vert-céladon, à jour, fans garniture, 480 l. — Le vernis poli d'un petit cabaret à anfe, 7 l.

1021. Du 16. — M. Leonor La Fresnaye : Un vafe de Vincennes, forme de Dupleffis, 84 l.

1022. Du 23. — S. A. S. Mademoiselle : Une paire de bras en blanc & bleu à deux branches, 72 l. — Une taffe de Saxe, foucoupe à tulipe, 21 l.

1023. — Mme la Marq. de Beuvron : Une petite boëte vernie en noir, à bouquet peint en émail, 30 l.

1024. — Mme la Marq. de Pompadour : La garniture en or de quatre boëtes de quadrille d'ivoire, 90 l.

1025. Du 18. — M. Roussel, fermier général : Deux groupes de finges de porcelaine de Saxe, 84 l. — Deux petites figures de porcelaine de Saxe repréfentant différens fujets, 90 l.

1026. Du 20. — Mme la Ducheffe de Biron : Un bois de paravent à couliffe, collage & façon des papiers, 54 l. — Un petit écran garni de papier des Indes, 15 l.

1027. — M. de Boulogne : Quatre taffes & foucoupes de Saxe à fleurs & bord doré, le pot à fucre, théière & plateau verni en rouge, 130 l. — Repris une taffe à bord brun, 8 l. — Repris un vieux cabaret.

1028. Du 22. — Mme la Cteffe d'Egmont, douairière : Une tabatière de vernis noir avec un bouquet émaillé, 30 l.

1029. — Mgr le Duc de La Vallière : Deux taffes, une théière & un cabaret verni, 96 l. (le cabaret de 18 l. rendu).

1030. — Mgr le Duc de Villars : Une taffe & foucoupe de Saxe peintes de jeux d'enfans, dorées en dedans, 66 l.

1031. Du 23. — Mme la Marq. de Beuvron : Une tabatière vernie à bouquet émaillé, 27 l.

1032. — M. de Saint-Amaranthe : La gravure de fes armes au bout d'un étui d'or, 27 l.

1033. — M. Gourbillon : Une boëte d'or émaillée, or & façon, 831 l.

1034. Du 25. — Mme la Marq. de Pompadour : Trois boëtes de vernis noir, à bouquets peints en émail, à 30 l., 90 l. — Une dite, petite, 27 l.

1035. — M. Le Brun, marchand : Une petite boëte de lacq carrée, noir & or, à ferrure & charnières, 144 l.

1036. — Madame : Livré à Mme la Ducheffe de Beauvilliers une écritoire, vernis de Martin, à couliffe, en forme de pupitre, garnie de cornets & poudrier en cuivre doré d'or moulu, 312 l. — Le port à Verfailles, 4 l.

1037. — Mgr le Duc de Beauvilliers : Deux chiens de porcelaine de Saxe avec des colliers & grelots, 72 l.

1038. Du 29. — S. M. le Roy : Un corps d'encoignure bâti de chêne plaqué en bois fatiné, à deux portes, formant une chaife percée avec un réfervoir & robinet à l'angloife, le fond à cuvette d'étain plané & une double çuvette en cuivre, le dedans garni en velours & tabis avec les flacons, 245 l. — Le port & voyage aux Hubis, 18 l.

Février.

1039. Du 2. — Mme la Marq. de Beuvron : Une petite boëte de vernis noir à bouquet peint en émail, 27 l.

1040. — Mme la Marq. de Pompadour : Une grande boëte de vernis noir à bouquet émaillé, 30 l. — Une petite, même vernis, 27 l.

1041. — Mme la Ducheffe de Brancas : Le raccommodage d'une écritoire où l'on a refait deux couliffes & remonté, 24 l.

1042. — Mme la Marq. de Pompadour : Une lanterne de glace à fix pans en bronze cifelé & doré d'or moulu, avec des berceaux vernis garnis de branchages & fleurs de Vincennes, le chandelier d'or moulu & chapiteau de criftal (grand cabinet du Roy), 1,750 l. — Le port à Bellevue, 6 l.

1043. Du 5. — M. Gaignat : Dix fleurs de Vincennes ajoutées à une pendule, 15 l.

1044. — M. Machard : Deux feaux de porcelaine de Saxe.

1045. Du 7. — M. Roussel, fermier-général : La réparation d'un gros feu dont les fers & les recouvremens eftoient caffés, avoir fait refaucer les bronzes & remis à neuf, 38 l.

1046. Du 9. — Mme la Marq. de Pompadour : Quatre pieds à contours en cuivre cifelé & doré d'or moulu pour deux petits vafes de porcelaine brune & deux poiffons céladon (Cabinet de Verfailles), 42 l. — Dernier article du mémoire foldé le treize, 49,029 l.

1047. — M. Boucher, peintre : Une lampe de porcelaine à jour avec deux chaînes pour la fufpendre, 24 l.

1048. Du 13. — Receu de Mme la Marq. de Pompadour, en mandement fur M. de Montmartel, la fomme de 25,029 l., pour folde des fournitures du fecond mémoire, dont quittance à M. Collin dudit jour, treize février.

1049. Du 14. — Mme la Marq. de Pompadour : Deux grands vafes, forme de feaux, porcelaine de la Chine, peints à feuillage avec des fujets en relief, 1,520 l. — Une paire de grandes girandoles à trois branches, cifelées & dorées d'or moulu, fur des cigognes de porcelaine, 1,320 l. — Les ports, 6 l. — Deux parafols de la Chine, 18 l.

1050. — S. A. Mgr le Duc de Bouillon : Cinquante feuilles de papier la Chine peint en blanc & bleu, à ramages, à 4 l., 200 l. — Quarante feuilles la Chine, en jonquille uni fans ouvrage deffus, à 30 s., 70 l. — Quatre tabatières en vernis noir & bouquets peints; dont une de 42 l. & trois à 27 l., 123 l.

1051. Du 15. — Mme la Marq. de Pompadour : Une boëte de lacq carrée, en noir & or, le dedans en rouge, garnie en or, avec trois caiſſons couverts de velours & ſatin blanc, pour des bracelets & bagues, 400 l. — Un étui de cuir noir doublé de chamois, garni en cuivre, 24 l. — Le port, le rapport d'une lanterne à l'Ermitage, 5 l.

1052. — M. Dangé, fermier général : Les toiles, façon & collage en papier des Indes de cinq panneaux pour le cabinet de toilette de Paris, & huit deſſus de portes de différentes grandeurs, 54 l. — Le port, 1 l.

1053. Du 17. — M. Léonor La Fresnaye : Deux urnes de porcelaine la Chine en hauteur, 144 l. — Une paire de girandoles à trois branches dorées d'or moulu (rendues), 144 l.

1054. Du 22. — Mme la Marq. de Pompadour : Une boëte vernie à bouquets & filets, grandeur moyenne, 33 l. — Une petite tabatière d'or en oignon, ouvrant des deux côtés, 165 l. — Une petite lanterne de glace à treillage, montans dorés d'or moulu, garnie en fleurs de Vincennes (garderobe de l'Ermitage), 192 l. — Un cordon en blanc & lilas. Le port, 3 l.

1055. — M. Calabre, jeune : Une paire de bras à deux branches en blanc & vert, garnis de fleurs, 78 l.

1056. Du 24. — Mme de Montmort : Un cabaret à ſix taſſes, à anſes, en poirier noirci & poli, 18 l.

1057. Du 26. — M. Guesnon : Une table de lit en bois de merisier avec des fleurs & filets en amaranthe, 51 l.

Mars.

1058. Du 2. — M. de Belhombre : Une tabatière de vernis noir avec un bouquet peint en émail & filets d'or, 33 l. — Une autre moins grande ſans filets, 27 l.

1059. — S. A. Mgr le Duc de Bouillon : Deux caiſſes, foin, paille & papier pour deux luſtres de criſtal (pour Navarre), 50 l. — Le port à l'hôtel, 1 l.

1060. Du 4. — Mme la Marq. de Pompadour : Les

ports & rapports des lanternes de Bellevue & de huit paires de bras dorés, 20 l.

1061. — M. de Pierrevert : Une commode à pieds de biche plaquée en bois fatiné à fleurs, garnie de pieds, chutes, tirans & moulures dorés d'or moulu, le marbre de Flandre, de 3 pieds 1/2, 300 l. — Un fecrétaire de même bois & fleurs auffi garni de cornets argentés, 230 l. — Une table de nuit plaquée en bois fatiné avec fes deux marbres, 50 l. — Une table de piquet & une de quadrille en bois rouge & poli, 51 l. — Une table à écrire en croiffant, plaquée en bois violet, à tiroir & cornets argentés, un écran à ftore, 102 l. — Un paravent à couliffe à quatre feuilles, garni en papier des Indes, 72 l. — Un petit écran à tablette, 15 l. — Une encoignure en bois d'acajou maffif, ajouté deux portes, charnières & ferrure, 24 l. — Deux gobelets à anfe & foucoupes de Vincennes en blanc & or, 48 l. — Le port à fucre afforti, 48 l. — Un foufflet à deux vents, deux balais, & fix écrans à main, clous & rubans, 14 l. — Un pot à l'eau & fa jatte de porcelaine de Vincennes garnis en vermeil, 110 l.

1062. Du 6. — Mme la Marq. de Pompadour, pour l'hoftel de Versailles : Une commode de quatre pieds & demi, à deux tiroirs, plaquée en différens bois, garnie en bronze doré d'or moulu & de fon marbre griotte d'Italie, 410 l. — Le port à quatre hommes, 20 l.

1063. Du 8. — Mme la Marq. de Pompadour : Une boëte noire à bouquet peint en émail, 30 l. — Un bâtiment en porcelaine de Saxe repréfentant une églife de campagne, 90 l.

1064. — S. A. Mgr le Duc de Bouillon : Six feuilles de papier la Chine, fond blanc à fleurs & oifeaux, à 6 l. (envoyé à Navarre), 36 l.

1065. — M. de Pierrevert : Un trictrac plaqué en ivoire & ébène avec les dames de même, 90 l. — Une boëte contenant des boëtes de quadrille, 20 l.

1066. — M. de Verdun : Les réparations faites à une fonte de luftre, l'avoir refoudée & argentée à plufieurs endroits, 10 l. ; — L'avoir fournie en vafes & pièces de cristal assortis, l'avoir remontée de fil neuf & façon, 45 l. — Port, 1 l.

1067. — Mme la Marq. de GONTAUT : Un secrétaire plaqué en différens bois, en forme de bibliothèque, garni d'ornemens dorés d'or moulu, marbre de brèche d'Alep, maroquin & cornets argentés, 240 l.

1068. Du 11. — Mme RÉMOND : Une commode de quatre pieds, à trois tiroirs de hauteur, plaquée en palissandre, garnie d'entrées, rosettes & boutons dorés d'or moulu, avec son marbre, 136 l. — Deux autres commodes de même forme de 3 pieds 1/2, les boutons aussi dorés d'or moulu, les marbres de Flandre à 112 l., 224 l. — Sept tables à écrire de poirier noirci & poli, avec des tiroirs à serrures, cornets & maroquin, de différentes grandeurs, 132 l.

1069. — M. COQUINOT : Une tabatière, 30 l.

1070. — Mme la Ctesse d'EGMONT, douairière : Avoir percé un couvercle de porcelaine, y avoir fait un bouton de cuivre verni assortissant à un autre, 3 l.

1071. Du 17. — M. PASQUIER DE LA HAYE : Les toile, collage, façon & raccordage de quatorze châssis composant un cabinet, 84 l. — Les ports, 1 l.

1072. — Mme de MONTMORT : Le raccommodage d'une cave refaite à neuf, fourni les flacons, 11 l.

1073. — S. M. le ROY : Quatre gobelets de Vincennes à anses, peints à oiseaux & paysage, 96 l. — Un plateau de vernis rouge, 24 l.

1074. Du 19. — Mme la Marq. de POMPADOUR : Les toile & papier des Indes, fond blanc à fleurs & oiseaux, de huit châssis, différentes grandeurs (garderobe de Versailles), 84 l. — Une table de nuit plaquée en bois satiné, ses marbres de griotte d'Italie, 48 l. — Les ports, 10 l.

1075. — M. de BELHOMBRE : Envoyé à Strasbourg une tabatière de vernis noir, à bouquet émaillé & filets, 36 l. — Une moins grande sans filets, 27 l.

1076. — Mme la Maréchale de DURAS : Les toile & papier des Indes, fond blanc à fleurs & oiseaux, de quatre châssis formant un cabinet, avec les raccordage & façon, 126 l. — Quatre-vingt-fix pieds de moulures unies, vernies en bleu & en blanc, pofées & ajuftées fur lefdits chaffis en place, 39 l.

1077. Du 22. — S. M. le Roy : Une théière de porcelaine de Vincennes peinte à oifeaux & payfage, 36 l. — Un pot à fucre & une théière à contours peints à fleurs avec une dentelle d'or, affortis à une petite taffe femblable, 60 l.

1078. Du 26. — Mme Rouillé : Avoir fourni des bobèches de cuivre argenté pour un chandelier de lanterne & argenté le chandelier à neuf, 18 l.

1079. Du 28. — S. M. le Roy : Un grand pot à fucre de Vincennes en bleu lapis, à cartouches d'oifeaux.

1080. — Mme la Ducheffe de Brancas : Un petit réchaud argenté pour bruler des paftilles, 15 l.

1081. Du 29. — M. Boucher, peintre : Une bibliothèque à trois portes, plaquée, garnie en bronze doré d'or moulu, 336 l. Sur quoi reçu 192 l.

1082. — M. le Maréchal de La Fare : Deux figures de théâtre, porcelaine de Saxe, 30 l. — Deux biches couchées, même porcelaine, 34 l. — Une boëte d'écaille, à charnières & bec d'or, 80 l. — Reçu à compte de fon mémoire une boëte d'or de 763 l.; deux médailles, 287 l.; en argent 480 l.

1083. — Mme la Cteffe d'Egmont, douairière : Quatre magots de porcelaine la Chine, deux blancs & deux peints, 36 l.

1084. — Mme la Marq. de Pompadour : Une grille de fer à vafe poli, avec fes pelle & pincettes (antichambre), 24 l. — Une table à écrire, plaquée en bois de rofe, avec deux abattans, écritoire de cèdre, cornets argentés, pupitre, tablettes, garnie de pieds & chûtes dorés d'or moulu, 156 l. — Le port à Verfailles, 5 l.

1085. Du 31. — Reçu de Mme la Marq. de Pompadour, en un mandement fur M. de Montmartel, la fomme de 4,655 l., pour folde jufqu'à ce jour, formant le 3ᵉ mémoire : donné quittance à M. Collin de 4,655 l.

Avril.

1086. Du 1 . — Mme de PRENINVILLE : Le raccommodage d'un néceſſaire, refait la ſerrure & une clef, 12 l.

1087. Du 3. — Mme la Marq. de POMPADOUR : Une paire de girandoles à double branche, à feuillages & terraſſes dorés d'or moulu, ſur des figures & fleurs de Vincennes (boſquets de l'Ermitage), 180 l. — Le raccommodage d'une tête de pagode de terre, 2 l. — Port de porcelaine de Vincennes, 6 l.

1088. Du 8. — Mgr le Duc d'AIGUILLON : Nettoyage de luſtres de criſtaux de Bohême, 15 l.

1089. Du 10. — Mme la Marq. de POMPADOUR : Une petite grille à enfans, en bronze ciſelé & doré d'or moulu, avec les pelle & pincettes (cabinet au caffé), 160 l. — Avoir remis à neuf les dorures d'une paire de girandoles à trois branches, nettoyé & fourni des fleurs qui manquoient, 25 l. — Les ports à Bellevue & de trois paniers de porcelaine de Vincennes, 6 l.

1090. Du 12. — M. JACQUEMIN : Une boëte d'or émaillé, or 6 onces, 5 gros, 10 grains, 545 l. — Façon, 290 l. Total, 835 l.

1091. — M. de VILLEMORIEN : Une grille en bronze doré d'or moulu, avec ſes garnitures, 360 l. — Une petite table plaquée en bois ſatiné à fleurs, 84 l.

1092. — M. BOUCHER, peintre : Une urne de porcelaine la Chine ſur un fond noir, 121 l.

1093. Du 14. — Mme la Marq. de POMPADOUR : Une glace de 18 pouces ſur 12 pour la lanterne de l'antichambre du Roy, 10 l.

1094. Du 14. — Mme la Ducheſſe de BRANCAS, douairière : Un grand gobelet à anſe de Vincennes en lapis & or, 36 l.

1095. — Mgr le Duc d'AIGUILLON : Un luſtre de criſtaux de Bohême à ſix branches, monté à conſoles, 432 l. Les ports, 3 l.

1096. — M. Bazin : Une petite caiffe ronde de porcelaine de Saxe, 22 l. 10 s.
1097. Du 15. — M. de Saint-Amaranthe : Un cachet de criftal de roche, à trois faces, gravé d'une tête, d'un chiffre & des armes; monté en or, dans fon étui de rouffette garni d'or, 195 l.
1098. — Mme la Ducheffe de Lauraguais : Le raccommodage d'une bordure dorée, ornée d'une guirlande vernie, avec des fleurs. Nettoyé et fourni les fleurs qui eftoient caffées, 16 l.
1099. Du 16. — Mme la Marq. de Pompadour : Une grille de bronze cifelé & doré d'or moulu, repréfentant des enfans, avec fes garnitures, 280 l. — Une autre grille petite, dorée d'or moulu, pour le cabinet, avec fes garnitures, 120 l. — Les ports des grilles, de deux paires de bras & de porcelaines de Vincennes, 13 l.
1100. Du 17. — M. le Cte du Luc : Une boëte vernie, à bouquet peint, avec des filets bleus, 36 l.
1101. M. de Gagny : Une paire de girandoles anciennes à trois branches, dorées d'or moulu, 144 l.
1102. Du 18. M. Dangé, fermier général : Les toile, collage & raccordage de quatre panneaux en papier des Indes pour l'antichambre de Puteaux, 32 l. — Le port à Puteaux, 3 l.
1103. — M. de Villemorien : Un fecrétaire à contours, plaqué en bois de rofe, garni d'ornemens dorés d'or moulu, 360 l. — Une table de nuit, contournée, plaquée en bois fatiné, avec fes marbres de griotte d'Italie, & les mains dorées d'or moulu, 96 l. — Port, 1 l. — Trois plumets, 3 l.
1104. Du 19. — Mme la Cteffe d'Egmont, douairière : Trois armoires d'encoignure, plaquées en bois fatiné, garnies de pieds & entrées en bronze doré d'or moulu, à 90 l., fans marbre, 270 l. — Trois gradins à jour, plaqués & en bois fatiné, 72 l. — Une table de nuit à tiroirs, en vernis vert poli & les marbres de brèche d'Alep, garnie de cornets argentés, 96 l. — Les ports, 2 l.

1105. — M. La Fresnaye de la Croix : Un bronze d'un gladiateur ; l'écuffon doré, 240 l. — Deux grands aigles de terre, 192 l.

1106. Du 21. — Mme la Cteffe d'Egmont, douairière : Une lanterne à cinq pans en verre de Bohême, & couvercle de criftal, le plomb, cordon & contre-poids, 48 l.

1107. — Mme Camuset : Un pied en bois verni pour un fecrétaire la Chine, avoir rétabli ledit fecrétaire, & avoir fait des ferrures à l'abattant & tiroirs, 36 l. — Avoir ferré des carrés de toilette de vernis, & rétabli lefdits carrés, fait une bordure de miroir & fourni la glace, 36 l.

1108. — M. Bazin : Un groupe de Saxe des quatre Saifons (rendu), 132 l. — Un autre de deux figures avec une corbeille, 144 l.

1109. — Mme la Marq. de Pompadour : Cinq petites figures d'émail, livrées à M. Douy, 3 l. — Un petit cadran & de la poudre à mettre sur le papier, 6 l. — Le port d'une table rapportée à Paris, 3 l.

1110. Du 22. — M. Guesnon : Deux tablettes d'encoignure à jour, contournées, en vernis jaune & or, 66 l. — Un châffis de papier des Indes pour cheminée, 4 l.

1111. — Mme Camuset : Une lanterne à cinq pans de verre de Bohême, montée en fer-blanc bronzé, avec un chapiteau en criftal, 48 l.

1112. Du 25. — Mme Geoffrin : Deux chandeliers de bronze cifelé, dorés, avec des enfans, 168 l. — Deux cornets de porcelaine rouge à fleurs, & les milieux verts, 96 l.

1113. — Mme la Marq. de Pompadour : Un voyage fait à Crecy, 52 l.

1114. Du 29. — Mgr le Duc d'Aiguillon : Deux paires de bras à trois branches, en bronze cifelé & doré d'or moulu, 640 l. — Une autre paire de bras auffi à trois branches, à fleurs & feuillage, vernis en gris de lin, 120 l.

1115. — M. le Curé de Saint-Germain : Une table à rebord fur un trépied plaqué en bois d'amaranthe, avec un montant à reſſort portant des chandeliers en S argentés (rendue), 48 l.

1116. — Mgr le Duc de LA VALLIÈRE : Une paire de petites girandoles à deux branches vernies, garnies de fleurs, ſur des oiſeaux bleus de Vincennes, les terraſſes, bobèches & baſſins argentés, 150 l. — Une autre paire de même, dont Mgr m'a fourni les oiſeaux, 126 l.

Mai.

1117. Du 3. — S. M. le ROY : Deux petits gobelets à anſes & ſoucoupes de Vincennes, en blanc & or, de 18 l. pièce, 36 l. — Un pot à ſucre aſſorti, 36 l. — Un plateau à anſes verni, 24 l.

1118. Du 4. — Mme la Marq. de POMPADOUR : Des ports de porcelaines que l'on a été chercher à Bellevue pour envoyer à Crécy, 12 l.

1119. Du 8. — Mme la Marq. de POMPADOUR : Une commode bâtie de chêne, à trois tiroirs de hauteur, plaquée & garnie de pieds, boutons & entrées dorés d'or moulu, le marbre de Flandre de quatre pieds, 170 l. — Le port à Verſailles, 12 l. — Trois bordures d'eſtampes payées au s^r OEbenne, 180 l. : Les trois glaces & garnitures, 9 l.

1120. — Mme la Ducheſſe de LAURAGUAIS : Les toile, façon & raccordage de ſept panneaux garnis en papier des Indes ; fourni les feuilles qui manquoient, 150 l. — Les ports à Verſailles, 10 l.

1121. Du 10. — M. le Cte du LUC : Avoir fait reſouder un cornet d'argent, 3 l.

1122. Du 13. — Receu de Mme la Marq. de Pompadour la ſomme de 1,370 l., pour ſolde de compte. Fourni un receu à M. Collin.

1123. Du 15. — Mme la Cteſſe d'EGMONT, douairière : Soixante-ſix pieds de moulures ſculptées, à 10 s. le pied, 33 l.

1124. — M. le Marq. de VOYER : Payé une voiture qui a mené M. Dupleſſis à Aſnières, 7 l. 10 s. — Un morceau de porcelaine & l'avoir fait ſcier, 6 l.

1125. — M. de Belhombre : Une grande boëte de vernis, à bouquets peints en émail, 36 l.

1126. Du 17.—Mme la Marq. de Pompadour : Une glace qui eſtoit caſſée à une des lanternes de l'eſcalier des entre-ſol. — Avoir nettoyé les fleurs & fourni une jonquille qui eſtoit caſſée, 9 l. — Un gros vaſe de porcelaine céladon, garni en bronze doré d'or moulu, poſé ſur l'encoignure de la chambre du Roy, 1090 l. — Deux grands vaſes à pans en hauteur, de porcelaine gros bleu, garnis en bronze doré d'or moulu (grande table du ſalon à manger), 1,500 l. — Deux autres vaſes moins forts, mêmes porcelaine & garniture (cheminée du ſalon à manger), 1,000 l. — Un vaſe de porcelaine verte à relief blanc & bleu, monté en pot pourri, garni de bronze doré d'or moulu, 560 l. — Deux vaſes de porcelaine céladon brodés en relief, montés en buire, 480 l. — Les ports & rapports de porcelaine, 24 l.

1127. Du 18. — M. d'Azincourt : Un petit ſecrétaire de bois ſatiné à fleurs, garni en bronze doré d'or moulu, 360 l.

1128. Du 19.—Mgr le Maréchal de La Fare : Une écritoire de lacq garnie de charnières & boutons d'argent, avec trois cornets auſſi d'argent, dont un avec une carcaſſe pour le verre & deux tuyaux pour mettre les plumes, 240 l.—Obmis quatre moutons de Saxe, 60 l. — Une figure de Saxe, 15 l.

1129. Du 20. — M. Gaignat : Un ſac de gaze des Indes pour un luſtre de porcelaine, 9 l.

1130. — Mme la Cteſſe d'Egmont, douairière : Vingt toiſes de groſſe corde câblée faite ſur un échantillon, 36 l. — Deux morceaux de porcelaine, blanc & bleu, 6 l.

1131. — M. Tribou : Avoir dépoſé & repoſé une glace, fourni des clous, 3 l.

1132. Du 22. — S. M. le Roy : Quatre cuillers à caffé d'or à 22 k^{ts}, ciſelées, d'un nouveau modèle, dans leur étui de rouſſette verte polie, garni de charnières & crochets d'or, 936 l.

1133. — Mme la Dauphine : Une paire de girandoles à

trois branches, à feuillage verni, garnies de fleurs de Vincennes, fur des Fleuves de Saxe, montées en bronze doré d'or moulu, 960 l. — Deux voyages à Verfailles, port & rapport d'autres girandoles, 48 l.

1134. Du 29. — Mme la Marq. de Pompadour : Envoyé à Verfailles une encoignure à jour, à tablette de marbre de griotte d'Italie & deffus de même, en vernis poli imitant le placage, 108 l. — Un gradin à jour, forme arrondie, auffi verni, 48 l. — Le port, 5 l.

1135. Du 30. — M. L'Écuyer : Une paire de bras à deux branches, vernis en blanc & en bleu, 60 l.

1136. Du 31. — S. M. le Roy : Un luftre formé de treillages peints, les montans & garnitures dorés d'or moulu, avec des figures de Saxe, garni de fleurs de Vincennes & d'une pyramide de criftal de roche dans le milieu. — Port & voyage à Verfailles, 24 l.

Juin.

1137. Du 3. — M. Brochant : Deux urnes de porcelaine ancienne en blanc & bleu, garnies de bronze doré d'or moulu, 72 l. — Deux feaux de Saxe avec des plaques de fer-blanc percées, 85 l. 10 s.

1138. — Mme la Marq. de Pompadour (pour la Bibliothèque de Crécy) : Un bureau de fix pieds & demi plaqué en bois de rofe & bois d'amaranthe, avec deux pupitres fur le deffus & fix tiroirs, quart de rond en cuivre, les pieds, chutes, entrées, tirans & agraffes dorés d'or moulu, & deux écritoires garnies de cornets argentés, 720 l. — Une lanterne de glace carrée de 17 pouces fur 12, en cuivre doré d'or en feuilles, les consoles & agraffes cifelées & dorées d'or moulu ; un chapiteau de criftal, le chandelier à trois branches, doré, 245 l. — Quatre vafes de porcelaine truittée, garnis de bronze doré d'or moulu, 1920 l. — (Seconde pièce de la Bibliothèque.) Une lanterne carrée en glace de 16 pouces fur 10, dont les montans en cuivre & le cintre du haut font dorés d'or de feuille, les confoles & ornemens du bas en cuivre cifelé & doré d'or moulu, chapiteau de criftal & chandelier doré, 210. — Quatre vafes égaux, de porcelaine de Saxe à fleurs de relief, avec des cartouches de miniatures, montés en bronze doré d'or moulu, à 475 l., 1,900 l. — Un autre vase, même porcelaine, 520 l. — (Cabinet de la Bibliothèque.) Un petit luftre de criftal de roche à quatre branches, garni de vafes, bobèches & baffins de criftal, 1,230 l. — Une paire de petits bras vernis & dorés d'or moulu, forme de berceau avec des figures de Saxe & fleurs de Vincennes, les baffins de criftal de roche, 576. — Un corps de commode en ancien lacq, à armoires des deux côtés plaquées en dedans en bois de rofe; l'intérieur du corps de la commode plaqué partout de bois de rofe, à fleurs de rapport fur les tablettes à crémaillères en bois naturel, garni en bronze doré d'or moulu, avec une tablette garnie en velours, 1,200 l. — Une table à écrire de lacq ancien, avec tablette en devant garnie de velours, les porte-chandeliers plaqués en bois de rofe, garnie de bronze doré d'or moulu ; l'écritoire en cèdre, les cornets d'argent & cuvettes, 560 l. — Avoir refait une paire de bras affortiffans à ceux pofés en bas dans le cabinet de Madame, changé des fleurs, & façon de la monture & vernis, 96 l. — Une table à écrire d'ancien lacq, à tablette, porte-chandeliers, garnie comme ci-deffus, avec cornets & cuvette d'argent, 560 l. — (Cabinet du Roy.) Une grande table à écrire, plaquée en bois de rofe à fleurs de différens bois, garnie en bronze doré d'or moulu, la tablette en velours, les porte-chandeliers plaqués, les cornets d'argent, 1,020 l. — Une paire de bras à double branche, forme de berceau, peints & dorés d'or moulu, avec des figures de Saxe, baffins & fleurs de Vincennes, 470 l. — (Garderobe du Roy.) Une chaife percée à contours & dorée, avec des coffres; le devant s'ouvrant à charnières, en vernis imitant le placage, 120 l. — Deux corps d'encoignure à jour, à pied de biche, à trois tablettes de marbre blanc chacune, même vernis, 288 l. — Deux gradins à jour, forme arrondie, à tablettes à jour, même vernis, 84 l. — Une table de nuit à deux marbres plaquée en bois de rose à mosaïque, garnie de mains & pieds dorés d'or moulu, 132 l. — Une petite lanterne carrée en cuivre doré d'or de feuille, 168 l. — Quatre cordons en soie garnis de laiton en dedans, les houppes assorties, garnies d'agrémens façonnés, 150 l. — Un pot pourri de porcelaine de Vincennes peint en bleu (cheminée de l'Ermitage), 60 l. — Un petit broc de Vincennes sur lequel on a taillé un couvercle, & garni en argent doré, 74 l. — Un autre broc sans garniture, 24 l. — Un petit cabaret de lacq fond noir pour le caffé du Roy, 24 l. — Une théière de porcelaine de Saxe peinte de jeux d'enfans, assortissante à des tasses dorées, 66 l. — Trois caisses pour un grand bureau, tableaux de M. Boucher & marbres, emballage desdites caisses, papier & ficelle & frais, 150 l. — Deux voitures & les ports de quatorze crocheteurs, 446 l. — Frais de voyage à Crécy, 84 l. — Avoir démonté & remis à neuf toutes les porcelaines, lacqs, bras dorés, dans lesquels il y en avoit de caffés, qui ont été redorés en partie, 72 l. — Au sieur Œbenne, raccommodage d'une table, 24 l.

1139. — M. Dangé, fermier général : Deux lanternes de glace à cinq pans, montées en treillage verni & doré d'or moulu, garnies de branchages & fleurs de Vincennes, avec les chandeliers dorés, à 292 l. pièce; les cordons & houppes en soie, 584 l. — Les ports & voitures à Puteaux, 12 l. 12 s.

1140. Du 8. — Mme la Marq. de Pompadour : Le raccommodage d'un compartiment que l'on a baissé & recouvert en tabis bleu, 5 l. — Une petite bordure de bois de rapport, payée au sieur Œbenne, 48. l. — La glace, anneau & garniture, 2 l. — Refait la garniture d'un bougeoir de lit & une bobèche à deux bougies, dorés en or moulu, & remis la garniture à neuf, 25 l. — Une paire de girandoles à double branche, à feuillage de rosier garni de petites roses & boutons de Vincennes, les figures de même porcelaine sur des terrasses, & bobèches dorées d'or moulu, 312 l. —

Le port à l'Ermitage & d'une caisse de tasses à Crécy, 6 l.

1141. — M. Le Brun : Un pot à sucre & une théière de Saxe en blanc & bleu, 20 l.

1142. — Mme la Duchesse de Mortemart : Le raccommodage d'un corps de pagode où l'on a refait un pied, 6 l.

1143. Du 9. — S. A. Mme la Princesse de Rohan, douairière : Le nettoyage des lustres du Port à l'Anglois, 11 l.

1144. — M. de Jullienne : Deux commodes à pieds de biche, plaquées en différens bois, avec des cartouches & branchages de fleurs, les pieds & chutes en bois rapportés, couvertes de marbre de vert campan panaché, 660 l. — Un secrétaire plaqué dans le même goût, avec un dessus de marbre de brèche d'Alep, les cornets argentés, l'abattant garni, 320 l. — Les ports à quatre hommes, 10 l.

1145. Du 14. — Mme la Marq. de Pompadour : Un corps de commode de lacq, garni en bronze doré d'or moulu, les armoires & dedans à tablettes plaquées en bois de rose & fleurs de différens bois, 1,200 l. — Une pendule sur deux lions, bleu céleste, garnie en bronze doré d'or moulu, 750 l. — Une paire de girandoles composées de terrasses & branchages dorés d'or moulu, & fleurs sur des perroquets bleus, 384 l. — Le port à Versailles, 10 l.

1146. Du 16. — S. A. Mme la Duchesse de Rohan, douairière : Un morceau de cristal de Bohême, & l'avoir fait user, 6 l. — Plus une pièce à contours, 3 l.

1147. — Mme la Ctesse d'Egmont : Sept morceaux en hauteur de porcelaine, bleu & blanc, 60 l. — Une table à écrire plaquée en bois satiné, à plusieurs tiroirs, les pieds, entrées & boutons dorés d'or moulu, les cornets en cuivre à soupapes, 96 l. — Une fontaine de porcelaine la Chine, garnie en bronze doré, 36 l.

1148. Du 14. — Mme la Duchesse de Lauraguais : Une table à écrire plaquée en différens bois, à fleurs, garnie en bronze doré d'or moulu, tablette en velours & cornets argentés, 288 l.

1149. — M. le Marq. de PIGNATELLI : Le raccommodage d'un cachet, 2 l.

1150. Du 16. — M. PASQUIER de LA HAYE : Les toile, façon & raccordage de trois chaffis garnis en papier la Chine, 18 l.

1151. Du 17. — Mme CAMUSET : Avoir remis à neuf une table à écrire & l'avoir regarnie en velours, 25 l.

1152. — Mme la Marq. de POMPADOUR : Un voyage fait à Crécy, 84 l.

1153. Du 18. — Mme la Marq. de POMPADOUR : Les ports & rapports de porcelaine de Vincennes à Choisy, 7 l. 10 s.

1154. Du 19. — M. le Cte de SPONHEIM (le Duc des Deux-Ponts) : Six taffes & foucoupes de porcelaine de Vincennes en bleu lapis & cartouches à oifeaux en or, à 30 l., 180 l. — Le pot à fucre & théière affortis, à 48 l., 96 l. — Un autre cabaret de fix taffes & foucoupes en blanc & or de 24 l., 144 l. — Le pot à fucre & théière affortis, à 48 l., 96 l.

1155. — S. A. S. MADEMOISELLE : Avoir fait refouder la garniture d'un bougeoir, & avoir fait redorer ladite garniture en or moulu, 9 l.

1156. — Mgr le Duc de VILLEROY : Un bâton de commandement d'un jet, garni d'ivoire, de 35 pouces, 20 l.

1157. Du 20. — Mme la Cteffe d'EGMONT, douairière : Une paire de chandeliers en bronze cifelé & doré d'or moulu, 84 l.

1158. — Mme CAMUSET : Avoir démonté & remonté la garniture d'une pendule & d'un vafe de fleurs, rechangé les plantes & collé les fleurs, 12 l.

1159. — M. de BELHOMBRE : Deux couverts d'argent à coquilles, avec façon & contrôle, 99 l. — Un gobelet uni, forme de timbale, 28 l. — Sur quoi échangé un vieux couvert & deux foucoupes d'argent, 66 l. 16 s.

1160. Du 22. — Mme la Cteffe d'EGMONT, douairière : Deux grands vafes de porcelaine la Chine, à relief, 1,440 l. — Deux feaux de Vincennes, dont un à ru-

JUIN 1752.

bans, 240 l. — Les ports de 34 feaux de Vincennes, 15 l.

1161. Du 25. — Mme la Marq. de POMPADOUR : Un vafe de porcelaine gros bleu, à pans, garni de bronze doré d'or moulu, 750 l. — La monture en or moulu d'un oifeau de porcelaine fur un tronc d'arbre, de quoi on a fait un pot pourri orné de branchages garnis de fleurs de Vincennes, 180 l. — Le port, 3 l. 12 s. — Avoir refait le bout en or d'une touche de tablette, 3 l. — Un fond d'or gravé dans un deffus de boëte de lacq, où eft encadré un portrait d'émail de Petitot, 90 l. — Une petite bordure à fleurs pour une eftampe faifant le pendant de celle de M. Sevin, payée au fieur OEbenne, 48 l. — La glace, monture & anneau à vis, 2 l. 10 s. — Payé au fieur De Vaugondy des emballages fuivant fa quittance, 71 l. 10 s.

1162. — Receu de Mme la Marq. de POMPADOUR la fomme de 20,809 l. 10 s., jusques & compris l'article du 14 juin dernier.

1163. Du 26. — M. de GENSSIN : Une petite lanterne dorée d'or moulu, à treillage verni, montée en glace, garnie de branchages dorés avec des fleurs de Vincennes, le cordon à deux houppes en foie & or, 360 l.

1164. — M. de LA POPELINIÈRE : Une petite commode à pieds de biche, en bois fatiné, forme de bas d'armoire avec fon marbre de brèche d'Alep, 72 l.

1165. Du 30. — M. de ROISSY : Le raccommodage de deux paires de bras dorés d'or moulu, que l'on a remifes à neuf & pofées en place, 6 l.

1166. — M. de JULLIENNE : Une table à écrire plaquée de différens bois, avec tiroir & écritoire argentée, 48 l. — Une petite table à deffus qui fe lève, plaquée à fleurs & inftrumens, avec tiroir & écritoire argentée, 72 l. — Une autre de même efpèce, plaquée différemment, avec écritoire, 54 l. — Le port, 5 l.

Juillet.

1167. Du 1er. — S. A. Mme la Princeffe de Turenne : Deux gradins à tablettes en vernis noir & or, d'une forme arrondie, 96 l. — Une petite jatte de porcelaine de Vincennes faite de fujétion fur une garniture d'écuelle, & remis ladite garniture à neuf, 60 l.

1168. Du 3. — S. A. Mgr le Duc de Bouillon : Deux paires de grands bras à trois branches, à feuillage verni, garnis de fleurs de porcelaine, avec les binets, 450 l. — Le port à Navarre, 25 l.

1169. Du 5. — S. M. le Roy : Un voyage fait par ordre à Compiègne, dépenfé 72 l.

1170. Du 11. — M. le Cte de Vence : Avoir démonté & nettoyé un luftre de criftal, port & rapport, 9 l.

1171. — Mme la Marq. de Pompadour : Le port, à quatre hommes, de trois grandes lanternes & de 26 feaux rapportés de Bellevue, 14 l. 8 s.

1172. — M. de Cury : Une table de nuit à deux marbres, dont un eft en forme de commode, 75 l. — Une lanterne pour l'efcalier, 20 l.

1173. Du 13. — S. M. le Roy : Une paire de girandoles à double branche à feuillage doré d'or moulu, garnies de fleurs, fur des paons de porcelaine ancienne, bleu & blanc, 288 l. — Une autre paire de même fur des roches d'ancienne porcelaine blanche avec des petits magots, 288 l. — Six gobelets à anfes & foucoupes de Vincennes, en blanc & or, 144 l. — Pot à fucre & théière affortis, 96 l. — Un cabaret à gorge renverfée en vernis de Paris, 36 l. — Les ports & rapports des girandoles rapportées, 30 l.

1174. — Mme la Ducheffe de Lauraguais : Une cuvette de cuivre argenté, pour un tiroir de table, 4 l.

1175. Du 14. — M. de Roissy : La réparation des fers de quatre feux, repoli à neuf, & refaucé les bronzes en couleur d'or moulu. Repoli les fers d'un autre feu, & remis les bronzes en couleur & une paire de bras avec les boutons de pincettes, 78 l. — Les ports, 3 l.

1176. Du 15. — Mme la Cteffe d'EGMONT, douairière : Une petite armoire à pieds de biche, à deux portes, en vernis blanc & bleu, couverte de fon marbre de Flandre, 80 l. — Une encoignure à jour à pieds de biche, en vernis poli vert & or, garnie de deux tablettes de marbre en dedans, & de fon deffus de même marbre, 75 l. — La caiffe, papier, cordages & toile cirée, 18 l.

1177. — M. de CURY : Avoir fait repeindre & mis à neuf une paire de girandoles à trois branches, garnies en fleurs, 32 l. — Avoir nettoyé & raccommodé une garniture d'une pendule, girandoles & pots pourris, 26 l. — Trois paires de bras remis en couleur, 9 l. — Une lanterne & fa lampe mifes au bas de l'efcalier, 20 l.

1178. Du 22. — M. de CURY : Envoyé à Chennevières une commode bâtie de chêne, de quatre pieds, à trois tiroirs de hauteur, plaquée en bois des Indes, garnie de pieds dorés d'or moulu, boutons, rofettes & entrées, le marbre de Flandre, 180 l. — Quatre commodes de bois de noyer, garnies de boutons en couleur, à 33 l. pièce, 132 l. — Six tables de nuit en noyer, à 6 l. 15 s., 40 l. 10 s. — Cinq tables à écrire en bois de noyer, garnies de leurs cornets, à 7 l. 10 s., 37 l. 10 s. — Une table de piquet & une de quadrille, un trictrac complet, 24 l. — Un damier garni de fes dames & un jeu d'échec, 7 l. 10 s. — Cinq foufflets à deux vents, 30 l. — Trois miroirs de toilette, 11 l. 10 s. — Avoir remis en couleur la garniture de la lanterne de criftal, 5 l. — Avoir fait repeindre à neuf une paire de bras compofés d'œillets, 30 l. — Fourni quatre binets, 3 l. — Pour du papier gris, ficelle qui a fervi à envelopper le tout, peines & foins de l'emballage & frais à ceux qui ont chargé la voiture, 18 l. — 24 crochets pour montres & chapeaux, 10 l.

1179. — Mme la Ducheffe de MAZARIN : Le raccommodage d'un lion portant une girandole, où l'on a refait une boule qui eft fous le pied, 9 l.

1180. — M. de BELHOMBRE : Un petit néceffaire de cuir

rouge avec les ferrures en cuivre, les compartimens en étoffe, 84 l.

1181. Du 23. — Mme la Duchesse de Lauraguais : Un groupe de Vincennes, sujet de Boucher, le joueur de flûte, 144 l. — Deux autres figures avec des paniers de fleurs, 96 l.

1182. Du 25. — Mme la Marq. de Pompadour : Deux gobelets à anses & soucoupes de Vincennes à paysage & oiseaux, 48 l. — Le pot à sucre & théière, 72 l. — Le cabaret à quatre tasses, vernis aventurine (Compiègne), 24 l.

1183. Du 26. — M. Brochant : Trois commodes à quatre tiroirs de hauteur, les corps de chêne, les faces & côtés en bois d'acajou massif, garnies de boutons, rosettes & pieds dorés d'or moulu, les marbres fins, à 192 l. — Les ports à Fontenay, 18 l., 576 l.

1184. Du 29. — M. Bouillard : Un vase à fleurs de relief, 84 l. — Un pied à godron doré d'or moulu, 3 l.

Août.

1185. Du 1er. — Mme la Marq. de Pompadour : Deux tables à jour en forme de table de nuit à pieds de biche & contours, garnies de pieds dorés d'or moulu, vernies en placage, garnies de deux marbres, dont un en tablette & l'autre couvrant le dessus, en vert campan, 200 l. — Le port à Versailles, 15 l.

1186. Du 2. — M. Aulagnier : Deux grandes terrines de Saxe, ovales, à contours, avec leurs plats & dessus à groupes de choux-fleurs & autres légumes, 560 l. Une écuelle à petites fleurs en relief, dorée en dedans, même porcelaine, 288 l. — Un pot à l'eau & sa jatte, idem, 54 l. — Un petit, sans jatte, 20 l. — Deux salières en fruits, à trois parties, 62 l. — Deux caisses carrées, première grandeur, 100 l. — Quatre compotiers longs, à contours, 64 l. — Quatre dits à contours, 84 l. — Deux corbeilles ovales, à fleurs & filets sur tous les osiers, 130 l.

1187. Du 4. — Mme la Marq. de Pompadour : Un petit pot à crème de porcelaine de Vincennes, en bleu lapis & or, 48 l. — La garniture à cercle & charnières en or, 105 l.

1188. Du 6. — Mgr le Garde des Sceaux : La garniture en or d'un étui à cure-dents de Vincennes, à calonnière & cercle, 116 l.

1189. Du 7. — Mgr le Duc de La Vallière : Avoir refait les certiſſures d'une tabatière montée en cage, fourni les ſix plaques en jaſpe ſanguin ajuſtées pour les places, & verni la boëte à neuf, 186 l.

1190. Du 8. — M. de Belhombre : Les compartimens de ſon néceſſaire refaits à neuf, 240 l. — Avoir remis toute la vaiſſelle à neuf, 30 l. — Fourni deux taſſes & un flacon, 27 l.

1191. — M. le Préſident de Lamoignon : Pour avoir fait nettoyer un luſtre de Bohême, 6 l.

1192. — Mme Camuset : Deux figures de Vincennes en blanc, repréſentant un joueur de muſette & une danſeuſe, 96 l. — Un gros pot-pourri de Saxe, avec des bigarreaux & feuillages en relief, 96 l.

1193. — Mme la Marq. de Pompadour : Pour le boſquet de l'Ermitage, deux pots-pourris de Vincennes, forme d'urne, en blanc & bleu, 168 l.

1194. — M. de Belhombre : La réparation faite à une paire de girandoles à trois branches, repeintes à neuf : ſaucé les bronzes en couleur d'or, fourni des fleurs, 48 l. — Caiſſe & emballage, 18 l. — Frais à la douane, 6 l. 1 s.

1195. Du 10. — Receu de Mme la Marq. de Pompadour : La ſomme de 3,093 l. 10 s. pour le montant du mémoire, juſques & y compris le 25 juillet dernier.

1196. Du 11. — S. A. Mme la Princeſſe de Turenne : Une tête de pagode pour une figure de la Chine couchée, 3 l.

1197. Du 12. — M. de Cury : Avoir poſé un pied de table, 1 l. 10 s. — Six anneaux de ſonnette dorés, 9 l.

1198. Du 14. — Mme la Marq. de Pompadour : La dorure en or moulu des trois lanternes & de leurs chandeliers, 1,060 l. — Fourni trois couvercles de criſtal ajuſtés ſur leſdites lanternes, 40 l. — Les ports à Bellevue, & celui des bras portés à Brimborion & poſés, 9 l. — Quatre compotiers de Vincennes en forme de coquilles, en blanc & or, à 48 l., 192 l. — Une petite écuelle, blanc & or, le deſſus d'un fruit peint, 120 l.

1199. Du 18. — Mme la Ducheſſe de LAURAGUAIS : Une écuelle de porcelaine de Vincennes peinte à fleurs, avec un groupe de poiſſons ſur le couvercle, 120 l.

1200. Du 19. — Mme la Marq. de POMPADOUR : Envoyé un homme à Verſailles pour nettoyer le luſtre de criſtal, 15 l.

1201. Du 21. — Mgr le Duc de MAZARIN : Le raccommodage d'une paire de girandoles revernies à neuf, & mis les terraſſes en couleur d'or moulu, 18 l.

1202. — M. DANGÉ : Le raccommodage d'une tabatière où l'on a remis des pointes, 2 l.

1203. Du 23. — Mme la Ducheſſe de LAURAGUAIS : Deux figures de Vincennes en blanc, repréſentant deux enfans des Saiſons, 96 l.

1204. Du 24. — Mme la Marq. de POMPADOUR : Sept bordures d'eſtampes en bois d'amaranthe incruſté à fleurs, payées au ſieur OEbenne, 372 l. — Les ſept glaces, montures, anneaux montés à vis, 29 l.

1205. Du 25. — S. A. S. Mlle de CHAROLOIS : Deux tablettes d'encoignure à jour, en vernis noir.

1206. — Mme la Marq. de POMPADOUR : Avoir peint au vernis des cœurs & trefles ſur des fiches de quatre boëtes de quadrille en ivoire, 18 l.

1207. Du 29. — Mme la Marq. de POMPADOUR : Les ports à deux hommes de ſoixante ſeaux de porcelaine, pour le voyage, 7 l. 4 s.

1208. — Mgr le Duc de LA VALLIÈRE : Une table à écrire avec deux coffres aux bouts, une tablette en devant, vernie en placage poli garnie de cornets argentés, 96 l. — Une paire de girandoles à double branche à feuillage, ſur des figures de porcelaine, garnies en fleurs (rendues). — Deux figures de Saxe, 110 l. —

2 perroquets de Vincennes, 36 l. — 2 ferins, 26 l. — 2 méfanges, 36 l. — 2 chardonnerets, 28 l.

1209. Du 30.—Mgr le Duc de RICHELIEU : Une écuelle de porcelaine de Saxe à fleurs de relief, 120 l.

Septembre.

1210. Du 6. — Receu de Mme la Marq. de POMPADOUR, en un mandement fur M. de Montmartel, la fomme de 2,447 l. 4 s. pour les fournitures du mois d'août dernier.

1211. Du 7. — M. de PIERREVERT : Deux chandeliers de trictrac en cuivre argenté, 8 l.

1212. Du 9. — Mme GEOFFRIN : Une taffe bleu & or de Vincennes, 30 l.

1213. — Mme la Marq. de POMPADOUR : Le raccommodage de deux commodes de lacq ; rétabli les corps & tiroirs, regratté l'ancien vernis en aventurine & refait en noir à neuf par Martin, rétabli le lacq, & ajouté des reliefs pour cacher les défauts, refaucé les bronzes & rétabli à neuf, 175 l. — Raccommodé la certiffure en or d'un plateau de lacq, portant des gobelets de criftal de roche, 3 l. — Remis à neuf & rétabli deux figures vernies portant des cannes de fucre, fait reblanchir lefdites cannes d'argent & fleurs, 24 l. — Un gros cordon de foie en blanc & bleu de 29 pieds de long, & onze gros anneaux dans leurs boulons à vis, & rofettes en cuivre doré, 192 l. — Une petite lanterne de glace carrée, à berceau, avec quatre petits buftes de porcelaine fur les angles, ornée de branchages dorés d'or moulu, & fleurs de Vincennes, avec le cordon de foie en blanc & bleu garni de fes houppes, 288 l. — Une tablette avec deux encoignures aux deux côtés, en vernis imitant le placage, 40 l. — Un feu de bronze doré d'or moulu, repréfentant des enfans fous des berceaux, avec les poupées de la grille en cuivre auffi dorées, garni de fes pelle & pincettes, 360 l. — Un autre feu plus fimple (feconde pièce), 160 l. — Une pendule d'un oifeau noir fur un rocher de porcelaine ancienne, garnie en bronze doré d'or moulu, dont on m'a fourni le mouvement que j'ai fait raccommoder, & fait un cadran, 384 l. — Un feu à figures avec les poupées dorées d'or moulu (cabinet du bofquet), avec fes garnitures, 350 l. — Une petite table plaquée en bois de rofe, dont le deffus fe lève, garnie en bronze doré d'or moulu, avec tiroir & cornets argentés, 192 l. — Six panneaux garnis en papier des Indes à petits magots, 65 l. — Deux encoignures à quatre tablettes de hauteur, forme ronde, en vernis imitant le placage, 75 l. — Les caiffes, emballage de papier, paille, foin, ficelle, voiture pour les caiffes, ports de lanterne & pendule, journée d'un homme qui m'a aidé, & frais de voyage, 225 l.

1214. Du 11. — M. le Marq. de BRANCAS : Un beurrier de Vincennes, couvert, fur fon plateau peint à fleurs, 30 l.

1215. Du 13. — Mme de LA GRANDVILLE : Une boule de criftal pour un luftre, 3 l.

1216. — Mme RONDET : Deux buires de porcelaine de Saxe à fleurs de relief, garnies & dorées d'or moulu, 432 l. — Un pot-pourri d'un vafe avec deux enfans aux côtés, garniture dorée, & deux figures de Saxe fans garniture, le tout, 240 l. — Un cabaret de vernis à anfes pour deux taffes, 21 l.

1217. Du 19. — Mme la Marq. de POMPADOUR : Un cercle d'or & glace pour un portrait du Roy dans une tabatière émaillée à figures, 24 l.

1218. — M. DANGÉ, fermier-général : Avoir fait remettre à neuf les bronzes d'un feu dorés d'or moulu. Le port & des papiers, 7 l.

1219. — M. JACQUEMIN : Deux feaux de Vincennes, moyens, peints à chinois, 216 l. (Payé le 1ᵉʳ juin 1753.) — Deux vafes à anfes de fleurs, 192 l. — Les caiffes & emballage, 10 l.

1220. Du 20.— S. M. le ROY : Pofé au pavillon de Verrières, dans la première pièce, un feu de fer poli avec fes pelle & pincettes, très-fort, 66 l. — Deux armoires d'encoignure, les bâtis en chêne, les portes & pieds en bois d'acajou, garnies d'entrées & chauffons dorés d'or moulu, les marbres affortis à la cheminée, 240 l. — Une lanterne de glace carrée, dont les garnitures & chandelier en cuivre doré d'or de feuille, le cordon à deux houppes en foie cramoifie, garni de laiton, 188 l. — Sur l'efcalier une lanterne & fon chapiteau en criftal, la garniture argentée, le cordon à une houppe en fil mêlé, 55 l. — Dans le falon une grande lanterne de glace à fix pans, la monture & chandelier dorés en or de feuille, les pieds & confoles dorés d'or demi-moulu, le cordon de trois aunes à deux houppes en foie cramoifie, garni de laiton, 515 l. — Une grille de feu en bronze doré d'or moulu, forme d'un vafe avec des guirlandes de fleurs, avec fes garnitures & fourreaux de fer-blanc, 530 l. — Six tables de jeu de différentes fortes en bois d'acajou maffif, garnies en drap vert de Saxe, les chauffons dorés d'or moulu, des furtouts de toile aux deux de brelan, 600 l. — (Suite de Verrières.) Dans la garde-robe, deux coins à jour, à pieds de biche, en bois d'acajou maffif, garnis chacun de trois tablettes de marbre blanc, les chauffons dorés d'or moulu, 200 l. — Quatre rideaux de mouffeline, 18 l. — Quatre pots de chambre de Vincennes ovales, en blanc & bleu, 96 l. — Un dit rond, 36 l. — Quatre brocs, de même, 96 l. — Deux pots pourris, forme d'urne, 120 l. — Deux tablettes d'encoignure à jour, avec des armoires dans les milieux, en vernis poli imitant le placage, 78 l. — Quatre flacons de criftal avec différentes eaux d'odeur, 26 l. — Une lanterne en glace carrée, dont la monture eft en cuivre doré d'or de feuille, les pieds en confoles cifelés & dorés d'or moulu, le cordon à deux houppes en foie cramoifie, les âmes de laiton, 218 l. — Une autre encoignure formant un fecrétaire, en bois d'acajou, garni de fes cornets & maroquin, plumes, cire & papier; le deffus en marbre blanc, 168 l. — Deux balais, foufflets, écrans, 30 l. — Les ports à douze hommes & cinq voyages, 126 l.

1221. Du 23. — Mme la Marq. de POMPADOUR : Une

grille de feu à figures en bronze doré d'or moulu, avec fes garnitures de pelle & pincettes (pièce d'affemblée), 220 l. — Une autre moins forte avec un Mercure, auffi dorée d'or moulu (chambre à coucher), 145 l. — Une autre en fer poli (antichambre), 36 l. — La caiffe, emballage & port payé au coche jufqu'à Valvin, 21 l.

1222. Du 27. — M. Dangé, fermier-général : Deux armoires d'encoignure à une porte en vernis imitant le placage, avec leurs marbres de brèche d'Alep, 155 l. — Deux autres encoignures à jour, contournées, en vernis blanc & vert, avec trois tablettes de marbre à chacune en vert campan, 168 l. — Une lanterne de glace, carrée, dorée en or de feuille, chandelier & cordon, 168 l. — Une petite table en bois fatiné, 54 l. — Deux paires de bras à fleurs, 168 l. — Un cordon de foie à deux houppes (luftre du falon), 24 l. — Les ports à trois hommes, 9 l.

1223. Du 28. — Mme la Marq. de Pompadour : Un étui en rouffette verte ufée, garni de charnières & refforts en or, pour une loupe à deux verres. (Dernier article du mémoire de 2,989 l., payé le 12 novembre.)

1224. Du 30. — M. Roussel, fermier-général : Un bureau de travail plaqué en bois violet, avec quart de rond de cuivre poli; les confoles, agraffes, pieds, chutes & tirans en bronze doré d'or moulu, 312 l. — Le port, papier, ficelle, 2 l.

Octobre.

1225. Du 4. — M. Ducrolay : Une boëte de lacq noir & feuillage en or travaillé partout, 144 l. — Un cabaret rond à trois pieds, le dedans rouge & or, le dehors noir & or, très-beau, 144 l. — Une boëte plate, noir & or, à miroir, 60 l. — Une boëte ronde à trois étages, même vernis, 48 l. — Une ditte, en oignon, même vernis, 72 l. — Trois boëtes, fond d'or à rofettes, dont deux gravées & une ovale fans couvercle, 168 l. — Une petite carrée, noir & or, ancienne, à relief, avec une mofaïque à la fermeture ; par réduction fur les autres, 36 l.

1226. — Receu de M. Richard, receveur général, la fomme de 96 l. en deux carpes de porcelaine que je lui ai reprifes.

1227. Du 5. — Mme de Villemur : Obmis d'écrire ou d'extraire la terraffe en bronze doré d'or moulu d'une figure blanche de Saxe, 66 l.

1228. Du 10. — Mme Geoffrin : Une taffe à anfe & foucoupe de Vincennes, en bleu lapis & cartouche en or, 30 l.

1229. — M. Boucher, peintre : La dorure de deux garnitures de taffes, bleu célefte, & le recollage d'une caffée, 26 l.

1230. — M. Hébert : Trente pieds de moulures fculptées & dorées, pour affortir un modèle, & quatre milieux ou ornemens de même.

1231. Du 12. — M. de Verdun : Avoir reffoudé une certiffure à une boëte de burgau, l'avoir repolie en entier & mife à neuf, 45 l.

1232. Du 13. — Mme la Ducheffe de Mirepoix : Les branchages dorés d'or moulu faits pour une vieille pendule ; rétabli le mouvement, fait couper le tambour, refaucé la terraffe, & fourni les fleurs de porcelaine de Vincennes, 75 l. — Rétabli un magot de terre des Indes, 8 l.

1233. Du 16. — Mme Dangé : Avoir refait un robinet d'argent, ajouté du poids, & façon, 8 l.

1234. Du 19. — Mme la Cteffe de Marsan : Une lanterne en cloche mife dans une vieille garniture, 14 l.

1235. Du 21. — M. Brochant : Un paravent à feu à couliffe & quatre feuilles en papier des Indes des deux côtés, 75 l. — Un écran de bois d'amaranthe maffif, garni en papier des Indes des deux côtés, 24 l.

1236. — M. Jacquemin : Le raccommodage d'un écran, 3 l. — Le raccommodage d'une petite boëte de lacq carrée, 3 l.

1237. Du 24. — M. Roussel, fermier-général : Deux paravens à couliffe en bois rougi & poli, à quatre feuilles, garnis en papier des Indes, 144 l.

1238. Du 26. — Mme d'Epinay : Un écran de bois de merifier fait en fecrétaire, avec tiroir, cornets & maroquin, le papier des Indes, 60 l.

1239. — M. Aulagnier : Trois morceaux d'ambre, 72 l.

1240. Du 27. — Mme la Marq. de Pompadour : Le port de Verfailles à Paris d'une table, deux paires de girandoles & deux vafes de porcelaine, 5 l.

1241. Du 31. — Mme la Marq. de Saissac : Une lanterne de glace à cinq pans, dont les montans, confoles & branchages font dorés d'or moulu, les treillages vernis, garnie de fleurs auffi vernies, 340 l.

Novembre.

1242. Du 4. — S. A. Mme la Princeffe de Rohan, jeune : Une taffe, pot à fucre & théière de porcelaine de Saxe fur un plateau à anfes, 78 l. — Une écuelle de Saxe à fleurs de relief & oifeaux, 120 l.

1243. Du 6. — Mme d'Epinay : Une lanterne de glace à cinq pans, garnie de branchages vernis garnis de fleurs de différentes efpèces auffi vernies, 240 l. — Un cordon à deux houppes en foie, blanc & vert, 24 l. — Deux urnes de porcelaine bleue à cartouches, 144 l. — Deux coqs, porcelaine la Chine, 168 l. — Deux canards, même porcelaine, 120 l. — Une paire de bras à double branche, à feuillage garni de fleurs vernies, 84 l. — Deux tablettes d'encoignure, vert & blanc, afforties, 48 l.

1244. Du 7. — M. de Presle : Deux terraffes dorées d'or moulu, faites pour des perroquets, & le raccommodage defdits perroquets, 132 l. — Deux autres perroquets, bleu-célefte, fur leurs terraffes dorées d'or moulu, 360 l.

1245. — M. de Cury : Une table de nuit, à deux marbres de vert campan, plaquée en bois fatiné, 48 l.

1246. Du 8. — M. de BELHOMBRE : Livré à M. Patté un alambic d'argent, formé d'un vafe avec des œillets, 84 l. — La boëte & emballage, 2 l.

1247. — M. de CURY : Un foufflet à deux vents, 6 l. — Quatre anneaux de fonnette, 6 l.

1248. — M. Charles L'HÉRITIER : Un écran à tablette en bois rougi, garni en papier des Indes, 15 l.

1249. — Mme de MONTMORT : Une paire de bras à double branche, en bronze cifelé & en couleur vernie, 128 l.

1250. — Mme de FONCEMAGNE : Quatre panneaux garnis en toile & papier des Indes, fond blanc à fleurs & oifeaux, 60 l.

1251. Du 9. — Mme la Marq. de POMPADOUR : Une commode de vernis la Chine à pagodes, de 3 pieds & demi, garnie en bronze doré d'or moulu, avec fon marbre d'Italie, 480 l. — Un feu de cheminée à figures & attributs de jardinage, en bronze doré d'or moulu, les poupées & garnitures auffi dorées, 360 l. — Une paire de girandoles à double branche, fur des figures de Vincennes, les terraffes dorées, garnies de fleurs, 288 l.— Deux tablettes d'encoignure à jour, plaquées en bois fatiné à fleurs, 52 l. — Un foufflet en bois de cèdre, & un balai, 27 l. — Le nettoyage de deux paires de girandoles remifes à neuf, 22 l. — A l'Ermitage : un petit feu à figures, doré d'or moulu, avec deux poupées, les garniture & fourreau de fer-blanc, 180 l. — Un balai & un foufflet en cèdre, 27 l. —Deux tablettes d'encoignure à jour, forme ronde, en vernis imitant le placage, 72 l. — Avoir rétabli une petite table & mis un ftore en moëre, 6 l. — A l'hoftel, 2 foufflets, 2 balais, 12 écrans, 32 l. — Les ports à quatre hommes, 24 l.

1252. Du 12. — M. de BROU, fils : Un luftre de Bohême à fix branches, moyen, monté en lyre, 384 l. — Un cordon de foie cramoifi & or, à deux houppes, 39 l. — Le port, 2 l.

1253. — Receu de Mme la Marq. de POMPADOUR, pour le montant d'un mémoire, jufque compris le 28 feptembre dernier, la fomme de 2,989 l.

1254. — Mme de Villemur : Un paravent à feu, à 4 feuilles, en papier des Indes, 72 l. — Cinq écrans en bois rougi & poli, garnis en papier des Indes, 72 l.

1255. Du 14. — Mme la Marq. de Pompadour : La monture d'une tabatière de fardoine; pour or, façon, émail & taille des cailloux, 648 l.

1256. — Mme de Sonning : Un gobelet à lait, de Vincennes, en blanc & or, avec fon plateau & couvercle, 60 l. — Un autre gobelet lapis, moyen, 30 l. — Un petit, blanc & or, 18 l.

1257. Du 17. — Mme Camuset : Un petit écran à tablette en bois rougi & poli, garni de papier des Indes, 15 l.

1258. Du 18. — Mme la Marq. de Pompadour : Les réparations faites à toutes les tables & commodes du château de Bellevue, 240 l. — Avoir nettoyé, remis à neuf toutes les grilles, redoré plufieurs parties qui eftoient brulées, nettoyé toutes les dorures de commodes & montures des porcelaines, 200 l. — Douze cornets argentés pour ajouter aux tables à écrire des appartemens, & 24 cornets de verre, 38 l. — Avoir fait coller du papier dans quatre armoires, une dans la garde-robe du Roy, une dans le cabinet au caffé, une dans la petite gallerie, & celle de l'entrefol, 45 l.

1259. — M. de Roissy : Le nettoyage de deux luftres de criftaux de Bohême, 9 l.

1260. Du 21. — M. de Jarnac : Le raccommodage d'un luftre, l'avoir démonté, nettoyé & remonté à neuf, 12 l. — Fourni fix pièces, un vafe, & remonté l'aigrette où il manquoit une pièce, 25 l. — Les ports & rapports, 4 l.

1261. — M. La Hoguette : Un cachet d'un chat d'agathe orné de diamans, 120 l.

1262. — M. de Cury : Avoir fait coller du papier blanc & bleu dans un petit paffage de garde-robe, 17 l. — Le pofage de trois tableaux; fourni des clous, 1 l.

1263. Du 24. — M. de Brou : Neuf figures de porcelaine de Saxe, dont huit à 15 l., 120 l., & une de 36 l. — Quatre écrans en bois rougi & poli, garni de papier des Indes, 60 l. — Six binets argentés, 6 l.

1264. — Mme la Marq. de POMPADOUR : La caiſſe, emballage & droits payés à la douane de deux douzaines d'aſſiettes de Vincennes envoyées à Sarrelouis, 20 l. — Une tablette poſée dans la garderobe des bains, en vernis imitant le placage, 38 l. — Un bras à deux branches, avec une figure de Saxe, orné en fleurs de Vincennes, 195 l. — Le port, 3 l.

1265. Du 25. — Mgr le Duc d'AIGUILLON : Deux paires de bras à double branche, en vernis blanc & bleu, garnies de fleurs, & binets argentés, 168 l.

1266. Du 27. — Mme la Ducheſſe de BÉJAR : Une paire de bras à berceaux, avec des figures de Saxe & fleurs de Vincennes, 264 l. — La caiſſe & frais de douane, 22 l.

1267. Du 29. — Mme la Marq. de POMPADOUR : Une boëte d'agathe double, garnie d'or & de toutes ſes pièces auſſi en or, formant une toilette, 1,200 l. — Un étui de pièces, en rouſſette, garni d'or & de ſes pièces auſſi en or, avec des plaques émaillées ſur le corps (rendu; cet article à déduire ſur le premier mémoire), 156 l. — Un cygne émaillé formant une boëte à mouches, & un flacon (rendu; cet article à déduire ſur le premier mémoire), 180 l. — Une boëte de jaſpe à deviſes, 192 l. — Deux petits paniers à anſes, garnis d'or : un en jaſpe & l'autre en agathe, 96 l.

1268. — M. de LA POPELINIÈRE : — Le raccommodage d'un écran regarni en papier des Indes, & rétabli le bois, 9 l.

1269. — M. le Marq. de VOYER : Deux garnitures de feu en bronze, repréſentant des figures marines très-bien ciſelées, 600 l.

Décembre.

1270. Du 2. — Mme la Marq. de POMPADOUR : Une tabatière d'écaille piquée, ancienne, avec les bâtis en or à contours, 528 l. — Une petite tabatière de caillou rougeâtre, montée en or, 360 l. — Une autre, même caillou, forme ronde, 324 l.

1271. — M. de Villaumont : Le nettoyage d'un luftre de criftal de roche, 10 l.

1272. Du 5. — M. d'Azincourt : Deux vafes ronds, en hauteur, de porcelaine céladon, 1,200 l.

1273. Du 6. — Mme Camuset : Avoir démonté & nettoyé une lanterne garnie de branchages & fleurs, 6 l.

1274. — M. de Cury : Six pots de chambre de verre blanc bordés en rouge, avec un feau de faïence, bleu & blanc, 22 l.

1275. — Receu de Mme la Marq. de Pompadour la fomme de 4,852 l. pour folde des fournitures, jufques & compris le 29 novembre dernier.

1276. — M. Marsollier : Un petit écran de bois rougi & poli, garni en papier des Indes, 15 l.

1277. Du 9. — M. Boüillard : La monture en argent doré d'un pot à l'eau de Vincennes, 24 l.

1278. — Mme la Marq. de Villeroy : Deux figures de porcelaine de Vincennes, 96 l.

1279. — Mme la Marq. de Pompadour : Une bobèche de criftal de roche pour remplacer une qui eftoit caffée au grand luftre, avec le binet & garniture, 30 l. — Vingt-huit petites figures de Saxe, repréfentant des amours déguifés d'efpèces différentes, à 18 l. 14 s., 523 l. 12 s. — Une boëte de 12 éventails de Nankin, 72 l. — 4 jeux d'échecs avec les damiers en cuir, très-propres, 24 l. — Une chaîne d'étui de pièces d'agathe, les plaques d'or, le crochet de métal, 125 l.

1280. Du 11. — M. Goury : Un feu à figures en bronze doré d'or moulu, avec fes garnitures, 275 l. — Une paire de bras à double branche auffi dorés d'or moulu, 180 l. — Une paire à double branche, vernie en couleur de feu, affortie, 96 l.

1281. — Mme de Boulogne, intendante : Deux petits écrans en bois rougi & poli, garnis de papier des Indes, 30 l.

1282. Du 12. — Receu de Mme la Dauphine, en deux ordonnances à recevoir fur M. (en blanc), pour raifon du montant des deux articles, comme à l'extrait lettre B. à la date des 28 may & 30 juillet 1749; détail comme au journal, 3,120 l.

1283. — M. le Marq. de Brancas : Un petit cabaret verni, garni d'une taffe & foucoupe de Saxe, un petit pot à fucre & à crème, 54 l.

1284. — M. Le Premier : Deux figures de Saxe, deux chats, deux perroquets & un petit finge, 54 l.

1285. — M. le Duc d'Aiguillon : Un luftre de Bohême à huit branches, monté à confoles, avec les binets, 560 l.

1286. — Mme la Ducheffe de Luxembourg : Un petit pot à crème de porcelaine de Saxe, 18 l.

1287. Du 14. — M. de Boulogne, tréforier : Une fontaine de porcelaine verte, garnie en bronze doré d'or moulu, 288 l. — Une écuelle de Saxe, fond vert à fleurs naturelles, 108 l. — Deux figures de Saxe, à 15 l. — Un groupe des Saifons, 180 l. — Six petites figures nouvelles, à 18 l. 14 s., 108 l. 4 s.

1288. Du 15. — Mme de La Bauve : Un petit coffre de lacq en forme de bahut, garni de charnières & ferrure, 192 l.

1289. — Mme la Marq. de Pompadour : Une tabatière d'or émaillé, avec des cartouches de porcelaine de Saxe repréfentant des jeux d'enfans, 1,800 l. — Une paire de petits bras à double branche, dorés d'or moulu, formés d'un berceau verni, avec une figure de Saxe & les fleurs de Vincennes, 280 l.

1290. Du 17. — S. A. Mme la Princeffe de Turenne : Deux pots pourris de terre des Indes en relief, garnis de bronze doré d'or moulu & fleurs de Vincennes, 168 l. — Un petit écran garni en papier des Indes, 15 l.

1291. — M. de Gagny : Un fucrier de porcelaine ancienne, 48 l. — Une châffe de bois doré garnie de verre de Bohême, 9 l.

1292. — Mme Rondet : Une tablette en bois verni

en vert poli & filets d'or. — Un cabaret à anses, afforti.

1293. Du 20. — S. A. Mme la Princeffe de ROHAN, jeune : Un déjeuner compofé d'un cabaret verni, une taffe, pot à fucre & pot à crème, 60 l.

1294. — S. A. Mme la Princeffe de TURENNE : Un pot pourri de porcelaine truittée, garni en bronze doré d'or moulu, 216 l.

1295. — Mme la Marq. de POMPADOUR : Deux vafes de porcelaine céladon ancienne, montés en bronze doré d'or moulu, 1,500 l. — Un pot pourri de terre grife à anfes, monté en bronze doré d'or moulu, garni de fleurs, 240 l. — Une paire de girandoles dorées d'or moulu fur des magots de porcelaine grife, les fleurs de Vincennes, 250 l. — Un pot pourri de lacq, garni en bronze doré d'or moulu, 120 l. — Un magot gris ancien, 216 l. — Deux bougeoirs bleus, 96 l. — Une boëte de lacq à lofanges, fond noir à magots, avec un petit plateau & quatre boëtes dedans, 360 l. — Une boëte de lacq carrée, avec un plateau dedans, le fond aventurine, avec un écran deffus à fond d'or, très-beau, 864 l. — Un pot à tabac de Saxe, garni d'or, dans une boëte de lacq, où l'on a fait le compartiment en fatin brodé d'or, 96 l.

1296. Du 22. — M. le Marq. de CASTRIES : Deux finges groupés de porcelaine de Saxe, 72 l.

1297. Du 23. — S. A. Mme la Cteffe de MARSAN : Une petite maifon de Saxe, 54 l. — Deux petits amours, à 19 l., 38 l.

1298. — M. PORTAIL : Les papiers des Indes fond blanc à fleurs & oifeaux de 14 panneaux, différentes grandeurs, dont quatre bombés, garnis en toile & raccordés, 192 l. — Une commode de vernis de trois pieds & demi, garnie en bronze doré d'or moulu, avec fon marbre de Memphis, 480 l. — Un bureau en vernis de Chine, garni de quarts de rond & ornemens dorés d'or moulu, 360 l. — (Pour Mme de Vougny), un fecrétaire plaqué en bois de rofe, garni en bronze doré d'or moulu, 384 l. — Deux paires de bras à une branche, garnis de fleurs vernies avec des papillons, 240 l.

1299. — M. de BOULOGNE, intendant : Une lanterne de glace à treillage verni, les montans & branchages dorés d'or moulu, avec une paire de bras affortis, garnis de fleurs de Vincennes; enfemble, 504 l.

1300. — Mme la Marq. de BRIOLLEY : Un pot pourri de porcelaine ancienne violette, avec deux oifeaux de Vincennes, fur une terraffe & branchages dorés d'or moulu, garnis en fleurs, 144 l.

1301. — S. A. Mme la Princeffe de TURENNE : Deux taffes de Saxe, pot à fucre en rofe, & le cabaret en vernis, 72 l.

1302. — Mme la Princeffe de ROHAN, jeune : Deux amours de Saxe, 38 l.

1303. — Receu de S. M. le Roy, pour folde des fournitures jufqu'à ce jour, la fomme de 6,654 l.

1304. — Mme la Marq. de POMPADOUR : Une tabatière d'agathe-onix, ovale, montée en cage, émaillée, de 37 louis, 888 l.

1305. — M. HEBERT : Une paire de girandoles fur des cygnes de Saxe, fur lefquels on a ajouté des rofes, avec l'augmentation defdites rofes, 351 l. 10 s.

1306. Du 24. — S. M. le ROY : Une caffette de lacq garnie de charnières, plaques de ferrure & portans en or cifelé; dans laquelle boëte un caiffon à compartimens de moëre rofe & argent bordée de réfeau d'or, formant un néceffaire compofé de : Une écuelle couverte & fon plateau; quatre gobelets & foucoupes; Deux taffes de toilette couvertes; un pot à fucre, un pot à pâte & pot à thé garnis d'or; deux petits pots à pommade garnis d'or; le tout de porcelaine de Vincennes blanc & or; & quatre cuillers d'or cifelé; le tout avec fon étui de peau garni en cuivre, 3,966 l.

1307. Du 27. — Mme la Marq. de POMPADOUR : Une commode à pieds de biche, bâtie de chêne, garnie de pieds, boutons & entrées dorés d'or moulu pour le n° 11, 140 l. — Le port, 3 l. 10 s. — Echange & augmentation d'une croix d'or, 36 l.

1308. — M. de Roissy, receveur général : Deux vases de Saxe peints à oiseaux avec des cartouches de fleurs en relief, 168 l.

1309. — S. A. Mme la Ctesse de Marsan : Un petit secrétaire plaqué en bois satiné, à contours, garni de bronze doré d'or moulu, 360 l.

1310. Du 27. — Mme la Dauphine : Livré à Mme Dufour une cassolette d'argent en forme de vase portant des fleurs, 84 l.

1311. — Mme la Marq. de Pompadour : Cinq vases, différentes formes, de porcelaine céladon, 5,000 l.

1312. Du 28. — Mme la Duchesse de Brancas, douairière : Deux bouteilles cannelées à feuillage, en porcelaine céladon, 480 l.

1313. — M. le Marq. de Gontaut : Une bouteille à oreilles & deux espèces de grenades en porcelaine céladon, 360 l. — Un pot à anse bleu & or de porcelaine de Vincennes, 96 l.

1314. — Mme la Marq. de Pompadour : Un palanquin de vernis du Japon, avec une pagode de terre couchée dedans, porté par deux magots, ajusté & tenu sur un pied à contours en vernis noir & aventurine. — Un secrétaire en forme de bibliothèque, plaqué en bois satiné, garni de bronze doré d'or moulu, le bas composant une armoire, avec son marbre.

1315. Du 30. — M. de Boulogne, intendant : Un paravent à cinq feuilles en bois doré, garni par en bas de papier des Indes des deux côtés, le haut de cinq glaces, 600 l.

1316. — M. le Marq. de Brancas : Une tasse & soucoupe de Vincennes, fond bleu clair, à dentelle d'or autour du cartouche, 24 l. — Une tasse à guirlande, nouvelle, 30 l. — Une à cerceaux, bleu & or, 12 l.

1317. — M. Fabus : Une table de nuit à contours, plaquée en bois satiné, garnie de mains & pieds dorés d'or moulu, à deux marbres, 96 l.

1318. — M. Boucher de Saint-Martin : Deux vases de Vincennes, forme d'urne, en lapis & or, à oiseaux, 288 l. — Un moutardier, 36 l.

1319. — M. le Préfident de Lamoignon : Une grande taffe lapis à oifeaux, 42 l.

1320. — Mme la Princeffe de Rohan, jeune : Une taffe de Saxe & foucoupe à contours, 15 l.

1321. — Mme la Cteffe d'Egmont, jeune : Une taffe lapis & or, grande, 36 l. — Une pareille moins grande, 30 l.

Janvier 1753.

1322. Du 2. — Receu de Mme la Marq. de Pompadour, pour folde, par les mains de M. de Montmartel, la fomme de 14,116 l. Plus, repris un étui de pièces & un flacon émaillé que j'avois vendus l'un 156 l., l'autre 180 l., total, 336 l.

1323. — M. Hébert : Une petite table à pieds de biche, plaquée, garnie deffus d'un marbre à contours, & pieds dorés d'or moulu, 48 l.

1324. — Mme la Ducheffe de Brancas, douairière : Une taffe de Vincennes en bleu & or, 36 l. — Un pot à fucre afforti de 48 l. — Un pot à crème garni de vermeil, 72 l. — Un cabaret, vernis aventurine, à contours, 24 l.

1325. Du 4. — M. de Cury : Deux petits paravens de toile peinte pour la table, 54 l. — Le port, pofage d'une glace & fourni des clous.

1326. Du 8. — Mme la Marq. de Pompadour : La caiffe & emballage d'un fecrétaire pour Marigny, 33 l.

1327. Du 11. — M. de Belhombre : Envoyé à Strafbourg une lanterne de criftal & le raccommodage de la garniture; la caiffe & emballage, 21 l. 10 s.

1328. — M. le Marq. de Brancas : Un petit amour en coureur, 18 l.

1329. — S. A. Mgr le Duc de Bouillon : Quatre grandes feuilles de papier des Indes, fond blanc, pour revêtir une niche en vouffure, fans raccordage, 40 l.

1330. Du 12. — Mgr le Duc de Beauvilliers : Quatre taffes & foucoupes de Saxe en vert, à cartouches de fleurs, à 15 l., 60 l. — Le pot à fucre & théière, 48 l. Le cabaret afforti, 24 l.

1331. Du 13. — M. de Cury, le fils : Un écran de bois rougi & poli, à pupitre, garni de papier des Indes, 15 l.

1332. — M. le Marq. de Gontaut : Une table de quadrille en bois de noyer, garnie de drap fin, 42 l.

1333. — Mgr le Duc de Chevreuse : Deux gobelets en litron de Vincennes, fond jaune, cartouche bleu, de 18 l., 36 l.

1334. Du 20. — M. Portail : Deux paires de petits bras à double branche, en bronze ciſelé & doré d'or moulu, de 120 l. pièce, 240 l.

1335. — M. de Cury : Des attaches poſées en place pour tenir un paravent de glaces, 4 l.

1336. Du 23. — M. le Marq. de Brancas : Un déjeuner de Saxe, d'une écuelle à fleurs, deux gobelets & ſucrier en roſe, 96 l.

1337. — M. le Baron de Montmorency : Deux vaſes de porcelaine ancienne, bleu clair uni, 288 l.

1338. Du 26. — M. de Cury (pour Paris) : Deux ſoufflets à deux vents, 12 l. — Quatre balais, 5 l. 10 s.

1339. Du 27. — Mme la Marq. de Pignatelli : Avoir fait émailler une chaîne de montre & rétabli le tout à neuf, 90 l.

1340. Du 31. — Mme la Cteſſe d'Egmont, douairière : Le raccommodage d'un paravent de vernis la Chine, 25 l.

Février.

1341. Du 4. — M. le Baron de Montmorency : Une paire de bras à une branche en vernis, à feuillage, les bobèches & binets dorés, 42 l.

1342. Du 10. — S. A. Mme la Princeſſe de Rohan, jeune : Une taſſe de Saxe brodée, peinte en fleurs, 15 l.

1343. — M. de Caze, fermier-général : Deux taſſes & ſoucoupes de Vincennes peintes à guirlandes, de 30 l., 60 l.

1344. — M. le Duc d'Aiguillon : Avoir fait reſouder & argenter la branche d'un luſtre, 6 l.

FÉVRIER 1753. 151

1345. — Mme la Marq. de Pompadour : La garniture en or d'un pot de porcelaine & d'un broc, 236 l. — La garniture en or de huit boëtes de quadrille, dont quatre d'ivoire & quatre de la Chine, 144 l.—La teinture defdites boëtes, & une boëte de noyer, garnie de chamois, pour les boëtes d'ivoire, 8 l. — Une cuiller à fucre à moulures très-bien pouffées, en argent doré, dans fon étui, 84 l. — Deux paires de cifeaux de Berge dans leurs gaînes de rouffette verte, garnies d'argent, 31 l.

1346. — S. M. le Roy : Pour les caiffes & emballage d'un néceffaire de lacq garni d'or, les droits à la douane, & frais de pofte de Paris à Madrid, 532 l. — Ma commiffion de cette fomme payée comptant, 26 l.

1347. Du 12. — M. de Boulogne, tréforier : Une paire de petits bras à une branche en blanc & bleu, à fleurs, 36 l.

1348. — M. Herbault : Un cabaret à fix taffes, en vernis vert poli, 26 l.

1349. — M. Cony : Deux taffes & foucoupes de Vincennes à guirlandes, à 30 l. pièce, 60 l.

1350. — M. Roussel, fermier-général : Un bougeoir de lacq ancien, garni, 24 l.

1351. Du 18. — Mme la Marq. de Pompadour : Le port de Bellevue à Paris d'une table pour raccommoder & deux finges, 3 l. 10 s. — Un marche-pied en bois de chêne très-bien fait, 90 l.

1352. Du 20. — M. Guesnon : Deux bibliothèques plaquées en bois fatiné, les ferrures à bafcules, les portes grillées en laiton, garnies de taffetas vert, 306 l.

1353. — M. de Jullienne : Un pied à godrons & moulures, doré d'or moulu, pour un chat bleu; fourni deux yeux d'émail & l'ajuftage, 48 l.

1354. — M. Robert Martin : Dix feuilles papier la Chine à pagodes, à 3 l. pièce, 30 l. — Deux dites, plus grandes, repréfentant des appartemens & figures, à 12 l., 24 l.

1355. — Mme la Marq. de Pompadour : L'expédition

de deux caiffes d'arbres envoyés à Londres, frais de douane & cordages, 11 l.

1356. Du 24. — Mme la Marq. de POMPADOUR : Deux foufflets à double vent en bois de cèdre, à 24 l., 48 l. — Un paravent payé au gardemeuble & le port icy, 313 l. 10 s.

1357. — Mme la Ducheffe de BRANCAS, douairière : Un luftre de criftal de Bohême, monté à confoles & fix branches, de 288 l. — Le cordon en foie mêlée & or, 24 l. — Le port à Verfailles, 10 l.

1358. — Mme la Ducheffe de LAURAGUAIS : Avoir fait repeindre & nettoyer les branchages & fleurs de deux corbeilles de Saxe, 40 l.

1359. Du 27. — M. DANGÉ : Un fecrétaire plaqué en bois de rofe, à contours, garni en bronze doré d'or moulu, 360 l. — Une lanterne de glace carrée, garnie en cuivre doré, avec un chapiteau de criftal & chandelier, 192 l. — Un tirefond, le pofage & port, 2 l.

1360. Du 28. — M. de BOULOGNE, tréforier : Un gobelet de Saxe peint en miniature verte, dans fa foucoupe de même, 66 l.

1361. — Mme la Cteffe d'EGMONT, douairière : le raccommodage d'une tabatière de nacre ; refait les piliers & remis à neuf, 18 l. — Le raccommodage d'une fontaine & la dorure d'un robinet, 9 l.

Mars.

1362. Du 2. — Mme la Ducheffe de MAZARIN : Une taffe & foucoupe de Saxe, à fleurs, 12 l.

1363. — Mme la Marq. de POMPADOUR : Une glace de 19 pouces fur 12, pour la lanterne de l'antichambre du Roy, 11 l. — Le port de deux finges & d'un panier de porcelaine de Vincennes, 3 l. 12 s.

1364. Du 8. — M. de COTTE, fils : Une table à écrire brifée, à pieds tournans, plaquée en bois violet, 120 l.

1365. — Mme la Marq. de POMPADOUR : Envoyé à Verfailles nettoyer le luftre de criftal de la chambre du lit, 15 l.

1366. — M. le Marq. de Pignatelli : Le raccommodage d'une boëte de porcelaine, où l'on a redoré la garniture, & d'une autre de vernis la Chine, 6 l.

1367. — Mme la Cteffe d'Egmont, douairière : Le raccommodage d'une boëte d'écaille en baril, 1 l. 10 s.

1368. Du 13. — M. Brochant, l'aîné : Une corbeille de Saxe à jour, montée en cuivre argenté, avec quatre petits cygnes, même porcelaine; dans laquelle des branchages en laiton verni, ornés de fleurs de Vincennes, 288 l. — Quatre petits vafes de Vincennes garnis de branchages en cannetille, ornés de fleurs de Vincennes, à 48 l., 192 l. — Deux caiffes de Saxe, carrées, 48 l. — Douze petits vafes de porcelaine de Vincennes pour porter des fruits, à 6 l., 72 l. — Deux figures tenant des vafes, 20 l. — Quatre figures de Saxe, 36 l. — Sur quoi repris deux vafes de Saxe garnis des mêmes fleurs, 96 l.

1369. Du 14. — M. de Villaumont : Un grand miroir de deux glaces dans fon cadre fculpté & doré de 9 pieds de haut fur 64 pouces de large, 1,200 l. — La crémaillère payée 12 l. — Repris en compte 10 pièces de la Chine en vernis, ivoire & nacre de perle, 2,400 l.

1370. — M. le Duc de Luxembourg : Un broc de porcelaine de Vincennes couvert, à charnières de vermeil, 66 l.

1371. — M. Brochant, l'aîné : Une grande caiffe de Saxe, 48 l.

1372. Du 17. — Mme la Marq. de Pompadour : Avoir démonté & remis à neuf les garnitures en or moulu de deux pots pourris de compofition, 6 l. — Port & rapport de porcelaine de Vincennes, 18 l.

1373. — Mme la Marq. de Pompadour (pour S. A. S. Mgr le Prince de Condé) : Une tabatière de lacq à deux tabacs, en or émaillé, 1,200 l. — Une tabatière carrée de lapis, la garniture en or émaillé, 864 l. — Une tablette en pierre rofe montée en or, 1,008 l.

1374. Du 19. — Mme la Duchesse de Mazarin : — Un bougeoir de porcelaine de Vincennes, 18 l.

1375. — M. le Duc de La Vallière : Avoir décerti les miniatures d'une tabatière, fourni une glace chevée, & réparation des miniatures à M. Charlier, 70 l.

1376. Du 21. — Mme la Marq. de Pompadour : Le raccommodage d'une boëte d'écaille piquée, regoupillé la charnière & repoli, 15 l. — Fourni les cornalines d'une grande boëte émaillée, & fait des chaffis fervant de certiffures attachés à ladite boëte, 600 l.

1377. — S. A. Mme la Princeffe de Turenne : Le raccommodage d'un cabaret de lacq, y avoir fait un pied en vernis noir poli & or, avec un bouton au tiroir, 30 l.

1378. Du 25. — Mme la Duchesse de Mazarin : Une petite armoire de bois verni en blanc & bleu, à porte au milieu, le bas & le haut à tablette, couverte de fon marbre de vert campan, 30 l.

1379. — Mme la Marq. de Villeroy : Trois paires de bras à une branche en feuillage verni imitant la nature, garnis de fleurs d'orange & autres de Vincennes, 36 l.

1380. Du 30. — M. Fabus : Deux gondoles à trois branches fur des groupes, 960 l. — Un berger de Saxe, orné, 864 l. — Une paire de bras à berceau, à figures, 240 l. — Deux coins vernis à tablettes de marbre, & les ports, 192 l.

1381. Du 31. — M. de Cury : Fourni à M. fon fils une grande tablette de bois de merifier, à jour, 19 l.

1382. — M. de Verdun : Un fucrier & fon plateau en blanc & or, 144 l. — La caiffe & emballage, 3 l.

Avril.

1383. Du 1er. — M. Le Premier : Une taffe & foucoupe de Vincennes en bleu & or, 36 l.

1384. — M. le marq. de Gontaut : Deux feaux moyens de Vincennes, à contours & oifeaux, 96 l.

1385. Du 2. — Mme de Sonning : Un pot pourri de Vincennes, à jour non parfait, 60 l.

1386. — M. le préfident de Cotte : Une toilette en armoire, plaquée en merifier, 132 l.

1387. Du 4. — M. Roussel, fermier-général : Le raccommodage d'une caffette de lacq, fait une ferrure à clef dorée en or moulu, 48 l.

1388. — M. Dangé, fermier-général : Une paire de bras à double branche en feuillage verni & fleurs de Vincennes, 96 l. — Deux tablettes d'encoignure, forme ronde, en vernis poli imitant le placage, 72 l. — Un coffre de noyer garni de fes ferrures, avec des compartimens dedans en étoffe bordée d'argent, formant un néceffaire, 65 l.

1389. — Mme la Marq. de Pompadour : Payé au fieur Budet un mémoire de 144 l. — Le port de Bellevue de deux gros vafes de porcelaine céladon, 3 l. 12 s.

1390. Du 5. — S. M. le Roy : Deux glaces mifes à la lanterne du veftibule du pavillon de Verrières, le port & rapport de ladite lanterne, 26 l.

1391. Du 6. — Mme la Marq. de Pompadour : Les cercles à contours faits pour fix différens morceaux de porcelaine céladon en cuivre doré d'or moulu, & deux petits bonnets à feuillage, 96 l. — Une paire de girandoles à deux branches & terraffes en bronze doré d'or moulu, fur deux oifeaux verts, garnies en fleurs, 255 l. La garniture en or d'un petit pot à crème, 80 l. — Le port à Verfailles, 5 l.

1392. Du 9. — Mme la Duchesse de Brancas : Une taffe de Vincennes en bleu & or, 36 l.

1393. Du 10. — Mme la Cteffe d'Egmont, jeune : Une taffe de Vincennes en bleu & or, 36 l. — Une autre, 30 l.

1394. Du 14. — Mme la Cteffe d'Egmont, douairière : Deux jattes de porcelaine, bleu & blanc, garnies de pieds & cercles en cuivre, 32 l. — Avoir refoudé le bouchon d'un flacon de criftal de roche, rémaillé & mis à neuf, 15 l.

1395. — Mme la Marq. de Pompadour : La monture en or d'une tabatière de lacq à quatre tabacs, & fourni les quatre bâtis en lacq fond d'or, 1,170 l.

1396. Du 16. — M. le Marq. de Gontaut : Une table de piquet en bois de noyer brifée, garnie de drap fin.

1397. — Mme de La Live : Huit figures de Vincennes en bifcuit, à 48 l. pièce, 384 l.

1398. Du 17. — M. Cony : Un pot à fucre & une théière de Vincennes peints à guirlandes, 48 l.

1399. — Mgr le Duc de La Vallière : Avoir décerti une tabatière & une glace pour une miniature, 12 l.

1400. — M. de Jullienne : Une toilette plaquée en fleurs de différens bois des Indes, 320 l. — Le port à Paffy, 3 l.

1401. Du 20. — Mme la Ducheffe de Mortemart : Une lanterne de criftal en cloche, 24 l. — Une autre moins grande, 22 l. — Le port, 2 l.

1402. Du 21. — M. Fabus : Un fecrétaire en armoire, plaqué en bois de rofe & amaranthe, 216 l. — Une toilette de bois d'acajou avec fes pièces & compartimens d'étoffe, 140 l. — Les ports, 1 l.

1403. — Mme la Maréchale de Villars : Huit feuilles de grand papier des Indes, fond blanc à fleurs, collage & raccordage defdits papiers, 120 l.

1404. — Mme la Marq. de Pompadour : Payé au fieur Œbenne le raccommodage d'une table à fleurs & port à Bellevue, 13 l. — La dorure d'une garniture de pot à l'eau de porcelaine verte, 16 l.

1405. — Mme la Marq. de Villeroy : Les réparations d'une lanterne où l'on a fourni les confoles du haut & doré le tout en or moulu ; fait les bouquets du haut & bas en laiton verni, fourni le chapiteau de criftal & un cordon de foie cramoifi avec fon gland, 180 l.

1406. — Mme d'Aoust : Une paire de bras à deux branches, vernis en blanc & bleu, garnis de fleurs.

1407. — Mme la Marq. de Pompadour : Une tabatière de criftaux gris de lin montée en or, 1,160 l. — Une caffette d'ancien lacq, très-belle, 5,000 l. — Le profit à partager, à 10 pour cent.

1408. — M. Coquinot : Un petit tamis d'argent, 10 l.

Mai.

1409. Du 3. — Mme la Marq. de Pompadour : Une plaque d'or gravée & un cercle mis dans une tabatière à deux tabacs, pour un portrait d'émail de la Reine, & la gravure de l'autre plaque. Une autre plaque ronde en or & cercle pour un portrait en émail. Les trois au retour de deux cercles de bracelet, 93 l. — Un broc de Vincennes laiffé à Bellevue.

1410. — M. le Préfident Roujault : Deux petits plateaux de vernis poli à une taffe chacun, 36 l.

1411. Du 7. — Mme la Marq. de Pompadour : Une toilette plaquée en bois fatiné, garnie de toutes fes pièces dans des compartimens d'étoffe, avec le miroir & pieds dorés d'or moulu, 240 l. — Un petit fauteuil de bois de merifier verni, fculpté, garni en canne très-fine, 26 l. Le port à Verfailles, 10 l. — Le raccommodoge & nettoyage d'un petit bahut de lacq, 7 l.

1412. Du 10. — Mme la Marq. de Pompadour : Avoir été chercher des porcelaines à Bellevue, 3 l. 12 s.

1413. Du 8. — M. Robert Martin : Quatre gobelets & foucoupes de Saxe, à contours, en blanc & vert, à cartouches de miniatures & fleurs, à 48 l., 192 l. — Le pot à fucre afforti, 72 l.

1414. — M. le Duc de La Vallière : Une paire de petites girandoles fur des magots, bleu-célefte; terraffes & bobèches argentées, les branchages vernis en bleu & blanc, 144 l.

1415. Du 9. — M. Fabus : Une commode de trois pieds & demi, plaquée en vernis rouge, à pagodes, garnie partout de bronze doré d'or moulu, avec fon marbre de vert campan, 480 l.

1416. — M. de Verdun : Une armoire à contours, plaquée en bois violet & fatiné, garnie en bronze doré d'or moulu, garnie de fes ferrures en cuivre & tablettes à crémaillères, couverte en marbre, 440 l. — Deux encoignures plaquées de même, auffi garnies de bronze doré d'or moulu & baguettes, avec leurs marbres d'Alep, 265 l.

1417. Du 11. — Mme la Marq. de Pompadour : Une caiffe pour les tableaux du cabinet du Roy envoyés à Crécy, 24 l. — La garniture en or moulu d'une bouteille de porcelaine céladon ; fait un modèle, 120 l. — Avoir fait remettre à neuf les garnitures en or moulu de trois pots pourris de terre des Indes, & avoir fait repeindre les reliefs, 18 l.

1418. — Mme la Princeffe de Turenne : Une foucoupe lapis, peinte à oifeaux, 24 l.

1419. Du 14.— Mme la Cteffe d'Egmont, douairière : Le raccommodage d'une encoignure où l'on a refait une tablette & reverni en rouge poli, refoudé la branche d'une girandole à figures ; la dorure & le nettoyage des garnitures de deux poules de porcelaine, 24 l.

1420. Du 15. — M. Fabus : Le nettoyage d'un luftre de criftal de roche, démonté, avec les port & rapport, 12 l. — Le nettoyage d'un luftre de Bohême que l'on a démonté & le port, 9 l. — Un cordon de foie en blanc & bleu avec les houppes, 24 l. — Le port à Montgeron, 24 l.

1421. — Mme la Marq. de Pompadour : Les charnières & plaques de ferrure en or cifelé pour une boëte de lacq aventurine, un furtout ferré en cuivre, garni de chamois en dedans, 180 l. — L'émail en rouge d'une navette d'or, au retour d'une bleue qui eftoit gâtée, 210 l. — Le dépofage des glaces d'une cheminée à l'hoftel d'Evreux, 2 l.

1422. Du 21. — S. A. Mgr le Duc de Bouillon : Une boëte d'encre de la Chine, 12 l. — Il reftoit fur des papiers, 8 l.

1423.—Mgr le Duc d'Aumont : Neuf foucoupes en relief, porcelaine de Vincennes, en blanc, à 30 s., 13 l. 10 s.

1424. Du 22. — S. A. Mgr le Prince de Turenne : Une commode de quatre pieds & demi, plaquée en différens bois fatinés, garnie d'ornemens dorés d'or moulu & de fon marbre de brèche d'Alep, 400 l. — Une table à écrire de bois d'acajou, le deffus à couliffe, avec pupitre & cornets argentés, 48 l. — Une toilette de bois violet avec fes compartimens en étoffe, garnie de toutes fes pièces, 240 l. — Deux tables de nuit à deux marbres en vernis blanc & bleu, de 42 l. pièce, 84 l. — Un paravent à feu à couliffe, garni de très-beau papier, à quatre feuilles, 96 l. — Trois écrans, dont un d'amaranthe, 54 l. — Un luftre de Bohême à fix branches, monté à confoles, 288 l. — Le cordon en cramoifi & or, 34 l. — Un feu de cabinet en bronze doré d'or moulu, avec fes garnitures, 150 l. — Un autre plus fort avec des perroquets auffi dorés d'or moulu, & fes garnitures, 240 l. — Un feu à ornemens à jour, doré d'or moulu, pour le falon, avec fes pelle & pincettes, 275 l. — Deux paires de grands bras en bronze doré d'or moulu, de 240 l. pièce, 480 l. — Deux paires de bras à double branche, vernis, garnis de fleurs de porcelaine, 160 l. — Une lanterne en glace carrée, en cuivre doré d'or de feuille, les confoles cifelées & dorées d'or moulu, avec le chandelier à quatre bougies & couvercle de criftal, 300 l. — Le cordon, 24 l. — Une autre petite lanterne de glace à fleurs, 84 l. — Le cordon, 9 l. — Une garniture de fept morceaux de porcelaine ancienne, 960 l. — Deux armoires d'encoignure vernies, & leurs marbres, 120 l. — Deux magots blancs anciens, 144 l. — Les ports, 14 l.

1425. — M. de CAZE, fermier-général : Un bois d'écran fculpté & doré, le chaffis couvert de damas des Indes en blanc, & un galon d'or fur le chaffis & autour de la broderie, le deffus garni de clous dorés, 132 l.

1426. — M. le Cte de JARNAC : Un luftre en criftaux de Bohême à fix branches, monté à confoles, de 23 pouces, 384 l. — Le cordon de deux aunes en foie, vert & blanc, à deux houppes, 24 l. — Payé aux porteurs une demi-journée, 3 l.

1427. — Mme la Ducheffe d'AUMONT : Avoir démonté une paire de girandoles de criftal de roche, avoir fait refaucer la garniture dorée d'or moulu, & fourni les fleurs de Vincennes qui manquoient, 30 l.

1428. Du 25. — Mme la Marq. de POMPADOUR : Une tablette de lacq, fond aventurine, fans charnières, à deux têtes de porte-crayon garnies d'or, 290 l. — Avoir fait démonter huit boëtes de quadrille d'ivoire, les avoir teintes & les fiches, fait raccommoder les boëtes & doubler d'étoffe, 12 l. — Payé à l'hoftel d'Evreux, 535 l.

1429. Du 30. — Mme la Cteffe d'EGMONT, douairière : Quatre panneaux pour deffus de porte, couverts de toile & garnis de papier des Indes, 36 l.

1430. — M. GUESNON : Une commode plaquée de bois violet & fatiné, en forme de bas d'armoire, ferrure à bafcule, les tablettes à crémaillère, marbre, 160 l.

1431. — M. le Marq. de GONTAUT : Une table à jouer en triangle en bois de noyer, garni de drap fin.

1432. — S. A. Mgr le Prince de TURENNE : Deux tablettes d'encoignure en vernis rouge poli, 48 l. — Deux petits bateaux de porcelaine ancienne, avec deux petites taffes fur chaque, 144 l. — Le port, 1 l. — Deux chats de porcelaine ancienne, 48 l.

Juin.

1433. Du 1er. — Mme la Cteffe de MAUREPAS : Deux deffus de porte faits en papier des Indes, où l'on a fourni deux feuilles de papier à armoires, les toiles & façon, 26 l. — La caiffe & cordage, 7 l.

1434. Du 4. — S. A. M. le Duc de BOUILLON : Un fac de gaze pour le luftre de criftal de roche, 22 l.

1435. Du 7. — M. LE PREMIER : Le raccommodage de trois magots de terre des Indes, fourni un pied verni, 28 l.

1436. — M. LA HOGUETTE : Une figure de marbre repréfentant une femme, 120 l.

1437. — M. le Duc de VILLEROY : Une paire de bras à double branche, vernis, garnis en fleurs peintes dans le goût de celles de Vincennes, 120 l.—Une autre paire moins forte, 115 l. — La caiffe & emballage du dedans, 24 l.

1438. — M. le Marq. de GONTAUT : Un parafol de la Chine, 9 l.

1439. — Mme PROVOST : Un broc de Vincennes, 48 l. — Un autre moins grand, 36 l.

1440. — M. BROCHANT, l'aîné : Avoir démonté une lanterne, l'avoir fait argenter avec fon chandelier à trois branches.

1441. Du 12. — Mme la Marq. de POMPADOUR : Le raccommodage d'un grand paravent de vernis de Coromandel, l'avoir fait monter de 44 charnières en cuivre doré d'or moulu, collé un galon fur les épaiffeurs, 366 l. — Une table à pieds de biche couverte d'un marbre de griotte d'Italie, pour le caffé du Roy, 160 l. — Une autre table du même bois pour mettre les caffettes, 66 l. — Avoir démonté & refaucé à neuf une garniture de porcelaine bleu-célefte garnie de bronze doré d'or moulu, & une autre garniture de porcelaine grife, garnie partie en or & partie en argent doré, remise à neuf, 36 l. — Trois caiffes pour les porcelaines, tables, le paravent & porcelaines de Vincennes de l'office, les cordages, papier & emballage du dedans des caiffes, & une voiture pour voiturer lefdites caiffes, 160 l. — Six petits cabarets la Chine, 36 l. — Le nettoyage des luftres de criftal, des tables, porcelaines & bras, fourni des vis & clous, & frais de voyage, 172 l. — Une petite figure de Saxe livrée à Mme Douy, 16 l. — Une pendule de porcelaine céladon, ancienne, montée en bronze doré d'or moulu, le mouvement fimple de Baillon, 550 l. — Avoir fait armorier un portefeuille, l'écuffon en or & argent, avoir ajouté dedans deux gouffets d'étoffe garnis en tabis bleu, & fait un furtout de peau, 55 l. — Un petit pot à crème, porcelaine de Vincennes. — Le port à Verfailles d'un panier de porcelaine de Vincennes, 5 l. — Quatre fers à repaffer, 7 l.

1442. — Mme la Ducheffe de MIREPOIX : Une taffe de

Vincennes faite fur un modèle de Saxe, avec une tulipe en bas pour foutenir la taffe, 18 l. — Le raccommodage d'un magot, 3 l.

1443. — M. Gudin : Un cheval de porcelaine de Saxe avec une figure à cofté, 168 l.

1444. Du 20. — Mme Geoffrin : Un pot à anfe de porcelaine de Vincennes, bleu & or, à deux cartouches, 96 l.

1445. Du 21. — M. le Duc d'Aumont : Une châffe en forme de cage, à moulures dorées d'or moulu, garnie de glaces, 2,104 l. 10 s.

1446. Du 22. — Mlle La Noix : Le nettoyage d'un luftre de criftal, d'une lanterne garnie en fleurs, d'une paire de bras à fleurs, de deux vafes garnis de fleurs, avec les ports & rapports, 36 l. — Une guirlande garnie de fleurs autour du cordon de la lanterne, 15 l. — Le nettoyage des glaces, le tranfport de toutes les porcelaines, les avoir démontées, avoir remis à neuf les montures d'or moulu, nettoyé le tout, fourni des fleurs qui manquoient, & repofé en place, 36 l.

1447. Du 24. — Mme de Sonning : Les toile & papier des Indes de huit panneaux à pagodes & payfages, 108 l. — Huit douzaines de vis dorées, 7 l.

1448. Du 25. — Mme la Marq. de Pompadour : Une lanterne de criftal pour l'Ermitage, avec fa lampe à 4 mèches, 20 l. — Le port, 3 l.

1449. Du 27. — Mme Geoffrin : Un petit pot de Vincennes en bleu & or, garni d'or, avec fa jatte, 216 l. — Un vafe même porcelaine, 144 l.

1450. — M. de La Live : Deux figures de Vincennes en bifcuit, 96 l.

1451. — M. de Jullienne : Deux poiffons de porcelaine céladon formant des cruches, montés en bronze doré d'or moulu, 960 l.

1452. — Mme la Marq. de Pompadour : Avoir refait les certiffures en or d'une navette de vernis aventurine, & augmentation, 15 l. — La garniture en or d'un pot à l'eau de porcelaine de Vincennes, en bleu & or, 128 l. — Un cadre de cuivre à moulures, doré d'or moulu, pour un tableau en émail, 20 l.

Juillet.

1453. Du 1er. — Mme la Marq. de POMPADOUR : Un port de porcelaine de Vincennes, à Bellevue, 3 l. 12 s.

1454. Du 2. — Mme la Marq. de POMPADOUR : Une châsse à moulures, en bronze doré d'or moulu, garnie de glaces, fermant à charnières, pour une boëte de lacq, 360 l. — Le port à Bellevue, 3 l. 12 s. — Une paire de ciseaux de Berge, damasquinés en or, & le raccommodage d'une autre paire; raccommodage de deux étuis de roussette, fourni le ressort d'or, 108 l.

1455. — Mgr le Duc des DEUX-PONTS : Dix-huit seaux à verres, porcelaine de Vincennes, peints à paysages, camayeux pourpres, 540 l. — Douze compotiers, différentes formes, 324 l. — Deux beurriers couverts & leurs plateaux, 84 l. — Deux fromagers & leurs plateaux, 60 l. — Deux sucriers couverts & leurs plateaux, 108 l. — Deux moutardiers couverts & leurs plateaux, 84 l. — La caisse, emballage, frais de douane, 31 l.

1456. Du 3. — Mme la Duchesse de MORTEMART : Avoir fait resaucer en couleur d'or moulu une paire de bras à feuillage, & fourni les fleurs qui manquoient, 36 l.

1457. — Mme la Marq. de POMPADOUR : Une voiture pour mener une brodeuse à l'hostel d'Evreux, 3 l.

1458. Du 5. — Mme la Duchesse de MIREPOIX : Deux paires de bras à trois branches en bronze doré d'or moulu, à 310 l., 620 l. — Une autre paire à deux branches, aussi dorée, 144 l. — Une commode de vernis la Chine, de quatre pieds, garnie d'embases, chutes, portans, entrées & baguettes dorés d'or moulu, avec son marbre de brèche grise, 300 l. — Un gobelet à anse de Vincennes & sa soucoupe, en bleu & or, à deux cartouches, 48 l. — Sept panneaux, différentes grandeurs, garnis en papier des Indes à fleurs & camayeux, 444 l.

1459. — Mme la Duchesse de MAZARIN : Obmis d'écrire, dès le mois de novembre 1751, un cabaret verni, poli, avec quatre tasses, soucoupes & pot à sucre de Saxe à fleurs, 90 l. — Avoir coupé une boëte de lacq, avoir rapporté un fond, & fait deux cabarets que l'on a rétablis & vernis, 16 l.

1460. Du 10. — M. de CURY : Deux commodes de bois de noyer, de trois pieds & demi, 80 l. — Deux dittes de trois pieds avec leurs garnitures, 72 l. — Quatre tables à écrire, garnies de cornets, 32 l. — Quatre feux de fer avec leurs pelles & pincettes, 78 l.

1461. Du 11. — Mme la Duchesse de MAZARIN : Une tasse & soucoupe de porcelaine de Saxe, 12 l.

1462. — Mme la Duchesse de MORTEMART : Une lanterne de cristal, garnie en cuivre, avec sa lampe, contrepoids & cordon, 36 l.

1463. Du 16. — M. BAZIN : Un gobelet en litron de porcelaine de Vincennes & sa soucoupe, en bleu & or, à deux cartouches, 48 l.; sur quoi il faut déduire 6 pour 100.

1464. — Mme la Marq. de POMPADOUR : Un étui de roussette verte, garni en or, pour des ciseaux, 10 l.

1465. — Mme la Duchesse de LA VALLIÈRE : Un pot à l'eau de Vincennes, garni d'or, avec sa jatte, bleu & or, 228 l. — Une figure de Vincennes en biscuit, 48 l.

1466. Du 18. — M. de GENSSIN : Un lustre à six branches en forme de berceau, orné de figures de porcelaine, les branchages en fleurs de Vincennes, 1,200 l.

1467. — M. COQUINOT : Un écran de bois d'acajou massif, garni en papier des Indes, 21 l.

1468. Du 19. — Mme la Maréchale de VILLARS : Une paire de bras à double branche, à feuillage verni, garnis de fleurs; les bobèches, bassins & binets dorés d'or moulu, 84 l.

1469. Du 20. — M. LE PREMIER : Le nettoyage de trois lustres de cristal de roche, démontés & garnis de fils neufs, & les ports de trois autres, 28 l.

1470. — Mme la DAUPHINE : Fourni à Mme de Brancas un métier à travailler de 4 pieds de long, en bois d'acajou maffif, garni de fes ferrures dorées, avec deux arc-boutans & main tournante dans le milieu, auffi dorés, 240 l. — Indemnité de trois ans de crédit, 36 l. — Le port & voyage, 18 l.

1471. Du 22. — Mme d'EGMONT, douairière : Le raccommodage d'un tiroir de table que l'on a reverni en vert, & d'une pagode, 4 l. 10 s.

1472. Du 24. — M. COLLIN : Une commode plaquée en bois violet & cartouches de bois de rofe, garnie de boutons, entrées & chauffons en bronze doré d'or moulu, avec fon marbre de vert campan de 4 pieds 2 pouces, 350 l. — Le port à Verfailles, 9 l.

1473. Du 25. — Mme la Marq. de POMPADOUR : Une voiture pour mener M. Douffin à l'hoftel d'Evreux, 3 l.

1474. — Mlle LA NOIX : Avoir fait peindre des fleurs fur des feaux, remis la garniture dorée à neuf, 12 l.

1475. Du 30. — Mme la Ducheffe de MORTEMART : Un cabinet de papier des Indes, fond blanc à fleurs & oifeaux, compofé de neuf panneaux, 150 l. — Une lanterne de glace à cinq pans, avec fon chapiteau de criftal & chandelier, 125 l. — Avoir refaucé & mis à neuf une paire de bras à double branche, dorés d'or moulu, 7 l. — Le port à l'hoftel, 1 l. 10 s.

1476. — M. le Marq. de BRANCAS : Avoir démonté, nettoyé, & remonté à neuf un luftre de criftaux de Bohême, avec les port & rapport, 9 l.

Août.

1477. Du 1er. — Mme de STAINVILLE : Deux pierres à papier de porcelaine de Saxe, montées fur des terraffes dorées d'or moulu.

1478. Du 3. — S. M. le ROY : Un grand gobelet à lait en blanc & or, couvert, avec fon plateau, 120 l. — Un autre, même grandeur, peint à fleurs, 96 l. — Quatre petits gobelets & foucoupes, camayeux pourpres, avec une dentelle d'or, 96 l. — Le pot à fucre afforti, 42 l.

1479. — Mme la Marq. de Pompadour : Un voyage de bras dorés que l'on a efté chercher à Bellevue, 3 l. 12 s.
1480. Du 8. — M. Le Brun, marchand : Deux figures de Vincennes en bifcuit, 96 l.
1481. Du 9. — M. Le Brun : Quatre enfans en bifcuit, 192 l.
1482. — Mme la Marq. de Pompadour : Une encoignure d'ancien lacq, très-belle, garnie en bronze doré d'or moulu, 720 l. — La garniture, en papier des Indes très-beau, de trente-fept chaffis compofant la garde-robe du Roy; dans lefquels : Trois feuilles à vafes & fleurs, à 36 l., 108 l. — Quatre à figures, à 24 l., 96 l. — Neuf plus petites, formant lambris, à 12 l., 108 l. — Dix-huit à pagodes, en travers, à 1 l. 10 s., 27 l. — Vingt à fleurs, à 2 l., 40 l. — Les toile, clous, façon & raccordage defdits papiers, 160 l. — Les ports à Bellevue, 17 l. 10 s. — Une commode d'ancien lacq, garnie de bronze doré d'or moulu, 1,650 l. — Une chaife percée à doffier, plaquée en bois de rofe à fleurs, garnie de bronze doré d'or moulu, 715 l. — Une table de quadrille, de bois d'acajou maffif, garnie de fes ferrures dorées d'or moulu, brifée en angle, garnie de drap très-fin, 85 l. — Une autre table de trio, garnie de même, 68 l. — Le port à l'hoftel, 7 l. — Un port & rapport de porcelaine à Bellevue, 4 l. 10 s.
1483. Du 15. — Mme la Marq. de Pompadour : Une lanterne de glace carrée, montée en cuivre doré d'or de feuille, & les confoles & rouleaux d'en bas dorés d'or moulu, avec fon chandelier à quatre bobèches & cordon de foie, 188 l. — Un cordon de foie, 14 l. — Un autre cordon de foie pour la lanterne de la garde-robe, 16 l. — Une paire de bras à trois branches, en fleurs, bobèches dorées, 126 l. — Le port à l'Ermitage, 6 l.
1484. — M. le Marq. de Gontaut : Deux petits gobelets à anfes, en litron, blanc & or, 36 l.
1485. — Mme la Ducheffe de Mortemart : Le raccommodage d'une commode, & refaucé les bronzes en

couleur d'or moulu, 24 l. — Réparé & remis à neuf un fecrétaire & deux petites armoires en placage, 36 l. — Les ports & rapports, 4 l.

1486. — M. Hébert : Une petite boëte, à contours, d'ancien lacq, garnie en argent, 216 l. — Deux pots de Saxe, 40 l. — La garniture du caiffon & dorure des charnières, 12 l.

1487. — Mme la Marq. de Pompadour : Le port à deux hommes de glaces que l'on a efté chercher à Bellevue pour l'hoftel, 7 l.

1488. Du 17. — M. de Cury pour Chennevières : Dix parquets de cheminée à pilaftres & tableaux, en papier des Indes, avec les moulures unies, le tout peint en deux blancs, à 38 l. pièce, 380 l. — Les façons des caiffes & cordages, 108 l. — Deux journées d'un homme qui a efté conduire & pofer en place, 10 l. 12 s. — Quatre feux de fer avec les pelles & pincettes, 74 l. — Quatre balais & foufflets, 18 l.

1489. Du 18. — Mme la Marq. de Pompadour : Une tabatière de caillou imitant la cryfolithe, à gorge d'or émaillé, pour un portrait, dans fon étui de rouffette, 660 l.

1490. — M. (en blanc) : Un luftre à fix branches, à tige découverte, en criftaux de Bohême, 300 l. — Une rofette de ruban & taffetas, 9 l.

1491. Du 20. — M. le Marq. de Brancas : Une paire de bras vernis en vert, à fleurs de porcelaine en bleu verni, 84 l.

1492. — S. M. le Roy : Deux gobelets à anfes & foucoupes de Vincennes, en forme de litron, en blanc & or, 36 l. — Le pot à fucre afforti, 36 l.

1493. Du 21. — M. le Marq. de Voyer : La monture en cuivre cifelé d'un vafe de porcelaine bleue, payée à M. Dupleffis, 720 l. — La dorure d'or moulu dudit vafe, 192 l.

1494. — S. A. Mgr le Duc de Bouillon : La garniture dorée d'or moulu de deux morceaux de porcelaine grife à feuillage, 58 l. — Avoir refait des mains à des figures de lacq, & raccommodé le vafe, 9 l.

1495. Du 22. — Mme la Marq. de Pompadour : Un groupe en or de deux enfans fur une terraffe ornée de coquillages & plantes de mer, portant une grande coquille couverte à deux charnières, à l'ufage de falière & poivrière; poids, 4 marcs, 4 onces, 3,621 l. 17 s. — Façon, 1,350 l. — Avec fon étui en velours & garni de ferrures en tombacq, 144 l. — Commiffion à 5 pour 100, 327 l.

1496. Du 23. — M. de La Reynière : Une commode, vernis de Coromandel, de cinq pieds, garnie partout de bronze doré d'or moulu, le marbre de brèche d'Alep, 960 l.

1497. Du 24. — Mme la ducheffe de Mirepoix : Une lanterne de glace à cinq pans en treillage & garniture dorée d'or moulu, les fleurs de Vincennes, avec fon chandelier & cordon blanc & rofe, 360 l. — Une paire de bras affortis avec des figures de Saxe, 192 l. — Le port, 2 l.

1498. Du 25. — M. Le Premier : Avoir agrandi un luftre, fourni la table, l'avoir remonté en entier & fourni trois morceaux de l'enfilage & trois boules, où l'on a chevé des trous, pour mettre fur les pyramides, 72 l. — Le port à Verfailles, 10 l. — Deux fontes de luftres au retour de deux vieilles, 140 l. — Douze pièces formant les deux aigrettes & la monture; remonté les deux luftres à neuf; pour fil & façon, 55 l.

1499. Du 26. — Mme la Marq. de Pompadour : La monture en cuivre doré d'or moulu de deux vafes de porcelaine, bleu clair, dont on a fait les modèles exprès, 780 l. — Deux poiffons, même porcelaine, montés en buires, garnis de bronze doré d'or moulu, 1,080 l. — Une lanterne de criftal pofée fur l'efcalier des entrefols, 10 l. — Trois petits cabarets la Chine pour l'office, 18 l. — Six plumets, 7 l. 4 s. — Le port à Bellevue, 3 l. 12 s.

1500. — M. le Chevalier d'Hennin : Un jet anté avec une poignée d'or uni, 31 l.

1501. — Mme la Marq. de Pompadour : Un anneau d'or mis à un étui de rouffette pour pendre à une chaîne, 4 l. 10 s. — Deux attaches en cuivre cifelé & doré d'or moulu pour pofer des montres, 10 l.

1502. Du 28. — M. le Marq. de Saujon : Par fon billet, pour M. le Marq. de Puyfégur, un bouquet de fleurs de Vincennes, 96 l.

1503. Du 29. — M. D'Azincourt : Deux petits vafes carrés de porcelaine, petit bleu, montés en cuivre doré d'or moulu, 720 l.

1504. — M. Brochant, notaire : Deux pierres à papier de cuivre en couleur, 36 l.

1505. — M. Le Premier : Une paire de petits bras à une branche, vernis, garnis en fleurs de Vincennes, avec bobèches & binets dorés d'or moulu, 150 l. — (Pour l'Infant don Philippe) : Un luftre à arcades compofé de berceaux, dont les parties principales font argentées, le refte verni, à fix branches, orné partout de fleurs de Vincennes, 1,320 l. — Une paire de bras à double branche, affortis au luftre, fur une plaque argentée & cifelée, les branches garnies de fleurs de Vincennes, 450 l. —Une lanterne de glace à cinq pans, dont les montans & corps du chapiteau en cuivre argenté & verni, garnie en fleurs de Vincennes, 860 l.

Septembre.

1506. Du 2. — Mme la Dauphine : Une paire de girandoles à trois branches, vernies, garnies de fleurs de Vincennes, fur des groupes de Saxe repréfentans les quatre Saifons, les terraffes, bobèches & binets dorés d'or moulu, 880 l. — Le port à Verfailles, 18 l.

1507. Du 4. — Mme la Marq. de Pompadour : Une navette d'or à moulures, avec des branchages émaillés, portant des cornalines taillées en cerifes, au retour de l'or d'une vieille, 570 l.

1508. — Mme la Duchefse de Mirepoix : Avoir reverni à neuf un fecrétaire, nettoyé & rétabli le dedans, 144 l.

1509. Du 7. — M. de Fontferrière : Une table de nuit

plaquée en bois de rofe & bois fatiné, avec fes mains & pieds dorés d'or moulu, les marbres de griotte d'Italie, 96 l. — Deux tables de nuit de noyer à deux marbres, 40 l. — Quatre dites auffi à deux marbres, à 18 l., avec les ports, 80 l.

1510. — Mme la Marq. de POMPADOUR : Un petit pot à pommade, de Vincennes, en blanc & or, 24 l.—Cinq paires de cifeaux faits exprès pour découper de la tapifferie, 16 l. 10 s.

1511. Du 10. — Mme la Maréchale de VILLARS : Une lanterne de glace, carrée, garnie en cuivre doré d'or de feuille, les confoles & rouleaux formant les pieds dorés d'or moulu, avec fon chandelier à quatre branches auffi dorées, 288 l. — Le port à Athis, 5 l.

1512. — M. HÉBERT : Un plateau de lacq rouge & or à trois pieds, 150 l. (rendu).

1513. Du 11. — M. DUCROLAY : Payé à M. Martin le raccommodage de deux morceaux de lacq. — Un bougeoir de lacq.

1514. — Mme la Marq. de POMPADOUR : Un luftre de Boulle, en bronze cifelé doré d'or moulu, à huit branches, très-beau, 960 l. — Une paire de girandoles à quatre branches afforties au luftre, dorées d'or moulu, 384 l. — Une paire de bras à double branche en bronze cifelé & doré d'or moulu pour la chambre du petit appartement (rendu). — Avoir nettoyé & remis à neuf une paire de bras à berceau & cinq morceaux de porcelaine, bleu-célefte, 12 l. — Les ports à l'hoftel, 3 l.

1515. Du 13. — S. A. Mgr le Duc de BOUILLON : Un fecrétaire à contours, plaqué en bois de rofe, garni en bronze doré d'or moulu, les tiroirs doublés d'étoffe, les cornets argentés, 360 l. — Une toilette de bois d'acajou maffif, garnie de toutes fes pièces dans leurs compartimens d'étoffe, 192. l. — Une lanterne d'efcalier, 16 l. — Un grand cordon à deux houppes en fil, 27 l. — Un cordon de foie pour la falle à manger & le tirefond pofés en place, 24 l.

1516. — Mme la Marq. de POMPADOUR : Une cuvette d'argent à oreilles, faite pour une terrine de Vincennes, envoyée à Drefde, 140 l. — Caiffe, emballage & frais à la douane, 18 l.

1517. — M. Bazin : Deux taffes & foucoupes de porcelaine de Vincennes, en blanc & or, 24 l.

1518. — Mme la Marq. de Pompadour : Les ports de Bellevue à l'hoftel d'Evreux de quatre grands vafes de porcelaine, deux tables à écrire, une encoignure de lacq; payé à fix hommes, 21 l. 12 s.

1519. Du 20. — M. le Préfident Roujault : Un luftre de Bohême à fix branches, à confoles, très-orné, 450 l. — Un cordon de foie cramoifi & or, 42 l.

1520. — Mme la Marq. de Pompadour : Envoyé à Crécy fix commodes de bois d'acajou maffif, garnies de boutons, entrées & chauffons dorés d'or moulu, avec leurs marbres de Flandre, à 128 l. pièce, 768 l. — Douze tables à écrire de même bois, avec les pieds & boutons dorés d'or moulu, les cornets argentés & maroquin, à 52 l., 624 l. — Trente tablettes d'encoignure, même bois, de 34 pouces de haut, avec les clous pour les pofer, à 15 l. 10 s., 460 l. — Une commode de 4 pieds & demi, pieds, boutons & rofettes dorés d'or moulu, avec fon marbre de Flandre, 265 l. — Quatre paires de bras à trois branches, 3,600 l. — Deux foufflets à deux vents, 12 l. — Un gobelet de criftal de roche, 51 l. — Une branche d'un luftre d'en bas que l'on a reffoudé, remonté & argenté, 7 l. — Une glace des lanternes de la bibliothèque qui eftoit caffée, 6 l. — Deux encoignures à jour, à pieds de biche, vernies, garnies en bronze doré d'or moulu, le dedans plaqué en bois fatiné à fleurs, les marbres de Brocatelle, 400 l. — Douze caiffes, papier, cordages & emballage, les voitures, journées d'un homme emmené avec moi, & frais de voyage, 476 l.

1521. — M. de Fontferrière : Le raccommodage d'un coffre d'Angleterre, & y avoir fait une clef, 19 l. — Et celui d'une table de nuit remife à neuf, 3 l.

1522. — Mme la Marq. de Pompadour : Deux tabatières de lacq, fond d'or avec des maifons, avec leurs garnitures d'or émaillé, 2,940 l.

1523. — Receu de S. M. le Roy un mémoire de plufieurs articles pour folde, 332 l. — A déduire un gobelet, blanc & or, de 120 l.

1524. — M. Dufour, le père : Deux vafes de porcelaine la Chine, garnis en bronze doré d'or moulu, à confoles, 288 l.

1525. — M. le duc de Villeroy : Une commode de quatre pieds, plaquée en bois de rofe avec des bouquets de fleurs, garnie partout en bronze doré d'or moulu, avec fon marbre de Flandre afforti au chambranle, 680 l. — Trois paires de bras à double branche, vernis, avec des fleurs peintes, 378 l. — Une lanterne de glace carrée, dorée, 288 l. — Une autre avec des fleurs, 336 l. — Deux cordons de foie blanche à deux houppes, 42 l. — Cordes, papier, voitures, port & voyage, 72 l.

1526. Du 22. — M. le Préfident Roujault : Un petit fecrétaire d'ancien lacq noir & or, garni d'ornemens dorés d'or moulu, le dedans plaqué en bois de rofe à fleurs, la tablette en velours, les tiroirs garnis d'étoffe, 720 l. (Pour eftre payé dans le courant d'une année en trois payemens, fuivant fon billet.)

1527. — M. de Boulogne, intendant : Une groffe lanterne de criftal en cloche avec fon plomb & poulies, 48 l.

1528. Du 27. — S. A. S. Mgr le Duc des Deux-Ponts : Six feaux à verres de porcelaine de Vincennes, peints à camayeu pourpre, à 30 l., 180 l. — Deux cuillers à moutarde, même porcelaine, 12 l. — Caiffe, emballage & frais à la douane, 12 l. —

Octobre.

1529. Du 3. — M. La Fresnaye, du Dauphin : Une maifon de Saxe.

1530. — M. de La Reynière : Le nettoyage d'un luftre de criftal de roche & l'avoir remonté, 10 l.

1531. — M. de Boulogne, intendant : Un bureau de

Boulle, ferre-papier & pendule en marqueterie, 1,500 l. — Le port, 4 l. — Une lanterne pour l'efcalier, 37 l.

1532. — Mme la Marq. de POMPADOUR : Payé le nettoyage de deux habits de chaffe dont les galons eftoient noircis, 24 l. — La garniture en or moulu d'un poiffon double de porcelaine céladon, 72 l. — Deux vafes couverts, forme d'urne avec des anneaux, de porcelaine céladon, garnis de terraffes, cercles & bonnets dorés d'or moulu, 36 louis, 864 l. — Une foucoupe de Saxe peinte à miniatures & bords gris de lin, que l'on a fait percer pour y ajouter deux vafes de criftal de roche & un enfant dans des lauriers d'or, rétabli la garniture à neuf & fourni les vis & les écrous qui manquoient, 76 l.

1533. — M. le Marq. de BRANCAS : Le raccommodage d'une grille, refaucé à neuf la garniture, redoré en entier deux oifeaux qui eftoient peints, & repoli les fers, 58 l.

1534. — M. de CURY : Le raccommodage d'une tablette de bois de merifier où l'on a ajouté une des tablettes, 4 l.

1535. Du 11. — M. de ROISSY : Pour réparation de cinq garnitures de feux refaucés & remis à neuf, fait polir les fers, fourni deux pincettes, une pelle, une tenaille, avec les boulons dorés d'or moulu, fait dorer en or moulu les quatre poupées de la groffe grille, avec les ports & rapports, 120 l.

1536. Du 13. — M. le Duc d'AIGUILLON m'a remis deux paires de bras à trois branches fournies le 29ᵉ avril 1752, à déduire fur fon compte, 640 l. — Réglé de compte ledit jour; il me redoit par fon billet, en quatre payemens, à commencer en décembre prochain, avril, octobre & février 1755, la fomme de 2,286 l. pour toutes chofes. Je lui ai quittancé fon mémoire en conféquence.

1537. Du 16. — S. M. le ROY : Envoyé à Fontainebleau quatre petits gobelets & foucoupes de Vincennes à enfans, camayeux pourpres, à 15 l., 60 l. — Sept pots à jus couverts, à fleurs, à 6 l., 42 l. — La caiſſe & emballage, 3 l.

1538. — M. Fontaine, fermier-général : — Un luſtre de Bohême à conſoles, à ſix branches, & un autre auſſi à ſix branches, à tige découverte. Prix fait, les deux à 29 louis, 696 l.

1539. — M. de Boulogne, intendant : Avoir fait baiſſer un ſerre-papier plaqué en bois violet, l'avoir replaqué & rétabli, avec les port & rapport, 14 l.

1540. Du 20. — M. de Boulogne, tréſorier : Avoir réparé & mis à neuf les dorures de trois feux & repoli les fers, avec les ports & rapports, 40 l.

1541. — Mme la Cteſſe de La Marck : Une théière de Vincennes, en bleu & or, 72 l. — Caiſſe & toile cirée, 3 l.

1542. — S. M. le Roy : Un pot à l'eau de Vincennes & ſa jatte à contours, peints à fleurs, le pot garni de vermeil, 108 l. — Un moyen gobelet à lait, couvert, à relief & fleurs, le bord d'or dentelé, 72 l. — Deux ſucriers couverts & leurs plateaux ovales, 96 l. — Deux cuillers d'argent percées pour le ſucre, à coquilles & filets, 72 l. — La caiſſe & emballage, 4 l.

1543. Du 22. — M. de La Reynière : Un ſecrétaire de 32 pouces, contourné de tous ſens, plaqué en bois de roſe, garni en bronze doré d'or moulu, 672 l. — Deux tablettes d'encoignure à jour, en vernis blanc & vert, 42 l.

1544. — Mme la Marq. de Pompadour : Les ports de l'Ermitage à Paris des hommes qui ont eſté chercher deux tables à écrire, deux lanternes, des bras de fleurs, feux & magots pour réparer, 18 l.

1545. — M. Brochant, notaire : Deux pierres à papier, de cuivre en couleur, de 36 l.

1546. Du 22. — M. de Gagny : Un buſte de marbre blanc repréſentant une Minerve. (Rendu.)

1547. Du 24. — M. de Buchelet (1) : — Les toile &

---

(1) Il faut probablement lire : M. de Bulkeley.

collage de fix panneaux de papier & gaze des Indes, 120 l.

1548. Du 27. — S. M. le Roy : Envoyé à Fontainebleau deux grands brocs du faubourg St Antoine, 16 l. — Un grand gobelet à caffé, bleu & or, 48 l. — La caiffe & emballage, 6 l.

1549. — Mme la Cteffe de Maurepas : Une petite baignoire de Vincennes, en blanc & filets d'or, 3 l.

1550. — M. d'Azincourt : Un vafe de porcelaine des Indes à jour, formé de branchages en bleu, 144 l.

1551. Du 29. — M. Dangé : Une petite toilette plaquée en bois de couleur à mofaïque, garnie de toutes fes pièces dans leurs compartimens en étoffe, 192 l. — Deux coins ronds à jour, à tablette, en vernis imitant le placage, 66 l. — Le port à Puteaux, 3 l.

1552. — Mgr le Duc de La Vallière : Le nettoyage de deux luftres de criftaux de roche démontés & remontés en entier, avec les ports & rapports, & de trois autres apportés de l'hoftel, 24 l. — Raccommodage d'une pièce de l'aigrette, retaillée & percée, 4 l.

1553. — Mme la Marq. de Pompadour : Les réparations faites aux tables à écrire & aux tables à jouer de Crécy, 266 l.

1554. — M. de La Reynière : Une table de nuit plaquée en bois fatiné avec fes deux marbres de brèche d'Alep, 48 l. — Quatre écrans de bois rougi, garnis de papier des Indes, 60 l. — Une petite table plaquée en bois fatiné, couverte d'un marbre d'Italie, 46 l. — Le port, 1 l.

1555. — M. le Duc de Villeroy : Un pot à l'eau & fa jatte ovale de porcelaine de Vincennes, garni en vermeil, 112 l. — Un pot pourri de porcelaine blanche à fleurs de relief (rendu), 60 l. — Un pot pourri de porcelaine de Vincennes à enfans & guirlandes, camayeu pourpre, 144 l. — Caiffe & emballage, 4 l.

Novembre.

1556. Du 2. — M. de La Reynière : Le nettoyage d'un

gros luftre de criftal de roche démonté en entier, & fait réparer une pièce qui eftoit caffée, 15 l.

1557. Du 6. — M. de La Live : Un vafe de porcelaine rouge ancienne, garni à confoles & ornemens dorés d'or moulu, 312 l.

1558. — M. de La Reynière : Douze écrans à main peints dans le goût des Indes, 12 l. — Le nettoyage d'un luftre de Bohême, 6 l.

1559. — Mme la Marq. de Pompadour : Envoyé à Fontainebleau un plateau pour fix taffes, verni en aventurine, 30 l.

1560. Du 9. — Mgr le Duc de Rohan : Le nettoyage de fes luftres de criftaux de Bohême, les avoir démontés & remontés, & mis des fils neufs.

1561. — S. M. le Roy (livré à M. de Champcenetz pour Choify) : Quatre fucriers de table fur leurs plateaux de Vincennes, peints à fleurs & filets bleus, de 60 l., 240 l. — Six taffes à anfes & foucoupes, bleu lapis & oifeaux colorés, à 36 l., 216 l. — Le pot à fucre & théière, 168 l. — Huit autres gobelets en cuviers, blanc & bleu, 96 l. — Deux pots à fucre, 36 l. — Deux plateaux, vernis de Paris, aventurine, 36 l. — Port à Choify, 4 l.

1562. Du 12. — M. de Boulogne, intendant des finances : Un luftre de criftaux de Bohême à fix branches, à confoles, 450 l. — Un autre luftre de Boulle à huit branches en bronze doré d'or moulu, 960 l. (rendu). — Un cordon de foie verte pour la galerie, 28 l. — Les ports, 2 l.

1563. — M. Gaignat : La monture en or moulu & branchage garni de fleurs d'un vafe de porcelaine jafpée, 360 l.

1564. Du 13. — M. de Boulogne, intendant : Un luftre de Bohême à fix branches, monté à confoles, pofé chez Madame, 400 l. — Une lanterne en cloche avec poulies, contre-poids & cordon, 38 l. — Les port & rapport de plufieurs lanternes qui ont efté effayées en place, 4 l.

1565. Du 14. — M. de La Reynière : Un pupitre de bois d'acajou fait fur un modèle, 8 l.

1566. Du 15. — Mme la Duchesse de La Vallière : Un petit écran de bois de merisier garni de papier des Indes, 15 l.

1567. — Mme la Marq. de Pompadour : Envoyé à Versailles pour nettoyer le lustre de cristal, 14 l.

1568. Du 20. — S. A. Mgr. le Duc de Bouillon : Les toiles & papiers des Indes, fond blanc à fleurs & oiseaux, d'une chambre, rue de Moussseaux, avec les raccordages, 195 l.

1569. — Mme la Marq. de Pompadour : Une paire de bras à trois branches, à feuillage verni, garnis de fleurs & bassins de porcelaine de Vincennes, les plaques, bobèches & binets dorés d'or moulu, posés dans le cabinet du Roy, 580 l. — Garni en papier de Paris l'armoire de la garde-robe, 12 l. 10 s.

1570. — M. de Boulogne, intendant des finances : Avoir mis en couleur le pied d'un cabaret en bronze, avoir nettoyé, rétabli le cabaret de lacq à neuf & remonté, 24 l.

1571. Du 21. — M. d'Azincourt : Un vase de porcelaine jaspée de rouge & bleu, monté en bronze doré d'or moulu, 1,440 l. — Deux chats bleu-céleste avec terrasses dorées d'or moulu, 600 l.

1572. — M. Dupont : Un feu à figures en bronze doré moulu, avec ses garnitures de pelle & pincettes & les fourreaux de fer-blanc, 360 l.

1573. — M. Coquinot : Une grande table de bois d'acajou massif avec des tiroirs. — Le raccommodage de deux écrans.

1574. Du 23. — Mme la Marq. de Pompadour : Avoir ajouté un pied de biche à une encoignure, l'avoir rétablie à neuf, & resaucé les bronzes dorés d'or moulu, 26 l. — Le port, 3 l. 12 s.

1575. Du 26. — M. le Marq. de Gontaut : Un pot pourri de Vincennes, ancien, en blanc à fleurs de relief, 60 l.

1576. — Mme la Marq. de Pompadour : La monture en cuivre doré d'or moulu, à feuillages & terrasses, de deux girandoles sur des magots gris, 192 l. — Port de porcelaines de Vincennes & journée d'un homme, 5 l.

1577. — M. de BOULOGNE, intendant : Avoir démonté & refaucé à neuf deux chandeliers à terraffes & branchages dorés d'or moulu, fourni les fleurs de Vincennes; nettoyé un garde-vue, 13 l.

1578. — M. de BOULOGNE, fils : Deux pierres à papier de marbres fins, 15 l.

1579. — Mme la Princeffe de ROHAN, jeune : Une taffe & foucoupe de Saxe, 16 l.

1580. Du 27. — M. de LA BOISSIÈRE, tréforier : Un luftre de Bohême à fix branches; un cordon de foie cramoifi à deux houppes (rendus).

1581. — S. M. le ROY : Un petit pot à fucre de Vincennes, en bleu & or, à oifeaux coloriés, fur terraffe, 48 l.

1582. — Mme la Marq. de POMPADOUR : Un petit réchaud d'argent, 28 l. — Payé une voiture & le port à St Oüen, 4 l. 16 s. — Les réparations des feux du château de Bellevue & de l'aile des bains : — Avoir repoli & remis à neuf tous les fers defdits feux, rallongé celui des bains, fourni celui du n° 14, refait, rajufté fur la cheminée celui de M. d'Argenfon, fourni des pelles & pincettes avec la voiture de port & rapport au taillandier, 90 l. — Avoir refaucé & mis à neuf tous les cuivres dorés d'or moulu, redoré les couvre-fer & poupées des groffes grilles, fourni des boutons de pelles & pincettes, démonté toutes les lanternes, les bras, les garnitures des porcelaines, remis le tout à neuf; au doreur, 400 l. — Avoir leffivé tous les bras de fleurs & autres pièces garnies de fleurs, avoir reverni tous les branchages & mis à neuf, 113 l. — Fourni les baffins & fleurs de Vincennes des différentes espèces, qui eftoient caffées ou perdues, pour la totalité des bras & autres pièces garnies de fleurs, 203 l. 10 s. — Les ébéniftes qui ont rétabli à neuf toutes les tables, commodes, tables de jeu, garde-robes, & une vieille commode dont une partie replaquée, 215 l. — Le nettoyage du luftre de criftal de roche, fourni un binet argenté. Les journées d'un homme qui est resté pour aider aux ouvriers pour les bras à fleurs, celles des monteurs pour démonter & remonter les lanternes & autres bronzes, d'un ouvrier qui m'a aidé à reposer les bras & autres pièces, d'un vernisseur qui a nettoyé les commodes & encoignures de lacq, mes frais de voyage & temps employé, 215 l.

1583. — M. Roussel : Un paravent de bois d'acajou massif, pour des feuilles de papier tissu & façon, 60 l.

1584. — S. M. le Roy : Deux sucriers de Vincennes à enfans, camayeu bleu, à 84 l., 168 l. — Deux beurriers, à 48 l., 96 l. — Deux fromagers, à 48 l., 96 l. — Douze pots à jus, à fleurs de couleur, 108 l. — Le port à Versailles, 3 l.

1585. — Mme la Marq. de Pompadour (hostel d'Evreux): Deux feux de fer poli pour les deux antichambres, avec leurs pelles & pincettes, à 60 l., 120 l. — Deux autres feux aussi en fer pour deux cheminées du petit appartement, avec leurs pelles & pincettes, 68 l. — Un feu de bronze doré d'or moulu, avec des oiseaux & poupées dorées, pelle & pincettes (chambre du petit appartement), 350 l. — Deux paires de bras à double branche, dorés d'or moulu (même pièce), à 285 l., 570 l. — Un feu doré d'or moulu, à figures sous une arcade d'architecture, les poupées dorées, avec pelle & pincettes (cabinet du petit appartement), 410 l. — Avoir peint & reverni une paire de bras à feuillages de Versailles, garnis de fleurs, remis à neuf, pour la même pièce, 36 l. — Deux balais & soufflets, 16 l. — Le port à l'hostel, 6 l.

1586. — M. de Fontanieu (pour le Roy) : Posé chez Mme Adélaïde une paire de bras à berceaux peints & dorés d'or moulu, avec figures & fleurs de Vincennes, 360 l. — Le port à Versailles, 5 l.

1587. Du 29. — Mme la Marq. de Pompadour : Avoir rallongé & haussé les fers d'une petite grille du cabinet de l'Ermitage, fait une hausse en bronze doré d'or moulu, & vernissé à neuf, 82 l. — Avoir rétabli deux tables à écrire, & garni de maroquin neuf, 19 l. — Le raccommodage de trois magots de terre des Indes, 12 l. — Les nettoyage & réparation d'une lanterne de glace à fleurs, fourni quatre fleurs, 6 l. — Trois cordons de lanterne à deux houppes, & trois cordons de fonnette à un gland, en foie de Grenade, affortis aux étoffes & ornés d'agrémens fur les houppes & glands, 150 l. — Le port à l'Ermitage, 15 l.

Décembre.

1588. Du 4. — M. Fabus : Deux armoires d'encoignure d'ancien lacq noir & or, garnies en bronze doré d'or moulu, les marbres de vert campan, 1,800 l. — Deux petits écrans de bois rougi & poli, à tablettes, garnis de papier des Indes, 30 l. — Les ports, 1 l. 10 s.

1589. — M. Trouart : La monture de deux bagues, l'une de rofes & l'autre de brillans, 36 l.

1590. — M. de La Reynière : Une commode en forme de confole, plaquée en bois de rofe, garnie de bronze doré d'or moulu, le marbre blanc, 360 l. — Une tablette d'encoignure en blanc & vert, 21 l. — Le port, 2 l.

1591. — Mme la Cteffe d'Egmont, douairière : Deux grandes tablettes d'encoignure percées à jour & vernies en vert, rouge & or poli, 108 l. — Un cabaret à quatre taffes, aventurine, 21 l.

1592. Du 6. — M. Ducrolay : Un bougeoir de lacq, monté en bronze doré d'or moulu, 54 l. — Une jatte en forme de chou fur une autre feuille fervant de plateau, 96 l.

1593. Du 7. — M. de Verdun : La garniture en or d'une lanterne de porcelaine, bleu & or.

1594. Du 8. — S. M. le Roy : Une paire de girandoles à trois branches, à feuillage en laiton verni, garni de fleurs de Vincennes, fur des figures de Saxe repréfentant les Elémens, avec terraffes, bobèches binets dorés d'or moulu, 1,200 l. — Une pendule plate en bronze doré d'or moulu, avec un mouvement à huit jours (rendue). — Les ports & rapports, 15 l.

1595. Du 10. — M. de Cury : Avoir remis à neuf une fontaine de porcelaine & deux pots pourris, 21 l.

1596. — Mme Geoffrin : Un pot à boire de Vincennes en blanc & or, couvert, 96 l.

1597. Du 11. — M. de Vandières : Une tour d'or, au retour d'un morceau qui reſtoit, 63 l.

1598. — M. Bazin : Une taſſe de Vincennes (rendue).

1599. Du 12. — Receu de S. M. le Roy, en une ordonnance pour le montant d'un néceſſaire, la ſomme de 4,523 l. 16 s. 6 d.

1600. Du 13. — Mme la Ducheſſe de Lauraguais : Un paravent à couliſſe, à quatre feuilles, en papier des Indes, 72 l.

1601. — S. M. le Roy : Une écuelle de Vincennes, lapis, à oiſeaux colorés, avec ſon plateau, 300 l. — Une blanche à fleurs, 96 l. — Une petite à oſier; une petite à fleurs (rendues). — Une jatte à bouillon, 36 l. — Une autre jatte à bouillon, 18 l. — Le port à Verſailles.

1602. — Mme de Bentheim : Un beurrier de Saxe, 36 l. — Un petit pot à crème à pieds, 18 l. — Deux petites figures de Saxe, 28 l.

1603. — S. A. S. Mme la Princeſſe de Condé : Deux grandes corbeilles de Saxe à fleurs de couleurs, 168 l. — Deux petites, 90 l.

1604. — Mme de Brou : Deux beurriers de Vincennes, de 42 l. pièce, 84 l.

1605. — Mme de Stainville : Deux taſſes de Vincennes, jonquille & bleu, de 18 l., 36 l. — La théière, 30 l. — Le cabaret, 30 l.

1606. — M. le Marq. de Gontaut : Une petite table à fleurs, 108 l. — Un petit pot pourri de Vincennes, en urne, 60 l. — Une taſſe bleu & or, à oiſeaux & dentelle, 36 l. — Un vaſe vert, à dragon, monté, 288 l. — Un St Jean ſur ſa terraſſe dorée d'or moulu, 384 l. — Deux ſeaux de Vincennes à oiſeaux, 144 l. — Deux gobelets jonquille & bleu, 36 l. — Un petit pot à l'eau, camayeux enfans pourpres, monté en vermeil, 90 l. — Deux tableaux, 48 l.

1607. — Mme la Marq. de Pompadour : Deux grands vases de porcelaine jaspée de rouge & bleu, montés en bronze ciselé & doré d'or moulu, 3,600 l. — Un autre vase, même porcelaine, monté sur quatre pieds & deux anses en bronze doré d'or moulu, le dessus orné de fleurs, 720 l. — Un autre vase en hauteur de porcelaine verte & bleue, garni en bronze doré d'or moulu, 860 l. — Une boëte de lacq, forme longue, à mosaïque, très-belle, 1,800 l. — Les ports à Bellevue, 7 l. 4 s.

1608. Du 16. — Mme la Ctesse de Maurepas : Deux paires de bras à une branche, à feuillages vernis garnis de fleurs, 108 l. — La caisse & emballage, 6 l.

1609. — M. de Verdun : La garniture en or de deux lanternes de porcelaine; une de 126 l. — Une de 114 l.

1610. Du 17. — S. A. S. Mlle de Charolais : Une paire de girandoles à doubles branches & terrasses dorées d'or moulu, sur des enfans de Saxe, garnies en fleurs, 240 l. — La caisse, 3 l. — Une tasse de Vincennes à paysage, 10 l.

1611. — M. de Courgy : Huit figures de Vincennes en biscuit, de 42 l. pièce.

1612. — S. A. S. Mgr le Duc d'Orléans : Deux encoignures d'ancien lacq, fond noir & or, garnies en bronze doré d'or moulu, avec les marbres de brèche d'Alep, 840 l.

1613. — Mgr le Prince d'Enrichemont : Une lanterne de Vincennes, garnie d'or, 120 l.

1614. — S. M. le Roy : Un cabinet d'ancien lacq, fond aventurine & ouvrage en or, avec une très-belle pagode de lacq, 2,200 l. — Un cabaret d'ancien lacq avec un gobelet blanc garni d'or, sa soucoupe ancienne, & une cuiller d'or, 672 l.

1615. Du 18. — Mme la Duchesse de Brancas, douairière : Une tour de nacre de perle, 360 l.

1616. — Mme la Marq. de Pompadour : Une cassette d'ancien lacq, très-belle, fond aventurine à relief en or, 2,200 l. — Envoyé à l'hostel d'Evreux six poêles de fer à trois pieds, de 4 l. 10 s., 27 l. — Quatre voies de bois neuf & les ports, 77 l. 12 s. — Deux voies de charbon, 9 l. 4 s.

1617. Du 19. — Mme la Cteffe d'EGMONT, jeune : Une table à écrire plaquée en bois violet, garnie de cornets argentés, 72 l. — Deux taffes de Vincennes à 12 l., 24 l. — Une dite plus petite, 10 l.

1618. — M. de BOULOGNE, fils : Deux figures de Saxe nouvelles, repréfentant des bergers, à 30 l., 60 l.

1619. Du 20. — M. de LA BOISSIÈRE, tréforier : Un luftre de criftaux de Bohême à fix branches, 450 l. — Un cordon de foie cramoify à deux houppes, 24 l. — Les ports & chargemens, 3 l. — Deux pierres à papier de Saxe, montées en bronze doré d'or moulu, 216 l. — Un bougeoir d'ancien lacq, 60 l. — Un petit pot à l'eau de Vincennes, garni, 84 l. — Un pot à l'eau de Saxe, en coloquinte, 216 l.

1620. — M. de BOULOGNE, intendant : Le raccommodage d'un feau que l'on a fait repolir; raccommodé les charnières des confoles & redoré en entier, 25 l. — Un pot pourri de porcelaine ancienne, 96 l. — Un autre jafpé en bleu & blanc, 72 l.

1621. Du 21. — M. de COURGY : Deux beurriers de Vincennes.

1622. — Mme la Cteffe d'EGMONT, première douairière : Un canard d'ancien lacq dont le deffus fe démonte, le dedans en lacq rouge, 168 l. — Un cabaret à quatre taffes, aventurine, 21 l.

1623. — M. de BOULOGNE, fils : Un vafe de porcelaine rouge à fleurs, monté en bronze doré d'or moulu, 360 l. — Un cabaret de fix taffes, blanc & bleu, de Vincennes, pots à fucre & à crème, plateau la Chine, 132 l. — Quatre compotiers de Saxe à coquilles & quatre autres en artichauts, 180 l. — Une écritoire de marqueterie avec cornets, poudrier & fonnette, 48 l.

1624. — Mme la Marq. de POMPADOUR : Le raccommodage d'une grille où l'on a refait un pied & repoli les fers, remis les bronzes à neuf, avec les port & rapport à Verfailles, 24 l.

1625. Du 22. — M. de BOULOGNE, tréforier : Un vafe,

porcelaine rouge à fleurs, monté en bronze doré d'or moulu, 360 l.

1626. — Mgr le Duc de Chevreuse : L'échange d'un cabaret la Chine, 18 l.

1627. — M. Gaignat : Deux barbeaux de Vincennes, 6 l.

1628. Du 24. — Mme la Marq. de Pompadour : Une lanterne de bronze doré d'or moulu à fix pans, dont trois entrés dans la muraille, pour l'efcalier des entrefols, garnie de glaces & ornée de figures de Saxe, 620 l.
— La garniture en or moulu de deux gros vafes de porcelaine céladon, modèles faits exprès, 715 l. — Une paire de girandoles à deux branches, à feuillages & terraffes dorés d'or moulu, fur des oifeaux de Vincennes en bleu & or, les fleurs même porcelaine afforties, 360 l. — Un cabaret d'ancien lacq à quatre taffes, 120 l.
— Dix-neuf figures de Saxe, formant un concert de finges, avec les inftrumens & attributs, à 23 l., 437 l.
— Un pupitre même porcelaine, 6 l. — Le port, 9 l. 4 s.

1629. — M. de La Boissière, tréforier : Une taffe d'ancienne porcelaine en feau, doublée d'or, la foucoupe bordée, fur un plateau de lacq aventurine, 144 l.

1630. — Mme la Duchefse de Fleury : Une petite boëte d'ancien lacq, à contours, avec quatre autres petites boëtes grifes à fleurs, 288 l.

1631. — M. Cony, marchand : Un gobelet à anfe & foucoupe de Vincennes en bleu & or, 48 l.

1632. — M. le Marq. de Brancas : Une taffe de Vincennes, fond jaune à enfans bleus, 21 l. — Une taffe en coque, à enfans, 24 l.

1633. — Mme de La Bauve : Deux petites tables à écrire plaquées en bois violet, à fleurs, les cornets argentés, 144 l.

1634. — M. le Marq. de Voyer : Deux armoires de Boulle de 36 pouces de haut, fur 5 pieds 9 pouces de long, à trois portes; très-belles, 2,400 l.

1635. — Mme la Marq. de Pompadour : Pofé chez M. de Vandières une commode de Boulle en marqueterie, ornée de bronze doré d'or moulu, 800 l. — Un luftre à huit branches de Boulle, en bronze doré d'or moulu, 960 l. — Le cordon, 24 l. — Les ports, 3 l.

1636. Du 26. — M. de Boulogne, tréforier : Payé au fieur Bazin, 138 l. — Deux figures de Vincennes, 84 l. — Un petit déjeuner de Vincennes, 42 l. — Une grande corbeille de Saxe à anfes, 156 l. — Quatre écrans des Indes garnis d'ivoire, 27 l.

1637. — M. de La Reynière : Deux beurriers de Vincennes à fleurs, 72 l. — Un moutardier, 30 l.

1638. — M. de La Boïssière, tréforier : Un petit fecrétaire plaqué en bois de rofe à fleurs, à contours, garni en bronze doré d'or moulu, les cornets argentés, le dedans en velours & tabis, 480 l. — Une petite table ronde, plaquée à fleurs de couleur, à moulures & pieds dorés d'or moulu, 120 l.

1639. — M. de Roissy, receveur-général : Deux pots pourris de Vincennes à jour, à camayeux bleus d'enfans, 168 l.

1640. — Mme de La Bauve : Une caiffe à moulures en bronze cifelé & doré d'or moulu, les tours en vert, avec les oignons, 240 l.

1641. — S. M. le Roy : Un grand cabaret de lacq à cartouche, 192 l. — Un autre cabaret, ancien lacq, fond noir à bouquets, détaché de Choify, 144 l. — Un autre carré, 96 l. — Un aventurine, à rebord droit, 72 l. — Refte fur les porcelaines de Vincennes, 12 l. — Un pot à l'eau & jatte de Vincennes bleu-célefte, fujets d'enfans, 600 l. — La garniture en or. — Les ports & voyage des girandoles & pendule, 40 l. — Je redois fur la pendule, 100 l.

1642. — M. de La Reynière, fils : Une caffolette d'une tour & lampe en argent fur une terraffe dorée d'or moulu, avec une figure de Saxe, 216 l.

1643. — Mme de Bentheim : Deux pots pourris de Vincennes à jour, à cartouches, camayeux enfans pourpres, 240 l.

1644. — M. le Premier : Un pot à crème à fleurs, 18 l. — Une table de bois de rofe plaquée à fleurs, à tablette & porte-chandeliers, 96 l.

1645. — Mme la Cteſſe de Coigny : Un cordon de luſtre, 24 l.

1646. Du 30. — Mme Hébert, des Menus : Deux taſſes de Vincennes lapis, à oiſeaux, 72 l. — Un pot à ſucre aſſorti, 60 l. — Un cabaret à anſes en vernis poli, 18 l.

1647. — M. le Cte de Stainville : Un pot de chambre rond de Vincennes en bleu-céleſte & cartouches à fleurs, 168 l. — Un autre ovale, même ſorte, 144 l.

1648. — S. A. S. Mlle de Sens : Deux armoires d'encoignure, bâties de chêne, plaquées en bois de roſe, les pieds, chutes & ambaſes dorés d'or moulu, 300 l. — Le port, 1 l.

1649. — Mme de Coane : Un paravent à feu à couliſſe, garni de papier des Indes des deux côtés, 72 l. — Un autre paravent de 5 pieds, à ſix feuilles, 72 l.

1650. — Mme la Ducheſſe de Mortemart : Un cabaret à anſes, à deux taſſes & pot à ſucre, 24 l. — Une paire de bras à double branche, en vernis vert, garnis de fleurs blanches de Vincennes, les binets dorés d'or moulu, 108 l.

1651. — M. de Boulogne, fils : Deux taſſes de Saxe ſur un plateau verni à anſes, 48 l.

1652. — M. le Marq. de Voyer : Avoir rétabli des enfans ſur un plateau que l'on a reverni, fait des équerres dans la boëte, & fourni une glace (M. Huette, M. Delorme & la glace), 22 l.

1653. — Mme la Marq. de Pompadour : La garniture en or de deux pots à l'eau de Vincennes, bleu-céleſte, 216 l. — Une paire de grands ciſeaux de Berge, 13 l.

1654. — M. le Cte d'Argenson : Un cabaret de lacq à contours, élevé ſur trois pieds; très-beau, 168 l. — Une petite jatte céladon couverte, dans laquelle ſont différens fruits en relief, ſur un pied brun de porcelaine tournant, 360 l. — Réparation à faire à la boëte, en ornemens, 80 l.

1655. — Mme la Marq. de Pompadour : Un pavillon de vernis, 432 l. — Quatre vaſes de Saxe avec des ananas, 66 l. — Quatre buſtes, 64 l. — Un vaſe avec fleurs de porcelaine, 42 l. — Deux chiens de Saxe, 18 l.

1656. — Mme de Sonning : Une tasse de Vincennes, 9 l.

1657. Du 31. — M. de Boulogne de Preninville : Deux chats de porcelaine des Indes sur des terrasses dorées d'or moulu, 240 l. — Une tasse de Vincennes à fleurs, de 10 l., 9 l.

1658. — M. de Boulogne, fils : Deux tasses de Saxe sur un plateau, 48 l.

1659. — Mme de La Bauve : Un chandelier de lit, plateau de lacq, les garnitures dorées d'or moulu, garni de fleurs, 72 l. — Une figure de Vincennes, 42 l.

1660. — M. de Roissy, Receveur-général : Un magot de terre des Indes, très-beau, sur un pied verni, 144 l.

1661. — M. le Dauphin : Un cabaret de Vincennes, 138 l. — Un petit pot à crème, 21 l.

1662. — Mme la Dauphine : Un pot à l'eau de Vincennes, garni d'or, dans sa jatte, bleu & or, 432 l. — Deux beurriers assortis, 312 l. — Six gobelets à anses & soucoupes, bleu & or, oiseaux coloriés à 42 l., 252 l. — Le pot à sucre & théière, 144 l. — Un déjeuner sur plateau à fleurs, 96 l. — Un petit pot à crème, 21 l. — Une petite baignoire pour les yeux, 3 l. — Deux fromagers en blanc & bleu, 84 l. — Deux tasses & soucoupes en bleu céleste, cartouches blancs à fleurs, 96 l. — Un grand gobelet, bleu céleste à fleurs (oublié), 96 l.

1663. — Mme la Duchesse de Mortemart : Une paire de grands bras à double branche en bronze cifelé & doré d'or moulu, 246 l.

1664. — Mme la Ctesse d'Egmont, première douairière : Le raccommodage de deux magots de terre à cheval, & fait des pieds vernis polis, 14 l.

1665. — M. de Roissy, receveur-général : Un magot de de terre, 48 l. — Deux figures de Saxe, 28 l.

Janvier 1754.

1666. Du 4. — Mme la Marq. de Pompadour : Huit figures de Vincennes en bifcuit, à 42 l. pièce, 336 l. — Un gobelet couvert, bleu célefte, à enfans (obmis fur la dernière facture), 144 l. — Le raccommodage d'un flacon en capucin, 3 l.

1667. — M. de Fonspertuis, fermier-général : Un petit pot de Vincennes garni d'or, bleu lapis & or, à oifeaux, 216 l. — Une lanterne de même garnie d'or, 120 l.

1668. — S. A. Mme la Princeffe de Turenne : Un petit pot pourri d'un fruit de Saxe, fur des oifeaux de même, pied & branchages dorés d'or moulu, 168 l.

1669. — S. A. S. Mlle de Sens : Avoir refoudé & remis à neuf la garniture en or d'une taffe ancienne, 7 l.

1670. Du 5. — M. le Marq. de Brancas : Une taffe de Vincennes, 12 l. — Une baignoire, 4 l. 4 s.

1671. — M. Hébert : Un broc de Vincennes, à fleurs, 30 l.

1672. Du 6. — S. M. le Roy : Une caffette d'ancien lacq noir, à oifeaux, contenant quatre gobelets à anfes & foucoupes de Vincennes, bleu & or, à oifeaux coloriés, 144 l.—Le pot à fucre, 72 l.—La garniture en or gravé dudit pot, 110 l. — Un flacon taillé à facettes, garni & bouché d'or, 155 l. — Une caffetière d'or gravé & poli, pour quatre taffes, l'or à 22 karats, 1,536 l. — Une lampe à efprit-de-vin avec la mèche, virolle du manche & éteignoir ; le tout en or & le trépied d'acier poli, 518 l. — La caffette d'ancien lacq noir, à oifeaux, avec un tiroir & le cabaret d'ancien lacq, pour quatre taffes, 490 l. — La garniture en or gravé de ladite caffette, compofée de charnières, portans, plaques de la ferrure, entrée du tiroir avec un bouton à reffort, & clef cifelée, 1,000 l. — Les compartimens en fatin blanc bordé d'un petit galon en or ; le furtout de la caffette couvert de maroquin & dentelles d'or, le dedans en chamois, les charnières, portans & ferrures en cuivre, 210 l.

1673. — Mgr le Duc de Villeroy : Un chandelier de lanterne à branches dorées, 9 l.

1674. Du 11. — M. Dupont, fecretaire du Roy : Un gobelet & foucoupe de Saxe dorés, 60 l. — Un cabaret verni à anfes, 18 l. — Une cuiller d'or cifelée & gravée, 216 l.

1675. — Mme la Marq. de Pompadour : Le port à Bellevue de deux vafes de porcelaine rapportés à Paris, 3 l. 12 s.

1676. — M. le Marq. de Gontaut : — Un grand pot pourri de Vincennes à fleurs de relief en blanc, 60 l.

1677. — Mme la Cteffe de Forcalquier : Quatre compotiers de Vincennes, 120 l. — Deux feaux à verres, à payfages, 72 l. — Un bateau, 18 l. — Une taffe blanc & bleu, à cerceaux, 12 l. — Deux taffes & enfans, 36 l. — Un cabaret à anfes, 24 l.

1678. — Mme la Ducheffe de Chaulnes : Deux grands magots, porcelaine la Chine, de fix louis pièce, 288 l. — Un petit bronze d'un groupe paftoral, fur une terraffe dorée d'or moulu, 120 l. — Un autre magot, porcelaine (rendu). — Deux petits bougeoirs montés fur des cygnes, 120 l.

1679. — Mme Barrau, la mère : Une paire de girandoles à terraffes & branchages dorés d'or moulu, garnies de fleurs, fur des figures de Saxe, 216 l.

1680. — M. de Boulogne, fils : Un petit pot de Vincennes garni de vermeil, dans fa jatte, même porcelaine, 66 l.

1681. — MM. de Vincennes : La garniture en or d'un petit pot à l'eau, bleu-célefte à enfans, 115 l.

1682. — S. A. Mme la Cteffe de Marsan : Le raccommodage d'un furtout de porcelaine de Saxe recollé & rétabli à neuf, 120 l.

1683. Du 15. — Mme la Marq. de Pompadour : La façon de deux tables à écrire de vernis la Chine, dont les deffus viennent d'une table de quadrille, avec les cornets & cuvettes argentés, à 50 l., 100 l. — Le port, 1 l.

1684. Du 19. — Mme la Marq. de Pompadour : Un grand

étui de rouffette verte, garni d'or, pour une navette de porcelaine, 20 l.

1685. Du 21. — M. le Chevalier LAMBERT : Une pendule à terraffe & ornemens dorés d'or moulu, fur un groupe de Saxe, avec des branchages en laiton verni imitant la nature, ornée de fleurs de Vincennes très-belles, 830 l. — Pour frais de douane, emballage, toile graffe, & droits payés, 63 l. 10 s.

1686. — Mme la Marq. de POMPADOUR : Quatre voies de bois neuf envoyées à l'hoftel d'Evreux, avec les voitures, 77 l. 12 s.

1687. — M. de CAZE, fermier-général : Une taffe & foucoupes de Saxe à enfans, 48 l. — Un cabaret en feuille verni, 20 l.

1688. Du 23. — Mme la Marq. de POMPADOUR : Six cuillers à caffé d'argent à filets & rouleaux, argent & façon, 60 l. — Avoir fait refaucer & mis à neuf quatre paires de bras à trois branches, dorés d'or moulu, venant de Crécy & Bellevue, 42 l. — Un feu de cheminée à recouvrement, doré d'or moulu, formé d'un vafe de fleurs & guirlande, pofé dans la chambre à baluftres, avec fes garnitures, 650 l. — Un autre feu à figures & ornemens auffi dorés, avec recouvrement, pelle & pincettes (cabinet doré), 620 l. — Un autre feu fimple à ornemens dorés d'or moulu, avec pelle & pincettes, 240 l. — Les ports à l'hoftel & pofage des bras, 6 l. — Huit affiettes de Vincennes peintes à figures & guirlandes, camayeux pourpres, à 30 l., 240 l. — Douze affiettes de Vincennes, bord d'ofier, peintes à fleurs, à 18 l., 216 l. — Quatre compotiers à bord d'ofier, à fleurs, 84 l. — Deux dits en coquille, 42 l. — Le port à Verfailles, 3 l. — Deux moutardiers de Vincennes couverts, avec leurs plateaux, peints à fleurs, 60 l. — Une bouilloire de cuivre des Indes, forme angloife, nº 1, 9 l.

1689. Du 29. — M. JACQUEMIN : Un broc de Vincennes & jatte, nouveau modèle, en bleu-célefte & cartouche blanc à fleurs, avec un coup de feu, 240 l.

1690. — Mme la Marq. de POMPADOUR : Augmentation

d'or à une falière d'un groupe d'enfans, avoir refait les deux falières en coquilles ; or 1 marc, 5 onces, 9 grains, 1,304 l. — Façon, 240 l. — Commiffion à 5 pour 100, 77 l.

1691. — M. Fabus : Deux grands vafes de porcelaine ancienne truittée, à fleurs bleues, garnis en bronze doré d'or moulu (rendus).

Février.

1692. Du 2. — Mme la Cteffe de Coigny : Six taffes & foucoupes de Vincennes à cerceaux en bleu, à 12 l., 72 l. — Le pot à fucre & théière, 42 l. — Un cabaret la Chine à huit taffes, 18 l.

1693. — Mme la Marq. de Pompadour : Un port de porcelaines rapportées de Bellevue à l'hoftel de Paris, 3 l. 12 s.

1694. Du 4. — M. le Cte du Luc : Non compris fur les arrêtés, un vafe de porcelaine céladon, forme d'urne, avec des anneaux, monté en bronze doré d'or moulu, 432 l. — Deux autres petits vafes, même porcelaine, à oreilles & trois pieds chacun, fans être garnis, 168 l.

1695. Du 8. — Receu de S. A. S. Mgr le Prince de Condé, pour folde du mémoire à l'occafion de fon mariage, la fomme de 1,008 l.

1696. Du 12. — Mme la Dauphine : Un grand cabaret à contours de la forme d'une commode, en vernis vert poli, 62 l. — Un autre cabaret carré, à rebord droit, en vernis rouge poli, 40 l.

1697. — S. M. le Roy : Un pot à l'eau & jatte de porcelaine de Vincennes, fond bleu-célefte avec des fujets d'enfans, 600 l. — La monture dudit pot en or, 140 l. — Un poëlon de Vincennes, 72 l.

1698. — S. A. Mgr le Duc de Bouillon : Les toile & papier des Indes de trois deffus de porte, pour la maifon du Roule, 31 l.

1699. Du 14. — Mme de Courteil : Une doublure

en cuivre faite pour une caiffe de porcelaine à contours, 19 l.

1700. — M. le Premier : Une paire de bras à une branche, vernis, garnis de fleurs de porcelaine de Vincennes, bobèches & binets dorés, 204 l.

1701. — Mme de Castellane : Le raccommodage d'une tabatière, 6 l.

1702. Du 17. — Mme la Marq. de Pompadour : Six voies de bois & voitures pour l'hoftel d'Evreux, 116 l. 14 s. — Un port de deux boëtes de Verfailles, 3 l.

1703. — Mme de Courcillon : Le raccommodage d'un métier, 24 l.

1704. Du 20.— Mme la Marq. de Pompadour : Deux paires de grands bras à double branche, cifelés & dorés d'or moulu, pofés dans la chambre à baluftres, de 320 l. la paire, 640 l. — Une petite grille à enfans & attributs en bronze cifelé & doré d'or moulu, les fers & garnitures de pincettes brunis en violet & dorés, 336 l. — Une commode plaquée en bois fatiné à carreaux, garnie d'ornemens dorés d'or moulu, avec un marbre de vert campan, 272 l. — Deux foufflets en bois de cèdre pour le petit appartement, & deux autres foufflets à deux vents en bois noir, 60 l. — Avoir fait remettre à neuf quatre paires de bras à deux branches, dorés d'or moulu, venant de Bellevue ; refoudé une branche caffée, fourni des binets, pofé en place ; fourni des vis & clous dorés pour attacher des balais & foufflets, 35 l. — Les ports, 4 l.

1705. Du 23. — Mme la Ducheffe de Mortemart : Une commode de vernis la Chine de quatre pieds & demi, garnie partout en bronze doré d'or moulu, avec fon marbre de brèche d'Italie, 720 l. — Les ports, 2 l.

Mars.

1706. Du 2. — M. de Vandières : Le raccommodage d'une tabatière, fourni une glace & réparé la certiffure, 6 l.

1707. Du 6. — M. le Marq. de Voyer : Un plateau à contours en bleu-célefte ancien, 144 l.

1708. — Mme la Marq. de Pompadour : Six pots à jus de Vincennes pour l'Ermitage, à 9 l., 54 l. — Six autres pour Paris, à 7 l. 18 s., 45 l. — Un gobelet couvert, camayeu bleu d'enfans, 36 l. — Un gobelet à enfans, gris de lin, 30 l. — Le pot à fucre, 36 l.

1709. — Reçeu de MM. Bentabole & Hautefage les différentes fommes pour lefquelles ils font employés fur ce livre montant à 270 l., & nous fommes demeurés quittes de part & d'autre par l'échange d'un tableau, de quoi je leur ai payé l'excédent en argent comptant 943 l. 6 s.

1710. Du 11. — M. Coquinot : Une table à écrire en bois d'acajou, à contours, 60 l.

1711. Du 16.—Mme la Marq. de Pompadour : Un petit pot à pommade, blanc & or, de Vincennes, 24 l. — Une baignoire, idem (pour Madame), 6 l. — Un pot à oille & fon plat, peints à berceaux & oifeaux colorés, 600 l. — La cuvette en argent & garniture du couvercle, 180 l. — Une écuelle couverte, oifeaux colorés, fa jatte à contours, en bleu & or, 300 l.—Deux brocs, lapis & or, à 120 l., 240 l. — Deux gobelets à anfes & foucoupes, lapis, 96 l. — Le pot à fucre, 60 l. — Un cabaret verni à anfes, 24 l. — Deux fucriers lapis, à 120 l., 240 l. — Deux beurriers lapis, 260 l. — Deux fromagers, blanc & or, 96 l. — Un déjeuner dans un bateau, blanc & or, très-riche (M. de Chavigny), 120 l. — Un grand gobelet & foucoupe, ornemens bleus, peints à enfans, pour Madame, 72 l. — Deux fucriers ovales, unis, d'un bleu clair, à oifeaux colorés (pour Madame à Verfailles), 288 l. — Le port à Verfailles, 12 l. — Pour l'Ermitage, une lanterne de glace à cinq pans, la monture en bronze doré d'or moulu, ornée de fleurs de Vincennes, avec fon chandelier à trois bougies, 355 l. — Une autre moins forte pour la nouvelle bibliothèque, 336 l. — Une table à écrire en forme de croiffant, à pupitre, plaquée en bois de rofe & bois fatiné, les chauffons & entrées dorés d'or moulu, 120 l.

— Un paravent à quatre feuilles, en bois d'acajou maffif, garni de papier des Indes, 96 l. — Deux balais à manche tourné & poli, 2 l. 10 s. — Les ports à l'Ermitage, 12 l.

1712. — Mgr le Duc de Luxembourg : Une table à écrire plaquée en bois violet, garnie de pieds de cuivre, les cornets argentés, 48 l. — Le port à Verfailles, 3 l.

1713. — M. Gaignat : Deux urnes de porcelaine céladon, couvertes, montées en bronze doré d'or moulu par Dupleffis, 2,920 l.

1714. — Mme la Marq. de Leyde : Payé à l'inventaire du fieur Le Brun deux vafes de porcelaine ancienne, 39 l.

1715. Du 20. — M. Le Brun, marchand : Un pot pourri d'ancienne porcelaine bleue, à fleurs blanches, monté en bronze doré d'or moulu, 168 l.

1716. — S. A. S. Mlle de Sens : Un pot à thé de Vincennes bleu & or, les cartouches à berceaux, 84 l. — Un idem moins orné, 72 l. — Un pot à fucre afforti, 60 l. — Un déjeuner de deux taffes & foucoupes, blanc & bleu, & le pot à fucre à cuvier, de 12 l. pièce, 36 l. — Un pot blanc & bleu, garni, avec fa jatte, 96 l.

1717. — S. M. le Roy : Une caffetière d'or & fa lampe à l'efprit de vin, avec des branchages gravés, & un réchaud d'acier bruni & doré, 1,950 l.

1718. Du 23. — Mme la Ducheffe de Mirepoix : La garniture de deux boëtes de lacq rouge, charnières, fermetures à reffort, en bronze gravé & doré d'or moulu, 379 l.

1719. Du 28. — Mme la Dauphine : Un grand cabaret de vernis de Paris, à rebord droit, en rouge & noir, 48 l.

1720. — Mme la Ducheffe de Mortemart : Une table de nuit plaquée partout en bois violet, avec portans & pieds en cuivre cifelé & doré d'or moulu, 96 l. — Le port, 10 s.

1721. — Mme Camuset : La réparation faite à une encoignure de vernis la Chine remife à neuf, 9 l. — Une paire de bras à trois branches, dorés, 320 l.

1722. — Mme la Marq. de POMPADOUR : Une écuelle de Vincennes, bleu lapis, oifeaux colorés, moyenne, 216 l. — La garniture en or gravé & poli d'une tabatière de miniature montée en cage, doublée d'or, avec les criftaux & étui de rouffette verte, 860 l.

Avril.

1723. Du 2. — M. le Marq. de CASTRIES : Une baignoire de Vincennes, 6 l.

1724. Du 3. — M. le Marq. de BUSSEVAL : Deux buires cannelées de porcelaine, bleu-gris, montées en bronze doré d'or moulu, 720 l.

1725. — Mme la Marq. de POMPADOUR : Donné aux gens qui ont chargé les buftes, 12 l.

1726. — M. de BOULOGNE, intendant : Une lanterne de glace carrée, montée en bronze doré, avec fon chandelier à quatre bobèches, 288 l. — Le cordon mêlé à deux houppes, 18 l. — Un cordon de foie cramoifi pour le luftre du premier, 27 l. — Les ports & pofage, 1 l.

1727. Du 4. — M. CONY : Une taffe de porcelaine à anfe & foucoupe, en bleu & or, 48 l.

1728. Du 8. — Mme de LA REYNIÈRE : Un bureau de travail de quatre pieds en bois de poirier noirci & poli, avec un ferre-papier, 140 l. — Le port, 1 l.

1729. Du 9. — Mme GEOFFRIN : Une taffe, bleu & or, en feau, à deux cartouches, 48 l.

1730. — Mme la DAUPHINE : Une armoire d'encoignure avec les deffus plaqués en bois violet, ornée d'un quart de rond, moulures & pieds dorés d'or moulu, 152 l. — Le port à Verfailles, 5 l.

1731. — Mme la Marq. de POMPADOUR : Deux vafes couverts de porcelaine céladon montés en bronze doré d'or moulu, avec bas-reliefs à rubans, 600 l. — Deux bouteilles rondes avec terraffes & cercles en haut dorés d'or moulu, 460 l. — Une pendule fur une terraffe & branchages dorés d'or moulu, fur un poiffon céladon, 390 l. — Deux girandoles fur des magots céladon, 312 l. — Le port à Verfailles, 5 l. — Un chandelier de lanterne à cinq bobèches, 12 l.

1732. Du 11. — M. de Caze, fermier-général : Un petit fecrétaire à contours, plaqué en différens bois des Indes à fleurs, orné de bronze doré d'or moulu, 432 l.
— Une petite table en vuide-poche, plaquée en même bois, garnie de bronze doré, 192 l. — Deux beurriers de Vincennes en bleu lapis, à oifeaux & cartouches en or, 216 l.

1733. Du 16. — Mme de Chazeron : Des raccommodages & nettoyages de vafes de fleurs & pots pourris, 3 l.

1734. — Mme la Marq. de Pompadour : Un bureau de quatre pieds & demi, bâti de chêne plaqué en bois de rofe & bois fatiné, le deffus en maroquin, à pupitre, avec l'écritoire & cornets argentés ; le quart de rond, pieds, chutes dorés d'or moulu, 300 l. — Livré à Mme Douy douze cornets de cuivre argenté avec éponge & cornets de criftal, 36 l. — A M. Gourbillon, quatre boëtes d'échecs, fans damier, 4 l. 16 s. — Avoir démonté & remis à neuf une paire de girandoles à feuillages & terraffes dorés d'or moulu fur des oifeaux, 6 l.
— Les ports, & rapporté à Paris des porcelaines pour l'hoftel, 10 l. 16 s.

1735. Du 18. — Mme la Marq. de Pompadour : Une commode bâtie de chêne, à trois tiroirs de hauteur, plaquée en bois des Indes, avec boutons, entrées, rofettes en cuivre uni, doré d'or moulu, le marbre de Flandre (antichambre du petit appartement), 150 l. — Une table à écrire en bois d'acajou maffif, avec chauffons dorés unis, garnie de maroquin & cornets en cuivre, 54 l. — Une efpèce de table de nuit étroite, à pieds de biche, plaquée en bois fatiné, le dedans à jour & tablette auffi plaquée, avec fon marbre deffus, 140 l. — Deux petits plumets & quatre balais d'âtre, 7 l. 4 s. — Les ports, 4 l. 4 s.

1736. Du 20. — M. Témire : Une baignoire de Vincennes, 5 l. 10 s.

1737. Du 24. — M. Bazin : Un pot à confitures, bleu lapis, 36 l.

1738. — Mme la Marq. de Pompadour : Une cuiller & fourchette en or à 22 karats, à moulures & contours, gravées & ciſelées, deſſins de Dupleſſis; une ſalière forme de tabatière à contours, en or gravé & ciſelé, à deux charnières; un gobelet de criſtal de roche, avec une moulure d'or au pied dudit gobelet; le tout dans un étui de cuir rouge doublé en velours vert, 1,997 l. — Une tabatière d'écaille piquée, en cage, à contours, la garniture en or émaillé de roſe par Aubert, au retour d'une vieille garniture d'or, Madame ayant fourni le deſſus, 920 l.

1739. — M. le Cte de Stainville : Un gobelet à l'eau, bleu & or, couvert, ſur ſon plateau, 108 l. — Un broc bleu & or, 144 l. — Un gobelet droit à anſe, couvert, bleu & or, 96 l. — Deux pots à confitures, bleu & or, 84 l. — Deux gobelets à chocolat & ſoucoupes, bleu & or, 96 l. — Un gobelet à lait couvert en blanc & fleurs, 60 l. — Deux ſoucoupes & gobelets en litron à fleurs, 24 l. — Un dit, même forme, à oiſeaux, 12 l. — La caiſſe & emballage du dedans, 6 l.

1740. Du 26. — M. de La Tour, payeur des rentes : Deux pierres à papier de deux groupes de Saxe ſur terraſſes ciſelées & dorées d'or moulu, 204 l.

1741. Du 30. — M. le Premier : Le raccommodage de huit figures de terre des Indes, & avoir fait aller les contre-poids, 15 l. — Deux buffles des Indes, portant une pagode chacun, conduits d'une autre figure tenant une flûte, 480 l. — Les pieds en bois verni en rouge & bord noir, 14 l.

Mai.

1742. Du 2. — M. de Vandières : Une pendule de Boulle à figures, 432 l.

1743. — M. Le Brun, marchand : — Une grille en cuivre à vafes & guirlandes de M. Gallien, coûte 220 l.

1744. Du 4. — M. le Duc de Luxembourg : Une armoire d'encoignure plaquée en bois de rofe & bois violet, avec cartouches & ornemens dorés d'or moulu, le marbre de brèche d'Alep, 190 l. — Un gradin à jour en même bois, 25 l. — Le port, 1 l.

1745. — M. le Marq. de Castries : Six taffes & foucoupes de Vincennes, à 10 l., 60 l. — Une baignoire, 6 l.

1746. — M. de Roncherolles : Une écuelle de Vincennes, 36 l. — Un pot à boire, droit, couvert, 96 l.

1747. — M. de Cury : Six taffes à anfes de Vincennes à fleurs de 9 l., 54 l. — Deux dites, ifolées, à relief, en blanc & bleu, 24 l. — Un grand cabaret la Chine, 27 l. — Un pot à fucre, 18 l.

1748. Du 6. — Mme la Marq. de Pompadour : Six taffes & foucoupes de porcelaine de Vincennes à fleurs, à 9 l., 54 l. — Le pot à fucre & théière, 42 l. — Un cabaret la Chine, 12 l.

1749. — M. Masse : Une commode d'ancien lacq, très-belle, de cinq pieds, garnie en bronze doré d'or moulu, avec fon marbre bleu turquin, 1,800 l. — Les ports, 3 l.

1750. — Mme la Marq. de Pompadour : Des effais de liqueurs, 6 l. — Vingt-quatre bouteilles d'huile de Vénus, 288 l. — Treize bouteilles de marafquin, à 20 l., 260 l. — Le port, & port à Verfailles, 6 l. 4 s. — Droits à Verfailles, 1 l. 11 s. — Avoir efté charger 60 bouteilles de vin de Hongrie portées à Bellevue, 8 l. 8 s.

1751. — M. de Boulogne, intendant : Une voiture pour porter & rapporter des porcelaines de Vincennes, 2 l.

1752. — Mme Camuset : Une fontaine en cuivre étamé avec fa cuvette, faite en encoignure, 70 l.

1753. Du 7. — M. de Fontferrière : Deux pieds de table, fculptés en chêne, à confoles & tiroirs fermant à clef, avec leur marbre de blanc veiné de 59 pouces de long, 300 l. — Les ports à Auteuil, 9 l.

1754. — M. le Premier : Des branchages en cuivre doré d'or moulu pour un pot pourri bleu; fait dorer les oiseaux & fourni dix-huit fleurs, différentes grosseurs, en bleu & or, de Vincennes, assorties aux oiseaux, 106 l. — La garniture en vermeil d'un pot à l'eau de Vincennes, 24 l.

1755. — M. de Polisy, maître des requêtes : Un pot de Vincennes couvert à anse, en bleu & or, 96 l. — Un gobelet à anse & soucoupe, en bleu & or à oiseaux colorés, 42 l. — Un cabaret verni, poli, 12 l.

1756. Du 8. — Mme Camuset : Le raccommodage de trois tables remises à neuf, fourni les velours; celui d'une pendule & d'un pot de fleurs resaucés & revernis, 66 l.

1757. Du 11. — M. le Marq. de Gontaut : Un lustre de cristal de roche à cinq branches, 720 l. — Un cordon de soie bleue avec ses deux houppes, 28 l. — Quatre dessus de portes faits en papier des Indes à figures & fleurs, dans lesquels on a employé 42 feuilles de différentes grandeurs, avec les toiles, façon & raccordage, 200 l. — Une espèce de bibliothèque à hauteur d'appui, plaquée en dehors & dedans en bois de rose & autres, les tablettes à crémaillères, couverte de marbre, 140 l. — Deux lanternes de cuivre carrées, garnies en verres de Bohême, avec chapiteaux de cristal & chandelier à quatre bobèches, 216 l. — Deux cordons en fil mêlé avec une houppe à chacun, de 25 pieds, 96 l. — Les ports & posage des lanternes, 4 l.

1758. — S. M. le Roy : Fourni à M. de Fontanieu une soucoupe de porcelaine de Vincennes peinte à enfans, camayeu pourpre, 12 l.

1759. — M. le Duc de Chevreuse : Deux beurriers de Vincennes à fleurs & cerceaux, 72 l.

1760. Du 12. — Mme la Marq. de Pompadour : Un bout de crayon d'or pour une tablette de lacq, 20 l.

1761. Du 14. — M. le Marq. de Gontaut : Deux guéridons de bois sculptés & dorés, 24 l.

1762. — Mme Dufour, jeune : La garniture en argent doré d'un petit pot à crème de Saxe, 22 l.

1763. — Mme la Marq. de Pompadour : 36 taffes & foucoupes de Vincennes en blanc pour l'office, à 3 l., 108 l. — Trois théières & trois pots à fucre, à 6 l., 36 l. — La caiffe & emballage, 6 l. — Une caiffe & cordages de deux tableaux de M. Boucher, 7 l. 10 s.

1764. Du 16. — M. le Cte de Caylus : Un bronze antique ordinaire. (Rendu.)

1765. — Mme Camuset : Avoir réparé un magot de terre des Indes & mis fur un pied verni poli, 9 l.

1766. — Mme la Marq. de Pompadour : Une lanterne de criftal pour le paffage de la chambre à coucher à Verfailles, 13 l. 10 s. — Des moules pour des glands de bourfe, 6 s. — Avoir fait remettre à neuf une boëte d'or émaillé en relief, carrée, & une autre ovale auffi émaillée, 10 l.

1767. — Mme la Ducheffe de Mortemart : Un feu à figures & ornemens, le recouvrement en bronze doré d'or moulu, avec les garnitures de pelle & pincettes, 120 l. — Deux chandeliers de lanterne, 12 l. — Le port, 3 l.

1768. — M. de Caumartin : Pour réparation faite à un coffre garni d'argent, 55 l.

1769. — M. de Genssin : Les branchages en laiton verni, garnis de fleurs de porcelaine de Vincennes, pour deux feaux d'argent, 1,390 l.

1770. Du 18. — M. le Marq. de Gontaut : Un gobelet de Vincennes en litron & foucoupe bleu-célefte à cartouches en oifeaux de couleur, 96 l.

1771. — M. Dufour, le père : Une commode de vernis rouge à pagodes, ornée partout en bronze doré d'or moulu, le marbre de vert campan, 720 l.

1772. Du 19. — Mme la Ducheffe de Luynes : Un deffous d'écuelle de Vincennes, peint en camaycu bleu à figures, 48 l.

1773. Du 20. — Mme Geoffrin : Deux taffes en cuvier à fleurs, les filets bleus, avec les foucoupes, 24 l.

MAI 1754. 201

1774. Du 23.—M. le Marq. de Castries : Deux fucriers ovales, unis, & leurs plateaux de Vincennes peints à fleurs, à 42 l., 84 l.

1775. — Mme la Duchesse de Luynes : Un chandelier de lanterne à quatre bougies, en cuivre argenté & découpé à jour, 24 l. — Un autre chandelier de cuivre en couleur, 12 l.

1776.— Mme la Dauphine : Livré à Mme la Duchesse de Brancas la garniture en or d'un pot à l'eau de Saxe, fond bleu, 136 l.

1777.— Mme la Cteffe d'Egmont : L'augmentation faite à un pot à l'eau garni d'argent, 8 l.

1778. — Mme la Marq. de Pompadour : Avoir efté chercher à Verfailles des papiers d'Angleterre & liqueurs; droits de remuage à la barrière & port, 6 l. 12 s. — Un plomb, poulie & cordon pour une lanterne, 5 l. — Avoir rétabli deux tours de nacre de perle, avoir refait une baluftrade, recollé & nettoyé, 20 l. — Le port à Crécy, 24 l.

1779. Du 27. — M. le Préfident de Nassigny : Une table à contours, plaquée en bois de rofe à fleurs, à quart de rond & ornemens dorés d'or moulu, le deffus en velours, 288 l.

1780. — Mme de Beaumont : Un luftre de Bohême à fix branches, à confoles, 440 l. — Un cordon de foie de Grenade afforti, 31 l. — Sept aunes de cordon de fonnette de même foie, avec leurs glands, 12 l. — Une table à écrire de trois pieds en forme de bureau, plaquée en bois de rofe à mofaïque, avec quart de rond & ornemens dorés d'or moulu, 240 l.

1781.— Meffieurs de Vincennes : Avoir efté à Verfailles chercher le pot à oille du fervice du Roy, 5 l. — Une figure de Saxe d'un Bacchus, 32 l.

1782. — M. le baron de Busseval : La réparation d'une fontaine, refaucé les bronzes, doré deux animaux, verni le plateau & recollé les lions, 24 l.

1783. — Mme la Vicomteffe de Rochechouart : Un râteau en bronze doré d'or moulu, le manche en ivoire, qui fe démonte, 78 l.

1784. — M. Bailly, faïencier : Un pot à fucre de Vincennes à fleurs, 15 l.

1785. — Mme la Marq. de Pompadour : Pour caiffe, emballage & expédition à la douane de porcelaine de Vincennes envoyée en Suiffe, 14 l. — Pour Londres, une caffette d'ancien lacq, garnie de ferrures en cuivre cifelé & doré d'or moulu, la clef cifelée, le dedans en fatin cerife bordé de galon & réfeau d'or, pour 12 bouteilles & 12 verres de Bohême dorés, 650 l. — Deux entonnoirs d'or, 192 l. — Douze bouteilles & verres, 22 l. — La caiffe, emballage & frais de douane, 15 l.

1786. Du 29. — M. le Cte d'Egmont : Une théière de Vincennes, bleu lapis & or à oifeaux, 84 l.

1787. Du 30. — Mme la Ducheffe de Mortemart : Le raccommodage de deux chandeliers, fourni quatre bobèches de criftal, 6 l.

1788. — M. Fabus : Une commode bâtie de chêne, plaquée de bois de rofe, garnie d'ornemens dorés d'or moulu, le marbre de brèche d'Alep de trois pieds & demi, 240 l. — Une lanterne de criftal en cloche, 20 l. Pour papier, ficelle & port, 2 l. 10 s.

1789. — Mme Geoffrin : Une taffe bleue peinte à oifeaux, 42 l. — Une taffe en cuvier, 12 l.

1790. — M. de Cury : Deux théières de porcelaine des Indes, 21 l.

1791. — M. le Marq. de Gontaut : Une espèce de table de nuit de 44 pouces de long, le dedans à jour & plaqué, avec fon marbre, 96 l. — Le port, 1.

Juin.

1792. Du 1er. — M. Rouillé : Un vafe en forme d'urne de porcelaine céladon, gaufré & brodé, monté en bronze doré d'or moulu, 336 l.

1793. — Mme Camuset : Une table de quadrille à pieds, brifée, à charnières en acier poli, garnie en drap fin, de bois de noyer maffif, 48 l.

JUIN 1754.

1794. Du 2. — Mme la Marq. de Pompadour : Un gobelet de Vincennes couvert & foucoupe à figures, camayeu bleu, les vifages, pieds & mains colorés, 48 l. — Une tabatière d'or, carrée, émaillée, à rubans avec des branches de fleurs, 1,320 l. — Un feau de porcelaine la Chine, avec les bords découpés (pour Crécy), 168 l. — La caiffe emballage & port à Verfailles, 9 l.

1795. — M. de Boulogne, tréforier : Avoir habillé & rétabli une figure de terre des Indes, 9 l.

1796. Du 6. — M. d'Azincourt : Un pied à godron & moulures à contours en cuivre doré d'or moulu pour un chat de porcelaine violette, 36 l.

1797. — Mme de Fulvy : Un gobelet à anfe couvert & foucoupe de Vincennes, en blanc & or, 36 l.

1798. Du 7. — Mme la Cteffe d'Egmont : Deux tablettes plaquées en bois des Indes en forme d'encoignures, 60 l. — Douze toifes de corde câblée pour la cuifine, 5 l. — Cinq morceaux de porcelaine, bleu & blanc, dont trois garnis; avoir ajouté un cercle doré à l'un des trois, 25 l.

1799. — M. Fabus : Deux feaux de Vincennes à demi-bouteilles, à 96 l., 192 l.

1800. — Mme la Ducheffe de Chevreuse : Une jatte de Vincennes pour un pot à l'eau de Saxe, 36 l.

1801. Du 10. — Meffieurs de Vincennes : Une table ronde de dix pieds de diamètre avec fon pied ferré & le port, 50 l.

1802. — Mme Camuset : Le raccommodage d'une commode que l'on a rétablie à neuf, & remis les bronzes en couleur, 25 l.

1803. Du 12. — Mme la Marq. de Pompadour : Une terrine de Vincennes couverte, fur fon plat ovale peint à fleurs, 480 l. — Une jatte en argent à contours fur les bords, 270 l. — La boëte & port à Verfailles, 6 l.

1804. — S. M. le Roy : Un gobelet & foucoupe de Vincennes, bleu lapis, cartouches à oifeaux colorés, 84 l. — Deux autres gobelets de même, moins grands, 48 l.

1805. — Mme la Dauphine : Livré à Mme Dufour une

théière, bleu-célefte, à figures, 192 l. — Un pot à crème, 120 l.

1806. Du 14. — Mme de La Reynière : Une paire de bras à une branche, vernis, garnis de fleurs vernies en couleur, 48 l. — Receu un grand gobelet de Vincennes, lapis & or, avec fa foucoupe, 126 l. — Un petit pot à l'eau couvert & fa jatte auffi en bleu lapis, 105 l. — Une table en armoire plaquée en bois de rofe, couverte de marbre, à tablettes & pieds dorés, 108 l.

1807. S. A. S. Mademoiselle : Le raccommodage d'une petite table plaquée en bois de rofe que l'on a remise à neuf, 6 l.

1808. — Mme la Marq. de Pompadour : Un compartiment de bois fait dans une boëte de lacq; avoir fait vernir le compartiment par M. Martin & imiter des rofettes de l'aventurine dans les deux milieux, 96 l.

1809. Du 15. — Mme la Dauphine : Livré à Mme de Brancas une armoire de 5 pieds de haut plaquée, les portes en vernis à relief, garnie en bronze doré d'or moulu, 660 l. — Les port & voyage, 18 l.

1810. — Mme la Marq. de Pompadour : La garniture en bronze doré d'or moulu de deux urnes de porcelaine céladon, modèles faits exprès par Dupleffis, 960 l. — La garniture en bronze doré d'or moulu d'un vafe en hauteur de porcelaine céladon, à tête de bélier, nouveau modèle de Dupleffis, 320 l. — Le port à Bellevue, 3 l. 12 s. — Frais de douane, caiffe, voiture & droits étrangers de porcelaines de Vincennes rendues quittes à Utrech, 37 l. 12 s. 6 d.

1811. — Mme de Beaumont : Deux armoires en forme de bibliothèque, les côtés en bois fatiné, les portes de vernis à relief, garnies de chauffons & entrées dorés d'or moulu, les marbres d'Alep, 288 l. — Une lanterne de criftal en cloche avec le plomb, poulie & cordon, 30 l. — Réparation des marbres, 24 l.

1812. — Mme de La Reynière : Le raccommodage d'une table plaquée à fleurs & vernie, les bronzes en couleur, 12 l.

1813. — M. de VERDUN : Pour la Compagnie de Vincennes un cabaret de lacq à deux taſſes, 54 l.

1814. Du 19. — Mme la Ducheſſe de MIREPOIX : Une commode plaquée en vernis rouge à pagodes, garnie partout en bronze doré d'or moulu, avec ſon marbre de vert campan de trois pieds & demi, 720 l. — Deux encoignures, même vernis, auſſi garnies de bronze doré d'or moulu, & leurs marbres de vert campan, 800 l.— Un pied de table en conſole avec ſon marbre (à condition), 300 l.

1815. — Mme la Ducheſſe de BRANCAS : Le raccommodage d'une lampe à l'eſprit de vin où l'on a fait une mèche en argent, 4 l.

1816. Du 20. — Mme la DAUPHINE : Livré à Mme Dufour ſept baignoires de Vincennes en blanc & or, 42 l.

1817. Du 21. — M. FABUS : Une lampe de lanterne en cuivre plané, 5 l.

1818. Du 23. — Mme la Marq. de POMPADOUR : (M. le Duc des Deux-Ponts) Un pot à oille rond, à contours, ſur ſon plat, en bleu-céleſte & or, peint à fleurs, 900 l. — La cuvette en argent; la caiſſe, emballage & expédition à la douane. — (M. de Duras) Un grand pot à l'eau à la romaine & ſa jatte ovale en bleu lapis & or, les cartouches peints avec des oiſeaux, 300 l.—Deux vaſes, bleu-céleſte, peints à fleurs, 360 l. — Un grand gobelet & ſoucoupe, bleu-céleſte, peints à enfans colorés, 144 l. — (M. Rouillé) Une écuelle, bleu-céleſte, à fleurs, 432 l.— Un grand gobelet, bleu-céleſte & ſoucoupe peints à enfans colorés, 144 l. — Un plateau, gros bleu, à contours, & deux pots à confitures, les cartouches camayeu pourpre, 144 l. — Une jatte à contours, bleu-céleſte à fleurs de relief & un broc peints à fleurs (Bellevue), 600 l. — Une autre jatte, même forme, en gros bleu, peinte à oiſeaux (Verſailles), 432 l. — Un broc lapis, peint à oiſeaux de couleur, 144 l.—Un petit pot à l'eau, garni d'or & ſa jatte en bleu lapis (Verſailles), 216 l.—Deux gobelets couverts & ſoucoupes, bleu-céleſte, peints à enfans de couleur, 288 l. — Un petit pot à crème aſforti, 120 l. — Un petit plateau blanc & or, & quatre taffes pour mettre des glaces, 60 l. — Un grand gobelet à lait de Vincennes, gros bleu & or, couvert, avec fa foucoupe, marqué en dedans de trois cercles, 144 l.— Le raccommodage d'un étui de deux petits flacons de criftal de roche, 2 l. — Les fourreaux en fer-blanc pour les feux de l'hoftel à Paris (oubliés), 69 l.

1819. Du 27. — M. de CURY : Avoir foudé des tenons à une caffetière d'argent pour arrêter le manche, & fourni ledit manche ou anfe d'ébène, 11 l.

1820. — M. de GENSSIN : Une paire de bras à trois branches, dorés d'or moulu, 320 l.

1821. Du 28. — Mgr le Duc de LA VALLIÈRE : Des ports & rapports de bras à Montrouge, 3 l.

Juillet.

1822. Du 2. — Mme la Cteffe d'EGMONT : Avoir ajouté dix confoles en bronze cifelé & doré à une grande lanterne que l'on a auffi fait dorer d'or moulu, ajouté fur le haut un rond de cuivre & un chapiteau de criftal, 165 l. — Deux chandeliers d'or moulu, dont un à trois bobèches & un à deux, 21 l.

1823. — M. de CAUMARTIN : Deux fucriers de porcelaine de Vincennes à fleurs, 144 l.

1824. — Mme la Marq. de POMPADOUR : Un coffre de chêne avec charnières, ferrures & portans en fer, un tiroir & compartiment pour des outils, vis & clous, 120 l. — Une caiffe pour une boëte de lacq, 2 l.

1825. — S. M. le ROY : Six pots à jus de Vincennes à fleurs, 54 l. — Un plus grand envoyé à Compiègne, 12 l.

1826. Du 4.—Mme la Marq. de POMPADOUR : Une commode de quatre pieds & demi, à deux tiroirs de hauteur, plaquée en bois fatiné & bois d'amaranthe à fleurs, avec ornemens & cartouches en bronze doré d'or moulu, le marbre d'Alep, 810 l.— Une grille de feu en bronze doré d'or moulu, à têtes de loup, & garnitures, 250 l.

— Deux paires de bras à trois branches, en bronze doré d'or moulu, à 385 l., 770 l. — Les trois caiſſes, papier, paille & cordages, 37 l.

1827. Du 5. — Mme la Marq. de Pompadour : Deux ſucriers de Vincennes à fleurs, 144 l. — Deux beurriers couverts, idem, 72 l. — Deux moutardiers, 60 l. — Une écuelle couverte & ſon plat, 96 l. — Un grand gobelet à bouillon, 15 l. — Deux cuillers d'argent à filets & rouleaux, forgées d'une pièce, & percées pour le ſucre, 77 l. — La caiſſe & emballage, 9 l.

1828. Du 6. — M. le Marq. de Gontaut : Six taſſes & ſoucoupes de Vincennes à fleurs, à 12 l., 72 l. — Le pot à ſucre & théière, 33 l. — Le cabaret la Chine, à ſix taſſes, 15 l.

1829. — Mme la Cteſſe d'Egmont : Quatre morceaux de porcelaine, bleu & blanc, garnis de bronze en couleur, de conſoles, pieds & fermetures, 78 l.

1830. — M. de Genssin : Six taſſes & ſoucoupes de Vincennes en cuvier, à cerceaux bleus, 72 l. — Un ſucrier aſſorti, 18 l.

1831. Du 9. — Mme la Marq. de Pompadour pour le Roy : deux ſucriers de Vincennes en bleu lapis & or, 288 l. — Deux cuillers à ſucre en argent à filets unis, 66 l. — La caiſſe & emballage, 6 l.

1832. Du 10. — Mme Geoffrin : Un cabaret à anſe verni, pour une taſſe, 18 l.

1833. — M. de Fontferrière : Pour les appartemens d'en haut, une commode de quatre pieds, à trois tiroirs de hauteur, plaquée en bois violet avec deux clefs, dont une en S, garnie de pieds, boutons & entrées dorés d'or moulu, le marbre de Flandre, 200 l. — Trois autres commodes, bâties de chêne, plaquées en bois de roſe & bois d'amaranthe, garnies de pieds, boutons & entrées dorés d'or moulu, les marbres de Flandre, à 140 l., 420 l. — Une autre commode plaquée en bois de roſe à rubans, à pieds de biche ; dont les garnitures sont argentées & ciſelées, marbre d'Alep. — Quatre petits feux, différens ſujets en bronze doré d'or moulu, avec leurs garnitures, 572 l. — Un feu pour la pièce d'aſſemblée, repréſentant un vaſe & guirlandes de fleurs dorés d'or moulu, avec les garnitures, 490 l. — Une paire de bras à trois branches, en bronze doré d'or moulu. — Une grande lanterne de glace à cinq pans, dont les montures en cuivre dorées d'or de feuille, les chandeliers à cinq branches, les conſoles haut & bas ciſelées & dorées d'or moulu, 430 l. — Le cordon à deux houppes de ſoie verte & blanche, 24 l. — Dans le cabinet à côté, un luſtre à ſix branches en cristaux de Bohême, 270 l. — Le cordon en ſoie verte & blanche à deux houppes, 22 l. — Dans la chambre à coucher, un autre luſtre de Bohême, plus fort, à ſix branches, monté en criſtaux de Bohême, 400 l. — Le cordon de ſoie à deux houppes, en blanc & couleur de feu, 32 l. — Dans la petite chambre, une commode en bois de roſe, à rubans, dont les garnitures ſont argentées & ciſelées, 240 l. — Un petit feu dont le fond eſt argenté & ciſelé, avec des enfans dorés d'or moulu, avec ſes garnitures, 168 l. — Une paire de bras, à une branche, dont les plaques & branches ſont argentées, avec des guirlandes en cuivre verni garnies de fleurs blanches de Vincennes, 96 l. — Une groſſe lanterne de criſtal en cloche, poſée ſur l'eſcalier, 21 l. — Un cordon mêlé de quatre aunes, 22 l. — Une autre lanterne, poſée dans le veſtibule, avec ſes poulies, contre-poids bronzés & cordon en ſoie, 26 l. 10 s. — Une autre lanterne, de même, poſée dans la galerie en haut, 17 l. 10 s. — Poulies, contre-poids & cordons, 10 l. — Les ports à Auteuil, 40 l.

1834. — M. Coquinot : Une commode bâtie de chêne de quatre pieds & demi, plaquée en bois ſatiné à fleurs de bois violet, garnie de cartouches & ornemens dorés d'or moulu, le marbre d'Alep, 650 l. — Les port & rapport d'une autre, 4 l. — Repris une commode en couleur, 300 l.

1835. — M. le Préſident Roujault : Une taſſe de Vincennes en cuvier, 12 l.

1836. — M. La Fresnaye (Léonor) : Une feuille de porcelaine de Saxe, 21 l.

1837. Du 16. — M. Robert MARTIN : Cinq gobelets à anfes & foucoupes de Saxe à contours, peints à fleurs, à 15 l., 75 l. — Deux autres taffes & foucoupes, à 10 l. 20 l. — Un pot à fucre de Vincennes, 15 l.

1838. — M. le Préfident de NASSIGNY : La réparation d'une commode de la Chine, refait un des côtés, reverni en entier & remis les bronzes en couleur, avec les ports, 72 l.

1839. Du 17. — Mme la Marq. de POMPADOUR : Un feau à verres, de porcelaine de Vincennes, à payfage en pourpre, 36 l.

1840. — M. le Préfident OGIER : Livré à M. Defmares, huit gobelets à anfes & foucoupes de Vincennes, bleu lapis & or, à cartouches d'oifeaux volants peints, à 42 l., 336 l. — Le pot à fucre, 60 l. — Pot à crème, 54 l. — La théière, 72 l. — Un plateau à gorge, vernis aventurine, 36 l. — Deux grands feaux à bouteilles, en blanc, à oifeaux colorés, 288 l. — Deux dits de même, à verres ou liqueurs, 144 l. — Un broc lapis & or, très-riche, 168 l. — Caiffe, emballage & frais de douane, 22 l. 6 s.

1841. Du 18. — M. le Chevalier LAMBERT : Une pendule à terraffe dorée d'or moulu, fur un groupe de Saxe, ornée de branchages en laiton vernis ornés de très-belles fleurs de Vincennes, 900 l. — La caiffe, emballage & frais de douane, 61 l. 4 s. 8 d.

1842. — M. de FONTFERRIÈRE : Quatre gobelets de Vincennes à anfes & foucoupes, peints à fleurs, à 12 l. (rendus), 48 l. — Donné en place deux gobelets de Saxe, anfes brodées, 30 l. — Quatre feaux de Saxe à anfes, les foucoupes à contours, à 13 l. 10 s., 54 l. — Deux gobelets & foucoupes de Saxe à dentelles pourpres, à 11 l., 22 l. — Deux gobelets de Vincennes, blanc & bleu, à cuviers, à 12 l., 24 l. — Un gobelet de Vincennes, blanc & or, 24 l. — Deux pots à fucre, 36 l. — Trois cabarets vernis à anfes pour deux taffes, 54 l. — Deux gobelets de Vincennes à 10 l., 20 l. — Deux à contours, forme nouvelle, 36 l. — Deux d'ancien Saxe, 18 l. — Le port à Auteuil, 3 l.

1843. Du 19. — Mme la Marq. de Pompadour : Porté chez Mme Gueffier quatre taffes à anfes & foucoupes de Vincennes en bleu lapis & or, les cartouches d'oifeaux colorés, à 42 l., 168 l. — Le pot à fucre, 72 l. — La théière, 84 l. — Un cabaret verni & poli, 24 l.

1844. Du 20. — M. de Fontferrière : Une table à écrire à contours, plaquée en bois de rofe, avec pupitre, tablettes & deux abattans, garnie d'écritoire, charnières & pieds argentés, 144 l. — Une table à contours auffi plaquée en bois de rofe, avec trois tablettes qui fe tirent, 90 l. — Un grand plateau la Chine à douze taffes, 30 l. — Quatre grands feaux de garderobe en faïence, blanc & bleu, de Rouen, 32 l. — Le port à Auteuil, 6 l.

1845. — M. de Verdun : Deux beurriers couverts & plateaux à fleurs de 42 l., pour Auteuil, 84 l.

1846. — M. Calabre : Deux taffes à anfes en litron, bleu & or, & foucoupes, à 48 l., 96 l. — Un pot à fucre, 72 l. — Le plateau, verni, poli, 18 l.

1847. — Mme la Marq. de Jonsac : Deux foucoupes de Vincennes en camaïeu pourpre, afforties à deux de Saxe, 12 l.

1848. — Mme la Ducheffe de Mortemart : Une lampe en cuivre pour une lanterne à quatre mèches, 5 l.

1849. — Mme la Marq. de Pompadour : Une jatte d'argent pour une terrine envoyée à M. le duc des Deux-Ponts, 140 l. — La caiffe, emballage & frais de douane, 22 l. — Envoyé à l'Ermitage un corps de bibliothèque plaqué en bois fatiné, 130 l. — Toile & garniture de deux châffis pour la garderobe, 5 l. — Le port, 6 l.

1850. Du 24. — Mgr le Duc de La Vallière : Deux encoignures à jour, à tablettes, fans eftre vernies, 20 l.

1851. Du 27. — M. de Fontferrière : Un feu en bronze doré d'or moulu à enfant jouant du cor, avec fes garnitures, pofé dans la chambre en bas. — Un autre feu à ornemens & guirlandes auffi dorés d'or moulu, & fes garnitures. — Une paire de bras à double branche à oves (chambre), 130 l. — Une paire plus légère dans le cabinet, 120 l. — Une lanterne, poulie & contrepoids pofés dans la garderobe en bas, 19 l. 10 s. — Les ports à Auteuil, & rapport de tables, 7 l. 4 s.

1852. — S. A. Mgr le Duc des Deux-Ponts : Un gobelet & foucoupe de Vincennes en bleu & or affortis à un ancien, 18 l.

1853. Du 28.—M. de Fontferrière: Des vis faites dans un coffre d'Angleterre ; y avoir fait la clef & réparé le tout.

1854. — M. le Duc de La Vallière : Les toile & papier des Indes, fond doré, de deux châffis pour Montrouge, & port, 30 l.

Août.

1855. Du 1er. — Mme la Marq. de Pompadour : Les toile & papier des Indes, à petites figures, pour la garderobe des entre-sols de l'hoftel d'Evreux, façon & raccordage, 76 l. — Les toile & collage de châffis en papier d'Angleterre pour la garderobe & paffage près la chapelle, 18 l. — Les ports à l'hoftel & pofage des moulures, 7 l. — Fourni des fleurs de Vincennes à des girandoles de Bellevue, 6 l. — Le port d'un luftre de fleurs apporté à l'hoftel, 7 l. 4 s.

1856. — M. le Premier pour le Roy : Pofé à la Muette deux pots pourris de terre des Indes à relief, garnis en bronze doré d'or moulu, 288 l. — Deux pots pourris, porcelaine de Perfe, garnis en bronze doré d'or moulu, 192 l. — Un pot à l'eau de Vincennes garni en vermeil, 110 l. — Un plateau bleu-célefte pour des gobelets de criftal, 72 l. — Quatre petites taffes & foucoupes, bleu-célefte, 192 l. — Le pot à fucre, 84 l. — Un plateau de lacq à rebord, 72 l. — Payé le port, 3 l. — Plus un plat & deux pots à confitures, 192 l.

1857. — M. de Séchelles, contrôleur général des finances : Fourni à M. Yon deux tables de nuit plaquées en bois fatiné, avec leurs marbres de Serancolin, à 54 l., 108 l. — Une table à écrire plaquée en bois de rofe avec quarts de rond & ornemens dorés d'or moulu, 180 l. — Les papiers, ficelles & ports à l'hoftel, 3 l.

1858. Du 5. — Mme la Marq. de Pompadour : Le raccommodage d'une lanterne de Bellevue garnie en fleurs; avoir refait les branchages & remis à neuf, pofé à l'hoftel, 30 l. — Port & rapport de porcelaines de Vincennes, 3 l.

1859. Du 7. — Mme la Duchefſe de Mirepoix : Deux paires de bras dont les plaques font en angles, dorés d'or moulu, les branches vernies garnies de fleurs de Vincennes & baffins.

1860. Du 8. — Mme la Duchefſe de Brancas : Une encoignure à pieds de biche en vernis rouge poli & filets noirs, avec fon marbre, 48 l. — Un grand cabaret à rebord droit en vernis rouge & noir poli, 36 l.

1861. — Mme la Marq. de Pompadour : Pofé à Saint-Ouen deux grands pots pourris, forme d'urnes, en camaïeu pourpre, à 120 l., 240 l. — Deux brocs, 48 l., 96 l. — Deux dits, 36 l., 72 l. — Deux bougeoirs d'ancien lacq, garnis en bronze dorés d'or moulu, 48 l. — Le port & deux voyages à Saint-Ouen, 9 l.

1862. — Mme la Duchefſe de Chevreuse : Un deffus de gobelet de Vincennes, 6 l.

1863. — M. Fabus : Une boule de luftre de criftaux de Bohême, 3 l.

1864. Du 9. — Mme la Marq. de Pompadour : Pofé à l'hoftel de Paris une groffe lanterne fous le veftibule avec fa poulie, contre-poids & cordon, 75 l. — Une autre dans le paffage des antichambres du petit appartement, 28 l. — Une autre dans le paffage à la garde-robe, 12 l. — Les bordures & verres de fix eftampes, différentes grandeurs, les toiles & rouleaux de cinq grandes cartes de l'ifle de Malthe, 63 l. — Les ports, 6 l. — Deux paires de girandoles à condition.

1865. Du 12. — Mme de Genssin : Le raccommodage & le nettoyage d'un luftre de fleurs, ports & cordon de foie afforti au meuble, 36 l.

1866. Du 14. — Mme Calabre : La monture en cannetille de différentes fleurs de Vincennes formant un bouquet, & trois boutons d'or fournis, 27 l.

1867. Du 17. — Mme la Marq. de Pompadour : Le raccommodage des fers d'une grille de la petite chambre de Verfailles, remife à neuf; & fait dorer des poupées qui eftoient brûlées, 36 l. — Port & rapport de Verfailles, 10 l.

1868. — M. le Duc de La Vallière : Dix paires de bras à double branche, dorés d'or moulu, à 185 l. la paire, 1,850 l. — Une commode de bois fatiné, garnie d'ornemens argentés, le marbre d'Alep de trois pieds, 240 l. — Un feu de cuivre argenté avec des perroquets & fes garnitures, 246 l. — Le raccommodage d'une lanterne où l'on a fait repeindre les branchages en vert; remis à neuf & fourni des fleurs, 28 l. — Une paire de bras à double branche affortis à la lanterne (falle à manger), 75 l. — Les ports à huit hommes, 24 l.

1869. — Mme la Marq. de Pompadour : Pour Bellevue, le deffous d'une terrine de Vincennes à fleurs de relief, 96 l. — Un gobelet à caffé & foucoupe, bleu-célefte, 96 l. — Un gobelet à lait couvert & foucoupe en bleu-lapis & or, 96 l. — Un grand broc en blanc & filets bleus, à fleurs, 60 l. — Les ports, 6 l. — Les toile & papier des Indes, fond blanc à fleurs pour quatre châffis de l'Ermitage. — Le port, 6 l.

1870. Du 20. — M. Calabre : Trois baignoires de Vincennes, 18 l.

1871. — Mme de Saint-Severin : Quatre figures de Vincennes en bifcuit, 168 l.

1872. — Mme Calabre : Une théière de Vincennes en bleu-lapis & or, affortie à des taffes, 72 l.

1873. — M. le Baron de Montmorency : Un luftre de Bohême à confoles & quatre bougies, doré d'or de feuilles, 264 l. — Le cordon de foie cramoifi, & un fac de gaze, 28 l. — Les port & rapport, 3 l.

1874. Du 24. — Mme la Dauphine : Fourni à Mme Du

four un étui pour une caffetière d'or, lampe & réchaud, & raccommodage de la caffetière, 60 l.

1875. — Mme la Marq. de Pompadour : Trois cornets en argent pour une table de l'Ermitage, 118 l. — (Mme la ducheffe de Strozzi, à Rome; adreffé à M. l'abbé....) Une écuelle de Vincennes en bleu clair à fleurs, 300 l. — Un pot à crème à enfans, 144 l. — Un pot à l'eau couvert & fa jatte peints à oifeaux; la garniture d'or, 240 l.

1876. Du 25. — Mme la Marq. de Brignole : Deux fromagers & leurs plateaux de Vincennes en blanc, bleu & or, 84 l. — Le port à Surefnes & rapport, 3 l.

1877. — M. de Fontferrière : Les étuis de fer-blanc & coins en cuivre pour placer les pelles & pincettes des cheminées d'Auteuil, le port, 76 l.

1878. Du 27. — Mme la Marq. de Pompadour : Le port d'un homme qui a efté à Verfailles chercher des porcelaines, 6 l. — Six pots à jus de Vincennes, à 9 l., 54 l. — La boëte, 1 l.

1879. — M. de Cury : Le raccommodage d'un cabaret la Chine, que l'on a reverni en entier, 7 l.

1880. Du 31. — Mme la Dauphine : Un métier de noyer en fer poli, avec la traverfe de fer; livré à Mme de Brancas, 96 l.

Septembre.

1881. Du 4. — M. de Fontferrière : Six tables à écrire en bois de noyer garnies d'encriers et poudriers en cuivre, à 8 l., 48 l. — Raccommodage de trois paires de bras à une branche, deux dorées & une paire en couleur, 13 l. — Le port à deux hommes, 12 l.

1882. — M. le Duc de La Vallière : Le fonte d'un luftre à fix branches, & l'avoir remonté à neuf. — Une lanterne de cuivre à cinq pans, garnie en glaces, affortie à une autre, 120 l. — Avoir remis en couleur une lanterne de cuivre à cinq pans, mife à neuf, 12 l. — Deux paires de bras à double branche, peintes en blanc & bleu, garnies de fleurs, les bobêches argentées, pour raffortir, 150 l. — En avoir allongé trois paires, repeint à neuf & fourni des fleurs, 72 l. — Une paire à une branche, peinte en vert & gris de lin, binets argentés, 42 l. — Un feu argenté à ornemens, pour le petit cabinet, 132 l.—Une lanterne dans le paſſage, 16 l. — Trois paires de bras, dorés d'or moulu (livrés le 20 août 1755). — Un feu à ornemens dorés d'or moulu. — Deux pots-pourris, porcelaine la Chine, 96 l. — Deux bougeoirs à une branche, garnis de fleurs, 42 l. — Une paire de bras à une branche peints en blanc & bleu, à fleurs, 36 l. — Les ports & journées de crocheteurs, poſage de bras & lanternes & rapport de luſtres & bras, 72 l. — Un cordon de ſoie en bleu, avec des agrémens (salon du Roy), 48 l. — Un pour la ſalle à manger, en ſoie, 37 l. — Un pour le ſalon de M. le Duc, ſoie fine, 42 l. — Deux en fil pour la galerie, pour lanternes, 54 l.

1883. — Mme la Marq. de POMPADOUR : Deux pots pourris de Vincennes en urne, en blanc & bleu, de 72 l., 144 l. — Un pot à pâte, camayeu bleu à figures, 36 l. — Deux à fleurs, à 15 l., 30 l. — Deux à pommade, à fleurs, à 6 l., 12 l. — Trois, blanc & bleu, à pommade, à 4 l. 10 s., 13 l. 10 s. — Avoir eſté chercher des porcelaines à Bellevue pour porter à l'hoſtel à Paris, 3 l.

1884. Du 10. — M. HÉBERT : Avoir reſoudé un bras à deux branches, l'avoir fait dorer d'or moulu, 50 l.

1885. — Mme CAMUSET : Pour avoir fait accommoder un magot de terre des Indes, 9 l.

1886. — Mme la Marq. de POMPADOUR : Payé à M. Fontaine une lanterne de gaze faite aux Indes, 48 l. — Une petite lanterne de criſtal taillée à facettes, garnie en bronze doré d'or moulu, 72 l. — Un autre, garderobe de la chapelle, 15 l. — Le nettoyage de porcelaines & girandoles, port à l'hoſtel, & ſept fleurs bleu-céleſte pour des bougeoirs, 8 l. — Un ſtore double poſé dans le boudoir à remettre au mois prochain.

1887. Du 13. — M. d'AZINCOURT : Six feuilles de papier des Indes en blanc, très-grandes, à 2 l., 12 l. — Plus, une pareille, 2 l.

1888. — M. le Marq. de Gontaut : Deux fucriers de Vincennes à fleurs, 144 l.

1889. Du 14. — Mme Calabre : Une écuelle de Vincennes couverte & fon plateau lapis, à oifeaux colorés, 300 l. — Un pot à l'eau moyen, fans la jatte, en lapis & oifeaux colorés, 96 l.

1890. — Mme la Marq. de Pompadour : La garniture en or d'un petit pot, bleu-célefte, pour Rome, 96 l. — La caiffe, frais de douane de Paris, avec une bague en montre garnie de brillans, 22 l.

1891. Du 16. — Mme la Cteffe de La Mare : Un vafe de porcelaine de Vincennes à fleurs de relief & cercles dorés d'or moulu, orné de branchages en cannetille garnis de fleurs de Vincennes, 384 l. — Deux feaux de Vincennes, fond jaune, camayeu bleu à enfans, 144 l. — Un gobelet à anfes & foucoupe fond jaune, à enfans-camayeux avec le plateau verni à anfes, 36 l. — La caiffe & emballage, 25 l.

1892. Du 18. — Mme Geoffrin : Un pot à l'eau à anfe couvert, en bleu & or.

1893. — Mme Camuset : Le raccommodage d'une paire de bras à fleurs que l'on a revernis, 12 l.

1894. — Mme la Marq. de Pompadour : Envoyé à Crécy douze tables à écrire de bois d'acajou, garnies de chauffons unis, dorés d'or moulu, cornets argentés & maroquin, à 50 l., 600 l. — Deux caiffes, cordes, emballage & papiers, 43 l. — Le raccommodage d'une boëte d'or émaillé, 6 l. — Le port de porcelaines; envoyé chercher à Bellevue & la boëte pour porter à Crécy, 6 l.

1895. Du 19. — M. de Fontferrière : Une commode bâtie de chêne, plaquée en bois de rofe, garnie d'entrées, boutons & pieds dorés d'or moulu, le marbre de Flandre, 140 l. — Une table de nuit de trois pieds en bois de noyer à deux marbres, 72 l. — Deux tables à écrire de bois de noyer, de 18 pouces, sans cornets, à 7 l., 14 l. — Le port à deux hommes, 6 l.

1896. — Mme la Marq. de Pompadour : Un pot à l'eau & jatte ovale de Vincennes en bleu & or, peints à oifeaux, fur terraffe, pour l'hoftel de Paris, 360 l. — Deux fucriers couverts & leurs plateaux en bleu lapis & or, pour Mme de Magnanville, 288 l. — La caiffe & emballage pour Tours, 4 l. — Port & rapport de porcelaines à l'hoftel, 2 l.

1897. — M. le Marq. de GONTAUT : Six gobelets à anfes & foucoupes de Vincennes, enfans, camayeu pourpre, 96 l. — Le pot à fucre & théière, 66 l. — Caiffe & emballage pour Brest, 8 l.

1898. — Mme la Marq. de POMPADOUR : Deux cages de 12 pouces de diamètre, garnies de laiton, en dôme, 63 l. — Le port à Verfailles, 3 l.

1899. Du 21. — Mme la DAUPHINE : Un métier de bois d'acajou maffif, garni de ferrures en couleur d'eau, avec un bras dans le milieu, 192 l. — Avoir fait une ferrure & clef en triangle pour un coffre d'Angleterre, où l'on a fait dedans un compartiment en bois, 30 l. — Le port à Verfailles, 6 l.

1900. Du 24. — M. de FONTFERRIÈRE : Avoir fait mettre en couleur la garniture de cinq commodes, et fourni des morceaux qui manquoient, 20 l.

1901. Du 26. — M. FABUS : Une table en forme de bureau, plaquée en bois de rofe, quart de rond & ornemens dorés d'or moulu, avec maroquin & cornets argentés, 240 l. — Le papier, ficelle & port, 1 l. 10 s.

1902. Du 27. — M. de CURY : Deux bougeoirs de vernis la Chine, garnis en bronze doré d'or moulu, 48 l.

Octobre.

1903. Du 2. — Mme la Marq. de POMPADOUR (Fontainebleau) : Une petite pendule de porcelaine ancienne, garnie de terraffe & branchages dorés d'or moulu, ornés de fleurs de Vincennes, 384 l. — Une paire de girandoles à double branche & terraffes dorées d'or moulu fur des magots d'ancien blanc, garnies en fleur, 288 l. — La boëte & emballage, 3 l. 10 s.

1904. — Mme VICTOIRE : Fourni à Mme la Maréchale

de Duras une pendule à fonnerie & huit jours, fous un portique de treillages peints & dorés d'or moulu, avec deux figures de Saxe & petits animaux fur une glace, les branchages garnis de fleurs de Vincennes, 600 l. — Port & voyages à Verfailles, 18 l.

1905. — M. Hébert : Un gros pot à oille de Vincennes, 480 l. — Deux terrines ovales moyennes, 600 l.

1906. — M. d'Azincourt : Deux perroquets, bleu-célefte, garnis de terraffes dorées d'or moulu, 432 l. — Un petit vafe, gris bleu, garni de pieds & cercles dorés d'or moulu, 144 l. — Une table plaquée en bois de rofe avec armoire & coffre-fort, 144 l.

1907. Du 3. — M. le Préfident Ogier : Livré à M. Defmares deux vafes de Vincennes garnis de pieds dorés d'or moulu, dans lesquels de grands branchages de laiton imitant la nature, vernis & garnis des plus belles fleurs de Vincennes, 3,150 l.

1908. Du 4. — M. Hébert : Un cabaret rond à pieds de lacq rouge & or, 120 l. — Un autre du Japon à pagode, 72 l.

1909. — Mme Godefroy : Une commode de quatre pieds, à trois tiroirs de hauteur, garnie de boutons & entrées en couleur, le marbre de Flandre.

1910. Du 5. — M. de Fontferrière (pour Paris) : Avoir rétabli les fers d'une grille, l'avoir repolie & refaucé les bronzes, 14 l.

1911. — M. Machart : Une caiffe de Saxe blanche & or, 36 l.

1912. — M. Collin : Une caiffe & emballage d'une fontaine envoyée à Fontainebleau, 7 l. 10 s.

1913. — Mme la Marq. de Pompadour : Une armoire d'encoignure à pieds de biche plaquée en bois de rofe, garnie de cartouches & ornemens dorés d'or moulu, le marbre d'Antin, 210 l. — Une table à écrire en bois de rofe, à quarts de rond & ornemens dorés d'or moulu, 180 l. — Une autre table à pupitre & deux côtés s'abattans, plaquée à fleurs, garnie de pieds & boutons dorés d'or moulu, 170 l. — Deux écrans de bois rougi, garnis de papier des Indes, 33 l. — Deux soufflets de bois de cèdre. Les caiſſes, papiers & cordages, 36 l.

1914. Du 6. — S. M. le Roy : Un pot à l'eau & ſa jatte de Vincennes, le pot garni en vermeil, 90 l.

1915. — Mme la Dauphine : Livré à Mme Dufour un étui de peau en noir, garni de charnières & ferrures en cuivre, le dedans à compartimens de ratine écarlate, pour le pot & cabaret de Vincennes, avec la caiſſe & emballage pour Fontainebleau, 120 l.

1916. Du 10. — M. Verne : Deux caves de noyer garnies de huit flacons, gobelets & entonnoirs, à 30 l., 60 l.

1917. Du 15. — M. de Fontferrière : Deux tables de noyer ſans cornets, 14 l. — Deux petites tables à tablettes, à fleurs, à 72 l., 144 l. — Trois paires de bras remis en couleur & dorés, 9 l. — Les ports, celui d'un marbre & poſé les bras en place, 12 l.

1918. — M. Collin : Un cabaret à anſes en vernis poli, 20 l. — Une taſſe & ſoucoupe de Vincennes, 12 l. — Le pot à ſucre, 15 l. — Le pot à crème, 24 l.

1919. Du 17. — Mme la Ducheſſe de La Vallière : Une lanterne à treillage dorée d'or moulu, garnie de glaces, les fleurs de Vincennes, 300 l. — Un cordon de ſoie & port, 20 l.

1920. — M. le Marq. de Gontaut : Deux ſoufflets de cèdre, garnis en peau & bord d'argent, 48 l.

1921. — M. de Belhombre : Envoyé à Strasbourg ſix pieds de table ſculptés, en chêne, pour des encoignures, à 75 l. pièce, 450 l. — Les trois caiſſes, emballage & cordes; une autre caiſſe pour une commode & pendule de marqueterie, papier & emballage, frais & droits, 140 l.

1922. Du 18. — S. A. R. l'Infant don Philippe : Livré à Mme la marquiſe de Leyde une pendule plate pour poſer ſur la menuiſerie, en cuivre ciſelé & argenté, ornée de treillage & branchages vernis garnis de fleurs de Vincennes; le mouvement de J. le Roy, 845 l. — Un baromètre de même forme, & ornemens de Dandré-Bardon, 550 l.

1923. Du 19. — M. Bentabole : Un buffet d'hazard, fon marbre & une petite armoire de chêne à couliffe, 72 l.

1924. Du 21. — M. Collin : Une commode bâtie de chêne, à pieds de biche, plaquée en bois fatiné à fleurs, garnie d'ornemens dorés d'or moulu avec fon marbre d'Antin; le port, 430 l.

1925. — S. A. Mgr le Prince de Soubise : Une paire de bras à double branche en cuivre verni, compofés de branchages imitant la nature, ornés de très-belles fleurs de Vincennes, 740 l. — Trois autres paires à une branche, dans le même goût & garnies de fleurs, à 322 l. la pièce, 966 l. — Deux foufflets de cèdre garnis en peau avec un bordé d'argent & les bouts argentés, 48 l.

1926. Du 22. — Mme la Marq. de Pompadour : Les ports à l'Ermitage de panneaux, paravents, tables & magots pour accommoder, 12 l. — Fait tailler un manche de jafpe pour une lame de couteau d'or, 96 l.

1927. Du 23. — M. Vigier : La dorure en or moulu d'une grille à enfans, 120 l. — La garniture & les boutons, 12 l.

1928. — Mgr le Duc de Bouillon : Six feuilles de papier la Chine, fond blanc à fleurs & oifeaux, 36 l.

1929. — Mgr le Duc de Rohan : Avoir démonté & remonté en fil neuf un gros luftre de Bohême, & le nettoyage, 18 l. — Le nettoyage d'un petit, remonté & mis à neuf, 6 l.

Novembre.

1930. Du 5. — Mme Camuset : Avoir rétabli une lanterne à neuf; avoir fait repeindre les branchages en vert, & pofé en place, 18 l.

1931. Du 6. — M. Coquinot : Avoir rétabli le mouvement d'une pendule avec port & rapport.

1932. Du 9. — M. d'Azincourt : Une petite commode plaquée en différens bois, à contours & marbre de brèche d'Alep, 144 l.

1933. Du 15. — S. M. le Roy : Dix-huit pots à jus de Vincennes, pour Choify, livrés à M. de Champcenetz, à 9 l., 162 l.

1934. — M. de Fontferrière : Le raccommodage des fers de fix grilles rétablies & polies à neuf; relimé les bronzes qui eftoient argentés, & mis en couleur, 90 l.
— Fourni les pelles, pincettes & boutons qui manquoient; repoli & mis en couleur, 24 l. — Quatre tables de nuit de noyer à deux marbres, 80 l. — Le port à Auteuil, 9 l.

1935. Du 16. — M. de Belhombre : Un pied de table en chêne fculpté de fix pieds, 192 l. — Réparation faite à un feu doré refaucé, 11 l. — La caiffe, emballage & frais à la douane, 72 l.

1936. — M. de Presle : Un paravent à couliffe à quatre feuilles, en papier des Indes, 72 l.

1937. — M. de Boulogne, tréforier : Le nettoyage d'un luftre de criftaux, 6 l.

1938. — Mme la Marq. de Pompadour : Raccommodage d'un paravent à feu, avoir fait diminuer une feuille du paravent & en avoir fait un écran; raccommodage de bras, table & pagode, 28 l. — Quatre panneaux en papier des Indes très-beau, 266 l. — Un broc lapis garni en argent doré, 162 l. — Un gobelet à lait couvert en bleu lapis, 108 l. — Un gobelet à caffé couvert, lapis à bouquets, 48 l. — Un broc moyen en bleu & blanc, 48 l. — Les ports à Verfailles & l'Ermitage, 15 l. — Un foufflet de cèdre & un noir, 30 l. — Le raccommodage de trois, revernis & garnis à neuf, 27 l.

1939. Du 18. — Mme la Marq. de Pompadour : Deux commodes de bois de noyer pour les chambres des demoifelles à l'hoftel, garnies, 84 l. — Deux tables de nuit, 12 l. — Les ports à l'hoftel, 2 l.

1940. — M. Thoynard de Jouy : Deux grands gobelets & foucoupes de Vincennes en bleu lapis & or, 96 l.

1941. — Mme la Marq. de Pompadour : Le raccommodage du dedans d'un fecrétaire & l'avoir garni en velours, 12 l. — Une grande lanterne en cloche qui avoit efté caffée, 25 l. — Port, 1 l.

1942. Du 20. — Mme la Marq. de Pompadour : La garniture en or d'un pot à l'eau de Vincennes en bleu lapis, 124 l. — Un portefeuille d'Angleterre garni d'une ferrure d'or & clef, 60 l. — Payé à une marchande de perles pour des façons de rubans & enfilages, avec fa voiture, 14 l. — Les réparations des fers des dix-huit feux de Bellevue, les avoir nettoyés & remis à neuf, avoir doré les poupées & parties qui eftoient brûlées, avoir redoré en entier un feu de cabinet à enfans & cors de chaffe, & les quatre poupées qui avoient efté brûlées derrière un couvre-feu; le nettoyage des lanternes & autres dorures, le nettoyage d'un luftre de criftal de roche, fleurs, porcelaine, commodes & encoignures de lacq; frais de voyage & journées de différens ouvriers, 486 l.

1943. Du 21. — S. M. le Roy : Dix gobelets de Vincennes, fans anfes & foucoupes, peints à fleurs, 100 l.

1944. Du 22. — M. le Duc de Rohan : Avoir nettoyé & verni à neuf deux vafes de fleurs de Vincennes, verni les plantes & refaucé les dorures, 36 l.

1945. — Mme la Marq. de Pompadour : Les ports à Verfailles de taffes de rouge prifes à l'hoftel à Paris, 9 l.

1946. — Meffieurs de Vincennes : Avoir reporté à Verfailles une terrine & pot à oille du fervice du Roy, & en avoir rapporté une jatte, 6 l.

1947. — M. le Cte du Luc : Une commode plaquée de trois pieds, garnie de pieds, portans & entrées dorés d'or moulu, le marbre de Flandre, 135 l.

1948. Du 25.— S. A. S. Mgr le Duc d'Orléans : Avoir fait trois charnières dorées d'or moulu pour un fecrétaire en armoire, & pofé en place, 24 l.

1949. Du 26. — S. M. le Roy : Fourni à M. Le Bel deux fucriers de Vincennes à fleurs, 144 l. — Repris deux plateaux, camayeu bleu, 66 l.

1950. — Mme la Duchesse de Mortemart : Une commode bâtie de chêne, plaquée en bois fatiné à point d'Hongrie, garnie d'ornemens dorés d'or moulu, le marbre de Flandre de 4 pieds 8 pouces. — Le port, 2 l.

1951. — M. le Cte du Luc : Un écran de bois rougi, garni en papier des Indes, 16 l.

1952. — M. Ducrolay : Une cuifinière d'ancien lacq, 96 l.

1953. — Mgr l'archevêque de Cambray : Quatre faladiers de Vincennes, bordures à mofaïque, peints à fleurs, 84 l., 336 l. — Huit compotiers de même à 42 l., 336 l.

1954. — Receu de S. M. le Roy : Fournitures à M. de Champcenetz pour Choify, la fomme de 826 l.

1955. — M. Duperron : Le nettoyage d'un luftre & de fes glaces, 9 l.

1956. — Mme la Marq. de Pompadour : Obmis d'écrire, dès le 9, deux fucriers lapis & or (Bellevue), 288 l.— Deux dits, ordinaires à fleurs, 120 l.

Décembre.

1957. Du 4. — Mme la Cteffe d'Egmont douairière : Le vernis en blanc & bleu de quatre petites tablettes, 12 l.

1958. Du 6. — M. le Préfident Hénault : Une lanterne de criftal, garnie en cuivre avec poulie & contrepoids, 24 l.

1959. Du 8. — Mme la Princeffe de Turenne : Une paire de bras à feuillage verni, garnie de fleurs peintes, 48 l.

1960. Du 10. — Mme la Marq. de Pompadour : Un trictrac plaqué en bois de rofe, garni en bronze doré d'or moulu, avec les dames d'ivoire blanches & vertes, 288 l. — Le port à Bellevue, 3 l. 12 s.

1961. — M. le Préfident Ogier : Un feau de Vincennes en lapis & or, avec un couvercle, doré d'or moulu, 168 l.

1962. — Mme la Ducheffe de Brancas : Le nettoyage de luftres de criftaux, 12 l.

1963. — Mme la Marq. de Pompadour : Une tablette de deux plaques d'agathe d'Orient, montée à jour en or émaillé, de 62 louis, 1,488 l. — Une boëte ovale de sardoine montée en or émaillé, 1,440 l. — Un grand vase de porcelaine, petit bleu, monté en bronze doré d'or moulu, 1,120 l. — Deux autres vases d'ancienne porcelaine verte à reliefs bleus, montés en bronze doré d'or moulu, 1,700 l. — Une boëte d'ancien lacq aventurine avec des ouvrages en or dessus & dedans, garnie de pinceaux, pierre & encre de la Chine, 552 l. — Un étui de porcelaine d'une asperge. — Une boëte de lacq à contours, fond d'or à relief, avec un petit cabaret dedans, 912 l. — Une autre boëte carrée de lacq aventurine avec deux magots, 520 l.—Deux pots pourris de Vincennes, camayeu pourpre, à 108 l. 216 l. — Deux brocs moyens à 54 l., 108 l. — Deux brocs moins grands, 72 l.

1964. — Mme la Duchesse de Mortemart : Une soucoupe de Saxe à pied doré, peinte à figures, 30 l.

1965. — Acheté à M. le Cte du Luc : Une garniture de sept morceaux verts, 66 louis, 1,584 l. — Un chat violet, 25 louis; un magot vert, 12 louis; un pot pourri, 13 louis, 1,200 l. — Donné en argent ledit jour, 600 l.

1966. Du 12. — M. le Cte du Luc : Deux armoires de Boulle à trois portes, les milieux en marqueterie & dorure, les portes des bouts en glaces, 2,000 l. (J'ai repris les deux armoires.) — Le raccommodage d'une table de marbre, cassée, 7 l.

1967. — M. Bonnet, Payeur des rentes : Pour S. A. R. l'Infant, une tasse & soucoupe de Vincennes, bleu céleste, à figures, 96 l.

1968. Du 13. — S. A. Mgr le Prince de Turenne : Deux poissons, porcelaine verte, montés en buires, d 40 louis; deux roseaux garnis; une urne à anneaux, garnie; deux trépieds sans garniture; & deux fruits non garnis, les sept morceaux, 60 louis : en tout, 2,400 l.

1969. — M. le Marq. de Chabannes : Un secrétaire en forme d'armoire plaqué en bois de rose, garni en bronze doré d'or moulu, avec marbre & coffre-fort 288 l.

1970. Du 14. — M. Bentabole : Une commode à pied

de biche, un tiroir de hauteur, plaquée en différens bois, avec fon marbre d'Alep, 96 l.

1971. — Mme de La Reynière : Deux feaux à liqueurs, forme du Roy, peints à oifeaux, & terraffe, 144 l.

1972. Du 15. — Mme Rouillé : Un fecrétaire en armoire à coffre-fort, plaqué en bois de rofe, avec ornemens dorés d'or moulu & marbre d'Alep, 288 l. — Une petite table très-compofée, 144 l. — Deux moutardiers de Vincennes, 60 l.

1973. — Mme la Marq. de Pompadour : Une tabatière d'ancien lacq, fond d'or, montée à gorge de lacq, garnie & doublée d'or ; une autre auffi d'ancien lacq, fond d'or, dont la garniture eft émaillée ; une cage de 18 pouces pour deux perroquets, 72 l. — Le port, 3 l.

1974. Du 16. — M. de La Boissière, tréforier : Deux vafes de porcelaine gros-bleu, garnis en bronze doré d'or moulu, 600 l. — Une table à écrire avec pupitre, armoire, glace, coffre-fort, 144 l. — Un petit pot à l'eau, gros-bleu & or, garni en or, avec fa jatte, 252 l. — Un déjeuner dans un bateau, blanc & bleu, deux taffes, le pot à fucre, 72 l. — Un autre déjeuner de deux très-petites taffes, pot à fucre & théière fur le plat, 60 l.

1975. Du 17. — M. le Marq. de Castries : Quatre taffes à anfes en feaux & foucoupes de Vincennes à fleurs, à 10 l., 40 l. — Deux faladiers en artichauts, communs, à 36 l., 72 l.

1976. Du 18. — Mme Calabre : Deux petites taffes à anfes, 12 l. — Le pot à fucre & cabaret, 24 l.

1977. — M. de Roissy, receveur général : Un groupe de plâtre fur un pied de Boulle, 360 l.

1978. — Mme la Marq. de Beuvron : Un pot à boire & foucoupe, enfans, camayeu bleu, 60 l.

1979. — Mme Rouillé : Une écritoire de lacq, noir & or, garnie de charnières dorées & cornets argentés, 192 l. — Un déjeuner fur plateau de porcelaine, taffe, pots à fucre & à crème, 120 l. — Une taffe, bleucélefte à guirlande, 96 l. — Le cabaret verni à anfes, 24 l.

1980. — M. Bonnet, payeur des rentes : Un petit pot à crème, 16 l.
1981. Du 19. — M. le Marq. de Beuvron : Une table à écrire en ancien lacq, garnie de bronze doré d'or moulu, avec tablette en velours & porte-chandelier, 864 l.
1982. — M. Ducrolay : Un enfemble de boëtes de lacq aventurine doublées de rouge, convenû à 216 l.
1983. — Mme la Duchefſe de Brancas : Un bateau de Vincennes, bleu & blanc, 18 l.
1984. Du 20. — Mme la Cteſſe d'Egmont, douairière. Un vaſe à trois goulots, porcelaine céladon ancienne, garni de pieds & moulures dorés d'or moulu, 240 l.
1985. — M. de Boulogne, tréſorier : Deux bronzes repréſentant la Vénus accroupie & le Rotatore (1) ſur des pieds dorés d'or moulu, 528 l.
1986. — M. le Marq. de Gontaut, pour Mme de Roure : Deux pagodes de terre des Indes ſur des pieds vernis, 288 l. — Deux grands magots, vieillards, 336 l. — L'expédition à la douane, caiſſe & emballage d'un pot de Vincennes envoyé en Danemark.
1987. — M. de Boulogne, intendant : Un vuide-poche à moulures dorées, 192 l. — Une table à écrire plaquée en bois de roſe, garnie en bronze doré d'or moulu, 288 l. — Une pierre à papier d'un groupe de bronze, & deux girandoles de bronze doré d'or moulu, 192 l.
1988. Du 21. — Mme la Cteſſe d'Estrades : Un chat d'ancienne porcelaine violette ſur un pied doré d'or moulu, 864 l. — Un magot d'ancienne porcelaine céladon, le viſage & chairs rouges, 336 l.
1989. — Mme la Princeſſe de Robecque : Une taſſe, pot à crème de Vincennes, gros-bleu & or, avec le cabaret à anſes, 96 l.

---

(1) C'eſt une réduction de la célèbre ſtatue du *Rémouleur* de la Tribune de Florence, dont nous poſſédons un bronze coulé par les Keller en 1688 & placé dans le jardin des Tuileries. Au dix-huitième ſiècle on l'appelait en France *le Rotateur*, & en Italie *Arrotino* ou *Rotatore*.

1990. — M. le Premier : Un déjeuner fur un plateau triangle, 60 l. — Deux petites taffes à fleurs, de 8 l., 16 l. — Quatre taffes & foucoupes, camayeu bleu, les vifages colorés, à 30 l., 120 l. — Le fucrier, 42 l. — Un gobelet à lait, à fleurs, 48 l. — Un déjeuner fur plateau, 72 l. — Une terrine de Saxe à enfans fur le couvercle, 192 l.

1991. — M. Calabre : Un vafe de Vincennes à enfans de relief, chairs colorées, 480 l. — Une taffe à fleurs bleu-célefte, 84 l.

1992. Du 24. — M. de Brou : Six compotiers de Vincennes, quatre de 96 l. — Deux dits de 60 l.

1993. — M. de Courgy : Douze feaux à verres, porcelaine de Vincennes, à 42 l., 504 l.

1994. — S. A. S. Mlle de Sens : Deux caiffes de porcelaine de Vincennes, gros-bleu, peintes à oifeaux, 288 l. — Une taffe couverte, 15 l. — Deux petites taffes à anfes, 12 l.

1995. — Mme de Sonning : Un gobelet à litron, bleu-célefte, fleurs, 96 l.

1996. — Mme la Duchesse de Mirepoix : Une petite fontaine fur un rocher de porcelaine ancienne, garnie, robinet d'argent, 312 l. — Deux caiffes, bleu-célefte, 384 l.

1997. — Mme la Cteffe de La Marck : Trois coquetiers, bleu-célefte, 72 l.

1998. — M. de Boulogne, tréforier : Un petit pot à l'eau garni en vermeil & jatte, camayeu bleu, enfans, 96 l.

1999. — M. le Marq. de Voyer (pour M. le Cte d'Argenfon) : Deux bouteilles de porcelaine céladon cannelées, garnies d'un petit pied doré, 624 l. — Un finge de porcelaine ancienne, 192 l. — Le port à Verfailles & une voiture à Neuilly, 10 l. 12 s.

2000. — M. de Boulogne, fils : Une taffe, bleu-célefte à guirlande, & foucoupe fur un plateau verni, 114 l.

2001. — Mme la Marq. de Castries : Un déjeuner à payfage, 216 l.

2002. — Mme de BRIONNE : Six gobelets & foucoupe de Vincennes, gros-bleu, pot à fucre, théière & cabaret verni, 360 l. — Repris deux fromagers vendu 84 l.

2003. — S. A. Mgr le Duc de BOUILLON : Un coquetier, 18 l. — Payé deux balais d'autruche, 24 l.

2004. — Mme la DAUPHINE : Livré à Mme Dufour un déjeuner de Vincennes, plateau de porcelaine fucrier, pot à crème, taffe & foucoupe, peints à jeux d'enfans, 840 l. — Un pot à l'eau garni d'or dans fa jatte ovale, bleu-célefte, peints à fleurs, 480 — Un gobelet couvert & foucoupe, bleu-célefte, oifeaux, 108 l. — Deux feaux à rafraîchir, lapis oifeaux & terraffes, 336 l. — Quatre plats hors-d'œuvre, contours, ovales, blancs à fleurs, 144 l. — Deux plats à contours, à pans, fleurs, 84 l. — Un plat carré en caiffe, blanc, or & fleurs, 48 l. — Un pot à la romaine, & jatte en bleu & fleurs, 216 l. — Deux grands brocs-camayeux de 54 l., 108 l.

2005. — Receu de S. M. le Roy un mémoire de différentes chofes montant à la fomme de 880 l.

2006. — S. M. le ROY : Erreur de quatre louis fur une urne, bleu-célefte, 96 l. — Douze grands gobelets fans anfes dont : fix de 12 l., 72 l. — Et fix de 10 l. 60 l.

2007. Du 26. — M. de BOULOGNE de PRENINVILLE Deux pots à pommade, bleu-célefte, 96 l.

2008. — Mme la Marq. de POMPADOUR : Pour l'Ermitage, un broc, 54 l. — Un pot à l'eau & fa jatte 108 l.

2009. — Mme de LA BAUVE : Deux cabarets la Chine & quatre taffes de Vincennes, prix fait, 52 l.

2010. — Mme HÉBERT, des Menus : Un pot, bleu-célefte, & jatte peinte à oifeaux colorés, payfage, 360

2011. — M. de BOULOGNE, fils : Deux fucriers lapis, fleurs, 288 l. — Dix-huit affiettes de Saxe, 216 l. — Un petit cabaret célefte, triangle, 192 l. — Un coquetier blanc & or, & une baignoire, 24 l. — Une taffe camayeux-enfans, 36 l.

2012. — M. le Premier : Un gobelet à lait blanc & or, de 108 l., ayant receu 12 l. deffus, 96 l.
2013. Du 28. — M. Fabus : Deux beurriers-camayeux, à 36 l., 72 l. — Une taffe couverte, bleu-célefte à fleurs, 114 l. — Un bougeoir de lacq, garni, 36 l.
2014. — Mme de La Reynière : Un pot à boire, bleu-célefte, 120 l. — Un déjeuner fur porte-huilier, 144 l.
2015. — M. de Boulogne, intendant : Deux fucriers blancs, 144 l. — Deux beurriers, 96 l.
2016. — M. de Fontaine, fermier général : Deux caiffes, bleu-célefte, 384 l.
2017. Du 29. — M. d'Azincourt : Un pot à la romaine, bleu-célefte, 480 l.
2018. Du 30. — Mme la Cteffe d'Egmont, douairière : Une pagode double de terre des Indes, 144 l.
2019. — M. le Marq. de Beuvron : Deux feaux de Vincennes, 192 l. — Quatre figures en bifcuit & un coquetier, 168 l.
2020. — Mme la Ducheffe de Boufflers : Un cabaret & deux taffes, 22 l.
2021. — M. le Duc de Luxembourg : Deux foufflets de cèdre garnis en galon argenté, 48 l.
2022. Du 31. — M. de Boulogne, intendant : Une petite table couverte de marbre, 48 l.
2023. — Mme de Genssin : Deux taffes & foucoupes à guirlandes, bleu-célefte, 192 l. — Un fucrier, 108 l. — Deux feaux à caraffes, 96 l.
2024. — Mgr le Duc de Nivernois : Un pot à l'eau garni d'or dans fa jatte ronde en lapis, peint à oifeaux colorés, 300 l. — Un déjeuner fur plateau, 120 l.
2025. — M. le Premier : Quatre bronzes repréfentant les Saifons fur des pieds dorés d'or moulu, 192 l. — Un bronze de deux enfans couchés fur une terraffe dorée d'or moulu, formant une pierre à papiers, 96 l.
2026. — M. le Cte du Luc : A déduire fur les porcelaines que je lui ai reprifes la fomme de 1,200 l. que je lui ai payée.

Journal du crédit commencé au nom de Dieu le premier janvier 1755 (1).

Janvier 1755.

2027. Du 1ᵉʳ. — Mme la Duchesse de Luxembourg : pot à l'eau garni de vermeil & sa jatte de lapis, à fleu 288 l. — A compte, 192 l.

2028. — Mme de La Live d'Epinay : Deux girando à trois branches dorées d'or moulu, sur des lions porcelaine ancienne violette & bleue, 2,100 l.

2029. — Mme Calabre : Deux sucriers ovales à fleu 144 l. — Un beurrier, 42 l. — Deux compotiers, 6

2030. Du 3. — M. de La Reynière : Douze pots à de Vincennes, à 9 l., 108 l. — Les deux platea même porcelaine, 72 l.

2031. — Receu de Mme La Dauphine, par les mains Mme Dufour, sur le premier mémoire de Vincen duquel elle est chargée, la somme de 1,200 l.

2032. — Receu de Mme Rouillé, à-compte sur le n veau mémoire du mois dernier, la somme de 480

2033. Du 4. — Mme la Duchesse de Chaulnes : magot de terre des Indes, couché sur un pied ve en vert & noir, 120 l.

2034. — Mme la Ctesse de La Guiche : La caisse & e ballage d'un broc & jatte de Vincennes, 3 l.

2035. — M. Herbault : Deux tasses en cuvier & s

---

(1) Il ne nous est parvenu du Livre-Journal de Duvaux que les d registres cotés B & C. Le registre B, commencé le 16 septembre 1748 termine à la date du 31 décembre 1754, avec l'article du Comte du Le registre C commence à la date du 1ᵉʳ janvier 1755 avec l'articl la Duchesse de Luxembourg, après la mention d'usage. Pour la lité des renvois nous conservons une seule série de numéros dans deux registres, & le premier article du registre C reçoit ainsi le méro 2027.

coupes, bleu-célefte, 72 l. — Le pot à fucre, 54 l. — Un cabaret triangle, verni, poli, 18 l.

2036. Du 7. — M. Machard : Deux grands gobelets, enfans-camayeux, les chairs colorées, 72 l. — Le pot à fucre, 48 l. — Deux taffes lapis, oifeaux volans. — Un fucrier bleu-célefte, à cartouches de fleurs, 120 l.

2037. — Mme la Ducheffe de Brancas : Un deffus de porte en papier des Indes repréfentant des armoires & autres, avec fon cadre fculpté & doré, 72 l.

2038. — M. de Verdun : Deux armoires d'encoignure bâties de chêne, plaquées en bois violet & bois de rofe, garnies de cartouches & ornemens dorés d'or moulu, avec leurs marbres, 432 l.

2039. — M. Hébert : Deux compotiers de Saxe en coquilles, 42 l.

2040. Du 10. — Mme de Saint-Julien : Neuf feuilles de papier des Indes de fix pieds de haut, de 6 l., 54 l. — Plus une feuille d'augmentation, 6 l.

2041. — Mme la Marq. de Fervacques : La dorure de fix fauteuils en uni, à 22 l., 132 l. — Port, 2 l.

2042. — M. d'Azincourt : Une table à écrire de trois pieds, plaquée en bois de rofe, à quarts de rond & ornemens dorés d'or moulu, avec maroquin, tablettes & cornets argentés, 240 l. — Une encoignure à jour vernie en blanc & bleu, avec les tablettes en marbre blanc, 72 l.

2043. — Mme la Ducheffe de Lauraguais : Une paire de bras à double branche, vernie, imitant la nature, garnie de fleurs de Vincennes afforties à chaque plante, les bobèches dorées, 480 l. — Voyage de porcelaines pour une nopce, 24 l.

2044. Du 15. — Mme la Marq. de Pompadour : Une taffe & foucoupe de Vincennes, bleu-célefte à guirlandes, 96 l. — Le pot à fucre afforti, 120 l. — Le port d'une lanterne à Verfailles, 3 l. — Deux chaînes d'acier & un raccommodage, 45 l.

2045. Du 16. — Mme Rouillé : Une petite table à contours, plaquée à fleurs, avec un bord & pied doré d'or moulu, 120 l.

2046. Du 17. — S. M. le Roy : Quatre girandoles à trois branches, ciſelées & dorées d'or moulu, 920 l.— Les port & rapport des terrines du ſervice pour y faire les doublures. — Deux cuillers à ſucre en argent.

2047. — Mme Calabre : Trois branches de jacinthes en fleurs de Vincennes montées ſur des tiges, 66 l.

2048. — M. Verne : Une petite pendule à ſonnerie & huit jours, en bronze doré d'or moulu, 360 l.

2049. Du 19. — M. le Préſident Dupuis : Une paire de bras à fleurs, en blanc & bleu, 42 l.

2050. — Mme la Marq. de Pompadour : Un port de porcelaines de Verſailles à Paris, une voiture à l'hoſtel & à la douane pour retirer deux caiſſes de porcelaines, 9 l. — Deux dames & deux étendards de triċtrac, 5 l.

2051. — Mme Rouillé : Une petite table à écrire plaquée à fleurs, à moulures & pieds dorés d'or moulu, 120 l.

2052. — M. de Genssin : Une paire de bras à une branche, à fleurs, vernis en blanc & bleu, 36 l.

2053. Du 24. — M. le Chevalier Genssin : Envoyé à Calais un luſtre de Bohême à huit branches, la fonte dorée, 820 l. — Le cordon & guirlande, 76 l. — La caiſſe, emballage & frais de douane, 78 l.

2054. — M. Masse : Deux grandes armoires d'encoignure d'ancien lacq, garnies en bronze doré d'or moulu, avec les marbres de griotte d'Italie à double moulure, 2,000 l. — L'augmentation du marbre de ſa commode.

2055. — M. le Marq. de Chabannois : Le raccommodage d'une grille remiſe en couleur; repoli les fers, 10 l. — Une taſſe & ſoucoupe de Vincennes, 12 l.

2056. Du 26. — M. le Cte de Sade : Une paire de bras à double branche de branchages de jacintes en cuivre verni, avec les binets. — Avoir regratté & verni à neuf une pareille paire. — Deux autres paires de pareille groſſeur, compoſées de feuillages naturels avec les fleurs aſſorties; avec les binets, 216 l.

2057. Du 31. — Bazin : Une écuelle & ſon plat gros bleu, 300 l.

2058. — M. le Premier : Pour la Meutte, les pieds en

bronze doré d'or moulu faits pour deux pots pourris bleus, 18 l.

Février.

2059. Du 3. — M. le Duc de Luxembourg : Un cabaret verni à anfes pour deux taffes & le pot à fucre, 24 l.

2060. — Mme la Dauphine : Livré à Mme Dufour la réparation faite à une caffetière d'or qui eftoit crevée & boffuée; ajouté une rofette d'or à l'endroit du manche que l'on a refait en ébène, 55 l.

2061. Du 4. — M. le Marq. de Chabannois : Une commode de cinq pieds bâtie de chêne, plaquée en bois de rofe, ornée de pieds, chûtes, tirans & moulures dorés d'or moulu avec fon marbre de Flandre, 470 l. — Les ports, 4 l.

2062. Du 5. — M. de Roissy, receveur général : Une paire de bras moyens à double branche, vernis, garnis de fleurs de Vincennes, les baffins auffi de Vincennes, 132 l.

2063. — Mme la Marq. de Pompadour : Trois foufflets de bois noir à deux vents & trois balais emmanchés, tournés & polis, 22 l. — Affortiment de garderobe en porcelaine de Vincennes, blanc & bleu. — Deux brocs moyens, 108 l. — Deux au-deffous, 48 l. — Deux pots pourris, 216 l. — Port à l'hoftel, & de porcelaine, 2 l.

2064. Du 7. — Mme la Préfidente Gilbert : Une commode de cinq pieds en vernis la Chine, très-ornée de bronze doré d'or moulu, 950 l. — La doublure des tiroirs. — Deux flacons de Bohême dorés, 24 l. — Deux pots à pommade de Vincennes, 48 l. — Une taffe de toilette lapis, 42 l.

2065. — Mme Calabre : Un grand gobelet à l'eau, lapis & or, à une anfe, 120 l. — Un bougeoir, 30 l. — Un pot à l'eau blanc & bleu garni de vermeil, 84 l. — Une tablette d'encoignure à jour plaquée en bois fatiné à fleurs, 30 l. — Repris un pot garni d'or, 432 l.

2066. Du 8. — Mme la Marq. de Pompadour : Deux

feaux à demi-bouteilles lapis, peints à oifeaux, & terraffes, 336 l. — Deux fucriers lapis peints à oifeaux volans, 336 l.

2067. Du 10. — S. A. R. Mme Infante : Fourni à M. Bonnet deux gobelets & foucoupes, bleu-célefte piqué d'or, peints à enfans colorés, 288 l. — Une théière affortie, 192 l. — Le pot à crème à trois pieds 144 l.

2068. — Mme la Marq. de Pompadour : Un ftore peint orné de glands & cordons en or. — Un couffin à pupitre fatin & réfeau d'or, 45 l.

2069. — M. le Chevalier de Vergennes : Une écuelle à la turque & plateau à contours en bleu-célefte très orné en or, à cartouches dans lefquels des caractères arabes, 600 l. — Un petit plateau formant un déjeuner compofé de deux taffes & foucoupes, pot à fucre & théière, bleu-célefte piqué d'or, à cartouches de fleurs 300 l. — Un plateau triangle, lapis & or, avec fix petites taffes à anfes, 96 l. — Un bougeoir, nouvelle forme, en blanc & or, de 30 l.

2070. Du 11. — S. A. S. Mlle de Sens : La garniture & chaîne en or d'une théière de Vincennes, 51 l.

2071. — M. le Marq. de Chabannois : Une grande lanterne carrée, montée en verre de Bohême, la garniture vernie & bronzée avec fa lampe, 76 l.

2072. Du 13. — M. l'abbé de Caumartin : Une caiffe de porcelaine de Saxe dans laquelle on a ajufté un bouquet de fleurs de Vincennes. — Augmentation de fleurs & des branchages en cannetille, 81 l.

2073. Du 15. — Receu de Mme la Dauphine, par les mains de Mme Dufour, la fomme de 480 l. pour folde d'un mémoire dont le dernier article eft du 6 octobre 1754, de 120 l.

2074. — Mme Sophie : Livré à Mme la Maréchale de Duras une pendule à fonnerie & huit jours fur un berceau de treillage peint & doré d'or moulu, avec des figures de Saxe & fleurs de Vincennes, 600 l. — Le port & voyage, 18 l.

2075. — Mme la Préfidente de Nassigny : Avoir recoupé

& plaqué une commode de bois violet & scié le marbre, & ports, 72 l.

2076. — M. de BOULOGNE, intendant : Quarante-quatre charnières de cuivre doré d'or moulu pour la monture d'un paravent la Chine nettoyé & raccommodé, 300 l. — Port & rapport, 3 l.

2077. Du 17. — M. le PREMIER : Quatre petits bronzes représentant les Saisons sur des pieds dorés d'or moulu, 192 l. — Un bronze de deux enfans couchés sur une terrasse dorée d'or moulu, formant une pierre à papier, 96 l.

2078. — M. de BOULOGNE, intendant : Obmis d'écrire sur le dernier mémoire qu'il a payé deux tablettes d'encoignure à jour, forme ronde, en vernis poli imitant le placage, 72 l. — Une table de bois d'acajou sur un pied en triangle, couverte de marbre blanc, avec un quart de rond doré d'or moulu, tablette & chandelier en S, 96 l.

2079. Du 18. — Mme du GUESCLIN : Le raccommodage d'une navette de lacq, 3 l.

2080. Du 20. — S. A. S. Mgr le Duc d'ORLÉANS : Deux vases en forme de feuilles, de porcelaine céladon, garnis en bronze doré d'or moulu, 108 l. — Les port & rapport de porcelaines à Monseigneur, 4 l.

2081. Du 21. — Mme la Ctesse d'EGMONT : Deux brillans remis à une montre de jaspe, 18 l.

2082. Du 24. — M. de LA LIVE d'EPINAY, fermier général : Une table à écrire, à quarts de rond, plaquée en bois de rose, les tiroirs garnis, 264 l.

2083. Du 26. — M. de GENSSIN : Le raccommodage d'une paire de bras à feuillages dorés d'or moulu, fourni les bobèches & bassins dorés & des fleurs qui manquoient, 72 l.

2084. — M. le Marq. de CHABANNOIS : Un feu à cornes d'abondance & recouvrement en bronze doré d'or moulu, 530 l. — Remis une paire de bras en couleur d'or, 10 l.

2085. — M. COQUINOT : Une paire de girandoles dorées d'or moulu, triangles, à quatre branches, de 16 louis,

384 l. — Sur quoi receu un louis, 24 l. — Les binets de quinze livres payés à part.
2086. — Mme CALABRE : Des ports & rapports de luftre & bras, 4 l.

Mars.

2087. Du 2. — Mme la Marq. de POMPADOUR : Trois colonnes d'argent & réchauds formant des caffolette fur une terraffe dorée d'or moulu, ornées de branchages de lierre & ceps de vigne, avec une couronne & médaillon en fleurs d'argent rempli d'un chiffre 1,257 l. — Trois jattes de Vincennes pour les chiens à 12 l., 36 l. — Deux dites à bord, à 15 l., 30 l.
2088. Du 5. — S. A. S. Mgr le Duc d'ORLÉANS : Un grand gobelet à lait couvert en bleu lapis, à cartouches d'oifeaux, camayeu pourpre, 168 l.
2089. Du 7. — M. le Marq. de GONTAUT : Quatre falières de Vincennes à fleurs, 48 l.
2090. Du 11. — Mme la Cteffe d'EGMONT : Deux cercles à moulures en cuivre doré d'or moulu tenus avec des montans auffi dorés d'or moulu, montés à vis & charnières, pour un plat de Saxe qui eftoit caffé, 48 l
2091. — M. le Marq. de CHABANNOIS : Avoir refait un fer de grille & remis les bronzes en couleur. Le port 39 l.
2092. — M. de BOULOGNE, tréforier : Le raccommodage d'une paire de girandoles fur des lions, refauc les dorures à neuf, 9 l.
2093. — M. MÉLIAND, intendant de Soiffons : Deux pieds en bois verni pour des pagodes de pierre de lard les y avoir placées (payé).
2094. — Mme la Marq. de POMPADOUR : Un trictrac de trois pieds, plaqué en bois fatiné, garni d'ornemens dorés d'or moulu avec fes dames en ivoire blanc & vert, 288 l. — Plus, deux dames & étendards, & port à l'hoftel, 5 l.
2095. Du 15. — M. L'HÉRITIER : Une taffe de Vincennes, 48 l.

2096.—Receu de Mme Victoire la fomme de 36 l. pour raccommodage d'une boëte à parfiler.

2097. — M. le Premier : Le raccommodage & réparation de huit pagodes, 21 l. — Une paire de bras à une branche de Vincennes, 120 l.

2098. — M. Vergne : La monture en or gravé pour une boëte de caillou carrée, 26 l.

2099. Du 20. — Mme la Marq. de Pompadour : Une plaque d'or, trois grelots, une boucle, un anneau d'or de couleur, avec le collier brodé d'or, 212 l.

2100. — M. le Marq. de Chabannois : Une efpèce de commode plaquée dehors & dedans en bois de rofe à portes & tiroirs, avec les pieds & entrées dorés d'or moulu, fans marbre, 120 l.

2101. — Mme de Saint-Julien : Avoir garni un écran en toile, papier & rubans, 6 l. — Le collage des papiers des Indes, 18 l.

2102. — S. M. le Roy : Un fecrétaire compofé d'armoires à portes plaquées à fleurs & garnies de glaces, ornées de bronze doré d'or moulu, avec une tablette de marbre & trois cornets d'argent, 2,500 l. — Les ports à Trianon, 24 l. — Les ports des terrines & affiettes du fervice rapportées à Verfailles, 12 l.

2103. —. Mme la Marq. de Pompadour : La façon d'un portefeuille couvert en étoffe, 10 l. — Une lanterne de fer-blanc bronzé, garnie en verre de Bohême avec fon chandelier en cuivre, 24 l.

2104. Du 26. — M. le Premier : Deux urnes de porcelaine truittée, moyenne grandeur, 156 l. — Le raccommodage de quatre pagodes de terre, 9 l.

2105. — M. le Cte du Luc : Une pendule à fonnerie, dorée d'or moulu, 720 l. — La crémaillère, 24 l. — Une commode de quatre pieds & demi, à fleurs, garnie de dorures; le marbre d'Antin, 787 l. — Une de quatre pieds à trois tiroirs de hauteur, 180 l. — Une de trois pieds & demi, 130 l. — Une grille à perroquets dorée d'or moulu, 264 l.

2106. — M. Etienne Martin : Un flacon vert & le fac de velours, 3 l.

2107. Du 28. — M. Gaignat : Six feaux à verres, porcelaine de Vincennes à fleurs, de 42 l. pièce, 252 l.

2108. — S. A. Mgr le Duc des Deux-Ponts : Six gobelets & foucoupes en cuviers, 72 l. — Le pot à fucre afforti, 15 l. — Un plateau, deux gobelets & fucrier en carré, 72 l.— Un gobelet couvert & foucoupe, bleu-célefte, peints à enfans, 144 l. — Un déjeuner, porte-huilier, & deux taffes lapis, 132.

2109. Du 29. — M. de Boulogne de Preninville : Le raccommodage d'une table, dont le pied eftoit caffé, replaquée & mife à neuf, 12 l.

2110. — M. de Fontferrière : Le raccommodage d'une table repolie à neuf.

Avril.

2111. Du 3. — M. Coquinot : Une table de nuit à contours de bois d'acajou maffif, garnie de chauffons & portans dorés d'or moulu, les marbres blancs veinés, 84 l.

2112. — Mme la Marq. de Pompadour : Deux paires de grands cifeaux pour la toilette, 26 l.

2113. Du 6. — M. Brissard : Un feu à figures & ornemens de bronze doré d'or moulu, avec fa garniture, 480 l. — Une autre grille moins forte, auffi à figure & mufique, 319 l. — Une paire de grands bras à trois branches, dorée d'or moulu, 386 l. — Port & rapport, 3 l.

2114. Du 8. — Mme la Marq. de Pompadour : Les toile & papier des Indes, fond blanc à oifeaux & fleurs, de fix panneaux pour l'entrefol, 54 l. — Neuf autres panneaux, différentes grandeurs, garnis de toile & papier des Indes repréfentant des menuiferies, 60 l. — Port à l'hoftel (garderobe des bains), 1 l.

2115. Du 9. — S. A. Mgr le Prince de Soubise : Une jatte à fleurs de Vincennes à contours, à cartouches, camayeux-enfans, chairs colorées, 300 l. — Deux vafes à mettre des fleurs, à cartouches, camayeu bleu, chairs colorées, 300 l.

2116. — Mme la Marq. de POMPADOUR : Une grille de cheminée pour les bains compofée d'un cygne dans des rofeaux, en bronze doré d'or moulu, modèle fait exprès, avec les poupées, 550 l. — Le port à l'hoftel, & de porcelaines de Vincennes portées & rapportées, 3 l. — Huit figures de Vincennes en bifcuit à 42 l., 336 l. Trois groupes à 144 l., 432 l. — Deux pots à oille avec leurs plats à contours peints à fleurs, à 300 l., 600 l. — Un déjeuner d'un plateau, deux taffes, pot à fucre & théière en bleu-célefte, peints à fleurs, 480 l. — A compter des emballages & droits.

2117. Du 11. — Mme la Marq. de POMPADOUR : Un pot à l'eau moyen garni d'or, dans fa jatte ovale, bleu-célefte, à cartouches peints en fleurs (M. de Chavigny, à Paris), 480 l.

2118. — M. le Marq. de GONTAUT : L'expédition à la douane de Paris, caiffe, emballage & frais pour un pot envoyé à Copenhague, 18 l. — Autre expédition & port payé jufqu'à Strasbourg, 28 l.

2119. — Mme la Marq. de POMPADOUR : Pour caiffe, emballage & expédition à la douane de porcelaines de Vincennes envoyées à Rome à Mme la Ducheffe de Strozzi, voiture & correfpondance jufqu'à Lyon (feptembre), 20 l. — Caiffe, emballage & droits pour M. le Duc de Broglie à Drefde (janvier), 20 l. — Idem, M. le Duc de Duras à Madrid, 12 l. — Idem, pour des arbres & liqueurs à M. le Duc de Mirepoix à Londres (mars), 18 l.

2120. — M. le Cte de LUTZELBOURG : Une cave à tabac en bois violet, garnie de fes ferrures dorées, deux pots à tabac de Saxe, garniture & cuiller en vermeil, doublure de velours, 216 l. — Caiffe & frais de douane, 15 l.

2121. Du 12. — M. le Cte du LUC : Un fauteuil avec une cuvette en demi-bain couvert de maroquin, 80 l.

2122. — S. M. le ROY : Livré à M. Guimard un gobelet & foucoupe, bleu-célefte à fleurs pour raffortir un cabaret 48 l.

2123. — Mme la Marq. de POMPADOUR : Une plaque

d'or, une boucle, un anneau & trois grelots en or fu
un collier de velours-vert brodé d'or, 204 l.

2124. — M. le Dauphin : Un gobelet à lait couvert
peint en camayeu, 96 l.

2125. Du 14. — M. le Garde des Sceaux : Une tabl
à écrire couverte de maroquin, 48 l. — Deux table
en chiffonnières, à 72 l., 144 l. — Des ports & rap
ports de plufieurs tables, 4 l.

2126. Du 15. — M. le Duc d'Aumont : Deux fucrier
de Vincennes ovales, peints à fleurs, 144 l. — Deu
beurriers, 84 l. — Quatre feaux à liqueurs, 288 l. —
Six pots à jus, à 9 l., 54 l. — Un dit plus grand
12 l.

2127. Du 16. — M. de Fontferrière : Une pelle &
fon bouton argenté, & l'argenture d'un autre bouton
— Un fecrétaire plaqué en bois de rofe à rubans, cor
tourné & garni d'ornemens dorés d'or moulu. — Deu
tables de noyer à un marbre. — Une table de nuit d
noyer à deux marbres. — Les ports à Auteuil.

2128. — M. Calabre, le jeune : Avoir repeint à neu
des branchages d'œillets, 36 l.

2129. — S. M. le Roy : Une caffetière d'or à quatr
taffes avec des feuillages & ornemens gravés; pèf
1 marc, 7 onces, 5 gros, 30 grains, à 22 karats, 1,533
— Avec la façon, 2,400 l. — Une lampe à trois m
ches, à efprit-de-vin, à 20 karats, 5 onces, 5 gros
497 l. — Avec la façon, 768 l. — Six cuillers à caffé
nouveau modèle, à 22 karats, pefant 7 onces, 18 grain
682 l. — Avec la façon, 1,296 l. — Un réchaud d'acie
poli, 20 l. — Raccommodage de deux cordons d'or, 8

2130. — M. le Cte du Luc : Un bas de buffet en chên
verni, garni de fes ferrures, payé. — Une armoire au
en chêne avec fes ferrures & tablettes; le vernis &
charrette, 242 l.

2131. Du 17. — M. de Bellemont : Deux carpes dou
bles de porcelaine céladon, 192 l.

2132. — M. le Duc de Luxembourg : Une table en tri
trac de bois d'acajou avec les pieds en cuivre, dame
cornets & chandeliers, 192 l.

2133. Du 18. — M. le Garde des Sceaux : Une table de nuit plaquée en bois fatiné & bois d'amaranthe, à deux marbres d'Alep, 54 l. — Le port, papier & ficelle, 1 l.

2134. Du 19. — Mgr le Duc des Deux-Ponts : La caiffe & frais de douane d'un déjeuner de Vincennes, 9 l.

2135. — M. le Marq. de Chabannois : Deux urnes d'ancien la Chine, garnies de pieds dorés d'or moulu, 2 l. — Avoir percé de quatre trous chaque, 8 l.

2136. Du 21. — M. Jacquemin : Une paire de bras à double branche, vernis, garnis en fleurs, les bobèches, baffins & binets dorés d'or moulu, la caiffe & emballage, 84 l.

2137. Du 22. — S. M. le Roy : Un gros vafe bleu de porcelaine ancienne, monté en bronze doré d'or moulu, 912 l. — Deux bouteilles de porcelaine vert-céladon, cannelées, montées en bronze doré d'or moulu, 600 l. — Port à Trianon, 6 l. — Deux pots pourris de Vincennes peints à fleurs, de 144 l., 288 l.

2138. Du 26. — Mme la Marq. de Pompadour : Une petite jatte blanche de Vincennes à godrons, 4 l. — Un porte-moufqueton d'acier, 1 l. 10 s.

2139. — M. le Marq. de Gontaut : Le raccommodage d'un deffus de porte de papier des Indes.

2140. — Mme la Princeffe de Rohan, douairière : Un pot pourri de Vincennes en forme d'urne, 72 l.

2141. — M. le Cte du Luc : Une table de nuit plaquée de bois des Indes à deux marbres, 51 l. — Un écran garni de papier des Indes, 15 l.

2142. Du 29. — M. de La Live : Deux vafes de porcelaine céladon, formés de rofeaux, garnis de pieds dorés d'or moulu, 336 l.

2143. — Receu de M. le Marq. de Berville, la fomme de 1,296 l. — Pour frais & intérêts, 304 l.

2144. — M. le Cte du Luc : Une encoignure à portes vernie rouge & noir, 38 l.

2145. — S. M. le Roy : Payé au fieur Roëttiers, orphévre, un mémoire de cuvette d'argent, 2,869 l. 7 s. — Receu en jettons d'or 4 marcs à 692 l., 2,768 l. —

Plus, en jettons femblables, 2 marcs, 4 onces, 4 gr
1,773 l.
2146. — M. Douet, fils : Une cuvette de plomb aju[
dans une jatte à fleurs, une plaque de cuivre reper[
& le pied doré d'or moulu, 27 l.

Mai.

2147. Du 2. — Mme la Marq. de Pompadour : De
gros pots pourris de Vincennes peints à fleurs, 288
2148. — M. Hébert : Huit feuilles de grand papier [
Indes blanc à fleurs, à 6 l., 48 l.
2149. — Mme la Marq. de Pompadour : Une nave
d'acier damafquiné, de 550 l. — Un collier de
lours avec plaque, anneau, boucle & grelots en or,
134 l. — Une jatte de porcelaine pour les chiens, [
— Un portefeuille de maroquin avec la doublure
rubans en foie, 18 l. — Un plateau de Vincennes, de
taffes & foucoupes, pot à fucre, camayeu-enfans,
216 l. (la théière à déduire, de 24 l.), 192 l.—Un au
à une taffe & pot à fucre (1).
2150. Du 4. — Mme de Bois-Giroux : Un déjeu[
d'un bateau à contours, pot à fucre & gobelet lapis
fleurs, 144 l.
2151. — M. de Fontferrière : Deux tables de q
drille en bois d'acajou maffif, garnies de drap fin
48 l., 96 l. — Deux en triangle, à 48 l., 96 l. — U
de piquet, 51 l. — Une de brelan à cinq pans & [
lieu, 66 l. — Le port à Auteuil, 9 l.
2152. — S. M. le Roy : Un déjeuner de Vincennes d[
plateau avec une taffe & pot à fucre blancs, camay
pourpre, 96 l.
2153. — M. de Belhombre : Deux urnes de porcelai[
bleu & blanc, 24 l.
2154. — M. le Cte du Luc : Le raccommodage d'[
table à écrire, 4 l.

---

(1) Cette mention eft biffée, & on a mis en marge : Pour le Roy.

2155. Du 7. — M. Jélyotte : Deux taſſes & ſoucoupes de Saxe, à 9 l. 10 s., 19 l. — Une théière, 18 l. — Le pot à ſucre, 18 l.

2156. Du 9. — M. Gay : Deux figures de Saxe en biſcuit, 84 l. — La caiſſe, emballage, frais & correſpondance.

2157. Du 11. — Mme la Marq. de Pompadour : Un bougeoir d'une plaque d'acier violet, garni en bronze doré d'or moulu, pour brûler des odeurs & cordon, 27 l. — Payé à une marchande de rubans, 10 l.

2158. Du 12. — Mme la Marq. de Pompadour : Deux pots pourris de Vincennes peints à fleurs, envoyés à Marly, 240 l. — La boëte, 1 l. — Une voiture pour une caiſſe portée à Verſailles & l'avoir fait conduire, 13 l. — L'expédition à la douane d'une épée envoyée à Lorient, 12 l. — Deux ports de grands bras à Bellevue, 7 l.

2159. Du 16. — M. Hébert : La façon en or d'un cachet des armes de Mme la Dauphine, 78 l. — Dix-huit pieds de moulures dorées, & deux agraffes auſſi dorées, à 2 l.

2160. — Mme la Marq. de Pompadour : Une plaque de collier d'or que l'on a refaite, & les grelots montés ſur du velours, 66 l.

2161. — S. M. le Roy : Avoir fait deux charnières d'or pour une cave de lacq, qui enveloppent le couvercle des deux côtés; refait la ferrure, coupé le haut de la boëte & reverni; fait le compartiment en ſatin blanc brodé d'or (déduction de l'or des vieilles charnières), 263 l. — Fourni dans cette cave un pot à ſucre de Vincennes, en bleu lapis, peint à enfans, camayeu pourpre, 60 l. — Un grand gobelet & ſoucoupe aſſortis, 54 l. — Un gobelet même ſorte, moins grand, 48 l.

2162. Du 17. — M. le Garde des Sceaux : Une petite table à tiroir, cornets & pupitre, avec armoire deſſus, plaquée en bois de roſe à rubans, 84 l.

2163. Du 21. — M. le Duc de La Vallière : Un trictrac de bois d'acajou maſſif, couvert de maroquin, garni de pieds & boutons en cuivre, avec les dames, chandeliers & cornets. — Le port à Montrouge.

2164. — Mme la Marq. de POMPADOUR : Douze affiettes de Vincennes peintes à fleurs, pour l'hoftel de Paris, 216 l.

2165. — M. de MORAS de SAINT-PRIEST : Avoir raccommodé & regratté à neuf une commode; refaucé les bronzes en couleur d'or moulu, 48 l. — Avoir remis à neuf deux paires de bras à double branche, dorés, 36 l. — Refait les fers de trois feux, les avoir repolis, & mis les bronzes à neuf, 72 l. — Les ports à l'hoftel, 3 l.

2166. — Mme la Marq. de POMPADOUR : Payé au fieur De Lorme un mémoire de frais d'une caiffe d'eau de Portugal, 66 l.

2167. Du 26. — M. le Préfident OGIER : Deux feaux de Vincennes lapis peints à oifeaux, & terraffes, 336 l. — Une jatte lapis & or pour un broc, 144 l.

2168. — M. le Marq. de MARIGNY : Deux plaques de porcelaine, petites, à enfans, & raccommodage de la tabatière, 120 l.

2169. — Mme la Marq. de POMPADOUR : Une grille à figures dorées d'or moulu pour l'entrefol de l'hoftel d'Evreux, avec fes garnitures. — Une autre grille à ornemens & perroquets pour l'autre pièce des entrefols. — Un ftore de taffetas d'Italie peint à bouquets & guirlandes en tranfparent ; le ftore dans fa boëte, portans & pitons de cuivre poli ; le cordon en foie & or de Paris, avec un gland en poire orné de graines d'épinard, jafmin & paillettes, pofé dans le boudoir, 114 l. — Avoir rétabli la garniture d'or d'un déjeuner de criftal de roche, avoir fait un cercle d'or à la garniture du gobelet & remis le tout en couleur, 72 l.

Juin.

2170. Du 2. — M. de BOULOGNE, intendant : Une figure de Vincennes en bifcuit, 42 l.

2171. — Mme GEOFFRIN : Une commode en armoire,

plaquée en bois violet, le corps de chêne, avec fon marbre de Flandre, 115 l.

2172. Du 4. — Mgr le GARDE DES SCEAUX : Une toilette de bois d'acajou maffif, avec un tiroir; les garnitures de Saint-Cloud, 120 l.

2173. Du 5. — Mme la Marq. de POMPADOUR : Un cordon de luftre de foie mêlée, couleurs fines, avec des agrémens aux deux houppes (Cabinet de la Bibliothèque), 45 l. — Deux brocs de Vincennes à fleurs, 100 l. — Deux brocs moins grands, 48 l. — Six taffes de toilette, couvercles & foucoupes, 72 l. — Un baffin à barbe, 60 l. — Une grande jatte à laver les mains, 120 l. — Deux petites jattes blanches pour les chiens, 12 l. — Une pendule de bronze cifelé & doré d'or moulu, le mouvement à répétition de M. Julien Le Roy, 475 l. — Une table de travail en bois noirci & poli, brifée, 32 l. — Une glace de lanterne du falon à manger, 40 l. — Un cordon de foie mêlée pour la pièce du dais, garni en laiton, 48 l. — Le nettoyage d'un luftre de bronze & girandoles prifes à l'hoftel, 11 l. — Deux grandes armoires d'encoignure, bâties de chêne, plaquées en bois violet avec chûtes & entrées dorées d'or moulu.—Les marbres de 24 pouces, en vert campan à moulures & talon (pièce du dais), 380 l. — Un bougeoir d'acier pour brûler du cordon (rendu), 27 l. — Deux paires de bras à trois branches dorées d'or moulu, pour les cheminées du falon à manger. — Avoir refaucé à neuf les deux paires, auffi à trois branches, de Bellevue, 72 l. — Six douzaines d'affiettes de Vincennes, à 216 l. la douzaine, 1,296 l. — Les façons des cinq caiffes & emballages de bois très-fort; les emballages, découpures & cordages, 115 l. — La voiture & journées d'un homme qui a fait le voyage, le nettoyage des luftres, pofage de bras, clous & vis, &c., 120 l. — Frais de mon voyage, 96 l. — Livré à M. Gourbillon douze douzaines de dés d'Angleterre, 144 l. — Dix-huit volans, 8 l. — Six jeux d'échecs & leurs damiers, douze jettons d'ivoire, & vingt-quatre lacets pour le triêtrac, 20 l. 10 s.

2174. Du 6. — Mme la Marq. de Pompadour : Pour l'office de Crécy, douze gobelets à anſe & ſoucoupes de Vincennes, peints à fleurs, huit à 12 l., quatre à 10 l., 136 l. — Deux pots à ſucre, 30 l. — Douze gobelets blancs communs & ſoucoupes, 48 l. — Six à litron, 24 l. — Six à la Reine, 24 l. — Quatre dits Calabre, 16 l. — Quatre pots à ſucre, 20 l. — Quatre théières, 24 l. — Deux boëtes, & emballage deſdites taſſes & port à Verſailles, 10 l. — Quatre aunes de rúban payés 2 l.

2175. — M. Thoynard de Jouy : Deux ſucriers, à 60 l., 120 l. — Deux ſaladiers, à 60 l., 120 l. — Deux pots à confitures ſur plateau, 192 l.

2176. Du 9. — M. de Genssin : Huit taſſes à anſe & ſoucoupes de Vincennes, bleu-céleſte à guirlandes, à 96 l., 768 l. — Le pot à ſucre, 120 l.

2177. — Mme de Ximenès : Une lanterne dorée, garnie de fleurs de Vincennes, avec ſon chandelier, 384 l. — Une lanterne en cloche, ſa lampe, poulie & cordon, 21 l. — Quatre petites lampes de criſtal, 1 l. 12 s. — La caiſſe, plombage & frais de douane, 38 l.

2178. Du 10. — M. le Cte du Luc : Une table à écrire en forme de bureau, plaquée en bois violet, les pieds & entrées dorés d'or moulu, 144 l.

2179. Du 12. — M. de Saint-Priest : Avoir rétabli les fers de deux grilles & garnitures, & nettoyé les bronzes, 36 l. — En avoir rallongé une argentée, 24 l.

2180. — M. Perichon : Avoir repoli les fers d'une grille, reſaucé les bronzes à neuf & une paire de bras à deux branches.

2181. Du 14. — Mme la Marq. de Pompadour : Envoyé à Crécy deux brocs à 60 l., 120 l. — Deux dits petits, 48 l. — Deux bougeoirs d'acier, 54 l. — Douze cornets pour le trictrac, 19 l. 10 s. — Un damier polonois en cuir & ſes dames en paliſſandre, 9 l. — Deux douzaines de dés à 10 l., 20 l. — Deux douzaines d'Angleterre à 12 l., 24 l. — Deux taſſes de toilette à 12 l., 24 l.

2182. Du 17. — M. de Bois-Giroux : Une commode de

trois pieds & demi, bâtie de chêne, plaquée en différens bois des Indes à fleurs, les cartouches, chûtes & pieds auſſi en placage imitant les ornemens, avec ſon marbre d'Alep, 270 l. — Une glace de 48 [pouces] ſur 30, avec le tain, 212 l. — Les ports & poſage, friſe & clous, 24 l.

2183. Du 21. — Mme la Marq. de POMPADOUR : Deux paires de grands bras à trois branches dorés d'or moulu, poſés dans le ſalon à manger à Bellevue, 1,700 l. — Le port, 7 l. 4 s. — Avoir reſoudé le pied d'une bobèche d'or d'un bougeoir émaillé & repoli à neuf, 34 l. — Un cornet de cuivre doré d'or moulu pour l'écritoire du conſeil, 13 l.

2184. — M. le Cte de VENCE : Le nettoyage d'un luſtre de criſtaux de Bohême, 6 l.

Juillet.

2185. Du 1er. — Mme la Marq. de POMPADOUR : Le raccommodage d'un collier où l'on a fourni le velours, & remonté, 3 l. — Un cadre de miniature en or, à contours, les fonds unis à moulures, coins & milieux ciſelés d'or de couleur, 1,050 l. — Une ſalière d'or, compoſée d'une corbeille portant un nid & deux œufs, ſur un plateau de Vincennes bleu-céleſte à oiſeaux, 1,140 l.

2186. — M. de BELLEMONT : Avoir démonté une pendule, refaucé les bronzes à neuf, nettoyé les porcelaines, fait une main de cuivre que l'on a peinte, repeint aux figures ce qui y manquoit, 30 l.

2187. M. ROUSSEL, fermier-général : La monture en vermeil d'un pot à l'eau de Vincennes, 24 l.

2188. Du 3. — M. de BELHOMBRE : Les réparations faites à un grand bureau de Boulle, caiſſon & ſerre-papiers, remis le tout à neuf, 120 l. — Un ſerre-papiers plaqué en bois noir, orné de bronze doré d'or moulu dans le goût de Boulle, 266 l. — Un luſtre de criſtaux de Bohême à ſix branches, 450 l. — Un autre luſtre moins fort, 400 l. — Deux paires de bras à une branche, feuillage verni garni de fleurs de Vincennes, 158 l. — Le raccommodage de deux vieilles paires, 16 l. — Un paire de bras à trois branches, dorés d'or moulu, 380 — Une paire de bras à double branche, très-ornés, e bronze doré d'or moulu, 288 l. — Trois paires de pe tits bras à double branche dorés d'or moulu, à 120 l 360 l. — Deux paires d'hazard, à une branche, 66 l.— Une lanterne de glace carrée, dont les montans consoles sont dorés d'or moulu, avec son chandelie 288 l. — Une petite pendule de Boulle, 264 l. — Un petite grille à enfans dorée, 145 l. — Une grille à vas & guirlandes de fleurs, 363 l. — Deux marbres de brèch d'Alep, 132 l. — Un bureau plaqué en bois satiné à qua de rond & ornemens dorés, 360 l. — Le serre-papie assorti, 210 l. — Une armoire longue & contourné à trois portes & tablettes plaquées en bois assortissar au bureau, avec ornemens dorés, couverte de marbr 338 l. — Une grande commode bâtie de chêne, pla quée de bois de rose à fleurs de bois violet, très-orné en bronze doré d'or moulu, 760 l. — Douze éteignoi & un mouchoir de taffetas festonné pour fauteuil, 20 — Vingt-huit cartons, dont partie de sujétion, cou verts en maroquin rouge & dentelles d'or, 140 l. — Les frais de caisses & emballage, & droits à la douan suivant le mémoire du sieur De Lorme, 765 l. — Deu paires de bras à trois branches dorés d'or moulu, 430 l., 860 l. — Obmis quatre panneaux de papier de Indes à petites figures, 48 l.

2189. — Mme la Marq. de POMPADOUR : Pour Com piègne (premier voyage) : quatre pots pourris à 108 l. 432 l. — Un déjeuner d'une tasse & soucoupe, pot sucre, sur un plateau, 72 l. — Huit tasses à fleurs, 10 l., 80 l. — Deux pots à sucre, à 15 l., 30 l. — Un théière, 18 l. — Un cabaret à huit tasses, vernis pol 30 l. — La garniture en argent doré d'un pot à l'eau d Saxe, 24 l. — Six jattes pour les chiens ; une de 9 l. 39 l. — Quatre bobèches, binets & bassins en cuivr doré d'or moulu pour des girandoles de Saxe, 42 l. —

JUILLET 1755.

Deux petits chandeliers à une branche, à feuillages, dorés d'or moulu, fur des magots bleu-célefte, garnis de fleurs de Vincennes, 96 l. — Avoir nettoyé les garnitures de dix morceaux de porcelaine, 10 l. — Deux bougeoirs d'acier garnis en bronze doré d'or moulu pour du petit cordon, 54 l. — Un trictrac de bois d'acajou maffif, les pieds dorés d'or moulu, garni de maroquin, cornets argentés, dames d'ivoire doublées de drap, les dés, chandelier, & autres, 190 l. — Une armoire d'encoignure plaquée en bois de rofe, avec pieds & entrés dorés d'or moulu, le marbre de Serancolin, 120 l. — Un gradin à jour du même bois, 30 l. — La façon d'une table à écrire en vernis la Chine, avec les cornets argentés, 48 l. — Le raccommodage d'une qui eftoit à l'hoftel, 6 l. — Deux tables de piquet, brifées, en bois d'acajou maffif, garnies de drap fin, à 63 l., 126 l. — Deux tables de trictrac, brifées, en acajou maffif, garnies de drap fin, à 63 l., 126 l. — Une de quadrille, auffi brifée, 63 l. — Une de brelan à cinq places, 72 l. — Une grande lanterne de glaces à cinq pans, la monture en bronze doré d'or moulu, avec fon chandelier & chapiteau, 430 l. — Le cordon en foie gros-bleu à deux houppes, 24 l. — Une lanterne de glace carrée, fans confoles, la garniture dorée d'or moulu, 200 l. — Un cordon de fil mêlé, 13 l. — Une paire de bras à trois branches dorés d'or moulu, 325 l. — Le raccommodage d'une paire à deux branches qui eftoient caffées, les avoir refoudées & redorées, 55 l. — Deux feux de fer, dont une paire dans la falle à manger & une paire dans l'antichambre, avec les garnitures, 68 l. — Un feu à vafes doré d'or moulu, pour le falon, avec fes garnitures, 275 l. — Une petite grille à enfans dorée d'or moulu, pour l'entrefol (bibliothèque), 168 l. — Une lanterne en globe, à deux bougies, pofée fur l'efcalier, bronzée & vernie, 20 l. — La voiture, le rapport, façon des caiffes, emballage, papier, cordages, 57 l. — Frais de mon voyage & journées d'un homme qui eft venu avec moy, 125 l.

2190. Du 5. — M. Herbault : Deux pots pourris de corbeilles de Saxe à miniatures, fur des terraffes, ornés d'attributs, avec des figures de bergers & bergères, 720 l.

2191. — Receu de la fucceffion de M. Gudin la fomme de 168 l.; & fommes demeurés quittes de part & d'autre.

2192. — S. M. le Roy : Envoyé à Compiègne deux paires de petites girandoles à deux branches, dorées d'or moulu, fur des magots bleu-célefte, avec des fleurs de Vincennes même couleur, 528 l. — Un pot à l'eau garni d'argent doré, avec fa jatte ovale de Vincennes, 120 l. — Caiffe & emballage, 7 l.

2193. Du 6. — Mme la Cteffe de Chateaurenaud : Une taffe & foucoupe de Vincennes à cuvier, 12 l.

2194. — Mme la Marq. de Pompadour : Second envoi à Compiègne : (Salle à manger du château) une lanterne de glace carrée avec fa monture & confoles dorées d'or moulu, le chandelier & chapiteau, 288 l. — Le cordon à deux houppes cramoifi, 24 l. — Le raccommodage d'une paire de bras de Crécy, qui eftoient caffés, les avoir refoudés & fait dorer, & binets (même falle), 58 l. — Une lanterne en globe à deux bougies pour la pièce près la falle à manger, 30 l. — Le cordon en fil mêlé, 11 l. — Deux tablettes d'encoignure à jour pour la garderobe de Madame, 60 l. — Une petite lanterne en globe à une bougie, la garniture bronzée, & cordon, pour la même garderobe, 13 l. — Un bougeoir d'acier, 27 l. — Le raccommodage de deux colliers d'or, où l'on a refait les plaques des écuffons, 38 l.

2195. Du 9. — Mme la Marq. de Pompadour : Suite du fecond voyage de Compiègne (Ermitage; entrefol fur la cour) : Un petit feu doré à ornemens, avec fes garnitures, 140 l. — Nettoyé à neuf une paire de petites girandoles, 6 l. — Une paire de petits bras à double branche, dorés d'or moulu, pofés au cabinet en bas, 120 l. — Deux brocs de Vincennes pour la garderobe, 48 l. — Un feu de fer pour MM. les officiers,

34 l. — Une lanterne à deux bougies pour la falle de MM. les gardes, avec chapiteau verni, 30 l. — Trois lanternes en cloche, coupées pour les buffets, garnies en fer-blanc, 50 l. — Huit gobelets & foucoupes de Saint-Cloud, & fix coquetiers pour la laiterie, 58 l. — Les trois caiffes, cordes, papiers, découpures & emballage du dedans des caiffes.

2196. — M. de Saint-Priest : Un fecrétaire bâti de chêne à coffre-fort, plaqué en bois de rofe, garni en bronze doré d'or moulu, avec fon marbre de Serancolin. — Une table en vuide-poche à moulures. — Une lanterne carrée à confole, dorée d'or moulu, 288 l. — Son cordon, 20 l. — Une petite lanterne pour la garderobe, 14 l. — Une grille argentée, 130 l. — Les ports, 2 l. 10 s.

2197. — M. de Meulan, receveur-général des finances : Huit figures de Vincennes, à 40 l., 336 l. — Dix pots à jus auffi de Vincennes, 90 l.

2198. Du 11. — M. de Saint-Priest : Une table de nuit de garderobe à deux marbres, en bois d'acajou maffif, de trois pieds & demi, 96 l. — Une paire de petits bras à une branche, vernis, 48 l. — Les ports, 4 l.

2199. Du 12. — S. M. le Roy : Deux jattes lapis à enfans, camayeu pourpre, pour du bouillon, 108 l.—Une jatte à bouillon, bleu-célefte. — La caiffe & emballage pour Compiègne, 4 l.

2200. — M. Charles L'Héritier : Une taffe de Vincennes, lapis camayeu, 48 l.

2201. — Mme la Marq. de Pompadour : Une petite lanterne de criftal taillée & garnie de confoles & fermetures dorées d'or moulu; la caiffe & emballage, 3 l. — Deux coquetiers de Vincennes en blanc & bleu, 24 l. — Deux paires de grands bras à trois branches, dorés d'or moulu, pour le falon de Verfailles, qui remplacent ceux ôtés pour être pofés à Crécy, 1,500 l. — Les port & rapport des autres pour être remis à neuf, 20 l.

2202. Du 19. — Mme Geoffrin : Deux petites urnes

en hauteur de porcelaine la Chine à cartouches figures, 120 l.

2203. — S. M. le Roy : Deux armoires d'encoignure p[laquées] en bois de rose à fleurs de bois violet, garn[ies] en bronze doré d'or moulu, les marbres de grio[tte] d'Italie, les dedans doublés en satin blanc, 960 l. Les ports à Trianon, 15 l.

2204. Du 25. — Mme la Dauphine : Livré à Mme [de] Brancas une feuille de papier la Chine, à vase & fle[urs] très-belles, 30 l.

2205. Du 28. — Mme de La Bauve : Un carton co[u]vert de maroquin, doublé de soie & rubans, 18 l.

Août.

2206. Du 1er. — M. Ogier : Deux seaux lapis à c[ar]touches d'oiseaux en or, très-beaux, de 192 l. piè[ce,] 384 l.

2207. — Mme la Marq. de Pompadour : Avoir été [à] Versailles nettoyer le lustre de cristal, 15 l.

2208. Du 2. — Mme Geoffrin : Deux vases à fleu[rs] carrés, à dragons dans les caisses à jour, porcelaine [la] Chine, 60 l. — Receu pour solde, ayant rendu pl[u]sieurs choses, 295 l.

2209. — M. le Président de Lamoignon : Un gobele[t à] anse, litron, & soucoupe lapis à oiseaux en or, 48 l.

2210. Du 4. — Mme la Marq. de Pompadour : P[osé] dans l'entresol de l'hostel à Paris deux armoires d'e[n]coignure plaquées en bois de rose à fleurs de bois v[io]let, avec cartouches & ornemens dorés d'or moul[u,] les marbres d'Antin, les dedans doublés de tabis, 755 [l.] — Un corps de commode sans tiroirs, avec armoi[res] aux deux bouts, plaqué & orné comme les encoignur[es,] 820 l. — Une table en console, plaquée de même b[ois] & ornemens dorés, le marbre Serancolin, 480 l. — [La] façon de deux girandoles à double branche à feuillag[es] dorés, 192 l. — Une paire de girandoles à trois bra[n]ches à feuillage, garnies de fleurs & terrasses doré[es] fur des coqs blancs, 360 l. — Les ports à l'hoſtel, 3 l.

2211. Du 5. — M. de BOULOGNE, tréſorier : Un portefeuille de maroquin bleu, à friſe & dentelles d'argent, doublé de ſoie, 18 l.

2212. — Mme la Marq. de POMPADOUR : Un gros vaſe couvert de porcelaine céladon, brodé en bas-relief, garni en bronze doré d'or moulu, 1,500 l. — Port à Arnouville, 5 l.

2213. — M. de SAINT-PRIEST : Pour la ſalle à manger, une grille à ornemens dorés d'or moulu, 260 l.

2214. Du 9. — S. A. S. MADEMOISELLE : Une ſoucoupe blanche de Vincennes, 8 l.

2215. — Mme la Marq. de POMPADOUR : Un lit de repos en baignoire, 156 l. — La caiſſe & frais, 19 l. 10 s.

2216. Du 13. — M. de FONTFERRIÈRE : Une lanterne de criſtal dont la bougie ſe met en deſſous, au retour de la vieille garniture, & port à Auteuil.

2217. — Mme la Marq. de POMPADOUR : L'or & façon d'une boëte de laque à portrait, 660 l.

2218. — S. M. le ROY : Un flacon de criſtal de roche garni & bouché d'or émaillé, 252 l. — Repris une vieille garniture, 72 l.

2219. — M. le GARDE DES SCEAUX : Livré à M. d'Azincourt deux bouteilles cannelées céladon, à branchages en relief, garnies de pieds & bouchons dorés d'or moulu, 720 l.

2220. — Mme la DAUPHINE : Livré à Mme de Brancas ſix feuilles des Indes peintes ſur gaze, à 30 l., 180 l. — Les toile, façon & raccordage des cinq chaſſis compoſant la garderobe, 75 l. — Les papiers employés pour un chaſſis qui a ſervi d'échantillon, 20 l. — Les ports & rapports des chaſſis, 8 l.

2221. Du 23. — Milord BOLINGBROKE : Un pot à l'eau & ſa jatte ovale de Vincennes, 300 l.

2222. — M. de CURY : Une lanterne de criſtal en cloche, 16 l.

2223. — M. HÉBERT : Un pied de table ſculpté, à deux tiroirs, 78 l.

2224. — M. le Préfident de Lamoignon : Un cabare[t] de lacq carré, rouge en dedans, le dehors noir & o[r] 36 l.
2225. Du 26. — Mme la Marq. de Pompadour : Deu[x] figures en or fur des terraffes, compofées à l'ufage d[e] falière & poivrière, l'une repréfentant un Hollando[is] qui préfente une huître, l'autre un payfan qui tient u[n] fac, pefant 6 marcs, 3 onces, 5 gros 1/2, 20 grains 22 karats, à 800 l. le marc, y compris le contrôl[e,] 5,172 l. 4 s. 3 d. — Façon, 1,800 l. — Payé les deu[x] étuis, 288 l. — Le raccommodage d'une boëte d'éma[ux] peints, 9 l.

Septembre.

2226. Du 1er. — Mme Rondet : La monture d'un p[ot-] pourri de Saxe à fleurs, 60 l.
2227. — Mme la Marq. de Pompadour : Deux chaîn[es] d'acier d'Angleterre, à cinq porte-moufquetons & cr[o]chets, 42 l.
2228. Du 4. — M. Bazin : Un moutardier de Vincenne[s,] 30 l.
2229. — M. Roussel, fermier-général : La monture [en] cuivre doré d'or moulu de deux vafes de Vincenne[s,] 48 l.
2230. — M. le Préfident Molé : Pofé à Champlatre[ux] un gros luftre de criftaux de Bohême à huit branch[es] montées à confoles, la fonte argentée, 860 l. — L[e] port, frais & voyage, 55 l. — Raccommodage d'[un] luftre & nettoyage de trois journées, 20 l.
2231. — Mme la Marq. de Pompadour : Trois bo[ugeoirs] d'acier à pointes, garnis en bronze doré d'[or] moulu, 81 l. — Une petite taffe à anfe en argent dor[é,] 10 l. — Un bougeoir d'acier & une taffe dorée, 37 l.
2232. Du 12. — Mme la Marq. de Pompadour : U[ne] jatte de Vincennes à fleurs de relief, & fon broc à ca[s]touches de fleurs, 600 l. — Un étui pour la falière [de] Compiègne, 27 l.
2233. Du 16. — S. A. S. Mlle de Charolois : Une p[...]

tite taffe & foucoupe, bleu-célefte, peintes à fleurs, 48 l.

2234. Du 20. — Mme la Marq. de POMPADOUR : Envoyé à Fontainebleau une lanterne de glace carrée, dont la monture eft à confoles haut & bas, & chandelier à quatre branches en cuivre doré d'or moulu, 288 l. — Une paire de bras à trois branches, dorés d'or moulu, 325 l. — Une paire à deux branches, auffi dorée, 192 l. (cette paire a été rendue). — Un cordon de foie verte à deux houppes pour la lanterne, 24 l. — Une petite lanterne de criftal, 13 l. — Une cage de perroquets, 12 l. — La caiffe, emballage, papier, découpures, 22 l.

2235. Du 22. — S. M. le ROY : Par ordre de M. de Marigny : Pour la bibliothèque de Fontainebleau, deux corps de menuiferie faifant deux des faces du cabinet de bibliothèque de (en blanc) de haut fur (en blanc) de face. Dans l'une de fes deux parties, un fecrétaire plaqué en bois de rofe à fleurs de bois violet, les cornets en argent, l'abattant couvert de dos de livres, la tablette régnant autour garnie en maroquin, avec les ferrures, frais & voyages, pour avoir pofé lefdites menuiferies & avoir efté pofer les maroquins fur les tablettes; frais & voyage du relieur, fuivant fa quittance. — Envoyé à Fontainebleau un déjeuner d'un plateau de Vincennes, deux taffes, foucoupes & pot à fucre peint à fleurs, 120 l. — Deux beurriers couverts, 96 l. — Un pot pourri en urne, 120 l. — La caiffe & emballage.

2236. — Mme la Marq. de POMPADOUR : Envoyé à Fontainebleau une table à écrire, quart de rond & ornemens dorés d'or moulu, plaquée en bois de rofe, à tablette, 180 l. — Un bras à trois branches doré d'or moulu, 96 l. — Un pot à l'eau garni d'argent doré dans fa jatte ovale, 120 l. — Un fromager, 42 l. — Un beurrier, 42 l. — Une paire de girandoles à double branche à feuillages dorés, fur des rochers d'ancienne porcelaine blanche, garnies de fleurs de Vincennes, 250 l. — La caiffe & emballage, 16 l.

2237. Du 23. — M. Machart : Une petite figure de Saxe, tenant un vase, 8 l.

2238. — Mme la Marq. de Pompadour : Une lanterne de cristal pour une bougie, 13 l. — Six jattes de porcelaine blanche, à 6 l., 36 l. — Une paire de bras à une branche dorés d'or moulu, 60 l. — Caisse & découpures, 4 l. 10 s.

2239. Du 25.— Mme la Marq. de Pompadour : Un déjeuner d'un plateau, tasse & soucoupe, pot à sucre, enfans-camayeux, chairs colorées, 144 l.

2240. — M. Trouard : Un brillant fourni pour une bague d'une agathe arborisée, & remonté la bague à neuf, 38 l.

2241. — Mme la Dauphine : Par ordre de Mme de Brancas, la journée d'un ouvrier qui a esté à Versailles pour prendre des mesures d'un bas d'armoire, & frais de mon voyage, 18 l. — Les ports à deux hommes de bras & girandoles de fleurs, & voyage d'un garçon qui a esté pour les emballer, 18 l.

2242. — M. de Verdun : La caisse & emballage de morceaux de Vincennes envoyés à Besançon, frais & droits, 48 l.

Octobre.

2243. Du 1er. — Mme la Marq. de Pompadour : Une écuelle de Vincennes, bleu lapis, 300 l. — La boëte, 3 l. — Velours d'un collier & façon, 3 l.

2244. — M. le Président de Lamoignon : Un bureau de travail de six pieds en bois noir, orné de moulures, chûtes & pieds, 250 l.

2245. — Mme de Bois-Giroux : Trois cornets argentés pour une écritoire de table, 16 l.

2246. Du 3. — S. M. le Roy : Un pot pourri de Vincennes en blanc ; la boëte envoyée à Fontainebleau.

2247. Du 7. — Réglé de compte avec M. Ducrolay. J'ai soldé avec lui, & ce qu'il me devoit est compensé par un receu pour tous les articles écrits sur ce livre.

2248. — Mylord Bolingbroke : Livré à Mme la veuve

Lambert quatre taffes à anfes & foucoupes, bleu-célefte à guirlandes de fleurs, à 72 l., 288 l. — Quatre grands gobelets, fans anfes & foucoupes, à fleurs, à 12 l., 48 l. — Un vafe ovale de porcelaine grosbleu avec un cartouche à enfans, 240 l. — Deux pots pourris affortis, à quatre pieds dont les cartouches peints à oifeaux, 288 l. — Pour la caiffe, emballage, frais & port, 12 l.

2249. — Mme la Dauphine (livré à Mme de Brancas) : Le nettoyage de deux paires de grands bras à trois branches, les avoir leffivés, avoir reverni les plantes, fourni quarante fleurs; avoir refaucé & mis à neuf deux girandoles à trois branches, 240 l. — Un panneau de papier la Chine découpé fur un fond; fourni huit feuilles de fleurs, 15 l. — Les ports & celui d'une table que l'on a rapportée, 15 l.

2250. Du 10. — Mme la Duchelfe de Brancas : Un bougeoir d'acier à pointe, garniture dorée d'or moulu, avec une petite taffe de vermeil, 40 l. — Une petite plaque d'ivoire, 6 l.

2251. — Mme la Marq. de Pompadour : Un chapiteau de criftal de lanterne pour l'Ermitage, 3 l. — Le raccommodage d'un vafe de Saxe qui eftoit caffé, recollé & repeint, 7 l.

2252. Du 11. — Mgr le Garde des Sceaux : La monture de deux vafes verts, pieds & gorges cifelés & dorés d'or moulu, 220 l.

2253. Du 13. — Mme Coane : Une table à écrire plaquée en bois de rofe & autres, avec quarts de rond & ornemens dorés d'or moulu, 240 l.

2254. Du 14. — M. Douet, fils : Un feu en bronze doré d'or moulu repréfentant Apollon & la Sibylle, avec fes garnitures, 480 l. — Une paire de bras à double branche, 186 l. — Un fecrétaire plaqué en bois de rofe, avec plufieurs tiroirs, les mains & ornemens dorés d'or moulu, 264 l. — Les ports, 2 l.

2255. — M. le Préfident Ogier : Deux vafes de Vincennes, forme ovale, fond bleu-célefte avec les cartouches à fleurs, fur des terraffes dorées d'or moulu,

dans lefquels font des plantes en laiton verni imita
la nature, garnies des plus belles fleurs de Vincenn
afforties à chaque plante, 2,800 l.

2256. — M. Collin : Une paire de cifeaux d'acier &
dans un étui de rouffette, 80 l. — Une gaîne po
d'autres cifeaux, 2 l. 8 s. — Repaffage des cifeau
12 s.

2257. Du 17. — Mme la Marq. de Pompadour : Po
l'hoftel : Deux feaux à bouteilles, 288 l. — Ving
quatre affiettes, 432 l. — Un fucrier, 60 l. — De
falières, 24 l. — Une cuiller d'argent pour le fucr
30 l. — Quatre flacons de criftal, 5 l. — Velours
façon d'un collier, 3 l.

2258. Du 18. — M. Hébert : Un pied de table fculp
& doré avec fon marbre d'Alep ancien de quatre pie
& demi. — Les ports.

2259. — M. d'Azincourt : Deux vafes céladon en forn
de calebaffe, à relief, montés avec des branchages d
rés, 960 l. — Deux poiffons auffi céladon montés
buires, 1,800 l.

2260. Du 19. — Mme la Marq. de Pompadour : Deu
cartons couverts de velours brodé, avec des attributs
écuffons d'armoiries auffi brodés, à 420 l., 840 l. -
L'or & façon d'une grande boëte de lacq à pagode
1,320 l. — Quatre petites taffes d'argent doré, 40 l.

2261. Du 21.— Mme la Marq. de Pompadour : Avo
porté des porcelaines bleu-célefte à Bellevue & avo
efté à Verfailles chercher une table de lacq, 5 l. — Pay
le port d'une caiffe de Fontainebleau, 3 l. 4 s.

2262. — M. de Bellemont : Six feuilles & demie d
grand papier, les collage & raccordage, 65 l.

2263. Du 23. — Mme de La Bauve : Un écran de bo
rougi garni en papier des Indes, 15 l.

2264.— M. de Jullienne : Un feu à guirlande doré d'c
moulu, 240 l. — Une paire de bras à deux branche
auffi dorés, 192 l. — Une à cornes d'abondance, d
hazard, 240 l.

2265. Du 25. — Mme la Marq. de Pompadour : U
cercle d'or & une glace chevée pour une tabatière d

lacq avec des biches. — Un étui à cifeaux, & le repaſ-
fage & nettoyage des cifeaux, 16 l. — Un carton couvert en velours brodé d'or, avec un écuſſon des armes,
420 l. — Onze portefeuilles de maroquin avec des dentelles en or, doublés d'étoffe & rubans à 17 l., 187 l.
2266. — M. Hébert : Un moutardier de Vincennes,
30 l. — Un foufflet à deux vents, 6 l. — Douze écrans
à main.
2267. Du 27. — M. Jacquemin : Une lanterne en fer-
blanc verni, vert & or, garnie de verre de Bohême,
45 l.
2268. — Mme la Ducheſſe de Luxembourg : Une baignoire de Vincennes pour les yeux, 6 l.
2269. Du 29. — Mme la Princeſſe de Turenne : Le raccommodage d'une table à écrire, 6 l.
2270. — S. A. S. Mlle de Sens : Une table à écrire plaquée en bois de rofe, avec pluſieurs tiroirs & pupitre,
le deſſus à oifeaux, 132 l.
2271. Du 30. — Mme de La Bauve : Une petite grille
dorée d'or moulu, de deux Chinois fur des piédeſtaux.

Novembre.

2272. Du 4. — M. Hébert : La monture en or à jour
d'un cachet de criſtal de roche, 78 l.
2273. — M. Masse : Avoir fait de l'ouvrage de Martin
fur des côtés d'encoignures de lacq, montées & démontées, avec les ports & rapports.
2274. Du 4. — Mme la Marq. de Pompadour : Une tabatière ovale en or de couleur, 750 l. — Une boëte à
mouches & à rouge, tournée, 575 l. — Une navette
en or émaillé à rubans, 690 l. — Un flacon de criſtal
de roche garni d'or, 186 l. — Un étui à curedents, or
de couleur, 288 l. — Un couteau en or émaillé, à
deux lames, 390 l. — Une boëte à bonbons, de criſtal
de roche, 204 l. — Une tablette de laque garnie d'or,
390 l. — Des cifeaux d'acier, 36 l. — Une montre à
répétition de Lenoir, en or émaillé, avec fa chaîne pa-

reille, 1,500 l. — Un cachet d'une tête de nègre f
un bufte, orné en brillans & rubis, 84 l. — Une aut
montre, à mouvement fimple de Moify, dans fa boê
de porcelaine, garnie d'or, fa chaîne d'acier, un cach
d'un chien d'agathe & une cage en or d'Angleterr
372 l. — Une corbeille garnie de blonde & fleurs po
les bijoux, 541 l. — Un bouquet de fleurs d'Italie, 56

2275. — S. A. Mgr le Duc de BOUILLON : Deux la
ternes argentées en glaces, 312 l. — Cordons, cai
& emballage, 40 l.

2276. Du 5. — M. le Cte du Luc : Un pied de table
confole, fculpté & doré, avec fon marbre de brèc
d'Alep de cinq pieds, 220 l. — Une commode à quat
tiroirs de hauteur, plaquée de bois d'amaranthe, ga
nie de boutons; le marbre de Flandre, de quatre pie
& demi, 250 l. — Le raccommodage d'une table
écrire, y avoir fait faire une ferrure & une clef cifelé
18 l. — Deux petites grilles de feu avec les orneme
en cuivre cifelé en couleur, leurs pelles & pincett
168 l. — Avoir fait leffiver un parquet verni, l'avc
reblanchi & verni, nettoyé fes dorures, démonté
remonté les glaces, 55 l. — Les ports, 6 l.

2277. — Mme la Marq. de POMPADOUR : Un portefeui
dans des tablettes de lacq; raccommodage d'une 1
blette d'écaille, le fac de velours, 9 l.

2278. Du 6. — M. le Préfident ROUJAULT : Une toilet
plaquée en bois de rofe & bois fatiné, garnie de tout
fes pièces, 264 l.

2279. — S. A. Mme la Princeffe de TURENNE : l
gros luftre de criftaux de Bohême à fix branches,
confoles, 660 l. — Les ports, 3 l.

2280. — M. de MONTMARTEL : Une commode d'anci
lacq, très-ornée de bronze, le marbre de Porte or,
cinq pieds & demi, 2,700 l. — Les ports, 6 l.

2281. Du 12. — M. de VERDUN : Deux chandeliers
bureau en bronze cifelé & doré d'or moulu, à enfar
168 l. — Un pied de table très-orné, à guirland
fculptées & dorées, le marbre d'Egypte, de quat
pieds, quatre pouces, 260 l.

2282. — Mme de Voigny : Une commode la Chine avec cartouches & ornemens dorés d'or moulu, le marbre de Flandre à talon deſſus, de quatre pieds & demi, 630 l. — Les ports, 3 l.

2283. Du 15. — M. de Brou, Intendant de Rouen : Deux tables en croiſſant avec abattant, d'un côté un caiſſon avec flacons, pots à pâtes & pommades, & uſtenſiles de toilette, 216 l. — La caiſſe & emballage, 11 l.

2284. Du 16. — M. de Cury : Un bougeoir d'ancien lacq garni en bronze doré d'or moulu, 30 l.

2285. — M. Hébert : Avoir remis une toile & garni un écran de papier & rubans, 6 l.

2286. — Mme la Marq. de Pompadour : Une plaque d'agathe arboriſée pour un deſſus de tabatière, 840 l.

2287. — M. de Presle : Un gros feu doré d'or moulu, repréſentant Vénus & Vulcain, 450 l. — Deux paires de bras à double branche, dorés d'or moulu, à 192 l., 384 l.

2288. Du 18. — Mme la Cteſſe d'Auvergne : Une paire de bras à fleurs, 72 l.

2289. — Mme la Marq. de Pompadour : Une table en conſole à trois tablettes de marbre, plaquée en bois de roſe avec des ornemens dorés d'or moulu, pour la garderobe d'en bas. — Le raccommodage d'une table à écrire de lacq, fait raccommoder les cornets d'argent & repoli. — Le port à l'hoſtel, 1 l. — Un port de figure à Verſailles, 5 l.

2290. Du 20. — M. de Cury : Avoir rétabli un néceſſaire, refait les compartimens & doublé d'étoffe neuve, bordé d'un galon, & un flacon, 96 l.

2291. — Mme la Ducheſſe de Chevreuse : Six gobelets & ſoucoupes de Vincennes, à 15 l., 90 l.

2292. Du 22. — M. le Cte du Luc : Un devant de cheminée de deux glaces à tableaux, les moulures, pilaſtres & friſes dorés, 360 l. — Avoir diminué & repoli un fer de feu, mis les bronzes en couleur, 17 l. — Les ports, 1 l.

2293. — M. Sonning : Avoir partagé un paravent en deux, avoir ajouté deux tringles vernies, fourni deux équerres & deux milieux de cuivre gravé, avec port & rapport, 12 l.

2294. Du 26. — M. d'Azincourt : Deux coqs de porcelaine ancienne fur des terraffes dorées d'or moulu, 192 l. — Un chat d'ancien la Chine fur une terraffe dorée d'or moulu, 144 l.—Un enfemble de Vincennes à paffer en compte à M. Boüillard, 318 l.

Décembre.

2295. Du 1er. — M. de Fontaine, fermier-général : Une paire de bras à trois branches, dorés d'or moulu, 360 l. —Une autre paire pareille, 360 l.—Une grille à recouvremens & figures dorées d'or moulu, 720 l.

2296. — M. de Villemorien : Un cabaret à anfes, à deux taffes, en verni poli, 27 l.

2297. — Mme la Marq. de Pompadour : Une montre d'or tourné, 312 l. — La chaîne d'or à crochet, 245 l. — La clef d'or & cachet, 72 l. — Une tabatière d'or ovale, 372 l. — Une dite carrée, 340 l. — Une *idem*, 312 l.

2298. Du 2. — Mme la Princeffe de Marsan : Un vafe de porcelaine gros-bleu, garni en bronze doré d'or moulu, 600 l. — Une commode de quatre pieds en bois de rofe & ornemens dorés d'or moulu, 360 l.

2299. — S. A. S. Mlle de Sens : Un feau ovale à compartimens, 120 l.

2300. Du 6. — M. Duperron : Un paravent à deux feuilles, 38 l. — Deux écrans, 30 l. — La caiffe, emballage & celui d'un autre, 12 l.

2301. — M. de Montmartel : Un garde-vue de métier, 120 l. — Un gobelet à lait de Vincennes, 168 l.

2302. — M. le Premier : Deux groupes de bronze fur des pieds dorés d'or moulu, 360 l. — Repris un bronze pour 192 l. — Une tabatière de Vincennes, à enfans, garnie d'or, 1,344 l.

2303. Du 9. — M. le Duc de Villars : Deux gobelets & foucoupes lapis, 96 l. — Un autre avec oifeaux, 42 l. — La caiffe, 3 l.

2304. — S. M. le Roy : Une caffette de lacq aventurine

& or, garnie de ferrures ciſelées & dorées, contenant une caffetière, une lampe & deux cuillers d'or, deux taſſes & ſoucoupes, pots à ſucre & théière de Vincennes bleu-céleſte à figures, trépied d'acier & compartimens en velours (Mme Infante), 4,200 l. — Une tablette de laque garnie de deux taſſes & ſoucoupes, pot à ſucre & théière de Vincennes bleu-céleſte, peints à oiſeaux, & deux cuillers d'or (S. M. la Reine), 1,104 l. — Une tabatière de Vincennes peinte à ſujets de chaſſe, montée en or (Mme la Dauphine), 1,344 l. — Une autre tabatière, forme de boëte, peinte à enfans (Mgr l'Infant), 1,344 l.

2305. Du 10. — Mme BERRYER : Un arroſoir de Vincennes, 120 l.

2306. — M. MACHART : Un vuide-poche à moulures, 180 l.

2307. — M. de VILLEMORIEN : Une grille Sibylle, à recouvremens & garnitures dorés d'or moulu, 720 l. — Deux paires à deux branches, dorées d'or moulu, de 186 l. la paire, 372 l. — Un luſtre de criſtaux de Bohême à ſix branches, 420 l. — Le cordon en ſoie mêlée, 24 l. — Une paire de bras à double branche dorés d'or moulu, poſés ſur l'antichambre, 132 l. — Les ports, 8 l. — Douze écrans à main, 9 l.

2308. — M. BONNET, Payeur des rentes : Un broc bleu-céleſte & jatte ovale ornés de fleurs, 600 l. — Deux vaſes à fleurs, à enfans, 432 l. — Une navette à enfans, 192 l. — L'étui de rouſſette, 15 l.

2309. — M. le Préſident MOLÉ : Le nettoyage de deux luſtres, 12 l.

2310. — M. le Marq. de CHABANNOIS : Douze aſſiettes de Saxe, 216 l. — Une paire de bras à deux branches, 192 l.

2311. Du 12. — M. de BOULOGNE, Intendant : Un médaillier de Boulle garni de ſes médailles d'argent, 320 l. — Deux caiſſes de Vincennes, 144 l. — Une table en vuide-poche, à moulures, 192 l.

2312. — Mme la Ducheſſe de BROGLIE : Un chandelier de lit à réverbère, 144 l.

2313. — S. A. Mme la Princeſſe de Marsan : Un gros vaſe de porcelaine bleue, garni à conſoles & ornemens dorés d'or moulu, 600 l.

2314. Du 13. — S. A. S. Mlle de Charolois : Un déjeuner d'un plateau, taſſe & pot à ſucre en blanc & or, 36 l. — Un plateau, deux caraffes & deux gobelets, 22 l. — Avoir reverni à neuf les placages d'une toilette, 15 l. — Port & rapport, 3 l.

2315. Du 15. — S. A. R. Mgr le Duc d'Orléans : Un bureau en bois de roſe à fleurs, de 4 pieds & demi, ornemens & quarts de rond dorés, 384 l. — Un bougeoir, 30 l. — Des ports & rapports, 3 l.

2316. Du 16. — Mme la Marq. de Pompadour : Une pendule ſur des figures de Saxe, très-ornée, montée en bronze & fleurs; le mouvement de Julien Le Roy, 1,800 l. — Une écritoire ſur un morceau d'ancien [lacq] 288 l. — Une paire de girandoles ſur des lions, 2,000 l. — Un cabinet de lacq à pagodes, 3,000 l. — Une petite boëte de lacq, fond d'or repréſentant une maiſon, 1,200 l.

2317. — M. le Marq. de Gontaut : Une paire de chandeliers à figures d'or moulu, 192 l.

2318. — M. de Jullienne : Deux bronzes, le Rotatore & la Vénus ſur des pieds dorés, 720 l. — Un Laocoon (1) ſur pied doré, 1,400 l. — Une maiſon de la Chine, 840 l. — Une table de 960 l. — Un bronze d'Hercule (2) qui étouffe Antée, 1,300 l. — Un autre de la colère d'Ajax, 700 l.

2319. — Mme de La Bauve : Un ſecrétaire plaqué en bois de roſe à fleurs, garni de bronze doré d'or moulu, 450 l.

2320. Du 18. — M. de La Reynière : Une commode trois tiroirs de hauteur, plaquée en bois de paliſſandre avec ſon marbre de Flandre, 144 l. — Les ports, 2 l.

2321. — Mme la Dauphine : Livré à Mme de Branca

---

(1) A la vente de Jullienne (30 mars 1767), ce bronze ſe retrouve ſous le n° 1231 du catalogue.

(2) A la vente de Jullienne, ce bronze reparoît ſous le n° 1239.

une bibliothèque plaquée en bois de rofe, pour le cabinet, 520 l. — Une table à tablette faite de même bois, avec mains & ornemens dorés d'or moulu, roulettes, 360 l. — Les ports, 5 l.

2322. — M. Dumesnil : Deux figures en bifcuit, 84 l.— Un déjeuner lapis, 144 l.

2323. Du 19. — S. A. S. Mme la Ducheffe d'Orléans : Un vafe de Vincennes bleu-célefte, à enfans de relief, 480 l. — Un autre dont le pied eft caffé, 360 l.

2324. Du 20. — M. Poissonnier : Un feu à rouleaux en bronze doré d'or moulu, avec fes garnitures, 216 l. — Une paire de bras de hazard, 150 l. — Le port, 2 l.

2325. M. de La Reynière : Quatre compotiers de Vincennes, à 36 l., 144 l.

2326. — Mme de La Reynière : Deux figures de Vincennes, 84 l. — Deux feaux à liqueurs, 84 l. — Un pot pourri, 84 l. — Dix pots à jus, à 9 l., 90 l. — Un plus grand, 12 l.

2327. — M. d'Azincourt : Deux douzaines & demie d'affiettes de Saxe à fleurs, 360 l. — Un plateau argenté avec fa glace, 48 l. — Une corbeille de Saxe à jour, 48 l. — Huit petites figures de Saxe, 72 l.

2328. — M. de Belhombre : Les port & droits d'une caiffe venant de Strasbourg, 19 l.

2329. Du 22. — M. Bonnet, Payeur de rentes : Une taffe & foucoupe blanche & or, 24 l.

2330. — Mme de La Reynière : Un cabaret à anfes, 21 l.— Un pot à crème, 18 l. — Un pot à fucre, 15 l. — Une taffe & foucoupe, 9 l.

2331. — M. de Courgy : Quatre vafes cannelés, couverts, de Vincennes, bleu-célefte, à 144 l., 576 l. — Quatre petites urnes, même bleu, 288 l.

2332. — M. de La Reynière : Deux encoignures bâties de chêne, plaquées en bois de rofe & bois violet, avec ornemens dorés d'or moulu, les marbres d'Alep, 384 l. — Une pagode de terre, couchée, 96 l.

2333. — M. de Boulogne, Intendant : Deux feaux à liqueurs, gros-bleu, 192 l.

2334. Du 24. — Mme Hébert : Une tabatière de lacq

carrée, à magot deſſus, 864 l. — Une autre boëte de lacq ovale, 1,032 l.

2335. — M. le Duc d'AUMONT : Deux grands ſeaux à bouteilles, 288 l. — Deux moyens, 192 l.

2336. — Mme la Marq. de POMPADOUR : Une fontaine, fond blanc à fleurs, & ſa cuvette peinte de même, 600 l. — Un déjeuner & porte-huilier bleu-céleſte, enfans colorés, gobelet & pot à ſucre, 360 l. — Un vaſe d'après l'antique, enfans colorés, 960 l. — Un déjeuner du Roy, lapis à payſages, gobelet, ſoucoupe & pot à ſucre, 168 l. — Douze aſſiettes à fleurs, 216 l. — Quatre compotiers feuilles de choux, 144 l. — Un arroſoir, deuxième grandeur, 108 l. — Un bougeoir à fleurs, 18 l. — Un ſeau à verres, blanc à relief, 72 l. — Quatre grands ſeaux à bouteilles, fleurs, 576 l. — Deux ſeaux à demi-bouteilles, 192 l. — Deux pots à confitures, fleurs, 18 l. — Six pots à bouillon, camayeu, 54 l. — Un gobelet couvert, lapis-camayeu, 54 l. — Un déjeuner triangle lapis-fleurs, un gobelet, ſoucoupe, pot à ſucre, 240 l. — Un déjeuner du Roy blanc à relief, 96 l. — Un déjeuner ſur plateau à fleurs, 120 l. — Un gobelet couvert, ſafre (1) camayeu, 54 l.

2337. — M. le Marq. de MARIGNY : Un déjeuner lapis pointillé, 360 l. — Une navette à enfant, 192 l. — Un gobelet, 96 l.

2338. — Mme la Ducheſſe de MIREPOIX : Un plateau avec deux taſſes & ſoucoupes, pot à ſucre & théière gros-bleu, à enfans très-petits (article payé par M. de Mirepoix), 300 l. — Un grand panier à anſe, à jour, 360 l. — Une jatte feuille de chou, & broc blanc à guirlande, 132 l.

2339. — Mgr le GARDE DES SCEAUX : Deux vaſes cannelés en hauteur, à moſaïque, gros-bleu, 600 l.

2340. — M. le Marq. de GONTAUT : Un arroſoir de porcelaine de Vincennes, 108 l.

---

(1) Le ſafre eſt un minerai de couleur d'œil de perdrix que les verriers & les faïenciers employoient pour donner une teinte bleue à leurs verres & à leurs faïences.

2341. — Mgr le Cte d'Egmont : Deux terrines de Vincennes en bleu-célefte peintes à fleurs, 1,920 l. — Un pot pourri de Vincennes peint à oifeaux en bleu-célefte, compofé fur un pied où font deux oifeaux de porcelaine jafpée d'or, les branchages dorés d'or moulu, garnis de fleurs bleu & or, 600 l.

2342. — M. de Boulogne de Preninville : Deux caiffes à enfans-camayeux, 192 l. — Deux dites à fleurs, 144 l. — Une figure en bifcuit, 42 l.

2343. — M. Duchap : Six taffes & foucoupes, à 9 l., 54 l.

2344. — Mme de Belingam : Deux taffes de toilette couvertes, 24 l. — Deux pots à pommade, 15 l. — Deux taffes à 8 l., 16 l. — Un cabaret de lacq, 12 l.

2345. — Mme la Ducheffe de Mirepoix : Un magot du Japon, 120 l.

2346. Du 26. — M. de Montmartel : Une pendule de bronze doré d'or moulu, à carillon, 1,800 l.

2347. — Mme la Cteffe de Forcalquier : Un déjeuner gros-bleu dans un bateau, 168 l. — Deux feaux à liqueurs, gros-bleu, 192 l.

2348. — M. Bonnet, Payeur des rentes : Une taffe de toilette, bleu-célefte, 72 l.

2349. — Mme de La Reynière : Un moutardier lapis, 60 l. — Une taffe couverte, blanc & or, 30 l. — Deux petites taffes, à 10 l., 20 l. — Un petit pot à fucre, 9 l. — Un cabaret à anfes, 18 l.

2350. Du 27. — S. A. Mgr le Duc de Bouillon : Quatre plats de Vincennes, 144 l. — Quatre dits carrés, 144 l. — Une boëte d'or de chaffe, 480 l. — Une canne d'ancien lacq, 192 l. — Deux vafes de porcelaine bleue montés en bronze doré d'or moulu, 1,500 l.

2351. — S. M. le Roy : Pour caiffe, emballage, paffe-port, frais de douane & port payés jufqu'à Lyon d'un ballot pour Mgr l'Infant, la fomme de 60 l.

2352. — M. de Boulogne, Tréforier : Une caiffe à fleurs, lapis à mofaïque d'or, 300 l. — Une théière & taffe de terre des Indes fur fon plateau de lacq, 84 l.

2353. — Mme Louise : Un déjeuner, bleu-célefte, pei[nt]
à fleurs, 480 l.

2354. — M. de La Reynière : Un déjeuner triangl[e]
bleu-célefte, 192 l. — Deux taffes gros-bleu, 84 l.

2355. — Mme Rouillé : Deux baromètres de marque[te]terie, 144 l.

2356. — Mme de La Reynière : Deux rochers d'a[n]ciénne porcelaine céladon, 192 l. — Un paravent [à] feu, 84 l.

2357. Du 29. — M. Fabus : Deux chandeliers à u[ne] branche fur des enfans de Saxe, garnis de fleurs, 264 [l.] — Deux pots pourris de porcelaine, vert & gris [de] lin, 120 l. — Deux pierres à papiers, enfans couché[s,] 168 l.

2358. — M. Thoynard de Jouy : Un pot à la romai[ne] & jatte en bleu-célefte, 600 l.

2359. — Mme la Cteffe de Bentheim : Un cabaret [de] lacq, deux petites taffes & foucoupes, pot à fucre [&] théière en bleu-célefte à oifeaux, 246 l.

2360. — Mme Lambert (pour mylord Havré) : De[ux] caiffes carrées, bleu-célefte, peintes à oifeaux, 720 l. — Un vafe à la hollandoife, bleu-célefte, peint à fleu[rs,] 384 l. — Deux petits vafes à oreilles, de même ble[u,] peints à enfans, 264 l. — Caiffe, emballage & frai[s,] 9 l.

2361. — M. Machard : Une table à écrire plaquée [en] bois de rofe, à quart de rond, 204 l.

2362. Du 30. — M. Bouret, fermier-général : Un va[fe] à la hollandoife, fond blanc, camayeu bleu, chairs c[o]lorées, 360 l.

2363. — Mme de Boulogne, la jeune : Deux caiffes [en] blanc & bleu, 144 l.

2364. Du 31. — M. de Bacquencourt : Un vafe à jo[ur] de porcelaine ancienne truittée, garni en bronze do[ré] d'or moulu, 360 l.

2365. — Mme Calabre : Une taffe couverte, ble[u-]célefte, 72 l.

2366. — M. l'abbé de Caumartin : Deux bateaux d'hu[i]lier, 48 l.

2367. — M. de LAUNAY : Deux taſſes, à 18 l., 36 l. — Un pot à ſucre, 15 l.

2368. — M. GONDOT : Un pot à la romaine & ſa jatte, 300 l.

Janvier 1756.

2369. Du 3. — Mme la Marq. de POMPADOUR : Un pied carré à gorge & oves en or, pour une figure de porcelaine, 800 l. — Quatre autres pieds en cuivre doré d'or moulu pour les figures pareilles, 102 l. — Le velours & façon d'un collier de chien, 3 l. — Les cinq boëtes & port à Verſailles, 12 l.

2370. — Mme la DAUPHINE : Du 23 dernier livré à Mme Dufour un vaſe à la hollandoiſe pour mettre des fleurs, peint à enfans-camayeux, chairs colorées, 300 l. — Une écuelle à fleurs, forme ronde, 192 l. — Un broc à guirlandes, la jatte feuille de chou, 132 l. — Un cabaret blanc, 135 l. — Un arroſoir, 108 l. — Un pot à oille & ſon plat (M. le Dauphin), 360 l.

2371. — M. de BOULOGNE, Intendant des finances : Une caiſſe pour des fleurs, en bronze ciſelé doré d'or moulu, garnie de criſtaux gravés, 240 l.

2372. — M. HÉBERT : Un reſauçage d'une cuiller dorée. — Un cabaret à cerfs, 72 l. — Deux autres, à 60 l. pièce, 120 l. — Un long, 36 l.

2373. Du 8. — Mme la Marq. de POMPADOUR : Un beurrier de Vincennes, 48 l. — Un fromager aſſorti, à fleurs (l'Ermitage), 48 l.

2374. — Mme de CIVRAC : Un petit luſtre de Bohême poſé chez Mme de Durfort, 192 l. — Un cordon en ſoie mêlée, 22 l. — Les ports, 10 l.

2375. — M. le Cte du LUC : Un grand trumeau d'une glace de 63 pouces ſur 41, dans ſon parquet de chêne très-orné de ſculptures dorées, & réparation & dorure du parquet, 750 l. — Les ports, 6 l.

2376. Du 10. — Mgr l'archevêque de SENS : Une pagode de terre des Indes, 96 l.

2377. — M. le Duc d'AUMONT : Six compotiers du Japon en artichauts payés à l'inventaire, 79 l. 19 s. —

Deux dits à pans, d'ancienne porcelaine de couleur, *idem*, 76 l. — Avoir mis en couverte deux figures de Vincennes, 12 l.

2378. — M. Verne : Le raccommodage d'une pendule, 12 l.

2379. — M. le Dauphin : Une urne de porcelaine ancienne à pagodes, garnie d'argent, 720 l. — Avoir fait dorer la garniture, 100 l.

2380. Du 13. — M. de Presle : Deux vafes céladon carrés, dont un un peu fêlé, garnis en bronze doré d'or moulu, 360 l.

2381. Du 14. — Mme de Voigny : Une table à écrire très-compofée, plaquée en bois de rofe, 144 l. — Repris une table ancienne de 120 l.

2382. — S. A. Mme la Cteffe de Marsan : Une terrine de Vincennes & fon plat peints à fleurs, 480 l.

2383. Du 16. — Mme Calabre : Une petite caiffe de Vincennes à enfans-camayeux, 48 l.

2384. Du 17. — S. A. Mme la Princeffe de Rohan, douairière : Une table de nuit à contours, plaquée en différens bois, garnie de marbre & pieds dorés, 96 l.

2385. — Mgr le Cte d'Egmont : Un flacon de criftal de roche avec fa garniture d'or émaillé, 192 l.

2386. Du 19. — M. de Jullienne : Deux vafes de Médicis (1) en bronze, très-beaux, 1,500 l. — Les pieds carrés en cuivre uni doré d'or moulu, 96 l.

2387. Du 21. — M. d'Azincourt : Une grille ornée en bronze doré d'or moulu, avec des magots de porcelaine ancienne, 192 l. — Un cabaret en triangle, verni, 18 l.

2388. Du 24. — M. Coquinot : Un grand bureau de travail plaqué en bois des Indes, avec fon ferre-papiers, caiffon, pendule, très-orné en bronze doré d'or moulu, 2,000 l. — Les ports, 4 l.

2389. — M. de Saint-Priest : Un criftal de lanterne & un cordon en foie bleue, 22 l.

---

(1) Ces vafes fe retrouvent à la vente de Jullienne fous le n° 1255.

2390. — M. Jacquemin : Une tabatière d'or avec deux portraits, 450 l.
2391. Du 28. — Mme la Marq. de Pompadour : La monture en argent doré d'une fontaine. — L'expédition à la douane, caisse & emballage de porcelaines de Vincennes envoyées en Danemark.
2392. Du 30. — Mme la Marq. de Pompadour : Un bénitier (1) de Vincennes dans une gloire ornée de chéru-

---

(1) On peut avec le livre-journal de Duvaux, en interprétant les achats & les cadeaux de Mme de Pompadour dont les destinataires sont connus, retrouver presque jour par jour les préoccupations, les pensées, les projets de la favorite, saisir l'explication de bien des faits qui a échappé à ses contemporains, & surprendre le nœud de bien des intrigues. Mais ce travail touche exclusivement à la biographie de la maîtresse de Louis XV, & ne peut pas se faire dans des notes, sans leur donner plus d'étendue qu'au texte commenté. C'est pourquoi j'ai volontairement omis d'expliquer chaque achat par l'acte de la vie de la marquise auquel il correspond ou qui le motive. Cependant, je ne puis m'empêcher de faire remarquer ici combien le témoignage de Duvaux, inconscient, c'est-à-dire impartial & irrécusable, a de valeur historique & comme il aide souvent à contrôler la sincérité des auteurs de Mémoires contemporains.

D'Argenson, qui n'aimoit pas la Marquise, l'accuse d'avoir feint des sentimens religieux qu'elle n'avoit jamais eus, pour se concilier Marie Leczinska à l'époque où elle vouloit devenir dame du palais de la Reine. On lit dans ses Mémoires, tome IX, page 195 : « 10 février 1756. Dimanche au soir fut déclaré à Versailles que la Marquise de Pompadour étoit reçue au nombre des dames du palais de la Reine. L'on dit même qu'elle commence à parler dévotion & molinisme; ainsi elle va chercher à plaire à la Reine comme elle a fait au Roi. » — « 12 février. On s'en doutoit, la Marquise devient dévote pour plaire à la Reine. Elle a pris pour confesseur le P. de Sacy, jésuite célèbre. Elle se lève la nuit pour prier; elle va à la messe tous les jours; elle mange maigre fêtes & dimanches; on a bouché les portes les plus secrètes qui alloient de son appartement à celui du Roi; enfin que de bigoterie pour plaire à la Reine & à la maison royale! » Voyez aussi ce qu'il dit à la date du 16 février, page 203.

Rien n'est plus vrai que des sentimens nouveaux aient été affectés par la Marquise. Le vieux ministre boudeur étoit fort bien informé dans sa retraite, & sa haine pour Mme de Pompadour ne l'aveugloit pas. A peine, en effet, espère-t-elle la place de dame d'honneur de la Reine, qu'on voit apparoître dans ses achats les objets religieux qui n'y figuroient pas antérieurement. Elle acquiert des bénitiers, des

bins; le tout peint & doré, 720 l. — La garniture
charnière & rayons en argent doré, 68 l. — La bordure dorée & velours noir. — La caiſſe, emballage
frais de douane. — (Fait déduire 120 l. à Vincenn⟨es⟩
ſur le bénitier, à tenir compte au mois de février.)

2393. Du 31. — M. le Cte d'EGMONT : Une tabatière
porcelaine de Vincennes montée en or, 1,344 l.

2394. — M. le Marq. de BEUVRON : Une caſſette
lacq très-belle, 600 l.

Février.

2395. Du 3. — Mme la Marq. de POMPADOUR : Un cou⟨-⟩
teau dont la lame eſt garnie en or, le manche de jaſp⟨e⟩
135 l.

2396. Du 5. — M. CALABRE : Un déjeuner bleu-céle⟨ſte⟩
en bateau, 240 l.

2397. — M. COQUINOT : Une pendule à conſole, dor⟨ée⟩
d'or moulu, 800 l. — Repris une pendule de marqu⟨e⟩-
terie en couleur.

2398. — Mme la Marq. de POMPADOUR : Six bouc⟨les⟩
d'acier poli pour corſet.

2399. Du 12. — Mylord BOLINGBROKE : Six taſſes ⟨&⟩
ſoucoupes, bleu-céleſte, à guirlandes, à 72 l., 432 ⟨l.⟩
— Un pot à ſucre, 108 l. — Un pot à crèm⟨e,⟩
108 l. — Une théière, 120 l. — Une jatte peinte ⟨à⟩
oiſeaux, 150 l. — Caiſſe, emballage & frais à la douan⟨e,⟩
9 l.

2400. Du 13. — Mme la Cteſſe de VALENTINOIS : Le r⟨ac⟩-
commodage d'un bras de porcelaine compoſé d'un ch⟨at⟩
pour Paſſy, 1 l.

2401. — Mme la Marq. de POMPADOUR : Une bobèc⟨he⟩
& binet doré d'or moulu pour un bougeoir de por⟨ce⟩-
laine, 6 l.

Chriſt. Duvaux, ſans le ſavoir, fourniſſoit à d'Argenſon d'irréfutab⟨les⟩
pièces juſtificatives en inſcrivant ſur ſon regiſtre les articles 2392, 24⟨..,⟩
2435, 2623. Voyez auſſi les nos 2501 & 2592.

2402. — M. de Verdun : La monture en [bronze doré d'] or moulu d'un vafe, bleu-célefte, à relief, 60 l. — Une boëte pour un bouquet, 1 l. 10 s.

2403. — Mme la Cteffe d'Egmont : Une pièce de criftal de roche pour une girandole, 6 l.

2404. Du 14. — M. Douet, fils : Une paire de bras à double branche dorés d'or moulu, 186 l.

2405. Du 17. — M. de La Reynière : Une grande tablette à jour avec des encoignures au bout, en vernis vert & filets, 42 l.

2406. Du 20. — S. A. S. Mlle de Sens : Une petite taffe, bleu-célefte, 36 l. — Un petit pot à fucre, 24 l.

2407. — M. d'Azincourt : Une table, au retour d'une autre.

2408. — M. Hébert : Une table de tri en noyer, garnie de drap fin (rendue).

2409. — Mme la Marq. de Pompadour : Une croix en ébène & ajuftement d'un Chrift, clous & anneaux dorés, 9 l. — Un déjeuner de Vincennes compofé d'une taffe & foucoupe, pots à fucre & à crème, 120 l. — (M. le Duc de La Vallière.) Un cabaret de fix taffes & foucoupes, pot à fucre, théière & plateau verni, 120 l. — Un fauteuil fculpté garni en canne très-fine. — Un pied à moulures en bronze doré d'or moulu pour une figure de porcelaine. — Un chapiteau de criftal pour une lanterne de l'Ermitage, 3 l. — Une lanterne triangle en cuivre doré d'or moulu, garnie en glaces, chandelier & chapiteau, 128 l. — Port à Verfailles, 5 l.

2410. — M. de Gagny : Deux encoignures de lacq, les marbres d'albâtre d'Orient, 1,800 l. — Deux bronzes, enfans couchés, pieds dorés, 1,800 l.

2411. Du 23. — M. le Baron d'Oppède : Un luftre de criftaux de Bohême à fix branches, 450 l.

2412. — M. Douet, le fils : Un pied de table en confole, fculpté & doré, avec fon marbre d'Alep de 28 pouces, 80 l. — Deux écrans en bois rougi, garnis de papier des Indes, 30 l. — Le port, 1 l. 10 s.

2413. — Mme la Marq. de Pompadour : Une caffe-

tière d'or gravé pour une taſſe; pèſe 5 onces, 1 gros 1/
8 grains à 22 karats, 504 l., avec la façon de 450
954 l. — La lampe, 2 onces, 4 gros 1/2, 7 grain
227 l., avec la façon de 150 l., 377 l. — Le trépi
d'acier poli, 18 l. — Bénéfice, 71 l.

2414. — M. Boulogne de Preninville : Une lanter
en bronze doré d'or moulu garnie de glaces, 300 l.
Un cordon de ſoie de haſard, 6 l. — Le raccomm
dage d'un luſtre, & fleurs de porcelaine fournies, 120
— Port & poſage, 2 l. 10 s.

2415. Du 24. — Mme la Marq. de Pompadour : Po
port à Rome par la poſte d'un ballot envoyé à M.
Stainville, de Paris à Lyon par la diligence, 19 l. 1
6 d. — De Lyon à Rome par le courrier, 231 l.
Frais dans Lyon, réception & expédition, 6 l. 10 s.

2416. Du 28. — M. Coquinot : Une encoignure à pie
de biche, plaquée en bois de paliſſandre avec ſ
marbre de Flandre.

Mars.

2417. Du 1er. — Mme la Marq. de Pompadour : Un ét
de rouſſette verte garnie d'or pour une navette de p
celaine, 20 l. — Six boucles de corſet, à mettre qua
elles feront toutes faites.

2418. — S. A. Mme la Princeſſe de Turenne : Deux t
blettes d'encoignure, forme ronde, en vernis poli n
& or, 72 l.

2419. — M. de Boulogne, fils : Six taſſes, bleu-céleſt
à guirlandes, troiſième grandeur, à 72 l., 432 l. — U
pot à ſucre, 96 l. — La théière, 114 l. — Le plate
verni, 30 l.

2420. — M. le Cte de Molk : Livré à M. Deſmares u
garniture de cheminée de cinq morceaux de Vi
cennes, bleu-céleſte, dont une grande caiſſe à quat
pieds, peinte à oiſeaux, 840 l. — Deux autres caiſſe
les pieds en rouleaux, peintes à enfans, 1,440 l.
Deux vaſes Dupleſſis, peints à oiſeaux, 600 l. — Tr
autres morceaux, gros-bleu, à oiſeaux, dont une caiſſ

grande, à la hollandoife, qui eft fêlée & évaluée à 192 l. — Deux dites, même forme, moins grandes, 720 l.

2421. — M. de JULLIENNE : Envoyé un homme à Paffy pour réparer & nettoyer des commodes.

2422. Du 5. — Mme la Cteffe de VALENTINOIS : Quatre feuilles de papier des Indes à petites figures, les toile & collage defdits papiers dans une garderobe à Paffy, 72 l.

2423. Du 8. — M. DUFOUR, père : Le raccommodage d'une paire de girandoles à figures & fleurs de porcelaine, avoir fourni un baffin, 72 l.

2424. Du 10. — S. A. Mgr le Prince de SOUBISE : Envoyé à Turin un cabaret à fix taffes & foucoupes de Vincennes en bleu-célefte, peintes à guirlandes, à 96 l., 576 l. — Le pot à fucre & pot à crême, 216 l. — Le plateau, vernis poli, 24 l. — Deux feaux ovales avec féparations pour des caraffes, en gros-bleu à cartouches d'enfans-camayeux, chairs colorées, à 192 l., 384 l. — Un broc nouveau dans fa jatte feuille de chou, en blanc, à guirlandes, 132 l. — Une navette lapis, à enfans peints, 144 l. — Quatre caraffes de criftal, 24 l. — La caiffe, emballage, frais de douane, frais de correfpondance ; rendu quitte à Turin, 72 l.

2425. — Mgr le Duc d'AUMONT : Une châffe à moulures unies, en bronze doré d'or moulu, garnie de glaces, pour une pagode des Indes, 192 l.

2426. — M. le Cte du LUC : Trois gobelets & foucoupes de Vincennes, gros-bleu, à oifeaux, de 48 l., 144 l. — Echange d'un cabaret plus grand, 9 l. — Deux caraffes d'huilier en criftal doré, 12 l.

2427. — M. de LA REYNIÈRE, Fermier-général : Une grille à figures en bronze doré d'or moulu, avec fes garnitures, 400 l. — Deux paires de bras à double branche, auffi dorés d'or moulu, de 168 l., 336 l. — Une paire à double branche dans la feconde pièce, auffi dorée, 140 l. — Une autre paire dans la chambre à coucher, à double branche, auffi dorée, 144 l. — Dans le falon, un feu à vafes & fleurs doré d'or moulu,

400 l. — Quatre paires de bras à double branche feuillages cifelés & dorés d'or moulu, à 168 l., 67 — Les ports, 3 l.

2428. Du 13. — M. de FONTAINE, Fermier-général : raccommodage d'une tabatière d'écaille, 2 l. — U paire de girandoles à terraffe et branchages dorés d moulu fur des magots anciens, bleu-célefte, garnis fleurs de Vincennes afforties, 264 l.

2429. — M. de GAGNY : Une agraffe dorée d'or mo ajoutée à un pied de marquetterie, y avoir incrufté filets de cuivre, & doré en or moulu les confole moulures, 94 l.

2430. Du 14. — M. le Cte d'EGMONT : Trois pani de try de Vincennes en bleu-célefte, 144 l.

2431. Du 17. — Mme LAMBERT : Pour mylord Hav une paire de grands bras à trois branches, à feuill verni imitant la nature, garni de très-belles fleurs Vincennes, 792 l. — La caiffe, emballage & frais douane, 48 l.

2432. — M. de JULLIENNE : Deux buires de porcela céladon gauffrée, à rubans, garnies en bronze doré d moulu, 720 l.

2433. Du 18. — M. de FONTAINE, Fermier-génér Une lanterne carrée de bronze, à confoles, dorée d moulu, garnie en glace, avec fon cordon de foie 1 lée, 204 l.

2434. — Mme la Duchesse de CHEVREUSE : Deux fucri blancs à fleurs, 144 l.

2435. — Mme la Marq. de POMPADOUR : Deux cr pour des Chrift, l'ajuftage & anneaux, 18 l. — U jatte ovale de porcelaine de Vincennes, bleu-céle à cartouches dehors & dedans, peinte à oifeaux, bords ornés de fleurs en relief, avec le broc peint même (M. l'Electeur de Cologne), 672 l. — La cai port & rapport de porcelaines à Verfailles, 8 l.

2436. Du 20. — S. A. S. Mgr le Duc d'ORLÉANS : U garniture de cinq morceaux de porcelaine des Ind petit bleu, compofée de deux bouteilles cannelées, vafe ovale, deux buires de deux poiffons ; le tout ga en bronze doré d'or moulu, de 78 louis, à cause de l'échange des deux poissons, 1,632 l. — Deux carpes de porcelaine ancienne sur des rochers rustiques, de 14 louis, 336 l.

2437. — Mme la Princesse d'Isenghien : Avoir réparé deux armoires de marquetterie où l'on a fourni des morceaux en cuivre & écaille qui manquoient, remis des flipeaux (1) aux côtés & renoirci à neuf; fourni quatre rideaux de taffetas vert, & port, 96 l.

2438. — Réglé de compte avec S. A. S. Mgr le Duc d'Orléans. Il m'a arrêté son mémoire à la somme de 8,125 l., payable à raison de 1,000 l. par mois, a commencer au 1ᵉʳ mai prochain.

2439. Du 23. — M. d'Azincourt. Un plateau verni, 30 l.

2440. Du 26. — M. de La Reynière : Une pendule de marquetterie & ornemens dorés d'or moulu, de Boulle, 600 l. — Repris une autre moins grande pour 408 l.

2441. Du 27. — M. le Duc de La Vallière : Un cabaret de six tasses & soucoupes, pot à sucre, théière de Vincennes, avec le plateau verni, 120 l. — Caisse, emballage & frais de douane, 12 l.

2442. — Mme la Marq. de Pompadour : Les frais & droits d'une caisse de porcelaines de Vincennes envoyée à Mme Ogier à Copenhague, 98 l. — Un ressort à un étui de montre, 1 l. 10 s. — Payé au sieur Laferté les façons de cinq portefeuilles de maroquin avec dentelles & armoiries, 120 l.

Avril.

2443. Du 1ᵉʳ. — Mme la Marq. de Pompadour : Un étui à ciseaux de roussette, 7 l. 10 s. — Un portefeuille, armes de M. de Puysieux, 24 l.

2444. Du 2. — M. le Duc d'Aumont : Trois vases de

---

(1) Ou flipois, selon Littré : terme de menuiserie, petite pièce rapportée pour couvrir un défaut dans un ouvrage.

porcelaine, bleu & blanc à relief, 751 l. — Deux
teilles brodées fur trépieds, 161 l. — Trois autres
nets unis, dont un à pagodes, 700 l.

2445. — M. le Premier : Les toile, collage & ra‑
dage de deux petits chaffis garnis en papier des I
36 l.

2446. — S. A. Mgr le Prince de Turenne : Deux
magots gris, 216 l.

2447. — M. Coquinot : Un pied de table fculpté &
avec fon marbre d'Alep, de quatre pieds & dem
Deux pieds en confoles fculptés & dorés pour de
coignures, avec leurs marbres d'Alep. — Nettoya
réparation de trois tableaux & de leurs bordure
Deux oifeaux de porcelaine des Indes garnis de
dorés. — Les ports à fept hommes.

2448. Du 3. — S. A. S. Mlle de Sens : La répar
faite à deux commodes en marquetterie; fourn
pièces qui manquoient, & remis les bronzes en
leur, avec les ports & rapports, 120 l.

2449. Du 4. — M. le Duc d'Aumont : Cinq mor
de porcelaine blanche & bleue, dont un cornet
du bas, deux rouleaux & deux urnes brodées, 75

2450. — M. Ogier : Livré à M. Defmares un grand
de Vincennes, forme hollandoife, en bleu-lapis,
touches d'oifeaux colorés, fur terraffes, 480 l. —
vafes forme d'urne à oreilles renverfées, lapis cail
en or, à enfans, 720 l.

2451. — M. le Duc d'Aumont : Le nettoyage &
commodage d'un pot pourri & deux girandoles de
tal de roche, 6 l.

2452. — S. A. Mgr le Duc de Bouillon : Une g
caiffe de terre des Indes céladon, 120 l. —
crabes, porcelaine ancienne, payés à l'inventair
240 l.

---

(1) Il s'agit ici de l'inventaire ou de la vente du Duc de Talla
eut lieu le 22 mars 1756. Les deux crabes portoient le n° 106.
catalogue Tallard. Les notes manufcrites qui accompagnent fou
catalogue, en indiquant les prix & les noms des acquéreurs, cor

2453. Du 5. — Receu de M. Hébert, pour le montant de fon mémoire, la fomme de 3,837 l., en compenfation d'un mémoire & de deux quartiers de la maifon ; & fommes demeurés quittes de part & d'autre jufqu'à ce jour.

2454. Du 6. — M. Coquinot : Deux feaux de porcelaine bleue & blanche, brodée, garnis haut & bas, 144 l.

2455. — Mme la Cteffe de Valentinois : Six feuilles de papier la Chine, peintes fur gaze de payfages & figures, 144 l. — Les collage, toile & raccordage, 80 l. — Les ports à Paffy, 8 l.

2456. Du 8. — Mme de Vougny : Deux couffins en vernis pour deux chiens de Saxe, 20 l.

2457. — S. A. Mgr le Duc de Bouillon : Payé à l'inventaire de M. de Tallard deux girandoles (1) à trois branches fur des lions, 251 l.

2458. Du 9. — M. le Duc d'Aumont : Acheté à l'inventaire de M. de Tallard un vafe de marbre vert antique (2), 800 l. — Une théière (3) de porcelaine très-ancienne, 590 l. — Une urne bleue & blanche, brodée, garnie, 141 l. 1 s. — Bénéfice accordé fur les articles de l'inventaire, 384 l.

2459. — M. le Prince des Deux-Ponts : Douze taffes & foucoupes de Vincennes, peintes à fleurs, de 10 l. la pièce, 120 l. — Huit enfans de Vincennes, en bifcuit, à 42 l., 336 l.

2460. — Mme la Marq. de Pompadour : Deux pots à confitures, à fleurs, à 9 l., 18 l. — Deux coquetiers, blanc & or, 36 l. — Deux dits, à fleurs, 24 l. — Fait armorier fept cuillers d'argent, 4 l.

2461. Du 14. — Mme de La Ferrière : Une commode

---

l'acquifition de cet article par Duvaux pour le Duc de Bouillon, au prix indiqué.

(1) C'eft le n° 1108 du catalogue de la vente de Tallard.

(2) C'eft le n° 8 de la vente d'Aumont, revendu à Paillet pour le Marquis de La Mure, & payé 361 livres.

(3) C'eft le n° 1050 de la vente de Tallard.

en confole à pieds de biche, plaquée en bois de rofe garnie de bronze doré d'or moulu, 150 l.

2462. Du 15. — M. le Baron de BUSSEVAL : Une théier violette & bleu-célefte, 120 l.

2463. — Receu de S. A. Mgr le Duc de BOUILLON fomme de 4,005 l., en deux mandemens, dont u de 2,000 l. fur M. Mégrot, payable courant de jui let prochain, & l'autre comme deffus de 2,005 l., cou rant d'octobre prochain, pour folde des fourniture depuis le 2 juillet 1746 jufque compris le 27 décembr 1755; defquelles fommes j'ai donné quittance au fieu Mégrot.

2464. — M. de LA REYNIÈRE : Deux figures de Vir cennes en bifcuit, 84 l.

2465. Du 21. — S. M. le Roy : La garniture en arger doré d'une fontaine de porcelaine pour Mme la Dau phine, 192 l.

2466. — Mme la DAUPHINE : Livré à Mme de Branca une table plaquée en bois de rofe à fleurs, les dedar en cèdre, à tablettes, crémaillère, tiroir à pupitr cornets d'argent, les garnitures & mains dorées d'o moulu. — Le port à Verfailles.

2467. — M. le DAUPHIN : Une écuelle moyenne ave fon plateau, peinte à enfans, camayeu carmin, 240

2468. Du 27. — Mme la Marq. de POMPADOUR : Douz taffes à anfes & foucoupes la Chine, à 45 s., 27 l. - Deux portefeuilles, fans armes, payé au fieur Laferte 36 l. — Une paire de girandoles à feuillages dorés d'o moulu fur des petits magots céladon (entre-fol à l'hô tel), 246 l.

2469. — Mme COANE : Deux vafes de Vincennes, lapi ancien, 36 l.

2470. — M. de GAGNY : Une grande table en forme d cabaret plaquée en bois de rofe & bois violet, garni de moulures & ornemens dorés d'or moulu, 200 l.

2471. — M. de LA LIVE : Quatre figures en bifcuit, 168

2472. — Mme la Cteffe d'EGMONT, douairière : Rac commodage d'une pagode de terre, 3 l.

2473. — Mme la Ducheffe d'ANTIN : Un pied de table

n° 1005 de l'inventaire [de M. de Tallard], 120 l. 1 s. — Port, 2 l.
2474. Du 28. — M. de JULLIENNE : Un bronze d'Apollon (1) fur un piédeftal en marquetterie, 1,600 l. — Deux feaux carrés de porcelaine à jour, garnis en argent, pefant 2 marcs, 7 onces, 3 gros, 288 l. — Fait dorer la garniture, 72 l.

Mai.

2475. Du 2. — M. de JULLIENNE : Une bâfe de marquetterie de Boulle, 72 l. — Le port d'un feu doré à Paffy, 3 l.
2476. Du 3. — Mme de LA FERRIÈRE : Une taffe de Vincennes & foucoupe, 9 l. — Une théière, 18 l.
2477. Du 5. — M. COQUINOT : Les fept cartons en maroquin vert faits pour fon ferre-papiers, 72 l. — Un portefeuille afforti, 24 l. — Raccommodage de deux cadres à pans.
2478. — M. le Cte du LUC : Surplus d'un faladier de Vincennes, 6 l.
2479. — Mme la Marq. de POMPADOUR : Les façons de dix portefeuilles fans armes (compte par Laferté).— Un armorié à M. Collin.
2480. Du 13. — M. MASSE : Une commode de lacq, les pieds à confoles, garnie en bronze doré d'or moulu, 1,150 l. — Un pot à pâte, blanc & or, 36 l. — Deux pots à pommade, 18 l.
2481. — M. de GAGNY : Deux vafes de vert d'Egypte fur des pieds de Florence, 480 l.
2482. Du 16. — M. le Duc de LA VALLIÈRE : Une baignoire pour les yeux, 6 l.
2483. — M. GAIGNAT : Les garnitures à cercles dorés d'or moulu pour huit bouteilles de porcelaine bleue, 72 l.
2484. — M. le Cte de MAILLY : Un feu à cornes d'abon-

---

(1) C'eft peut-être le n° 1238 du catalogue de Jullienne.

dance, doré, 515 l. — Un luftre de Bohême, 192 l. –
Un cordon, 15 l. — Les ports, 3 l.

2485. Du 18. — M. de Villemorien : Une paire de bra
à double branche, dorés d'or moulu, pofés dans fo
cabinet, 150 l.

2486. — M. de Fontferrière : Quatre taffes &͏ͅ fou
coupes, bleu-célefte, peintes à guirlandes, à 96 l.
384 l. — Le pot à fucre, 108 l. — La théière, 120 l.—
Le nettoyage des luftres & lanternes, 13 l.

2487. Du 19. — M. d'Azincourt : Deux biches (1) d'an
cienne porcelaine montées fur deux terraffes dorée
d'or moulu, 864 l.

2488. Du 20. — M. de Cury : Une pendule à répéti
tion de Moify, la boëte dorée d'or moulu, 360 l.

2489. Du 21. — M. Coquinot : Un groupe de deux en
fans couchés fur une terraffe dorée d'or moulu, 408
— Un plateau de lacq aventurine, 8 l. — Raccommo
dage de tableau & bordure.

2490. Du 22. — M. Boucher : Un petit fauteüil d
canne très-bien fculpté, garni de manchettes en damas
72 l.

2491. — Mme la Ducheffe de Brancas : Le raccommo
dage d'une petite table, refait les bords à neuf, & re
plaqué, 18 l.

2492. Du 24. — Mme la Marq. de La Ferrière : U
petit fecrétaire de bois de rofe plaqué à fleurs de boi
violet, garni en ornemens dorés d'or moulu, 432 l. —
Une table à écrire à tablette & pupitre, & cornets ar
gentés, 96 l. — Deux lanternes de criftal en globe ave
les poulies & contre-poids, 60 l. — Six taffes & fou
coupes de Vincennes en blanc & bleu, à 10 l., 60 l.
Un pot à fucre, 15 l. — Le plateau de la Chine, 12
— Les ports à Clichy & pofage des lanternes, 8 l.

2493. — M. le Garde des Sceaux : Six taffes & fou
coupes à guirlandes, 576 l. — Le pot à fucre afforti
96 l. — Un cabaret d'ancien lacq à rebord droit, l

---

(1) Voyez le Catalogue d'Azincourt, n° 359.

fond à deux cartouches en or de relief, 200 l. (Payé par M. d'Azincourt.)

2494. — Mme la Marq. de POMPADOUR : Deux fortes grilles de feu à figures repréſentant les Arts en bronze doré d'or moulu, avec les pelles & pincettes, à 1,050 l. la pièce, 2,100 l. — Avoir remis à neuf deux paires de grands bras à trois branches, dorés d'or moulu, qui eſtoient à Verſailles & deſtinés à eſtre poſés dans les deux bouts du ſalon de Crécy, 72 l. — Les fourreaux en fer-blanc pour les deux grilles, 36 l. — Quatre caiſſes, papiers, cordages pour les bras & feux, 84 l. — Une caiſſe doublée de papier pour mettre trois deſſus de porte de M. Boucher, 12 l. — Deux petits gobelets de criſtal de roche (Crécy), 102 l. — Deux ſoufflets vernis & quatre plumets, 52 l. 16 s. — Une tablette en hauteur, en bois verni & poli imitant le placage (dans l'entre-ſol à Bellevue pour des livres), 54 l. — Le port & rapport de porcelaines à Paris, 4 l. — Port à Crécy de porcelaines, 21 l.

Juin.

2495. Du 1er. — M. le Cte du LUC : Un ſecrétaire en bois d'acajou maſſif garni en ferrures dorées d'or moulu, le marbre d'Antin, 192 l.

2496. Du 3. — M. le Marq. de VOYER : Une boëte d'ancien lacq à pans, très-belle, 300 l. — Un plat de bleu-céleſte caſſé, 120 l.

2497. — M. FABUS : Une commode à pieds de biche plaquée en bois de roſe, les ornemens dorés d'or moulu, avec tablette & deux tiroirs à ferrures & reſſorts ſur les côtés, garnie en étoffe, à compartimens de tabis bleu remplis de flacons, miroirs & uſtenſiles de toilette, avec deſſus de marbre d'Alep, 360 l. — Les papiers, ficelles & port, 2 l.

2498. — M. de BUSSEVAL : Un luſtre de Bohême à ſix branches, monté à conſoles, 288 l.

2499. — M. le Préſident HÉNAULT : Le raccommodage d'un étui à cure-dents, 6 l.

2500. Du 8. — M. L'Ecuyer : Le vernis & réparation d'une paire de bras de fleurs à double branche, 9 l. — Une commode à deux tiroirs & pieds de biche, pour vernir, avec garniture de mains, entrées & pieds dorés, le marbre de Languedoc, 120 l.

2501. — Mme la Marq. de Pompadour : Quatre gobelets & foucoupes de Vincennes en blanc & or pour l'hoftel à Paris, 96 l. — Avoir ajouté une double tablette plaquée à mofaïque à une bibliothèque deftinée aux Capucines (1), 4 l. — Ports & rapports, 1 l. 10 s.

2502. — M. Belhombre : Une caffetière d'argent de dix taffes, 321 l. — Des lunettes, porte-crayon, garde vue & reffort d'argent, 67 l. — Commiffion, 20 l.

2503. — M. Coquinot : Le raccommodage d'un tableau remis fur toile (2), nettoyage de la bordure. — Deux chaifes de paille. — Un gobelet couvert de fleurs, 15 l. — Le port, 1 l.

2504. — M. le Marq. de Gontaut : Un grand bureau d'amaranthe, 260 l.

2505. Du 12. — S. A. S. Mlle de Sens : Deux figures d'ivoire faites aux Indes, 72 l. — Un pot à fucre de Vincennes à enfans, 48 l.

2506. Du 14. — M. le Marq. de Gontaut : Deux co-

---

(1) La Marquife poffédoit un appartement de retraite dans le couvent des Capucines de la place Vendôme, où fa fille Alexandrine étoit enterrée, & où elle s'étoit préparé un tombeau après avoir acquis une chapelle de la famille de La Trémouille. Elle s'étoit fait difpofer ce appartement au commencement de l'année 1756, quand, pour devenir dame de la Reine & pour gagner les bonnes grâces de Marie Leczinska elle fimula des pratiques religieufes. On lit en effet dans le journal de d'Argenfon (éd. Rathery), à la date du 16 février 1756, tome IX, p. 203 : « A cela le confeil de la Marquife a joint la Religion. Elle a été ces jours-ci arranger pour elle une tribune & appartements de retraite aux Capucines de la place Vendôme; elle a amené des architectes, & voilà que cela fera bientôt prêt. » Comparez le n° 2592.

(2) On venoit d'inventer en France, ou tout au moins d'y pratiquer en grand pour la première fois, le rentoilage des tableaux. Voyez ce que j'ai dit de l'invention de Picault & de la reftauration des tableaux du Roi, dans la *Gazette des Beaux-Arts*, tome II, deuxième période, page 372.

quetiers d'argent en paniers, 60 l. — Avoir recollé la queue d'un oifeau, 1 l.

2507. Du 16. — Mme la Marq. de POMPADOUR : Un cabaret complet de Vincennes, de 120 l., que M. le Duc de La Vallière a remis à Madame, 120 l. — Une bague d'un grenat fyrien entouré de brillants, 300 l. — Un cachet d'un bufte de femme d'agathe orientale tranfparente, 156 l. — Un autre cachet d'un bufte coëffé d'émail, 156 l. — Deux falières pour l'hoftel, 24 l. — Cinq coquetiers d'argent en forme de corbeille, avec une doublure auffi d'argent, 150 l. — Une tabatière d'écaille en cage, 760 l. — Raccommodage d'un bas-relief d'ivoire, 5 l.

2508. — M. de FONTFERRIÈRE : Les fers d'un pouce & demi faits pour une grille à chevaux, & remis à neuf, 60 l. — Avoir rétabli les fers d'une grille à Chinois & les bronzes à neuf, 19 l. — Ports & rapports, 4 l. — Une glace de lanterne de 21 pouces fur 14, & l'avoir efté ajufter à Auteuil, 21 l. — Le raccommodage d'une boëte d'écaille, 7 l. — Deux taffes & foucoupes de Vincennes, 20 l.

2509. Du 19. — M. le Marq. de BRANCAS : Un coquetier d'argent en corbeille, 30 l.

2510. Du 23. — S. A. Mgr le Prince de SOUBISE : Un tableau (1) acheté à l'inventaire de M. le Duc de Tallard, & bénéfice accordé, 550 l. — La caiffe, emballage & un autre emballage de porcelaine, 9 l.

2511. — M. OGIER : Une pagode de terre des Indes très-belle, 120 l.

2512. — M. le Cte du LUC : Un pot à confitures, grosbleu, 42 l.

2513. — Mme la Marq. de POMPADOUR : La mon-

---

(1) Ce tableau, qu'on retrouve fous le n° 12 dans le catalogue de la vente Tallard, avoit été payé 500 livres par Duvaux. Il étoit attribué à Raphaël. Voici comment le décrivoit l'expert Remy : « David tenant la tête de Goliath dont le corps fe voit par terre dans l'éloignement. Cet agréable tableau eft d'un bon ton de couleur ; il eft peint fur bois, & porte treize pouces de haut fur neuf pouces de large. »

ture en or gravé d'une boëte de lacq à deux tabacs, 432 l. — Une écuelle lapis, camayeu bleu, 300 l.

2514. Du 28. — M. de JULLIENNE : La dorure en or de feuille d'un fer de billard.

2515. — M. COLINS : Deux rouleaux de porcelaine, bleu & blanc à modèle (1), 96 l.

2516. — M. de BELHOMBRE : Un luftre de bronze doré d'or moulu à huit branches, de Boulle, 960 l. — Echange d'un ferre-papiers dont les bronzes fur de nouveaux modèles, 45 l. — Un bronze d'un tireur d'arc fur un pied de Boulle de marquetterie, garni d'ornemens dorés d'or moulu, 288 l. — Deux pierres à papiers dorées d'or moulu, de deux fphinx fur terraffes, 96 l. — Deux girandoles à quatre branches dorées d'or moulu, 220 l. — La caiffe, emballage & frais de douane, 99 l. — Une table de marbre obmife dans le dernier compte, 60 l.

2517. Du 30. — M. le Cte de VALENTINOIS : Deux lions, violet & bleu-célefte, 144 l. — Deux feuilles violettes, à 21 l., 42 l. — Deux pots pourris céladon, à fleurs, 96 l. — Deux bouteilles truittées, 48 l. — Deux bouteilles céladon, 48 l. — Deux autruches, 144 l. — Deux cocqs, 144 l. — Quatre petits bronzes fur leurs pieds dorés, 168 l. — Deux vafes carrés en hauteur, vert & jaune, 96 l. — Deux grands magots la Chine debout, 60 l. — Deux magots la Chine accroupis, 60 l. — Deux feaux à jour, anciens, peints, 168 l. — Deux carpes brutes, anciennes, fur troncs, 120 l. — Deux feuilles violettes, 42 l. — Deux poiffons céladons doubles, 192 l. — Deux pagodes la Chine, une tenant un livre, 72 l. — Deux groupes de magots anciens fur tambours, 216 l. — Deux pagodes droites, anciennes, habillées, 72 l. — Deux urnes truittées à bords dorés, 120 l. — Deux vafes du Japon à branchages & feuilles en relief, 60 l. — Deux bouteilles rouges à fleurs blan-

---

(1) On nomme communément *modèle* tout deffin fur la porcelaine qui repréfente un vafe ou un pot de fleurs. (Notes du catalogue d'Aumont, édition originale, pages 49 & 83.)

ches, 48 l. — Deux magots, ancien la Chine, fur dragons, 84 l. — Deux dragons, brun & bleu, les dos à jour, 60 l. — Deux buffles, à magots deffus, de terre ancienne, 30 l. — Quatre gobelets à anfes, truittés, 16 l. — Deux théières de belle terre, à fleurs de relief, 36 l. — Deux jattes truittées à têtes de lions, 36 l. — Deux magots de pierre de lard fur rochers, 72 l. — Quatre petits magots la Chine, 9 l. — Deux petites bouteilles bleues à fleurs bleues, 24 l. — Quatre lions ou dragons, ancien blanc, 24 l. — Deux pagodes blanches à draperies, 12 l. — Quatre gobelets ovales, évafés, à reliefs, 24 l. — Deux groupes de magots, le bâton à l'oreille, 30 l. — Deux théières, porcelaine à lions, 48 l.

Juillet.

2518. Du 1er. — M. le Cte de VALENTINOIS : A condition pour eftre échangés à fa volonté : deux vafes à pans, porcelaine ancienne, fond fablé, fans couvercles, 36 l. — Deux coquilles la Chine, une caffée, 54 l. — Deux théières de terre, forme écrafée, 15 l. — Quatre petits magots blancs, de deux fortes, à 30 s., 6 l.

2519. — M. de GOESBRIANT : Un grand cabaret la Chine fur fon pied, vernis poli, avec tiroir & ferrure, 72 l.

2520. — M. de JULLIENNE : Trois paires de bras en blanc & vert à fleurs de porcelaine, 180 l. — Deux autres paires femblables, 120 l. — Une à branchages autour des branches, 60 l.

2521. — Mme la Marq. de POMPADOUR : L'or & façon d'une grande boëte de lacq à trois tabacs, doublée & gravée, avec les réparations de Martin, 1,350 l.

2522. — Mme la Cteffe de CHATEAURENAUD : Un gobelet & foucoupe de Vincennes à fleurs, 10 l.

2523. Du 3. — Mme la Marq. de POMPADOUR : Un voyage fait à Verfailles pour avoir efté déplacer les porcelaines, couvrir les bras & luftres, dépofer les panneaux de papier du cabinet, 8 l. — Un petit fau-

teuil de canne à contours & très-bien sculpté (livré
M. Deshayes, pour Compiègne), 72 l. — Le port
Versailles & rapport de cinq panneaux de papier po
estre réparés, 7 l.

2524. Du 5. — M. D'Aubercourt : Une tabatière ron
émaillée, 472 l.

2525. — M. le Marq. de Crillon : Un portefeuille,
garniture d'or émaillé, à serrure, 240 l.

2526. Du 6. — M. le Marq. de Monteynard : U
bague d'une émeraude entourée de brillants, 450 l.
Un pot à l'eau lapis dans sa jatte feuille de chou, av
la monture en argent doré, 264 l.

2527. — Mme la Marq. de Pompadour : Vingt-quat
figures nouvelles de Vincennes envoyées à Compiègn
à 48 l., 1,152 l. — La caisse & emballage, 28 l.

2528. Du 10. — M. le Marq. de Monteynard : Av
remis un bout d'or à un étui & avoir fait regraver l
armes, 24 l. — Fourni un cachet d'argent & la gravu
des armes, 25 l. — Gravé des armes sur un port
feuille, 6 l.

2529. — M. de Cramayel : Une lanterne carrée
consoles, dorée d'or moulu, garnie en glaces, 300 l.
Le cordon cramoisi & blanc, 30 l.

2530. Du 12. — M. de Boulogne, Trésorier : Un g
belet de Vincennes en cuvier, rassorti dans un batea
6 l.

2531. Du 13. — Mme la Ctesse d'Egmont : Une écue
de Vincennes sur son plateau long, à fleurs de reli
168 l.

2532. Du 14. — Mme Geoffrin : Huit feuilles de ch
de porcelaine de Saxe, à 42 l., 336 l. — Plus, u
feuille pareille, 42 l.

2533. — M. le Marq. de Puysieux : Pour caisse, emb
lage, acquit à caution & frais de deux terrines & pla
18 l. — Le raccommodage du plat, 6 l.

2534. — Mme la Duchesse de Lauraguais : Pour Mme
Ctesse d'Egmont, un groupe de Vincennes de de
figures en biscuit (écrit sur le compte de Mme d'E
mont), 144 l.

2535. Du 19. — M. le Cte de Valentinois : Un pied & garniture en cuivre doré d'or moulu pour un magot ancien, & le raccommodage dudit magot, 60 l. — Le raccommodage d'une théière de porcelaine violette, 6 l.

2536. — Mme la Marq. de Pompadour : Avoir fait couper une bibliothèque de bois violet pour une place, l'avoir replaquée du même bois pour un petit cabinet à l'hoftel, & avoir retaillé le marbre & pouffé les moulures. — Avoir refait une virole d'argent pour une cuiller à caffé, 2 l.

2537. — Mme Geoffrin : Une pendule de marquetterie de Boulle, à quarts, 480 l. — Receu en compte un pot de Vincennes vendu fur le pied de 528 l. — *Idem*, deux bateaux de Saxe à mofaïque, 15 l.

2538. — M. L'Ecuyer : Pofé à Clichy deux glaces pour une cheminée, la première de 34 pouces fur 31, 123 l. — Le cintre de 31 pouces fur 19, 47 l. — Le trumeau vis-à-vis, une de 41 pouces fur 31, 179 l. — Le cintre de 31 pouces fur 19, 47 l. — Un panneau de quatre glaces, dont les deux premières de 30 pouces fur 17, 62 l. — Les deux deffus de 26 pouces fur 17, 46 l. — Un panneau pareil, 108 l. — Le tain des douze glaces, les frifes, vis, clous, pofage, les ports, profit, 15 l.

2539. Du 20. — Mme de Fortia : Les toile, collage & raccordage de neuf chaffis garnis de papier des Indes à payfages, 108 l.

2540. Du 22. — M. Machard : Deux figures de Vincennes, 84 l.

2541. — M. Hébert : Un baradel(1) d'or avec fes plumes

---

(1) On appeloit *baradel*, ou mieux *baradelle*, un petit inftrument contenant tout ce qu'il faut pour écrire. Cet objet, extrêmement portatif, n'eft pas plus gros qu'un étui à aiguilles, fi ce n'eft à fa partie inférieure, & long de fix pouces environ. Il fe met facilement dans la poche. Le baradelle affecte ordinairement la forme d'un pilon. Le renflement du bas eft occupé par un petit récipient deftiné à contenir de l'encre. Sur cet encrier, fe viffe, en le fermant hermétiquement, un tuyau contenant un porte-plume & un portecrayon, qui rentrent l'un dans l'autre, ou s'ajuftent à volonté, bout à bout, au moyen d'un pas

dans un étui de rouffette, 220 l. — Une navette
caille incruftée, 120 l.

2542. Du 24. — M. le Duc de ROHAN : La garniture
cuivre doré d'or moulu de cinq vafes truittés, 425

2543. — M. de JULLIENNE : Un pied carré à moul
en cuivre doré d'or moulu. — Un morceau de po
laine d'une racine produifant des graines & feuilla
ancien la Chine, 288 l., receu en dix coupons, 4?

2544. Du 26. — M. de FONTFERRIÈRE : Deux taffe
Vincennes, à 10 l., 20 l. — Deux dites, à 9 l., 18

2545. — M. de JULLIENNE : Une paire de bras à do
branche, à fleurs & feuillages vernis, 60 l. —
ports, 3 l.

2546. — Mme de CAUMARTIN : Deux porte-huilier
Vincennes pour affortir à deux anciens, à 27 l., 54

2547. Du 28. — Mme la Marq. de POMPADOUR : Pc
l'hoftel un cabinet de lacq ancien à pagodes, dont
démonté les garnitures : les avoir fait dorer d'or me
& remonter à vis, y avoir fait trois ferrures & la
cifelée ; le pied en chêne fculpté & doré. L'avoir
nettoyer & réparer par M. Martin, 325 l. — Avoir
monté un autre cabinet auffi à pagodes, avoir doré
ferrures, les avoir remontées à vis, fait une ferrur
cuivre doré & clef polie, 48 l. — Raccommodage

---

de vis. Sous l'encrier, une petite boîte plate s'ouvre à vis pour
place à quelques pains à cacheter. Le deffous de cette même
chargé de chiffres ou d'armoiries gravés, fournit un cachet. Le tout
fonce dans un étui rigide de maroquin ou de rouffette.

Quelquefois le baradelle eft un peu plus compliqué. Le tuya
furmonte l'encrier eft plus gros, &, véritable étui de mathémat
renferme deux plumes, deux portecrayons, un compas, une règle
vant de mefure, un tire-ligne, une équerre pliée, &c.

Le nom de cet objet vient de fon inventeur ou de fon fabriq
Baradelle étoit fabriquant d'inftrumens de mathématiques à Paris
nom figure deux fois fur des pièces d'un étui de mathématiques
gent que poffède M. le baron J. Pichon. C'eft d'après deux ba
les, que ce favant amateur a bien voulu me confier, que j'ai pu
cette defcription. Rares en or, les baradelles du dix-huitième fiè
rencontrent fouvent en argent ou en cuivre ; l'ufage de cet inftru
s'eft confervé jufqu'à nos jours.

JUILLET 1756.

M. Martin, 150 l. — Port à l'hoftel, 3 l. — Douze affiettes de Vincennes pour Compiègne, 216 l. — Caiffe & emballage, 6 l.

2548. — S. A. S. Mlle de CHAROLOIS : Avoir refait la charnière d'un pot à l'eau & l'avoir fait redorer, 12 l.

2549. — Mgr le duc de BOUILLON : Un bureau, ferrepapiers, le caiffon plaqué en bois de rofe & bois violet à fleurs & coquilles, garni en bronze doré d'or moulu, 750 l. — Le port, 3 l.

2550. — Mme la Marq. de POMPADOUR : Un petit fauteuil à contours, fculpté, garni en canne fine, livré à M. Le Queuftre (1) pour Paris, 72 l.

2551. — M. de GOESBRIANT : Une taffe lapis à oifeaux volants, 42 l. — Un pot à crème afforti, 42 l. — Un gobelet bleu-célefte & foucoupe à guirlandes, 96 l. — Un pot à fucre, 108 l.

2552. Du 30. — Mme la Marq. de POMPADOUR : Deux taffes de Vincennes Hébert, à 13 l. 10 s., 27 l. — Un pot à fucre, 21 l. — La théière, le tout à fleurs, 21 l.

Août.

2553. Du 2. — M. de PRESLE : Trois baignoires de Vincennes pour les yeux, 18 l.

2554. — Mme VERNE : Le raccommodage d'une paire de bras.

2555. — M. BROCHANT, Notaire : Un cercle d'or, raccommodage & nettoyage d'une boëte d'or & taille de la glace, 20 l.

2556. — Mme la Marq. de POMPADOUR : Le raccommodage & peinture de cinq panneaux de papier des Indes du cabinet de Verfailles, & port, 22 l.

2557. — M. OGIER : Livré à M. Defmares un déjeuner lapis à enfans, 240 l.

2558. — M. de FONTFERRIÈRE : Deux taffes à 15 l., 30 l.

---

(1) Le Queuftre étoit tapiffier & fourniffeur du Roi. (*Archives de l'Empire.* Bâtimens du Roi, O. 14865.)

2559. — M. Boucher : Un bas d'armoire en bois de rose, à tiroir, garni en bronze doré d'or moulu, avec son marbre d'Alep, 340 l.

2560. Du 10. — Mme la Marq. de Pompadour : La monture en or moulu de deux petits pots pourris de porcelaine blanche ancienne, posés aux entre-sols, 45 l.

2561. — M. de Jullienne : Deux petits barils à pans de lacq noir uni, 120 l.

2562. — M. Bazin : Une tasse & soucoupe, bleu-céleste à guirlandes, 96 l.

2563. — Mme la Marq. d'Ambres : Une table à écrire, 48 l.

2564. Du 17. — Mme la Marq. de Pompadour : Un voyage fait à Versailles pour avoir esté reposer le bras, nettoyer & ranger les porcelaines, 9 l.

2565. — M. le Cte du Luc : Un secrétaire en armoire plaqué en bois de rose, les ornemens dorés d'or moulu, les ferrures à bascules, le marbre de Serancolin, 288 l.

2566. Du 19. — M. de La Live : Une terrine & son plat ovale de Vincennes à fleurs, 312 l. — La caisse emballage & frais de douane, 10 l.

2567. Du 20. — Mme la Marq. de Pompadour : Les bouchons d'or à vis faits pour deux flacons de cristal de roche que l'on a bouchés, & fait des vis, au retour des vieilles garnitures, 32 l. — Une écuelle de Vincennes avec son plateau à enfans, camayeu pourpre 168 l. — Une autre moins grande peinte de même 144 l.

2568. Du 21. — Mme la Duchesse de Luxembourg Une assiette de beurrier de Vincennes, 18 l. — Quatre coquetiers d'argent, à 30 l., 120 l.

2569. Du 23. — M. le Président Roujault : Quatre petites tasses, bleu-céleste, à 60 l., 240 l. — Le pot à sucre, forme Hébert, à guirlande, 108 l. — Le cabaret la Chine à contours, 12 l.

2570. — Mme la Duchesse de Luxembourg : Deux vases à oreilles de Vincennes, gros-bleu, peints à enfans camayeu bleu-clair, 336 l. — Deux brocs, même bleu, enfans-camayeux, 240 l.

2571. — Mme la Cteffe de BRIONNE : Une figure de terre des Indes d'un vieillard très-beau, 184 l.

2572. — M. d'AZINCOURT : Un pot à l'eau & une jatte très-ornés en or & blanc de Vincennes, 240 l. — Deux pots à confitures de Vincennes, à fleurs, de 9 l. pièce, pour eftre mis fur fon compte de Vincennes, 18 l.

2573. — Mme la Marq. de LA FERRIÈRE : Un petit feu doré d'or moulu, compofé de figures chinoifes, avec fes garnitures de pelles & pincettes, 120 l. — Le port à Clichy, 3 l.

2574. — Mme la Cteffe d'EGMONT, jeune : Dès le 16 juillet, livré à Mme la Ducheffe de Lauraguais un groupe de deux figures blanches de Vincennes en bifcuit, 144 l.

2575. Du 29. — M. le DAUPHIN : Une fontaine & fa cuvette de porcelaine de Vincennes peinte en blanc & bleu, la garniture en vermeil, 720 l.

2576. — Mme la Marq. de POMPADOUR : Avoir remis à neuf une tabatière émaillée avec des reliefs, 7 l. — Fait raccommoder un étui de couteau de rouffette, 1 l.

2577. — M. de LA LIVE de JULLY : Un corps de bibliothèque en marquetterie de Boulle, compofé d'armoires & pilaftres, très-orné en bronze doré d'or moulu, 12,000 l. — Sur quoi receu ledit jour en argent 4,000 l.; en deux billets payables au porteur, un pour le 10 décembre 1756, 4,000 l.; un pour le 10 mars 1757, 4,000 l.

2578. Du 31. — M. le Duc de LA VALLIÈRE : Un oifeau de Saxe pour remplacer un caffé des encoignures du cabinet, vert & gris de lin, 12 l.

Septembre.

2579. Du 2. — M. le Cte du Luc : Une augmentation à une cheminée en bois, avec ornemens fculptés & dorés, 20 l.

2580. — S. M. le Roy : Livré à Choify deux lanternes

carrées en cuivre doré d'or moulu, garnies de glace
& chandeliers, à 192 l., 384 l. — Huit taffes à caffé
fleurs, à 10 l., 80 l.—Un pot à fucre, 15 l. — Un bro
& fa jatte, 144 l. — Un autre plus petit, 120 l. — U
déjeuner fur plateau de porcelaine à relief, peint
fleurs, 168 l. — Un dit, 132 l. — Un, 120 l. — U
petit, 72 l. — Un pot droit couvert, 24 l. — Un bro
fans jatte, 30 l. — Un gros pot pourri, 144 l. — U
cabaret de lacq ancien à quatre taffes, 48 l. — Deu
grands cabarets vernis en vert, 72 l. — Un de mêm
forte plus petit, 24 l. — Les ports, 18 l.

2581. Du 4. — Mme la Marq. de POMPADOUR : Un
paire de girandoles fur des magots vert céladon, gar
nies de pieds & branchages dorés d'or moulu avec d
fleurs, 288 l. — Le port à deux hommes & condui
d'un portrait à Verfailles, 16 l. — Un grand vase d
porcelaine céladon, à coquille, monté en bronze dor
d'or moulu, de 60 louis, 1,440 l. — Deux bouteill
de porcelaine gris de lin, cannelées, garnies de bron
doré d'or moulu, 720 l. — Le velours d'un collie
3 l.

2582. — Mme TROUARD : L'œuvre d'une pendeloqu
de collier, 40 l.

2583. — M. BOILEAU : Une commode de quatre pie
& demi à trois tiroirs de hauteur, garnie de bron
doré d'or moulu & marbre de Flandre, 180 l. — U
pied de table fculpté de quatre pieds & demi, 120 l.
Deux tables de nuit de noyer à un marbre, 18 l. — U
feu garni de bronze doré d'or moulu avec fes garnitur
& fourreaux, 216 l. — Une paire de bras à deux bra
ches, dorés, 168 l. — Les ports, 12 l.

2584. Du 9. — Mme FILLEUL, pour le compte du Roy
Un gobelet à lait de Vincennes (à mettre fur le comp
de Sa Majefté, à Choify), 54 l.

2585. — M. d'AZINCOURT : Un vuide-poche en bois d
rofe où l'on a ajouté des pieds dorés, 96 l. — Deu
gaînes de marbre, 168 l. — Avoir ajouté deffus deu
tablettes de marbre.

2586. Du 13. — M. de BOISSET : Un cabaret d'ancie

lacq fur fon pied verni, 200 l. — Avoir percé deux couvercles de porcelaine, & y avoir mis deffus deux ornemens dorés d'or moulu, 30 l.

2587. Du 14. — M. le GARDE DES SCEAUX : Une toilette de bois d'acajou maffif garnie de fon miroir & autres uftenfiles, 132 l.

2588. — M. MARMET : Deux paires de chandeliers argentés, à 36 l. la paire, 72 l. — Une grille de feu, pelle & pincettes, 24 l.

2589. Du 20. — Mme la Marq. de POMPADOUR : Deux tables de nuit à contours, plaquées de bois de rofe & garnies en bronze doré d'or moulu, pour des marbres de couleur, & fourni ceux du dedans, 270 l. — Le port.

2590. — Mylord BOLINGBROKE : Livré à Mme la veuve Lambert dès le 20 août dernier : Un grand plateau de deffert, compofé en bronze & ornemens dorés d'or moulu, avec fa glace, fur lequel eft pofé un vafe ovale à mafque de porcelaine de Vincennes, forme nouvelle, avec le cercle doré d'or moulu, garni de branchages vernis imitant la nature & ornés des plus belles fleurs afforties à chaque plante; huit petits vafes, bleu-célefte à cartouches en or, garnis en cannetille & fleurs de porcelaine afforties, placés autour du grand vafe fur le même plateau, 3,250 l. — Quarante-huit affiettes à contours, en bleu-célefte, à cartouches de fleurs & oifeaux variés, à 48 l., 2,304 l. — Quatre compotiers à coquilles afforties, 480 l. — Quatre compotiers carrés en bleu-célefte, 480 l. — Quatre autres dits feuilles de chou, 480 l. — Deux fromagers & leurs plateaux, 480 l. — Deux plateaux triangles & fix petites taffes, à 192 l., 384 l. — Deux caiffes carrées, peintes à oifeaux, 432 l. — Une châffe de bois d'acajou pour couvrir la corbeille ou vafe, qui fe monte à vis, 38 l. — Quatre pots pourris, forme d'urne, en gros bleu, peints à enfans-camayeux, 720 l. —Suite du fervice en blanc : Vingt-quatre affiettes de porcelaine blanche à fleurs, à 216 l., 432 l. — Quatre compotiers carrés, à 27 l., 108 l. — Deux dits feuilles de

chou, à 30 l., 60 l. — Six grands gobelets fans anſ[e]
& foucoupes, 90 l. — Un pot à fucre & théière, 36[l.]
— Un pot à crème, 27 l. — Douze coquetiers, à 12[l.,]
144 l. — Les caiſſes, emballage, frais & droits de
douane de Paris, fans comprendre les frais de corr[es]
pondance, defquels on comptera, 272 l.

2591. — Mme la Marq. de POMPADOUR : Deux cha[n]
deliers d'acier bruni, en S, avec rofettes & orneme[ns]
dorés d'or moulu, 160 l.

2592. Du 23. — Mme la Marq. de POMPADOUR : U[n]
feu de fer avec pelle & pincettes, 26 l. — Un aut[re]
feu, auſſi en fer poli, avec pelle, pincettes & tenaill[es,]
33 l. — Le port aux Capucines, 1 l. 10 s.

2593. — Mme la DAUPHINE : Livré à Mme Dufour
raccommodage d'une caffetière d'or, où l'on a ren[dre]
une plaque d'or à l'endroit de la vis, & repoli à ne[uf,]
27 l.

2594. — Mme la Marq. de POMPADOUR : Vingt-quat[re]
lanternes de criſtal, garnies en cuivre, avec leurs la[m]
pes, plombs, poulies & tourets bronzés, avec les c[or]
dons, à 23 l. pièce, 552 l. — Avoir démonté & rem[is]
à neuf fept vafes de porcelaine bleue, pris à Bellevu[e,]
96 l. — Deux glaces pour remplacer deux caſſée[s]
pour les lanternes de la falle à manger. — Six caiſſe[s,]
emballage, cordages & toile cirée.

2595. Du 25. — M. COQUINOT : Une taſſe couverte av[ec]
fa foucoupe, 15 l.

2596. — Mme la Marq. de POMPADOUR : Une tabatiè[re]
d'or carrée, émaillée en rouge, à mofaïque & flamme[s]
unie, 792 l. — Le raccommodage d'une tabatière à r[e]
lief de différentes pierres, où l'on a fourni deux mo[r]
ceaux ajuſtés en place, & verni à neuf, 22 l. — Dès[le]
6 feptembre, trois caiſſes pour des grands pieds fculpt[és]
& dorés, & une pour des cintres & moulures de fcul[p]
tures de trumeaux envoyés à Crécy, pour les caiſſe[s,]
paille, papier, ficelle, cordages, 120 l.

2597. Du 28. — S. E. M. le Cte COBENTZEL : Livré [à]
M. de Meulan une commode de quatre pieds & dem[i,]
bâtie de chêne, plaquée en bois de rofe & bois viole[t,]

garnie partout en bronze doré d'or moulu, avec fon marbre de griotte d'Italie, 900 l. — Les caiffes, emballage, frais & droits, 60 l.

2598. — M. Calabre : Deux feaux à bouteilles de Vincennes, 288 l. — Une corbeille de Saxe, 108 l.

2599. — Mme de La Ferrière : Deux armoires d'encoignure en bois de chêne, plaquées de bois de rofe & bois fatiné, garnies en bronze doré d'or moulu, avec les marbres de Flandre, 360 l. — Deux gradins arrondis en même placage, avec le cul-de-lampe garni d'ornemens dorés d'or moulu, 120 l. — Une tablette plate, les bouts en encoignures, en vernis bleu & blanc, pour la garde-robe de Clichy, 42 l. — Les ports, 9 l.

Octobre.

2600. Du 1er. — M. de La Live de Jully : Une commode de Boulle en marquetterie, garnie de bronze doré d'or moulu, 600 l.

2601. — Mme la Marq. de Pompadour : Avoir fait porter de Verfailles à Paris le portrait chez M. Boucher.

2602. — S. A. Mme la Cteffe de Brionne : Deux feaux de Vincennes, à 54 l., 108 l.

2603. Du 4. — Mme la Marq. de Pompadour : Avoir raccommodé une navette émaillée en rouge, & l'avoir remife à neuf, 18 l. — Envoyé à Fontainebleau une petite paire de bras à double branche, dorés d'or moulu, pour des entre-fols. — Deux lanternes demirondes montées en fer-blanc, vernies & bronzées. — Une girandole à trois branches de bronze doré d'or moulu, à feuillage garni de fleurs blanches, fur un morceau de porcelaine à Madame. — Une petite confole d'un palmier en bois doré pour la girandole. — La caiffe & emballage.

2604. — Mgr le Duc de Villeroy : Deux gobelets & foucoupes de Vincennes en gros-bleu, peints à oifeaux, de 48 l. pièce, 96 l. — Le pot à fucre afforti, 60 l. —

Le plateau d'ancien lacq, 48 l. — Une cuiller d'or 204 l. — L'étui en maroquin rouge, 60 l. — Le port 6 l. — Un cabaret de lacq carré pour l'une des taffe ci-deffus, & pot à fucre, 30 l. — Un étui en maroquin rouge à dentelles d'or, avec les ferrures en cuivre poli les compartimens en dedans en chamois, pour les taffes cuillers & cabaret, 48 l. — Le port à Villeroy, 6 l.

2605. Du 5. — M. Boileau : Deux armoires d'encoignure plaquées en bois de rofe & autres bois, garnie d'entrées & chauffons dorés d'or moulu, les marbres d Flandre, 160 l. — Le port, 6 l.

2606. — Mme la Marq. d'Haussy : Une commode d vernis la Chine, en rouge à pagodes, garnie partout e bronze doré d'or moulu, avec fon marbre de vert campan de trois pieds & demi, 720 l. — Un feu à Saifons doré d'or moulu, 240 l.

2607. Du 7. — M. le Maréchal de Richelieu : Deu petites lanternes carrées en bronze doré d'or moulu, confoles, montées en glaces, avec chandeliers & chapiteaux de criftal, à 180 l. pièce, 260 l.

2608. — Mme la Marq. d'Haussy : Les toile & façon d'un garde-robe garnie en papier blanc & papier des Indes 48 l. — La réparation d'un feu doré d'or moulu, 7 l.

2609. — M. de Villaumont : Une table à écrire e forme de bureau, plaquée en bois de rofe, garni de quarts de rond, chutes & pieds dorés d'or moulu 240 l.

2610. — M. le Duc d'Aumont : Avoir démonté & re verni en couleur les garnitures de quatre morceaux bleu & blanc, deux cercles au couvercle d'une théière & refaucé la garniture, 12 l. — La couleur d'un bronz d'une Vénus & l'Amour, & y avoir fait un pied cifel & doré d'or moulu, 192 l. — Les ports & rapport 3 l.

2611. Du 10. — Mme la Marq. de Pompadour (Fontainebleau, garde-robe du château) : Livré à M. Gourbillon une lanterne de criftal demi-ronde, montée e fer-blanc verni & bronzé, avec la caiffe, emballage clous dorés & pointes.

2612. Du 12. — S. M. le Roy (pour Fontainebleau) : Une écuelle & fon deffous de Vincennes à fleurs, 72 l. — Deux taffes & foucoupes moyennes, peintes à fleurs, de 13 l. 10 s. pièce, 27 l. — Le pot à fucre, 15 l. — La théière, 18 l. — Le cabaret à rebord, d'ancien lacq aventurine, 66 l. — La caiffe & emballage. — Cet article eft employé au mémoire de Choify.

2613. — M. Charles L'Héritier : Une toilette en forme de commode, avec tablette, miroir, écritoire & roulettes, 164 l.

2614. — Mme Geoffrin : Une tige de cuivre ajoutée à deux vafes de porcelaine, 9 l.

2615. Du 14. — M. Boileau : Une lanterne garnie en cuivre, plomb, poulie, &c., 23 l.

2616. Du 20. — S. A. Mgr le Duc de Bouillon : Un gros pavot de porcelaine de Vincennes pour affortir à des bras à fleurs, fourni au concierge de l'hoftel, 10 l.

2617. — Mme la Marq. de Pompadour : La réparation des bordures de fix tableaux fous glaces, peints en détrempe, les avoir démontés, remontés, avoir collé les glaces en papier, avec ports & rapports à l'hoftel de Paris, 50 l.

2618. — S. A. S. Mme la Princeffe de Condé : Un cercle d'or & une glace faite pour une tabatière de porcelaine, 26 l.

2619. — M. Le Brun, Peintre : Une grille de feu à enfans, dorée d'or moulu, avec fes fourreaux, 280 l. — Une paire de bras d'hazard, auffi dorés, 84 l.

2620. — M. de Fontaine de Cramayel : Avoir remis à neuf une lanterne dorée, 12 l.

Novembre.

2621. Du 10. — M. Desbrières, Banquier : Un luftre à fix branches à confoles, très-fort & garni, 590 l. — Le cordon couleur de feu & or, 35 l. — Deux facs de gaze, 22 l. — Une paire de bras à trois branches, dorés d'or moulu, avec fes binets, 300 l. — Un feu à figures dorées, 370 l. — Une paire de bras à deux branches, dorés d'or moulu, 40 l.

2622. Du 15. — S. M. le Roy, pour Choify : Un déjeuner de Vincennes, pour le thé, 132 l. — Un broc couvert, garni d'argent doré, 60 l.—Un pot à l'eau moyen dans fa jatte ovale, 132 l. — Le port, 3 l.

2623. — Mme la Marq. de Pompadour : Le nettoyage d'un luftre à Verfailles, 15 l. — Un bénitier de crifta de roche garni d'or.

2624. — Mme la Dauphine : Livré à Mme de Brancas des branchages refaits à une paire de girandoles & une pendule, avec la dorure & foixante-quatre rofes fournies, 270 l.

2625. — Mme la Ducheffe de Brancas : Un déjeuner de Vincennes à relief & fleurs peintes, 168 l.

2626. — M. Bouret : Un pied de table fculpté à quatre confoles, avec fon marbre d'Alep, 360 l.

2627. Du 20. — Mme la Marq. de Pompadour : Avoir démonté & nettoyé les bronzes dorés d'or moulu de dix-huit feux de Bellevue, avoir redoré des poupées & recouvremens qui eftoient brûlés, & avoir repoli tous les fers. — Le velours & façon de deux colliers, & avoir refoudé & repoli une des plaques, 9 l. — Raccommodage d'un étui de rouffette, 1 l. — Un étui de cuir rouge pour une caffetière d'or, 20 l. — Un étui de rouffette garni d'or pour une navette émaillée, 20 l.

2628. — M. de Jullienne : Une table à écrire plaquée en bois de rofe, avec ornemens & quarts de rond dorés, 192 l.

2629. Du 25. — M. de La Reynière : Un tableau original du Feti (1), repréfentant Tobie recouvrant la vue, dont prix fait à 7,000 l.

---

(1) Ce tableau venoit de la collection du Duc de Tallard. Il portoit le numéro 25 fur le catalogue de fa vente, & fut adjugé à Duvaux pour 6,004 livres. En voici la defcription d'après le catalogue Tallard :

« Le jeune Tobie, dans le moment qu'il fe prépare à guérir fon père

2630. — M. de Fontferrière : Le nettoyage d'un luftre de criftal de roche, 6 l.

2631. Du 27. — M. le Préfident Hénault : Une glace, & raccommodage d'une miniature, 3 l.

2632. Du 28. — M. Desbrières : Une écritoire d'un morceau de porcelaine, carrée, garnie en bronze doré d'or moulu, 192 l.

2633. — M. le Premier : Une tabatière ovale d'ancien lacq, garnie d'or, montée en cage & doublée d'or, 1440 l.

2634. Du 30. — Mme de La Ferrière : Une table en armoire, plaquée en bois de rofe à fleurs avec ornemens, mains & quarts de rond dorés, 240 l. — Une autre table en bois d'acajou, à mains de cuivre, avec un marbre deffus, 42 l.

2635. — Mme de La Grandville : Une table à tiroirs compofée, plaquée en bois de rofe à fleurs, garnie de bronze doré d'or moulu, 192 l. — Une boule de luftre, 3 l.

2636. — M. Coquinot : Un flacon & taffe d'argent avec fon étui de maroquin rouge. — Deux bras à une branche. Payé, 60 l.

Décembre.

2637. Du 7. — M. le Cte d'Egmont : Un grand pot à oille couvert, avec fon plat en bleu-célefte, peint à fleurs, les cartouches en or, 1,320 l.

2638. — S. A. S. Mgr le Duc d'Orléans : Un vafe de porcelaine rouge-jafpé, monté en bronze doré d'or

---

de fon aveuglement par l'application du fiel du poiffon. On voit encore dans cette compofition l'Ange, la mere de Tobie & une fervante coëffée d'une façon bizarre & pittorefque: Toutes ces figures font de grandeur naturelle, & font repréfentées jufqu'aux genoux. Ce tableau, qui eft fur toile, porte trois pieds cinq pouces de haut, fur quatre pieds cinq pouces de large. »

« Nous pouvons affurer que ce morceau eft un des plus capitaux du Feti : Toutes les têtes font d'une grande vérité, la touche en eft fine & le coloris des plus vigoureux, ce qui le rend d'un effet furprenant. Il eft avec cela clair & de la plus grande confervation. »

moulu, 1,440 l. — Deux grandes bouteilles cannelé porcelaine céladon, montées en bronze doré d moulu, 840 l.

2639. — Mme la Princeffe de TURENNE : Douze feuil de papier la Chine, fond blanc à fleurs & oifeaux 4 l. 10 s., 54 l.

2640. — M. le Cte de MONTEYNARD : Une tabati d'or carrée, à mofaique, 504 l. — Une autre tabati d'or émaillé, forme ronde, 336 l.

2641. — S. A. Mme la Cteffe de BRIONNE : Deux flacc de criftal & un bonnet d'or, pour une cave, en é de rouffette, 12 l.

2642. — M. de JULLIENNE : Une tabatière d'ancien lac garnie & doublée d'or, 1,440 l.

2643. — Mme de LA REYNIÈRE : Deux écrans garnis papier des Indes, 30 l.

2644. Du 11. — S. A. S. Mgr le Duc d'ORLÉANS : pot pourri de porcelaine grife ancienne, garni a\ des colimaçons, 720 l.

2645. — S. A. S. Mgr le Prince de TURENNE : Une bo à deffiner, d'ancien lacq noir à éventail, à deux étag 1,080 l.

2646. — Mme la Marq. de POMPADOUR : Un por feuille de maroquin rouge fait fur une garniture d' 15 l.

2647. Du 13. — Mme RONDET : Un grand gobelet lap peint à oifeaux, la foucoupe carrée, 300 l.

2648. — M. le Marq. d'ANDÉZY : Une théière & u taffe de terre des Indes très-fingulières, avec le plate à anfes verni, 90 l.

2649. Du 14. — Mme la Cteffe d'EGMONT : Une la terne à cinq glaces, à confoles, dorée d'or moul 420 l.

2650. Du 15. — Mme la Cteffe de BENTHEIM : De pots pourris céladon, montés en bronze doré d' moulu, 288 l. — Un déjeuner de Vincennes en b teau, 48 l.

2651. — Meffieurs de VINCENNES : Deux glaces pour cheminée du falon, 2,842 l. 8 s. — Une paire de bras double branche, dorés d'or moulu, posés à la cheminée du salon, 230 l. — Le port à Sèvres & voyage.

2652. — M. Boileau : Un secrétaire à contours, en vernis bleu, peint à fleurs, 120 l. — Port, 3 l.

2653. Du 18. — M. le Marq. de Villeroy : Une caisse à fleurs de Vincennes en bleu-lapis, peinte à enfans.& cartouches en or, 432 l. — Une grille en fer-blanc peint, & dix oignons, 4 l.

2654. — M. le Cte de Lutzelbourg : Une lorgnette de Vincennes à guirlande, garnie en or, avec l'étui, au retour de l'or d'une autre, 132 l.

2655. — S. A. S. Mme la Princesse de Condé : Un déjeuner triangle, bleu-céleste, 192 l. — Une cuiller d'or & baignoire, 192 l. — Un seau ovale, bleu-céleste, 192 l.

2656. — Mme la Ctesse de Forcalquier : Une tasse & soucoupe en blanc & pourpre, 9 l. — Une, bleu-céleste à deux anses, 60 l.

2657. — Mme la Duchesse de Lauraguais : Un chandelier de métier, 120 l.

2658. — Mme de La Reynière : Un plateau triangle, bleu-céleste, à contours, 96 l.

2659. Du 20. — M. de Boisset, Fermier-général : Un seau à carafes ovale, de porcelaine de Vincennes, bleu-céleste à fleurs, 240 l. — Deux carafes de cristal doré, 12 l. — La caisse, emballage & frais de douane; les frais de correspondance; rendu quitte à Turin, 54 l. 10 s.

2660. — Mme la Ctesse d'Egmont, douairière : Un beurrier de Vincennes rassorti, 42 l.

2661. — M. d'Azincourt : Un pot pourri de lacq sur son pied aussi de lacq, 264 l.

2662. Du 22. — Mme la Marq. de Pompadour : Un secrétaire d'ancien lacq noir à pagodes, garni en bronze doré d'or moulu, l'abattant en velours, les tiroirs doublés d'étoffe, 1,800 l. — Une lorgnette de Vincennes garnie d'or, 180 l. — Une plaque d'or ajoutée dans une boëte de lacq en place d'un portrait, & verni la boëte à neuf, 40 l. — Repoli & mis à neuf une petite boëte d'or émaillé, 7 l.

2663. Du 24. — S. M. le Roy, pour Choify : Un vafe à la hollandoife, gros-bleu, 384 l. — Deux autres moin forts, 600 l. — Deux grands vafes nouveaux, à fleurs à 36 l., 720 l. — Deux vafes à la hollandoife, gros bleu caillouté, 720 l.— Deux terrines, petites, à 300 l. 600 l. — Deux oilles rondes, à 360 l., 720 l. — Une grande caiffe à fleurs, bleu-célefte, peinte à enfans accompagnant le bufte de S. M., de 35 louis; deux autres vafes peints de même, pour envoyer à Parme, de 35 louis pièce, 2,520 l.

2664. — Mme la Marq. de Pompadour : Par le mémoire des porcelaines & autres, jufqu'à la fin du mois, la fomme de 7,542 l. — Le mémoire des autres fournitures, 2,042 l.

2665. — Mme Adélaïde : Deux vafes gros-bleu caillouté, 384 l. — Une théière gros-bleu, 84 l. — Deux taffes & foucoupes afforties, 48 l. — Un cabaret verni, 21 l.

2666. — Mme Louise : Un déjeuner blanc & or, 180 l. — Deux caiffes, 96 l. — Une baignoire verte, 6 l.

2667. — Mme Victoire : Une terrine couverte fur fon plat, peinte à fleurs, 480 l.

2668. — Mme Sophie : Une fontaine couverte & fa cuvette, 300 l. — La garniture en argent doré, 72 l.

2669. — Mme la Dauphine : Un vafe à fleurs ovale en bleu-célefte, peint à cartouches-payfages (pour M. le Dauphin), 288 l. — Deux plateaux & les taffes à glaces, 192 l. — Deux corbeilles pleines, bleu clair dehors, 240 l. — Une grande corbeille à jour, 384 l. — Quatre compotiers à 24 l., 96 l. — Quatre autres, feuilles de chou, à 30 l., 120 l. — Une baignoire verte, 6 l.

2670. — M. le Dauphin : Un déjeuner fur plateau carré en bleu-célefte, 192 l.

2671. — Mme la Dauphine : Deux coquetiers de porcelaine, bleu-célefte, à guirlandes, à 24 l., 48 l. — Un féau ovale en blanc à fleurs, avec deux caraffes de criftal, 132 l.— Un déjeuner carré, gros-bleu, 168 l. —Deux taffes à guirlandes pourpres, à 9 l., 18 l. — Un pot à fucre & théière, 39 l. — Un plateau de lacq carré, 48 l. — Deux figures en bifcuit, 96 l. — Le port, rapport, le voyage, 15 l.

2672. — Mme de LA FERRIÈRE : Une table en vuide-poche, 96 l. — Un écran en papier des Indes, 15 l.

2673. — M. de BOULOGNE, Tréforier : Deux vafes vert céladon, à cartouches, garnis haut & bas en bronze doré d'or moulu, 600 l. — Deux caiffes de Vincennes camayeu, 96 l. — Deux coquetiers dans un baril, 63 l.

2674. — M. de COURGY : Douze coquetiers d'argent, à 30 l., 360 l. — Deux affiettes de Vincennes, bleu-célefte, 96 l.

2675. — S. A. S. Mgr le Duc d'ORLÉANS : Une commode de lacq rouge, garnie partout en bronze doré d'or moulu, le marbre d'Alep, 720 l. — Une table de nuit plaquée à mofaïque de bois des Indes, les mains, les pieds dorés d'or moulu, 96 l. — Une théière & fon plat violet, garnis de bronze doré d'or moulu, 312 l. — Deux taffes à guirlandes & foucoupes en vert, 96 l. — Le plateau de vernis du Japon, 48 l.

2676. — M. le Duc de MONTMORENCY : Livré à M. d'Oppenort deux feaux, bleu célefte, 288 l. — Deux affiettes afforties, 96 l.

2677. Du 27. — M. de BOULOGNE, Intendant : Un feau à compartimens, gros-bleu, & les caraffes, 204 l. — Deux coquetiers d'argent dans un étui, 63 l. — Deux plats à glaces avec dix taffes, 174 l.

2678. — Mme de BOULOGNE, jeune : Une petite taffe, bleu-célefte, 54 l. — Un plateau verni, 18 l.

2679. — Mme la Ducheffe de MIREPOIX : Une maifon flamande formant une caffolette, ornée d'attributs, figures & animaux, 480 l. — Une théière, camayeu bleu à figures, chairs colorées, 54 l.

2680. — M. de BOULOGNE, Tréforier : Un déjeuner blanc à relief, 120 l. — Une taffe lapis, fleurs d'or, 48 l. — Deux coquetiers, bleu-célefte, 48 l.

2681. — Mme BRISSARD : Deux feaux à demi-boutcilles en bleu-célefte, 480 l.

2682. S. A. Mgr le Duc de Bouillon : Un arrofoir d[e] Vincennes, 120 l.

2683. — Mme la Cteffe de Forcalquier : Une terrin[e] & fon plat, 300 l. — Quatre compotiers carrés, blan[c] & or, 108 l.

2684. Du 28. — Mme la Ducheffe de Chevreuse : Si[x] taffes à nœuds de rubans & guirlandes, 144 l. — L[a] théière & pot à fucre, 66 l. — Le cabaret, 36. l. – Deux taffes à litron, blanc & or, 42 l. — Une taff[e] bleu-célefte, à guirlandes, 60 l.

2685. — Mme de La Ferrière : Deux moutardiers la[pis], 120 l. — Deux fucriers, blanc & or, 120 l.

2686. — S. A. Mgr le Duc de Bouillon : Six taff[es] blanches à godrons & foucoupes avec un filet d'or, 60 [l.]

2687. — M. Machard : Une corbeille à jour, en bleu[-]célefte, 168 l.

2688. — Mme la Ducheffe de La Vallière : Deux pot[s] à pommade, bleu-célefte, 48 l.

2689. — Mme de La Reynière : Deux feaux à demi[-]bouteilles, à fleurs, 192 l.

2690. — Mme la Marq. de Villeroy : Un coquetie[r] d'argent, 30 l.

2691. — M. le Marq. de Villeroy : Deux feaux [à] liqueurs, ovales, en bleu-célefte, 480 l.

2692. — S. A. S. Mme la Princeffe de Condé : Un go[-]belet à lait, bleu-célefte, peint à oifeaux, 240 l.

2693. — M. Duchap : Un pot pourri d'une petit[e] figure de Saxe en laitière, garni, 96 l. — Un déjeune[r] blanc & or, dans un bateau, 60 l.

2694. — M. le Premier : Un déjeuner fur un plateau [à] contours, blanc & or, 96 l.

2695. — M. le Duc de Luynes : Une table à écrire à con[-]tours, plaquée en bois de rofe & fleurs de bois violet[,] avec quart de rond & ornemens dorés d'or moulu[,] 240 l.

2696. — M. le Marq. de Gontaut : Douze affiettes d[e] Vincennes, 216 l.

2697. Du 31. — M. Machard : Deux caiffes à fleurs[,] 72 l. — Une petite taffe lapis, 24 l.

2698. — Mme la Ducheffe de LAURAGUAIS : Un feau à compartimens & deux caraffes de criftal, 132 l. — Une écuelle & fon plateau en blanc à fleurs, 72 l.

2699. — Mme la Cteffe de VALENTINOIS : Une tablette de deux plaques de Vincennes peintes à figures, garnies d'or.

2700. — S. M. le ROY, pour Choify : Une pendule de bronze doré d'or moulu, de Julien Le Roy, 750 l. — Un bronze du Rotatore fur un pied doré d'or moulu, 384 l. — Deux vafes en bas-relief de porcelaine céladon, montés avec des enfans & ornemens dorés d'or moulu, 1,200 l. — Deux bouteilles cannelées, montées en bronze doré d'or moulu, 840 l. — Une pendule dorée d'or moulu & mouvement de Moify (cabinet du Roy), 680 l. — Une plus petite pendule auffi dorée d'or moulu, d'Eftienne Le Noir, 384 l.—Les ports à Choify, 18 l.

2701. — M. COQUINOT : Deux coquetiers, blanc & or, 24 l.

Janvier 1757.

2702. Du 1er. — Mme la Marq. de POMPADOUR : Deux caiffes de Vincennes en gros-bleu caillouté, peintes à fleurs, 432 l. — Une petite navette d'or toute à jour & cifelée, 336 l.

2703. — Mme de GASSY : Un déjeuner à contours en blanc, 84 l.

2704. Du 5. — M. de FONTFERRIÈRE : Un moutardier, gros-bleu, peint à oifeaux, 60 l.

2705. Du 8. — M. de LA VALLIÈRE : Le raccommodage d'un cabriolet (1) émaillé, 18 l.

2706. — Mme la Marq. de POMPADOUR : Un collier en velours, & façon, 3 l. — Un baffin de girandole en bronze doré d'or moulu, 4 l.

2707. — M. COQUINOT : Un étui, façon de chagrin, pour

---

(1) Le cabriolet eft une forte de jeu qu'on jouoit avec des cartes & des dés.

un flacon d'argent, 7 l. — Réparation d'un néceſſair refait le miroir, 6 l.

2708. — M. Hébert : Deux pots à confitures de porc laine, 24 l. — Deux plateaux carrés, même ſort 24 l.

2709. Du 24. — MM. Desbrières : Deux pitons de f pour un luſtre, 6 l.

2710. — Mme la Marq. de Pompadour : Une paire girandoles à double branche en bronze doré d' moulu, 132 l.

2711. Du 26. — M. de La Reynière, Fermier généra Un groupe de deux figures en biſcuit, 144 l.— Un ſe à compartimens, 120 l.—Deux figures en biſcuit, 84 — Deux moutardiers, 72 l. — Deux ſeaux à den bouteilles, 192 l. — Quatre ſervantes de noyer, 54

2712. — S. M. le Roy : La garniture en argent doré deux pots à l'eau, 48 l. — (Article de Choiſy, donné M. de Moras.)

2713. — Meſſieurs les Intéreſſés de Sèvres : Trois la ternes de criſtal montées en cuivre, leurs lampes au en cuivre bronzé, poulies & cordons, à 23 l., 69 l. - Port & poſage, 3 l.

Février.

2714. Du 3. — M. le Dauphin : Deux eſpèces de con modes à un ſeul tiroir, dont les pieds ſont en conſole plaquées en bois de roſe à fleurs, garnies partout e bronze doré d'or moulu, le dedans des tiroirs doublé e étoffe, de 600 l. pièce, 1,200 l. — Deux vaſes à fleur forme ovale, de porcelaine de France, en bleu-céleſt peints en payſage, de 288 l. pièce, 576 l. — Les por & poſage, 15 l.

2715. — Mme la Marq. de Pompadour : Des plaqu d'or gravées pour les dedans de deux tabatières émai lées, & les encadremens pour deux portraits d'émau mis dans leſdites boëtes, 240 l. — Avoir fait diminu des aiguilles de métier, les avoir ajuſtées ſur un ét émaillé, & fait monter la garniture d'un brillant à vis, 18 l. — Une foucoupe, bleu-camayeu, affortie, 18 l.

2716. — S. M. le Roy : Pour avoir fait remettre à neuf une corbeille d'or dans laquelle eft un coquetier, une falière & poivrière, auffi en or, fur un enfant, 18 l. — Deux chandeliers émaillés où l'on a refait une vis, & remis à neuf, 36 l. — La journée d'un garçon qui a efté nettoyer plufieurs autres bijouteries en or, 10 l.

2717. — Mme la Cteffe d'Egmont, douairière : La monture de deux porte-huiliers de Saxe, garnis en bronze doré d'or moulu, 144 l. — Et les quatre caraffes de criftal doré, à 3 l., 12 l. — Raccommodage de girandoles, 3 l.

2718. — M. de Monsauge : Un déjeuner bleu-célefte, peint à fleurs, 480 l. — La cuiller en or à jour, 204 l. — Un déjeuner complet, 250 l.

2719. Du 9. — M. Bellanger : Un feu à ornemens en bronze doré d'or moulu, avec fes garnitures, 280 l. — Une paire de bras à double branche, moyens, auffi dorés en or moulu, 130 l. — Une petite paire à deux branches, 120 l.

2720. — Mme la Marq. de Pompadour : Une petite tablette plaquée en bois de rofe & filets dorés (dans les bains), 26 l.

2721. — M. Estienne Martin : Le raccommodage d'un étui de rouffette pour des diamans, 10 l.

2722. — M. Marteau : Deux corps de bibliothèque à contours, à portes de vernis en relief, les marbres de Serancolin, 312 l.

2723. — M. de La Live : Un petit déjeuner de Vincennes, 72 l.

2724. — M. de Champcenetz : Un fecrétaire en armoire de bois d'acajou, les garnitures dorées, le marbre de Flandre & cornets argentés, 170 l. — Une petite table à trois tiroirs de même bois, & cornets, 65 l.

2725. Du 12. — J'ai reçu de Meffieurs les Intéreffés de Vincennes & Sèvres la fomme 3,352 l. 8 s., pour toutes fournitures jufqu'à ce jour.

2726. Du 19. — Mme la Marq. de Villeroy : Un feau
liqueurs & une caraffe en criftal doré, 48 l.

2727. — M. de La Reynière : Treize figures de porce
laine en bifcuit, nouvelles, à 48 l., 624 l.

2728. — S. E. Mgr le Cardinal de Luynes : Un pot
fucre d'ancien Saxe, à mignatures, 48 l.

2729. — Mme la Marq. de Pompadour : Un fecré
taire en forme d'armoire, à abattant, plaqué en ancie
lacq, orné partout en bronze doré d'or moulu, les de
dans plaqués en bois de rofe à fleurs, les cornets d'ar
gent, garni en velours & l'armoire en étoffe, 5,000
— Les port à Verfailles & rapport d'un autre à Paris
24 l.

Mars.

2730. Du 1er. — M. Girou : Pour envoyer à Cologn
par échantillon : huit feuilles la Chine peintes fur gaze
192 l. — Quatre petites à figures, feules, à 15 l., 60
— Deux feuilles en travers, à 15 l., 30 l.

2731. — Mgr le Prince des Deux-Ponts : Douze taffe
& foucoupes de porcelaine peintes à fleurs, à 10 l.
120 l. — Douze pots à jus auffi à fleurs, à 9 l., 108
— Six pots à jus en blanc à filets d'or, à 8 l. 48
— Huit figures en bifcuit, à 42 l., 336 l. — Neu
figures nouvelles formant un jeu de Collin-Maillard,
48 l., 432 l. — Treize autres figures auffi nouvelles
à 48 l., 624 l. — Un groupe de moutons, 48 l. — L
caiffe, emballage & frais, 33 l.

2732. — Mme la Marq. de Pompadour : La garniture d
deux pots pourris de Vincennes, 18 l. — Une glace a
tain & un chapiteau pour une lanterne de Verfailles,
nettoyage, 16 l.

2733. Du 2. — M. de Genssin : La garniture en a
gent doré pour une théière de porcelaine à guirlande
18 l.

2734. — S. A. S. Mlle de Sens : Un petit huilier de Vin
cennes, 72 l.

2735. — Mme la Marq. de Pompadour : Six urina
de verre, 2 l. 10 s. — Six crucifix fur des croix noires

3 l. 10 s. — Six buberons d'étain à becs & couverts, 12 l. — La caiffe & emballage, 4 l. 10 s. (1).

2736. — Mme d'EGMONT, douairière : Quatre falières de Vincennes, 48 l. — Un coquetier d'argent, 27 l.

2737. Du 3. — S. A. Mgr le Prince de SOUBISE : Deux taffes & foucoupes cailloutées, à 39 l., 78 l. — Une dite, 36 l. — Un gobelet couvert, 66 l. — Une taffe verte à guirlande, 96 l. — Un fucrier afforti, 84 l.

2738. — S. A. Mgr le Duc de BOUILLON : Une paire de girandoles à deux branches fur des lions bleu-célefte, 360 l. — La bordure fculptée & dorée d'un tableau en bois, & avoir verni le fond du tableau, 72 l.

2739. Du 4. — M. de LA REYNIÈRE : Six vafes de porcelaine peints à fleurs, à oreilles, de 18 l. pièce, 108 l. — Quatre autres, forme Dupleffis, à 24 l., 96 l.

2740. — Mme la Duchefle de BEAUVILLIERS : Pour le fervice de Mme Adélaïde : quatre taffes & foucoupes blanches à reliefs & filets d'or, de 15 l. pièce, 60 l. — Un fucrier, 18 l. — Un plateau la Chine à contours, 12 l. — La boëte & emballage, 1 l.

2741. Du 7. — S. A. S. Mgr le Duc d'ORLÉANS : Deux caiffes carrées de porcelaine petit-bleu, garnies de confoles dorées d'or moulu, 336 l. — Un pot à fucre vert à guirlande, 72 l. — Avoir démonté & remonté une grande pendule, avoir refaucé les bronzes en couleur d'or moulu, fait nettoyer le mouvement, 72 l. — Avoir démonté, remonté & mis à neuf les bronzes dorés d'or moulu de quatre vafes de porcelaine bleue, 72 l. — Avoir démonté & remonté deux grands vafes vert céladon, 36 l. — Une table plaquée à fleurs, avec écran & tablette pour écrire, cornets argentés, 96 l. — Une autre table plaquée en bois violet & bois de rofe, à cornets & tablette, 84 l. — Les ports au Palais-Royal, 3 l.

---

(1) Ce mobilier d'hôpital & de crèche étoit probablement deftiné à l'établiffement hofpitalier que la Marquife avoit fondé à Crécy en vendant fes diamans, & dont parle le Duc de Luynes dès le mois d'octobre 1756. Voyez les *Mémoires de Luynes*, tome XV, pages 240 & 243.

2742. — M. de La Reynière : Douze pots à jus de porcelaine blanche à frifes d'or, à 12 l., 144 l.

2743. — Mgr le Maréchal de Belle-Isle : Quatre foucoupes à fleurs, 20 l. — Une taffe fans foucoupe, 6 l.

2744. — M. de Presle : Deux piédeftaux de marquetterie avec les confoles en cuivre, 14 l.

2745. — Mme la Ducheffe de Beauvilliers, pour le fervice de Mme Adélaïde : Deux taffes & foucoupes gros-bleu à deux cartouches d'oifeaux & frife d'or à la taffe & foucoupe, à 51 l., 102 l.

2746. Du 9. — M. Coquinot : Deux bronzes, enfans couchés, fur leurs terraffes dorées d'or moulu, 1,800 l. — Le raccommodage & nettoyage de deux tableaux & bordures; nettoyage & réparation aux bordures de deux tableaux, dont un de fleurs & un de portrait, 48 l. — Les ports d'un luftre & des tableaux, 4 l.

2747. Du 11. — Mme Geoffrin : Deux armoires d'en coignure bâties en chêne, plaquées en ancien lacq, ornées en bronze doré d'or moulu, 550 l. — La caiffe emballage & frais de douane, 49 l. 12 s.

2748. Du 12. — S. A. Mgr le Duc de Bouillon : Le raccommodage d'un luftre de porcelaine, avoir repeint les feuillages, refaucé les bronzes & fourni les fleurs qui manquoient, 80 l. — La caiffe, emballage, le port à l'hoftel, 18 l.

2749. — M. de Presle : Les bois & châffis de deux écrans & la façon des papiers qu'il a fournis, 24 l. — Deux autres façons de deux châffis à lui, toile, collage & rubans, 6 l.

2750. — MM. Desbrières : Une plaque de cuivre doré, 12 l.

2751. — M. Marteau : Un petit luftre de bronze à fix branches, 48 l. — Un autre de criftal de roche à quatre branches, 108 l.

2752. Du 13. — M. le Cte du Luc : Un portefeuille de maroquin rouge & une clef faite fur l'ancienne ferrure, 60 l.

2753. Du 17. — M. Machard : Un grand gobelet & foucoupe, bleu-célefte, peints en camayeu, 102 l.

2754. — M. de Machault : Un beurrier que l'on a refait à Sèvres fans le plat, 24 l.

2755. Du 19. — M. d'Azincourt : Cinq urnes ou bouteilles de porcelaine ancienne de couleur, de 23 louis, 552 l.

2756. — M. de Presle : Deux buftes en plâtre bronzé, 24 l.

2757. Du 22. — Mme la Marq. de Pompadour : Le raccommodage d'un cornet d'argent de Crécy remis à Mme Duhalde, 2 l.

2758. Du 26. — S. M. le Roy : Deux affiettes d'or à contours, gravées & cifelées, l'or à 22 karats, pefant 4 marcs, 1 once, 6 gros 1/2, 24 grains, 3,284 l. — Deux cuillers & fourchettes auffi d'or à 22 karats, pefant 4 marcs, 3 onces, 5 gros 1/2, 24 grains, 1,138 l. — Façon des affiettes & couverts, 1,500 l.

2759. — Mme la Marq. de Pompadour : Un cercle d'or & une glace pour une tabatière où eft le plan de Crécy, 33 l. — La garniture en or émaillé, peinte d'oifeaux & plantes marines, pour une tabatière en cuvette d'agathe perfillée, au retour du vieil or, 660 l.— Une traverfe d'or dans une boëte de lacq, 84 l.

2760. — S. A. Mgr le Duc de Bouillon : Une toilette plaquée en différens bois des Indes, fur des roulettes, garnie en dedans de toutes fes pièces dans leurs compartimens d'étoffe bordée d'argent, avec le miroir & cornets argentés, 264 l. — La caiffe, emballage & port, 12 l.

Avril.

2761. Du 5. — S. A. S. Mgr le Duc d'Orléans : Avoir fait repolir & mis à neuf les garnitures & doublures de huit taffes & foucoupes de porcelaine & un pot à fucre & théière garnis de vermeil, rétabli auffi le cabaret verni ; pour le tout, 132 l.

2762. Du 7. — M. Machard : Un grand gobelet à lait, bleu-célefte peint à fleurs, 388 l.

2763. Du 9. — S. M. le Roy : Avoir fait ufer les couvercles de quatre terrines dans leurs garnitures d'argent & peint les numéros au vernis, & le port à Choify 15 l.

2764. Du 14. — M. Bouret d'Erigny : Une lanterne de glace carrée montée en bronze doré d'or moulu, avec fon chandelier auffi doré, 300 l. — Une théière de porcelaine, bleu-célefte à guirlandes, 84 l. — Le cordon de foie, 24 l.

2765. — Mgr le Prince de Francavilla : Une écuelle couverte, porcelaine de Saxe à fleurs de relief, 120 l.

2766. — Mme la Dauphine (livré à Mme de Brancas) Avoir fait une tablette garnie en velours dans un tiroir où l'on a fait une écritoire & trois cornets d'argent pour la bibliothèque de fon cabinet, 120 l.

2767. — M. Jacquemin : Deux urnes de porcelaine truittée, à anneaux, 48 l.

2768. Du 19. — Mme la Marq. de Pompadour : Une petite navette d'or, unie, 204 l. — Avoir recouvert & garni en dedans un étui en rouffette d'une grande boëte de lacq, 6 l. — Le raccommodage d'un étui de baromètre, 1 l. — La garniture en or à gorge & charnière d'un petit chat de lacq, formant une tabatière 60 l.

2769. Du 22. — S. A. S. Mgr le Duc d'Orléans : Un grand vafe en urne à dragons de relief, en porcelaine truittée, monté en bronze doré d'or moulu ; deux autres grands vafes de même porcelaine, montés en pot pourris ; & deux bouteilles à dragons, même porcelaine, auffi montées en bronze doré d'or moulu 2,960 l.

2770. Du 27. — M. Roussel, Fermier général : Un cabaret la Chine en noir, 12 l. — Une bouilloire, forme angloife, 12 l.

2771. — M. le Cte du Luc : Deux caraffes de criftal de Bohême doré, 12 l.

2772. Du 29. — M. d'Erigny : Un étui en peau noire 7 l. 4 s.

2773. Du 30. — S. M. le Roy : Envoyé à Choify un pot à fucre de Vincennes rappareillé (pour M. de Champcenetz), 24 l.

Mai.

2774. Du 4. — M. Coquinot : Un feu ancien à sphinx, doré d'or moulu, garni de ses pelle & pincettes, 250 l.

2775. — M. Boucher, peintre : Deux petits corps d'armoires plaqués en bois de rose & ornemens dorés d'or moulu, à portes de glaces & marbres d'Alep, 290 l.

2776. — M. le Cte du Luc : Une petite paire de bras à double branche, dorés d'or moulu, avec les binets, 120 l.

2777. — M. de La Reynière : Deux sucriers de Vincennes sur des desseins de porcelaine des Indes, à 72 l., 144 l. — Deux compotiers mêmes desseins, 60 l.

2778. — Mme la Marq. de Pompadour : Deux colliers à plaque d'or où l'on a gravé les noms (1) des chiens dessous, rémaillé un des écussons & fourni les velours, 9 l.

---

(1) Les deux chiens favoris de Mme de Pompadour s'appeloient l'un *Mimi* & l'autre *Inès*. Mimi étoit un petit kings-charles brun ou noir ; Inès un petit épagneul blanc & feu ou blanc & brun. C. Huet dessina « leurs portraits », & Etienne Fessard, qui dédia plusieurs de ses estampes à la Marquise, les reproduisit par la gravure. Voici la lettre de ces pièces qui portent au bas les armes de Pompadour, timbrées d'une couronne ducale, avec deux griffons pour supports.

Première pièce. — Peint par Huet, gravé à l'eau-forte par Et. Fessard, 1755, & terminé au burin par Aug. Saint-Aubin, son élève, en 1756. — La Fidélité. Portrait d'Inès. *A Mme de Pompadour, Dame du palais de la Reine, par son très-humble & très-obéissant serviteur Fessard. A Paris, chez l'auteur, graveur du Roi & de sa bibliothèque, rue Saint-Thomas du Louvre.*

Deuxième pièce. — Peint par C. Huet, gravé par Etienne Fessard, 1758. La Constance. Portrait de Mimi. *A Mme de Pompadour, Dame du palais de la Reine, par son très-humble & très-obéissant serviteur Fessard, graveur du Roi & de sa bibliothèque. A Paris, chez Jouslain, quay de la Mégisserie, à la Ville de Rome.* Les deux pièces sont en largeur in-folio.

On reconnoît parfaitement au cou de Mimi le collier à trois grelots d'or que Duvaux fut chargé bien des fois de refaire, & qui figure souvent dans son livre-journal.

2779. Du 11. — M. Hébert : Un coquetier d'argent en corbeille, 27 l.

2780. — Mgr le Maréchal de Luxembourg : Dès le 30 janvier dernier, vingt & une figures de porcelaine en biscuit, à 48 l., 1,008 l.

2781. — Mme la Marq. de La Ferrière : Avoir déposé des moulures à Clichy, les avoir esté reposer, & fourni six douzaines de vis dorées, 12 l.

2782. — M. Le Gendre : Une lanterne de glace carrée garnie en bronze doré d'or moulu, à consoles, avec son chandelier aussi doré d'or moulu, 300 l. — Une dite, plus petite, aussi carrée, 180 l. — Deux paires de bras à deux branches en cuivre doré d'or moulu, de 168 l. pièce, 336 l. — Deux autres paires plus petites, aussi à deux branches, à 120 l., 240 l. — Deux cordons & houppes en soie, 40 l. — Un cabaret, quatre tasses & soucoupes de Vincennes en blanc & bleu avec le pot à sucre, & cabaret la Chine, 78 l. — Les ports, 10 l.

2783. Du 12. — S. A. S. Mlle de Sens : Avoir démonté la garniture en or d'un pot à l'eau de Vincennes, l'avoir raccommodé & fait fermer, 3 l.

2784. — Mme la Marq. de Pompadour : Les frais, ports & voitures des effets du château de Bellevue, fourniture de papier, découpures, flanelles qui enveloppent les commodes de lacq, ficelle & autres frais, 575 l. — Payé à M. Trouart, suivant sa quittance, 35 l. — Idem, à M. Julien le Roy, 24 l. — Un voyage fait à Crécy, par ses ordres, 96 l.

2785. Du 20. — M. de La Reynière : La monture en cannetille de dix petits vases garnis de fleurs de porcelaine, 132 l.

2786. — M. Ogier : Livré à M. Desmares un déjeuner en bateau, gros-bleu, peint à figures, 216 l.

2787. — Mme la Marq. de Pompadour : Deux commodes plaquées en bois des Indes, à trois tiroirs de hauteur, garnies de boutons, rosettes & entrées dorés d'or moulu, les marbres de quatre pieds, à 206 l., 412 l. — Une autre commode de quatre pieds, plaquée en bois violet, à pieds de biche, garnie de boutons, entrées & pieds dorés d'or moulu, 240 l. — Une groſſe lanterne d'eſcalier avec ſa lampe & chapiteau, garnie en cuivre, 39 l. — Trois bougeoirs argentés à 5 l., 15 l. — Une table de nuit à deux marbres, 48 l. — Réparation d'une table à écrire & d'une table de nuit, 9 l. 2 s. — Nettoyage de la lanterne dorée, 13 l. 5 s. — Les ports, voiture, frais, journées de garçons, papier, ficelle pour le retour des différens meubles portés à Bellevue, 180 l.

2788. Du 21. — Mme la Marq. de POMPADOUR : Les caiſſes & emballage d'une commode, deux encoignures, les marbres, les porcelaines, des feux dorés, déduction d'une partie des caiſſes que l'on a fait revenir, 88 l. — La réparation & nettoyage deſdites porcelaines, des feux & girandoles, 15 l. — Deux vaſes en hauteur, gros-bleu, 1,400 l. — Deux autres évaſés, même bleu, 960 l. — Un étui de couteau en rouſſette, 7 l. — Le port de porcelaines, & journées d'un homme qui m'a aidé à déballer & placer, 24 l.

2789. Du 25. — Mme la Marq. de POMPADOUR : Deux morceaux de porcelaine, gros-bleu, en hauteur, montés en bronze doré d'or moulu, 620 l. — Deux ſaucières de Vincennes, à 48 l., 96 l. — Deux grands cabarets à anſes, vernis, 48 l. — Le port à un homme deſdites porcelaines & autres priſes à l'hoſtel, 21 l.

2790. — Mme de LA FERRIÈRE : Quatre vaſes de Vincennes, à 30 l., 120 l. — Quatre dits plus petits, à 18 l., 72 l.

2791. Du 28. — Mme la Marq. de POMPADOUR : Deux cuillers à caffé en or, gravées & ciſelées, pour Verſailles, 408 l. — Avoir fait repolir & mettre à neuf une autre cuiller d'or, 3 l. 10 s. — Livré à Mlle Couraget des grands ciſeaux de Berge dans leur gaîne, 12 l.

2792. — M. le Cte de STAINVILLE : Les ports de porcelaine de ſon ſervice de Verſailles à Paris, 24 l.

2793. — S. M. le Roy : Un télefcope (1) d'Angleterre dans fon étui de bois, 270 l.

2794. — M. Machart : Quatre figures en bifcuit, d 42 l., 168 l. — Rendu deux, 84 l.

2795. — M. de Fontferrière : Une table de tri bri fée, en noyer, garnie de drap fin, 36 l.

Juin.

2796. Du 2. — S. A. S. Mlle de Charolois : Une petit table à tiroirs, 72 l.

2797. — Mme la Marq. de Pompadour : Deux tablette à jour en vernis noir & filets, pour remplacer celle de lacq qui eftoient dans la garderobe de fon apparte ment, 36 l. — Un gobelet à lait, bleu-célefte, pris Sèvres, 192 l. — Les réparations faites à une commod & deux encoignures que l'on a revernies, nettoyées placées à l'hoftel de Paris, venant de Bellevue ; remi les bronzes à neuf avec ports & rapports, 135 l.

2798. Du 7. — M. le Dauphin : Un déjeuner blanc compofé d'un plateau carré, pot à fucre, taffe & fou coupe, 30 l.

2799. — Mme la Marq. de Pompadour : Un pied carr en bronze doré d'or moulu pour une figure de l'Ami tié, pour M. Berryer, 26 l.

2800. Du 13. — S. M. le Roy : Une cave d'ancien lac noir garnie de portans, charnières & entrées en bronz doré d'or moulu, garnie en dedans de compartimen en fatin blanc bordé d'or, dans fon étui de maroqui rouge, ferrée en cuivre, 600 l. — Dans laquelle fourn une caffetière d'or moyenne de 1 marc, 1 once, 3 grain & façon, 1,510 l. — Une taffe & foucoupe en gros bleu, enfans-camayeux, 42 l. — Un pot à crème d même, garni d'or, 54 l. — La garniture en or, 22 l. — Remis à neuf la grande caffetière & la lampe, 10 l.

---

(1) Voyez ce que dit le Duc de Luynes de ce genre de lunettes (*Mé moires*, tome XVI, p. 426 & 427).

2801. Du 14. — M. le Dauphin : Six compotiers à coquilles, à 27 l., 162 l. — Un fucrier, 60 l.
2802. — Mme la Marq. de La Ferrière : Avoir repeint les branchages d'une paire de girandoles à trois bougies, verni les terraffes & bobèches en couleur d'or moulu & fourni dix fleurs qui manquoient, 36 l. — Le port à Clichy, 3 l.
2803. — Mme de La Reynière : Une écuelle de Sèvres, 96 l.
2804. — Mme la Marq. de Pompadour : Les toile, papier des Indes, fond blanc à fleurs & oifeaux pour les châffis compofant la garderobe du Roy à Bellevue, 96 l. — Les toile & façon des papiers d'Angleterre employés pour la garderobe du falon de compagnie & celle de Madame, à Bellevue, 60 l. — Les ports, 6 l.
2805. — Mme Godefroy : Un buffet en bois de chêne à trois tiroirs, verni avec fon marbre de Flandre, y compris les ports, 87 l.
2806. — S. M. le Roy : Dès le 12 janvier dernier, fourni à M. le Marquis de l'Hofpital pour la Ruffie (1), une garniture de cheminée, compofée d'un grand vafe à mettre des fleurs, les pieds à rouleaux, en porcelaine de France, bleu-célefte, peint à oifeaux, 720 l. — Deux vafes à oreilles peints à enfans, à 432 l., 864 l. — Deux vafes Dupleffis auffi à enfans, à 360 l., 720 l. ; total, 2,304 l. — Autre garniture en gros-bleu : un vafe à met-

---

(1) On lit, au fujet de l'ambaffade du Marquis de l'Hofpital en Ruffie, dans les *Mémoires du Duc de Luynes*, à la date du mardi 4 janvier 1757, tome XV, page 351 : « J'ai marqué ce que le Roi donne aux fix perfonnes qui vont avec M. de l'Hofpital. Pour lui, le Roi lui donne 150,000 livres par an, & outre cela, 200,000 livres pour fes frais de voyage & d'équipages.... Outre les fommes que le Roi donne à M. de l'Hofpital, & dont je viens de parler, il y a encore l'article des préfens, boëtes, montres & autres chofes femblables. L'intention de M. Rouillé étoit qu'on n'en achetât que pour 20,000 livres, mais cela ira au moins à 30 ; & M. le Maréchal de Belle-Ifle croit que ce n'eft pas encore affez, d'autant plus que la cour de Ruffie eft très-magnifique, & que l'on eft dans l'ufage de faire venir de France tout ce qu'il y a de plus beau & de plus riche. »

tre des fleurs, peint à enfans, 432 l. — Deux caiſſ
idem, 384 l. — Deux vaſes cailloutés à fleurs, 1,200
total, 2,016 l. — Un broc, bleu-céleſte, dans ſa jatte
relief, 600 l. — Un pot à l'eau garni d'or, 400 l. —
déjeuner, bleu-céleſte, peint à enfans, camayeu pou
pre, 528 l. — Un déjeuner, bleu-céleſte, deſſin baroqu
432 l. — Un déjeuner triangle, bleu-céleſte, à fleu
408 l. — Un petit déjeuner, bleu-céleſte, 204 l. —
déjeuner blanc & or, 84 l. — Un déjeuner du Ro
camayeu, enfans-pourpres, 288 l. — Six taſſes & ſo
coupes à guirlande, à 96 l., 576 l. — Le pot à ſuc
108 l. — La théière, 120 l. — Le pot à crème, 108
— Le plateau d'ancien lacq, 144 l. — Mémoire remi
M. Roüillé, 8,320 l.

2807. — S. M. le Roy: Livré à M. Roüillé, pour Cope
hague, deſtiné à M. le Comte de Moltk: Un ſervice
porcelaine de France en blanc, peint à fleurs & bou
bleus, compoſé d'un pot à oille & deux terrines co
vertes avec leurs plats ovales, 1,800 l. — Les tr
cuvettes en argent, avec les rebords & anſes à mo
lures, dorées en or moulu, 775 l. — Quatre douzain
d'aſſiettes, à 216 l., 864 l. — Quatre plats d'entrées
84 l., 336 l. — Quatre dits, moyens, à 72 l., 288 l.
Douze plats hors d'œuvre, différentes formes, à 36
432 l. — Quatre moutardiers & leurs plateaux, à 36
144 l. — Deux beurriers & leurs plateaux, 84 l.
Quatre grands ſeaux à rafraîchir, à 144 l., 576 l.
Deux ſeaux ovales à liqueurs, à 120 l., 240 l. — Sei
compotiers différentes formes, à 30 l., 480 l. — De
fromages & leurs plateaux, 84 l. — Deux ſucrie
120 l. — Quatre ſoucoupes à pieds pour des glaces
fruits ſecs, à 33 l., 132 l. — Une garniture de ch
minée compoſée d'un pot pourri, monté ſur un plate
verni, accompagné de deux oiſeaux portant un pe
vaſe, le tout en bleu-céleſte, peint à enfans, garni
branchages & ornemens dorés d'or moulu, avec
fleurs de même porcelaine hachée d'or, 720 l. — De
girandoles à double branche, à feuillage & terraſſ
dorés d'or moulu, les oiſeaux & fleurs en bleu-céleſt

auffi haché en or, 600 l. — Deux petits vafes à mettre des fleurs auffi en bleu-célefte, peints à fleurs, 288 l. — Une autre garniture de table ou commode : Le milieu eft une urne couverte, d'une forme nouvelle, dont les cartouches font peints à enfans, 960 l. — Deux urnes moyennes pour les deux bouts, 720 l. — Deux pots pourris faifant les milieux, peints à enfans, 600 l. — Troifième garniture plus forte, dont le milieu eft un grand vafe ovale avec des mafques aux deux bouts, les cartouches peints de groupes d'oifeaux très-ornés en or, 480 l. — Deux vafes à mettre des fleurs en terre dans un double vafe à jour orné de têtes de dauphins, à anneaux, les cartouches peints à oifeaux, 1,200 l. — Deux vafes à fleurs très-bien peints de groupes de fleurs, 576 l. — La caiffe, emballage, frais de douane & de réception à Rouen jufqu'à l'embarquement, pour le tout, 200 l. — Mémoire donné à M. Roüillé, le 15 juin 1757, 12,699 l.

2808. Du 20. — Receu de MESDAMES, par les mains de Mme de Duras, fur un mémoire général la fomme de 506 l. à-compte ; fourni un receu. Plus receu de Mme VICTOIRE à-compte 240 l.

2809. Du 21. — Mme la Marq. de POMPADOUR : Avoir repoli une tabatière d'or repréfentant le château de Bellevue; fait un cercle d'or & une glace pour un portrait, 48 l. — Deux corbeilles à jour en blanc, 36 l.

2810. — M. le DAUPHIN : Un plateau à glaces & fept taffes deffus, 96 l. — Un pot à crème, blanc à relief, 18 l.

2811. — Mme la Marq. de POMPADOUR : Une aiguille à broder fur le tambour, 3 l.

2812. Du 25. — S. M. le ROY : Vingt-quatre affiettes, blanc & or, à 15 l. pièce, 360 l. — Deux feaux à bouteilles, blanc & frife, 288 l. — Deux dits à demi-bouteilles, à 96 l., 192 l. — Le port, 5 l.

2813. — M. BAZIN : Un cabaret à fix taffes, 24 l.

2814. — M. de PRESLE : Un fabre fait à un bronze & l'avoir mis en couleur, 25 l.

2815. — M. RUELLE : La couleur d'un feu & bras, 5 l.

2816. — Receu de S. M. le Roy, en deux mémoire[s] pour fa perfonne, la fomme de 9,426 l.

Juillet.

2817. Du 5. — M. l'abbé de Bernis (1) : Six douzain[es] d'affiettes porcelaine de France, peintes à fleurs, contours, à 216 l., 1,296 l. — Quatre faladiers, à 48[l.,] 192 l. — Quatre compotiers à coquilles, deuxiè[me] grandeur, 108 l. — Quatre dits feuilles de chou, 120[l.] — Quatre dits à contours déchirés, en bleu, 96 l. Quatre fucriers & leurs plateaux, à 60 l., 240 l. Deux beurriers, 48 l., 96 l. — Six feaux à caraff[e,] 60 l., 360 l. — Quatre moutardiers & plateaux, 36[l.,] 144 l. — Vingt-quatre pots à jus, à 9 l., 216 l. Vingt-quatre taffes & foucoupes, à 10 l., 240 l. Deux pots à fucre, 36 l. — Une théière, 21 l. — U[n] pot à crème, 24 l. — Un groupe de trois enfans en b[ifcuit], cuit, 72 l. — Huit figures des premières à 42 l., 336[l.] — Quatre dites, nouvelles, 192 l. — Les caiffes, emb[al]lage & cordes, 48 l. — Total, 3,837 l.

2818. — Mme la Marq. de Pompadour : Deux aiguil[les] à tambour, à manches d'ivoire garni d'or, 20 l.

2819. — M. le Cte de Stainville : Une jatte à punc[h,] fon mortier & fa cuiller, de porcelaine de France bleu-célefte, peinte à fleurs, 1,200 l. — Six douzain[es] d'affiettes, à 576 l. la douzaine, 3,456 l. — Quat[re] compotiers à coquilles, 480 l. — Quatre dits à ci[nq] cartouches ou ronds, 480 l. — Quatre autres à bo[r]dures, 480 l. — Deux corbeilles ovales, à 480 l., 960[l.] — Deux idem carrées, 300 l., 600 l. — Quatre [en] triangle, 300 l., 1,200 l. — Quatre dites, ovales élevé[es,] 192 l., 768 l. — Quatre fucriers ovales & plateau[x,] 240 l., 960 l. — Deux fromagers & plateaux, 240[l.,] 480 l. — Douze plateaux à glaces, 120 l., 1,440 l.

---

(1) L'abbé de Bernis remplaça Rouillé comme fecrétaire d'Etat a[ux] affaires étrangères, le 25 juin 1757.

Vingt-quatre taſſes à glaces, 36 l., 864 l. — Quatorze piédeſtaux, 24 l., 336 l. — Quatorze dits moins grands, 21 l., 294 l. — Douze plus petits, 18 l., 216 l. — Vingt-trois figures nouvelles, 48 l., 1,104 l. — Un groupe de moutons & une vache, 48 l., 96 l. — Quarante petits vaſes garnis de tiges en cannetille ornées de fleurs de porcelaine, 900 l. — Les caiſſes, papier & emballage en toile, paille & toile graſſe ſur les caiſſes, 160 l. — Total, 16,474 l.

2820. — Mme la Marq. de POMPADOUR : Un vaſe à fleurs, peint à fleurs, 192 l. — Un plateau blanc & or avec une taſſe & ſucrier, 96 l. — Un plateau carré & taſſe moyenne, 25 l. 10 s. — Les deux caiſſes pour Compiègne, 4 l. — Le nettoyage de neuf paires de grands bras à fleurs, avoir reverni à neuf tous les branchages, 140 l. — Nettoyé & verni à neuf les dorures de trois lanternes dorées d'or moulu, garnies de fleurs, avoir repeint les branchages à neuf, 40 l. — Fourni 120 fleurs de porcelaine de France pour raſſortir aux endroits où il en manquoit, 120 l. — Avoir refaucé en couleur d'or moulu trois feux & les bronzes de deux grandes lanternes dorées d'or moulu, 60 l. — Avoir démonté une commode de lacq, avoir réparé le vernis, regratté à neuf une table de nuit de bois ſatiné, & avoir refaucé en couleur d'or moulu les bronzes de l'une & de l'autre, 65 l. — Avoir refaucé les bronzes de pluſieurs morceaux de porcelaine, avoir mis à neuf ſept vaſes de fleurs de porcelaine, & reverni les branchages, 58 l. — Deux charrettes, les journées des garçons, les ports à trente-quatre crocheteurs, les papiers, ficelle, & voyage d'un garçon qui a accompagné les dits porteurs & qui eſt reſté pour placer le tout en place, & fourni ſept binets dorés, 450 l. — Deux petits plumets & tournevis au concierge de Champs, 2 l. 8. s.

2821. Du 9. — M. l'abbé de BERNIS : Envoyé à Compiègne quatre ſeaux de porcelaine de France peints à fleurs, de 144 l. pièce, 576 l. — La caiſſe & emballage, 7 l.

2822. — M. le Marq. de Gontaut : Deux petites ta[bles]
blanches, filet d'or, 12 l.

2823. — Mme la Marq. de Pompadour : Deux cuiller[s,]
deux fourchettes en or pour affortir à un modèle; [pe]-
fant 1 marc, 6 onces, 3 gros 1/2, 12 grains, 1,402 l.
Façon, 500 l. — Sur quoi repris une falière qui p[èfe]
1 marc, 5 onces, 2 gros, 20 grains, à 82 l. l'on[ce,]
1,089 l. 10 s. — Une petite boëte ronde à deux ch[ar]-
nières, 5 gros, 51 l. — Une boëte à mouches, or [&]
façon, 600 l.

2824. — Mme la Maréchale de Mirepoix : Un déjeu[né]
dans une corbeille compofé de taffes, pot à fuc[re,]
théière & pot à crème, 168 l.

2825. — Mme la Ctefse d'Egmont, douairière : Une pi[èce]
de corde contenant vingt-neuf toifes à 15 s., 21 l. 1[5 s.]

2826. Du 11. — M. le Baron de Scheffer : Livré [à]
M. Laurent pour la Suède : Un grand feu à vaf[es,]
fleurs & guirlandes en bronze doré d'or moulu a[vec]
fon fer très-fort, pelle, pincettes & tenailles garn[ies]
de bronze doré d'or moulu, 500 l. — Une paire [de]
bras affortis, très-beaux, 320 l. — Un autre feu à b[er]-
ceau & figures repréfentant l'Eté & l'Automne,
bronze doré d'or moulu & les garnitures, 360 l. — U[ne]
paire de bras à deux branches affortics, 200 l. — [Un]
feu à ornemens & guirlandes avec fes garnitures, 24[0 l.]
— Une paire de bras affortis, 150 l. — Un petit fe[u à]
perroquets, 260 l. — Les bras affortis, 125 l. — U[ne]
grille à marmottes, 144 l. — Les bras affortis, 102 l[.] —
Un feu repréfentant des Amours, 168 l. — Les b[ras]
affortis, 110 l. — Une grille à ornemens d'apparen[ce,]
280 l. — Les bras affortis, 156 l. — Un feu à figur[es,]
240 l. — Les bras affortis, 132 l. — Un feu à or[ne]-
mens, fans bras, 144 l. — Trente paires de croiffa[nts]
dorés, à 6 l., 180 l. — Un luftre à douze branches [&]
fleurs, 160 l. — Un dit, à huit branches, 108 l. —
Un dit, à fix branches, 98 l. — Un dit, à quatre br[an]-
ches, 80 l. — Une lanterne de glaces, 110 l. — T[o]-
tal, 4,367 l.

2827. Du 16. — Mme la Marq. de Pompadour : Un p[ot]

tefeuille (1) de velours brodé en or, très-riche, avec les armes de M. l'Electeur de Cologne, avec façon, collage & doublure de carton, 684 l. — Cinq bufcs, 3 l. 10 s. — Les ports de panneaux de papier pris à l'hoftel & portés chez M. Guefnon (2), 2 l. 10 s.

2828. Du 19. — M. JACQUEMIN : Deux cabarets, vernis de Martin, 92 l. — Deux moins grands, 80 l. — Deux au-deffous, 51 l. — Total, 223 l.

2829. Du 20. — M. l'abbé de BERNIS : Quatre douzaines d'affiettes afforties à celles envoyées, 18 l. pièce, 864 l. — Deux faladiers lifonnés (3), à 60 l., 120 l. — Un groupe en bifcuit, 72 l. — La caiffe, emballage & ports, 12 l.

2830. — M. D'ERIGNY : Deux faladiers lifonnés, moyens, à fleurs, de 60 l., 120 l.

2831. — Mme la Princeffe de ROBECQUE : Deux petites caiffes, porcelaine gros-bleu, 120 l. — Acheté deux plantes d'héliotrope, 6 l.

2832. — M. COQUINOT : Payé de la gaze à Mlle Daniel,

---

(1) Cet objet eft devenu un meuble hiftorique par la notoriété que lui a donnée le Duc de Luynes dans fes Mémoires; on y lit en effet, à la date du 21 août 1757 : « Mme de Pompadour, voulant donner un déjeuner de porcelaine à l'Electeur de Cologne, & n'en trouvant point de fait (à Sèvres où elle étoit venue avec le Roy) ou d'affez beau tout fait, elle en a envoyé un qu'elle poffédoit chez elle; elle l'a adreffé à M. de Monteil avec un *portefeuille magnifique* pour ce prince, qui coûte 5 ou 6,000 livres. La raifon de ce préfent eft le grand intérêt que l'Electeur prend au fuccès de nos armes. » (Tome XVI, page 144.)

Le Duc de Luynes fe trompoit fur la valeur du cadeau, peut-être auffi fur le motif. Ne doit-on pas, en effet, dans les raifons qui portèrent la Marquife à faire ce préfent, compter pour beaucoup les preuves nombreufes de déférence que Clément-Augufte de Bavière, né le 16 août 1700, frère du feu empereur Charles VII, évêque de Munfter, de Paderborn, d'Hildesheim & d'Ofnabruck, électeur & archevêque de Cologne, daigna prodiguer à la maîtreffe du Roy? Ses agens ne communiquoient, fur fes ordres, avec Louis XV que par l'intermédiaire de la Marquife de Pompadour.

(2) Guefnon étoit un ébénifte à la mode qui encadroit dans de fomptueufes bordures des panneaux de papier peint.

(3) Sic. Ce mot eft probablement écrit pour *liferonnés;* ce qui fignifieroit des faladiers dont les bords font ornés de *liferons* en rinceaux.

39 l. 7 s. 6 d. — Façon du fac & rubans, 3 l. 10 s
Une table à écrire en bois noirci avec les pieds d[e]
d'or moulu, 36 l.

2833. Du 21. — Mme Rouillé : Un pot à l'eau [&]
jatte de porcelaine blanche à frife d'or, 84 l. —
garniture en argent doré, 24 l. — La caraffe, 1 l.

2834. — M. Hébert : Un cabaret à anfes, de vernis [p]
deux gobelets & foucoupes, pot à fucre, peints à g[ir]
landes, 102 l. — Fait refaucer une cuiller de [v]
meil, 1 l.

2835. — S. M. le Roy, pour Compiègne : Deux gra[nds]
feaux à rafraîchir en blanc & frife d'or, 288 l. — D[eux]
beurriers & plateaux, à 54 l., 108 l. — La caiff[e &]
emballage, 7 l.

2836. Du 22. — Mme de Robecque : Un déjeuner
plateau carré de porcelaine de France, 60 l.

2837. — M. l'abbé de Bernis : Quatre compotie[rs]
coquilles de porcelaine de France, 96 l. — La caiff[e &]
emballage, 2 l.

2838. — Mme la Duchefse de La Vallière : Un [p]
déjeuner de porcelaine de France fur un plateau
triangle, compofé de deux taffes, foucoupes & p[ot à]
fucre, 66 l.

2839. — M. le Prince de Turenne : Le raccommod[age]
d'un pot pourri d'ancienne porcelaine, 6 l. — Le
commodage d'un chandelier de lit, 3 l.

2840. Du 30. — M. de Fontferrière : Six taffes
porcelaine de France, 9 l. pièce, 54 l.

2841. — S. A. Mlle de Sens : Un pot à l'eau dan[s]
jatte, peint à oifeaux, de porcelaine de France, 13

Août.

2842. Du 9. — Mme la Marq. de Pompadour : Des p
de tables à jouer prifes à l'hoftel pour faire réparer;
pier & jonc des Indes, 6 l. — Avoir raccommodé le
cage des dites huit tables, avoir fourni les baguette
ronds des coins en bois de couleur, les avoir regar[nis]
& mifes à neuf, 72 l. — Deux parafols de taffetas, 2

— Deux pots à l'eau garnis d'argent doré, dans leurs jattes de porcelaine, peints à fleurs, 252 l. — Deux plateaux à pieds, à contours, de porcelaine, peints à fleurs, à 33 l., 66 l. — Un autre plateau auffi à pieds, 33 l. — Sept gobelets à glaces, à 9 l., 63 l. — Quatre jattes blanches pour les chiens, 24 l. — Les ports à Champs à fix hommes & ceux de douze panneaux de jonc des Indes & de deux tables de toilettes prifes à l'hoftel, 36 l. — Plus, envoyé à Champs quinze panneaux de papier des Indes; le voyage d'un garçon qui a efté pofer des bras, & ports à deux hommes, 27 l.

2843. — M. de Boulogne, tréforier : Raccommodage d'un pot à l'eau garni d'argent, 1 l. 10 s.

2844. — Receu de M. le Cte de Stainville, pour le montant de fes porcelaines, la fomme de 16,474 l. — Plus, receu 24 l.

2845. — S. E. Mgr le Baron de Scheffer : Livré à M. Laurent cinq douzaines de vis à tête dorée pour des cadres de tapifferie, 70 l.

2846. Du 12. — M. le Préfident Roujault : Un petit fecrétaire plaqué en bois de rofe à fleurs, garni en bronze doré d'or moulu, 360 l. — Une petite table à écrire plaquée & ornée dans le même goût, 228 l.

2847. — M. le Cte d'Egmont : Deux lanternes à cinq pans en bronze doré d'or moulu, garnies de glaces & chapiteaux, 300 l. — Deux cordons en foie cramoifie à deux houppes, 48 l. — Les ports & pofage, 8 l.

2848. — Mme la Marq. de Pompadour : L'or & façon d'une grande boëte de lacq à pans avec un portrait émaillé dedans, 994 l. — Deux coquetiers de porcelaine, 12 l.

2849. Du 13. — M. le Marq. de Gontaut : Deux coquetiers de porcelaine, 12 l.

2850. — M. Rousseline : Un luftre de criftal de Bohême à fix branches, la fonte argentée, garni de figures & vafes à fleurs en porcelaine de Saxe, avec des branchages en cuivre garnis de fleurs de porcelaine de différentes couleurs, 530 l. — Deux paires de bras à double branche, vernis, garnis de fleurs de porc[elaine], avec les binets, à 60 l., 120 l. — La caiffe, e[t] ballage & frais de douane, 92 l.

2851. Du 16. — S. M. le Roy : Pour Verfailles, de[ux] grands feaux, blanc & frife d'or, 288 l. — Deux di[ts] moyens, 192 l. — Dix-huit affiettes, 324 l. — De[ux] fucriers, à 60 l., 120 l. — Quatre plateaux à pieds, 33 l., 132 l. — Un plateau à glaces, à contours, 24 [l.] — Six taffes à glaces, à 9 l., 54 l. — Six falières, 72 [l.] — Deux cuillers d'or à caffé, 434 l. — Le port à Ve[r]failles, 6 l.

2852. — M. le Dauphin : Un déjeuner vert à ruban[s] compofé d'un plateau Hébert, deux taffes & foucoupe[s,] pot à fucre & pot à lait, en blanc & vert à rubans, fa [riche] peinture, 288. — Un autre déjeuner blanc, 51 l. — L[e] port à Verfailles, 3 l.

2853. Du 18. — M. de Boulogne, fils : Une poignée [de] canne en béquille, en or de couleur cifelé, avec le je[u,] 1,010 l.

2854. — M. de Fontferrière : Un cornet en barad[e] de cuivre doré d'or moulu pour une écritoire plaqué[e,] 18 l.

2855. Du 20. — Mme la Marq. de Pompadour : L[e] fond de lanterne, en glace percée pour paffer la bob[è]che, pofé à l'hoftel, 2 l.

2856. Du 24. — Mme de Pontchartrain : Une commod[e] plaquée en bois de rofe, garnie de cartouches & orn[e]mens dorés d'or moulu, le marbre d'Italie de 36 pouce[s,] 430 l. — Le port à Saint-Maur, 9 l.

2857. Du 25. — M. Coquinot : Un plateau d'écritoi[re] en cuivre, à contours, argenté & cifelé, 51 l.

2858. Du 31. — M. Laurent : Pour M. le baron [de] Scheffer, deux groupes de bronze fur des focles de bo[is] violet garnis en bronze doré d'or moulu, 360 l.

2859. — S. M. le Roy : La garniture en argent doré d'u[n] petit pot à l'eau, blanc & or, livré à M. Guimard, 24 [l.] — Quatre falières en blanc à frife dorée, 48 l. — Deu[x] moutardiers & leurs plateaux, 72 l. — Livré à M. Bé[c]cary vingt petits vafes peints à fleurs, à 7 l. 10 s. pièc[e,]

150 l. — Le nettoyage de bouquets de fleurs redreſſés & mis en état, 36 l.

Septembre.

2860. Du 1ᵉʳ. — Mme la Marq. de POMPADOUR : Une taſſe livrée à Sèvres, 12 l. — Quatre corbeilles à jour en blanc, de 36 l., 144 l.

2861. — J'ai receu de S. M. le ROY la ſomme de 8,320 l. pour l'article écrit au folio 189 (1), livré à M. le marquis de l'Hoſpital.

2862. Du 2. — M. BAZIN, marchand : Un déjeuner bleu-céleſte, peint à fleurs, 288 l.

2863. Du 3. — M. l'abbé de BERNIS : Deux ſeaux à bouteilles, porcelaine de France à fleurs, 288 l.

2864. Du 4. — Mme la Marq. de POMPADOUR : Deux écrans en bois d'acajou maſſif, garnis en papier des Indes avec rubans de ſoie, treſſes & plombs, à 24 l., 48 l. — Un plateau carré de porcelaine peint en camayeu, 18 l. — Une taſſe & ſoucoupe de même, 9 l. — La caiſſe & emballage, 8 l.

2865. — Receu de M. le Marq. de VOYER la ſomme de 5,246 l. 12 s., qui me reſtoit due pour ſolde des fournitures que je lui ai faites, ſuivant le mémoire finiſſant au 3 juin 1756, déduction faite des à-comptes reçus pendant icelui, de laquelle dite ſomme de 5,246 l. 12 s., il m'a été paſſé contrat de conſtitution au denier 20, par-devant Vanin & Angot, notaires, le 11 août dernier; cette conſtitution faite par M. Henry-Eliſabeth Moreau, fondé de procuration dudit ſieur marquis de Voyer, ainſi qu'il eſt plus au long expliqué par ledit contrat.

2866. Du 5. — S. M. le ROY : Pour Fontainebleau, huit ſeaux à bouteilles, à 168 l., 1,344 l. — Quatre à demi-bouteilles, à 120 l., 480 l. — Quatre compotiers, feuilles de chou, à 48 l., 192 l. — Douze, idem, différens, à

---

(1) Nous avons donné, en l'imprimant, le n° 2806 à cet article.

42 l., 304 l. — Quarante-deux affiettes, à 36 l., 1,512 l. — Deux plateaux, à contours, 36 l., 72 l. — Quatorze taffes à glaces, à 12 l., 168 l. — Quatre foucoupes à pieds, à 48 l., 192 l. — Dix falières, à 18 l., 180 l. — Deux moutardiers & plateaux, à 48 l., 96 l. — Deux beurriers & plateaux, à 60 l., 120 l. — Deux fucriers ovales, à 84 l., 168 l. — Deux feaux à liqueurs ovales, à 144 l., 288 l. — La caiffe & emballage, 48 l.

2867. — M. Hébert : Une figure de nayade de porcelaine de France colorée, 600 l.

2868. — S. E. Mgr le Baron de Scheffer : Une paire de girandoles fur des figures de Vincennes blanches à fleurs, 240 l. — Deux pots pourris fur des rochers d'ancienne porcelaine montés en bronze doré d'or moulu, 288 l. — Un vafe d'ancienne porcelaine truittée, monté à confoles dorées, 144 l.

2869. Du 6. — Mme la Ducheffe de Mazarin : Deux faladiers de porcelaine à fleurs, de 60 l., 120 l. — Deux fucriers ovales, blanc & frife d'or, 120 l. — Deux beurriers, idem, 96 l. — Un moutardier à fleurs, 36 l.

2870. Du 9. — M. de Boulogne, contrôleur général : Un groupe de figures de porcelaine en blanc, 72 l.

2871. — Mme la Marq. de Pompadour : Une caiffe pour des feaux de porcelaine venus de Crécy & pris à l'hoftel, 3 l. 10 s.

2872. — M. Coquinot : Une commode de 3 pieds 1/2, à quatre tiroirs de hauteur, plaquée en bois violet, garnie d'entrées, boutons & pieds dorés d'or moulu, le marbre de Flandre, 205 l. — Les ports, 3 l.

2873. — M. de Fontferrière : Un cornet d'argent à foupape, 36 l.

2874. Du 13. — Mme la Dauphine : Envoyé à Fontainebleau, pour Mme Adélaïde, trois enfans de porcelaine blanche, à 48 l., 144 l. — Une taffe & foucoupe en blanc, 6 l. — Quatre gobelets & foucoupes, à guirlandes, 288 l. — Le pot à fucre, 108 l. — Le pot au lait, 108 l. — Quatre gobelets moins grands, en vert & foucoupes à fleurs, à 60 l., 240 l. — Le pot à fucre,

SEPTEMBRE 1757.

72 l. — Le pot à lait, 72 l. — La caiſſe & emballage, 4 l.

2875. — S. A. S. Mgr. le Duc d'Orléans : Une garniture de cheminée de porcelaine de France, compoſée de trois vaſes hollandois en vert, à fleurs & oiſeaux, 600 l. — Deux moins grands peints à fleurs, 720 l. — Deux déjeuners en bateaux arrondis, compoſés d'un gobelet & ſucrier auſſi en vert, à guirlandes, de 192 l. pièce, 384 l. — Un pot à l'eau & jatte auſſi en vert, à fleurs, la garniture d'argent doré, 520 l.

2876. Du 18. — S. M. le Roy : Envoyé à Fontainebleau quatre taſſes & ſoucoupes, guirlandes, à 96 l., 384 l. — Une théière & pot à crème, à 108 l., 216 l. — Un ſucrier, 108 l. — Un plateau en vernis rouge, 30 l. — La caiſſe & emballage, 9 l.

2877. Du 20. — Mme la Marq. de Pompadour : Deux terrines couvertes, peintes à fleurs, & leurs plateaux, de 17 louis pièce, 816 l. — Deux beurriers couverts, 84 l. — Deux ſaucières, 96 l. — Deux moutardiers, 72 l. — Douze plats hors d'œuvre, de quatre formes, 432 l. — Pour le fruit : Deux douzaines d'aſſiettes, à 18 l., 432 l. — Deux fromagers, 96 l. — Quatre compotiers feuilles de chou, 120 l. — Quatre à coquilles, 108 l. — Deux carrés & deux ronds gravés, 126 l. — Deux dits, liſonnés, 96 l. — Deux ſucriers couverts & plateaux, 120 l. — Une grande manne, papier & port, 6 l.

2878. — M. le Dauphin : Une commode à un tiroir plaquée en bois de roſe & fleurs, garnie de bronze doré d'or moulu, à une conſole, 480 l. — Le port à Verſailles, 5 l.

2879. Du 22. — Mme la Dauphine : Deux corps d'encoignure ſans portes, plaquées en dedans de bois de roſe & fleurs, à tablettes & crémaillères, garnis de pieds dorés, 485 l. — Les ports & voyage à Verſailles, 8 l.

2880. — M. Coquinot : Deux couvercles de taſſes de porcelaine, 12 l.

2881. — M. de Champcenetz : Une petite table à écrire,

plaquée à fleurs, 84 l. — Receu le 4 octobre, par les mains de M. Filleul, 84 l.

2882. — Mme la Marq. de Pompadour : La quantité des caiſſes fournies, les façons de celles qui ſe ſont faites à Crécy pour le tranſport des porcelaines, fayences, meubles, linge, y compris les fournitures de papier blanc & gris, les découpures de papier, ficelle, étoupe, cordages, les journées du ſieur Delorme, layetier, celles de mon garçon, reſtés l'un & l'autre une ſemaine, de deux compagnons reſtés trois ſemaines pour les façons des ſuſdites caiſſes, l'emballage du linge & dépenſes de voyages & voitures, 985 l. — On tiendra compte des caiſſes que l'on reprendra.

2883. Du 27. — M. de Boulogne, contrôleur général : Une très-jolie table à écrire plaquée en bois de toutes ſortes de couleurs, & ornée de bronze doré d'or moulu, 240 l. — Un petite pendule à répétition, dorée d'or moulu, le mouvement du nom de Moiſy, 360 l. — Une petite paire de girandoles à deux branches dorées d'or moulu, 144 l. — Une paire de chandeliers à enfans, de bronze doré d'or moulu, 132 l. — Deux pierres à papiers compoſées de deux enfans de bronze, les terraſſes dorées d'or moulu, 168 l. — Une écritoire d'ancienne porcelaine, ornée de bronze doré d'or moulu, 288 l. — Un bougeoir de porcelaine de Vincennes, la bobêche de bronze doré d'or moulu, 27 l. — Le port à Verſailles. — Une commode en forme de bibliothèque plaquée en bois de roſe, garnie de pieds dorés d'or moulu & ſon marbre, 192 l. — Le port à Verſailles, 10 l. — A joindre un pied de la commode perdu, 8 l.

2884. Du 28. — M. de Boulogne, fils : Six taſſes & ſoucoupes, blanc & filet d'or, à 9 l., 54 l. — Vingt-quatre aſſiettes blanches & friſe d'or, à 9 louis la douzaine, 432 l. — Deux ſucriers & leurs plateaux, 126 l. Un plateau à glace & ſept taſſes, 96 l. — Deux plateaux pour des fruits ſecs, 48 l. — Quatre compotiers, à 30 l. pièce, 120 l. — Quatre dits, à 27 l. pièce, 108 l. Deux petites corbeilles, à 12 l., 24 l. — Deux dites, à 9 l., 18 l. — Quatre dites, à 7 l. 10 s., 30 l.

Octobre.

2885. Du 1ᵉʳ. — Mme la Marq. de Pompadour : Pour le château de Champs, avoir démonté des caffolettes, pots pourris & autres porcelaines montées, dont on a fait refaucer les garnitures en or moulu, nettoyé les porcelaines d'une figure couchée, avoir nettoyé toutes les autres porcelaines, garnies & non garnies, & fourni les fleurs qui y manquoient, employé quatre jours de garçons pour les avoir emballées & nettoyées, 60 l. — Une charrette qui a porté une caiffe de livres & deux caiffes de porcelaines, le port à (en blanc) hommes qui ont porté les porcelaines garnies, 46 l. — Deux journées d'un garçon qui a efté à Champs déballer les porcelaines & ranger celles de la bibliothèque, & frais de voyage, 12 l. — Remis à neuf & rétabli une paire de girandoles garnies de fleurs de Vincennes, qui eftoient à Verfailles ; fourni des fleurs caffées ; fourni un binet doré, 18 l. — Donné à l'hoftel à Paris, par ordre de Madame, à une pauvre femme, 3 l. — Avoir démonté un gros pot pourri de porcelaine ancienne, avoir fait redorer la monture qui eftoit mangée de vert-de-gris, 18 l.
2886. — S. A. S. Mgr le Duc d'Orléans : Deux terraffes dorées d'or moulu pour deux bronzes de femmes, les avoir raccommodés, & mis les dits bronzes en couleur, 120 l.
2887. Du 2. — M. Schonen : Quatre bronzes d'enfans, fur des pieds d'or moulu, repréfentant les Saifons.
2888. — M. de Boulogne, fils : Six taffes & foucoupes, filets d'or, à 9 l., 54 l. — Vingt-quatre affiettes blanches à frife d'or, à 9 louis la douzaine, 432 l. — Deux fucriers couverts & leurs plateaux, à 60 l., 120 l. — Un plateau à pied & taffes à glaces, 96 l. — Deux plateaux à contours pour des fruits fecs, 48 l. — Quatre compotiers, à 30 l., 120 l. — Quatre, idem, à 27 l., 108 l. — Deux petites corbeilles, à 9 l., 18 l. — Quatre dites, à 7 l.

10 s., 30 l. — Un grand cabaret, vernis de Martin, fur fon pied auffi verni, 60 l.

2889. — Receu de M. le Baron de Scheffer, pour folde du mémoire envoyé, la fomme de 5,109 l. — Plus, receu pour deux bronzes 360 l.

2890. — Mme de La Grandville : Avoir ajouté des branchages dorés à une pendule garnie de fleurs, l'avoir démontée, refaucé tous les bronzes à neuf, fourni les fleurs de Vincennes aux branches neuves, 50 l. — Deux branches vernies pour des caiffes de fleurs, 66 l.

2891. Du 6. — Mgr le Prince de Francavilla : Deux efpèces de grottes de porcelaine de Saxe avec une figure au milieu, ornées de coquilles eu pyramides tout autour, portées fur leurs terraffes dorées d'or moulu, 288 l. — Deux chandeliers de Saxe, compofés de groupes d'enfans portant chacun une bobêche, 150 l. — Un milieu de deffert, compofé de plufieurs groupes & figures de Saxe, vafes de fleurs & animaux, orné de branchages dorés d'or moulu & vernis, garni de fleurs de Vincennes, porté fur une terraffe dorée d'or moulu, dont le modèle a efté fait exprès, 35 louis, 840 l.

2892. Du 10. — Mme Silvestre : Un bougeoir de lacq ancien garni en bronze doré d'or moulu, 36 l.

2893. — S. A. S. Mgr le Duc d'Orléans : Deux paires de bras à double branche en bronze cifelé & doré d'or moulu, avec des branches de feuillage, le tout doré d'or moulu, garni de fleurs de porcelaine verte & jafpée d'or, de 360 l. la paire, 720 l. — Une cloche de criftal pour un morceau d'ivoire tourné, 3 l.

2894. Du 11. — Mme la Marq. de Pompadour : La garniture à cercle au couvercle & charnière en or pour un petit pot à l'eau de porcelaine de France, vert à figures, 128 l.

2895. Du 12. — M. Marteau : Avoir percé une urne de porcelaine, bleu & blanc, & y avoir fait un robinet de cuivre en couleur, 9 l.

2896. — Mme la Cteffe de Maurepas : Une commode à

deux tiroirs, plaquée en mofaïque & cartouches de bois de rofe avec ornemens & baguettes dorés d'or moulu, le marbre d'Alep de 4 pieds, 360 l. — Une table à écrire à tiroir, le deffus qui fe pouffe, en bois de rofe, avec garnitures & portans dorés d'or moulu, 216 l. — Port à l'hoftel, 2 l.

2897. — M. POIRIER, marchand : Une terrine couverte & fon plat peints à fleurs, de porcelaine de France, 300 l. — A déduire 6 pour 100, 18 l.

2898. — M. MARSOLLIER : Un petit pied de table en confole, plaqué en bois de rofe à fleurs, garni en bronze doré d'or moulu, avec une tablette couverte de velours & tiroir. Un autre femblable, fans tablette ni tiroir, à 180 l. pièce, 360 l.

2899. Du 13. — M. TROUART, marbrier du Roy : Obmis le 10 juillet dernier : Trente-fix brillans pour l'entourage de deux boucles d'oreille, pefant 7 karats 2 grains 1/2, à 160 l. le karat, 1,220 l. — Façon des dites boucles, 40 l.; total, 1,260 l. — Il y a deux mémoires de fournis, dont un donné à Mme Troüart, à 145 l. le karat, moyennant qu'elle payera jufqu'à concurrence du complément de la dépenfe (1).

2900. Du 15. — Mgr le Prince de FRANCAVILLA : Une pendule d'un groupe de Saxe fur terraffe & branchages dorés d'or moulu, le mouvement à fonnerie & huit jours, les branchages garnis de fleurs de porcelaine de France, 600 l. — Une paire de girandoles fur des figures de Saxe, avec berceaux, branchages & terraffes dorés d'or moulu, garnies de fleurs de porcelaine de France, 312 l. — Une tabatière à cuvette de caillou pétrifié, garnie d'or guilloché, 360 l.

2901. Du 16. — Mme la Marq. de POMPADOUR : Le velours & façon de trois colliers pour des chiens, à 3 l., 9 l.

---

(1) Cette dame Troüart trompoit fans doute fon mari fur la valeur réelle des diamans qu'elle fe faifoit donner par lui, & lui préfentoit un mémoire fictif inférieur au prix de l'objet vendu, à charge par elle d'indemnifer complétement le bijoutier.

2902. — Mme Hébert : Deux pots à confitures, porcelaine de France, à 15 l., 30 l.

2903. — Mme Lambert : Trois pots à pommade, de porcelaine de France en vert & or, peints à fleurs, 72 l.

2904. — Mme la Marq. de Pompadour : Une petite tabatière, forme ronde, en or gravé & émaillé, à figures repréfentant des chimiftes, le tour de la boëte auffi émaillé de différentes plantes, 1,140 l.

2905. Du 22. — M. de Boulogne, fils : Douze affiettes blanches, à 18 l., 216 l. — Quatre compotiers carrés, à 30 l., 120 l. — Quatre dits, à coquilles, à 30 l., 120 l. — Deux beurriers, à 54 l., 108 l. — Un plateau à glace & taffes, 96 l. — Douze pots à jus, à 12 l., 144 l. — Six taffes & foucoupes, à 12 l., 72 l. — Deux fucriers, à 18 l., 36 l.

2906. — Mme la Marq. de Pompadour : Un déjeuner à mofaïque, 720 l. — Deux pots à pâtes verts à enfans, 144 l. — Un gobelet à lait & fa foucoupe, 300 l. — Deux paires de bras à double branche dorés d'or moulu, d'un nouveau modèle, pofés à l'hoftel dans la chambre de Madame, à 390 l., 780 l.

2907. — M. Coquinot : Un pied de table à confole fculpté & doré, avec fon marbre d'Alep de 4 pieds 1/2, 270 l. — Le port, 2 l.

2908. — Mgr le Duc de Rohan : Une tabatière ovale de porcelaine de France, à cartouches en vert, peinte à figures, 1,200 l.

2909. — Mgr le Prince de Francavilla : Une caffolette compofée d'une figure de Saxe & d'un chien, le vafe & réchaud en argent, 168 l.

2910. — S. A. S. Mgr le Duc de Penthièvre : Deux terrines blanches à fleurs, de 480 l. pièce, 960 l. — Un pot à oille, forme du Roy, 600 l.

2911. Du 27. — M. Dulacq : Un pot à pommade à fleurs, 7 l. 10 s.

2912. — S. M. le Roy : Un voyage fait à Saint-Hubert pour prendre des mefures, 30 l.

2913. — M. le Duc de Villeroy : Deux bras de chapelle à une branche, dorés d'or moulu, à branchages garnis de grains & pendeloques en criftal de roche. 170 l. — La caiffe & emballage, 2 l.

2914. — M. de CAZE : Une paire de girandoles à deux branches, cifelées & dorées d'or moulu, 144 l.

2915. Du 29. — M. de MEULAN, pour M. le Cte de Cobentzel : Deux armoires d'encoignure à une porte, plaquées en bois de rofe & fleurs de bois violet, à cartouches & moulures dorés d'or moulu, les marbres de griotte d'Italie, 720 l. — La caiffe, emballage & frais, 45 l.

2916. Du 30. — Mme la Marq. de POMPADOUR : Un port à Champs d'un homme qui a porté de la vaiffelle d'argent de Crécy, prife à l'hoftel de Paris, 6 l. — Deux éteignoirs à manche fur des baguettes de fufil, 1 l. 10 s. — Deux petits plumets, 2 l. — Le raccommodage d'une chocolatière où l'on a fait un bouton deffus qui eftoit perdu, & l'avoir redreffée, 7 l. — Les voyage & journée d'un garçon qui a efté à Champs pour clouer & ajufter deux panneaux de papier des Indes pour la garderobe d'en bas, 8 l.

Novembre.

2917. Du 5. — Mme la Cteffe de FORCALQUIER : Quatre compotiers de porcelaine de France en feuilles de chou, à 36 l., 144 l.

2918. — Mme la Marq. de POMPADOUR : Une paire de grands bras à double branche en bronze doré d'or moulu, pofés à l'hoftel dans le cabinet doré.

2919. Du 7. — M. le Duc de DURAS : Un pot à l'eau & jatte en blanc à frife, garni d'argent doré, 132 l. — Refte fur un fucrier à guirlande, 12 l.

2920. — Mme la Marq. de POMPADOUR : Deux pots à pommade, verts à enfans, à 96 l., 192 l. — Un plateau carré, bleu-célefte, enfans colorés, & un gobelet & foucoupe, 288 l. — Un gobelet couvert à mofaïque & foucoupe en vert à mofaïque, 96 l. — Une taffe à toilette, couverte, & foucoupe à mofaïque, 96 l.

2921. — S. M. le Roy : Livré, au mois de décemb[re] 1756, pour fupplément à fes porcelaines de Verfaill[es] quatre feaux à bouteilles, bleu-célefte à fleurs, 300 l. pièce, 1,200 l. — Quatre autres même gra[n]deur, peints différemment, à 144 l., 576 l.

2922. — M. Bouret, fermier général : Du 31 déce[m]bre 1754, une navette à enfans colorés, 300 l. — U[ne] dite, peinte à oifeaux, 144 l.

2923. Du 10. — M. de Boulogne, tréforier : Six écra[ns] à main, 6 l.

2924. — M. de La Haye : Une théière de France pein[te] à fleurs, 21 l.

2925. — M. du Vaudier, avocat : Deux caiffes en bla[nc] à frife d'or, 144 l.

2926. Du 18. — S. A. Mme la Princeffe de Turenn[e :] Une baignoire de porcelaine, 6 l.

2927. — M. Duchap : Une commode en bas d'armoir[e] à portes, en vernis à relief & placage de bois violet, pieds & entrées dorés d'or moulu, marbre d'Ale[p,] 180 l.

2928. Du 21. — Mme la Maréchale de Mirepoix : U[n] petit pot à crème à pied, en camayeu bleu, chairs c[o]lorées, 24 l.

2929. — M. Coquinot : Le raccommodage d'un ét[ui] de flacon d'argent & d'un petit néceffaire, 6 l.

2930. — Mme la Marq. de Pompadour : Un voya[ge] fait à Champs, en date du 10 novembre, 10 l.

2931. — M. de Boulogne, fils : Huit faladiers, form[és] de feuille de chou, en blanc & frife d'or, à 42 [l.,] 336 l. — Deux moutardiers & plateaux, à 36 l., 72 [l.] — Repris quatre compotiers, à 30 l.

2932. Du 23. — M. le Baron de Thun, envoyé de Wi[r]temberg : Deux taffes à chocolat, camayeu pourpr[e,] à 15 l., 30 l. — Deux taffes à caffé, à 12 l., 24 l. — Une théière, 18 l. — Un pot à fucre, 15 l. — Deu[x] taffes à chocolat, guirlande bleue, 30 l. — Deux taff[es] à caffé, à 12 l., 24 l. — Deux petites taffes Bouret, 8 l., 16 l. — Une théière, 18 l. — Un fucrier, 15 l. - Un plateau Hébert, 72 l.

2933. — M. Marteau, à condition : Une paire de bras à double branche en couleur, d'hazard. (Rendue.)

2934. — Mme la Marq. de Pompadour : Le raccommodage d'une plaque d'or émaillée pour accrocher une montre, 2 l.

2935. — M. La Frenaye, de la Croix d'Or : Un petit magot, blanc ancien, 3 l.

2936. — M. le Marq. de Marigny : Une caffette de lacq en peau de chien, garnie de ferrures en cuivre, 360 l. Une boëte ronde auſſi de lacq noir & or, 144 l. — Une petite taſſe de jade oriental, 72 l. — Plus, des paſtilles pour emplir la boëte, 102 l.

2937. — Mme la Dauphine : Livré à Mme Dufour le raccommodage d'une caffetière d'or, 8 l.

2938. — S. A. S. Mlle de Sens : Deux plaques de fer-blanc peintes pour des corbeilles à fleurs, 3 l.

Décembre.

2939. Du 1er. — M. le Marq. de Rosmadec : Une caiſſe, porcelaine blanche à friſe d'or, 72 l.

2940. — M. le Baron de Thun : Deux figures nouvelles en biſcuit, 96 l.

2941. Du 6. — Receu de S. M. le Roy un mémoire pour Choiſy de 13,180 l. — Receu un mémoire pour fourniture à la Muette la ſomme de 1,049 l.

2942. Du 9. — Mme la Marq. de Pompadour : Quinze vaſes de porcelaine de France pour les plantes de fleurs rapportées de Crécy ; les dits vaſes s'eſtant trouvés caſſés, à 7 l. 10 s. pièce, 90 l. — Quatre dits plus grands, à 15 l., 60 l. — Nettoyage & réparation des dits bouquets, le port à Verſailles, 13 l.

2943. — M. Roussel, fermier général : Deux cuvettes de fer-blanc & une plaque percée pour des oignons, & peintures pour une grande caiſſe de porcelaine, 6 l.

2944. — M. de La Boissière, tréſorier des Etats de Bretagne : Un déjeuner blanc à fleurs ſur plateau de porcelaine à fleurs, 120 l. — Un broc orné, dans ſa jatte feuille de chou, 102 l. — Deux beurriers & leurs plateaux, 84 l. — Caiffe, emballage & frais de douane 10 l.

2945. — Mme la Marq. de POMPADOUR : Livré à Verfailles vingt-quatre piédeftaux en bifcuit, première grandeur, à 6 l., 144 l. — Trente dits, plus petits, 4 l., 120 l. — Trente au-deffous, à 3 l., 90 l. — Hu corbeilles, à 36 l., 288 l. — Six vafes à oreilles, à 15 l. 90 l. — Six, idem, à 12 l., 72 l.

2946. Du 10. — Mme la Marq. de POMPADOUR : L port à Champs d'un bufte du Roy en marbre, à deu hommes, 12 l. — Un voyage par ordre de Madame 12 l.

2947. — M. le Duc de DURAS : Six pots à jus (1) d porcelaine de Sèvres peints à camayeu, à 9 l., 54 l.

2948. — Mme la Ducheffe de LUYNES : Une cuifin compofée d'une cheminée, broche, fourneaux & tou fes attributs avec des figures en porcelaine de Saxe; tout orné de bronze doré d'or moulu, branchages fleurs, 300 l. — Deux fucriers & plateaux, gros-ble peints à oifeaux, 288. — Un bougeoir, petit-vert, 57

2949. Du 14. — Mme la Marq. de MARIGNY : Une pe dule & baromètre tenant enfemble, de marquetter de Boulle, garnis en bronze doré d'or moulu, 840 l.

2950. Du 15. — Mme de CAUMARTIN : Une taffe & fo coupe de porcelaine, 9 l.

2951. — M. de BUCHELET : Un groupe de finges d'an cienne porcelaine, 96 l. — Une feuille garnie d fruits, 108 l. — Une petite table avec des fruits, 60

2952. — Mme de MONTMARTEL : Une pendule de bronz dorée d'or moulu, dont le mouvement à fonnerie, Moify, eft porté fur un éléphant, 660 l.

2953. S. A. S. Mgr le Duc de PENTHIÈVRE : Un déjeu

---

(1) A cet article du livre-journal fe trouve annexé, à l'aide d'u épingle, une lettre du Duc de Duras ainfi conçue: « M. le Duc de D ras prie M. Devaux de remettre au porteur du préfent billet fix peti pots de porcelaine de Vincennes pour l'entremet, c'eft-à-dire des œu au caffé & cœtera. — A Paris, ce famedy 10 décembre.

Le Duc de DURAS.

ner Hébert bleu-célefte à enfans-camayeux, 504 l. — Un dit à payfage, gris de lin, 360 l.

2954. — Mme la Marq. de Pompadour : Une grande tabatière de lacq noir, carrée, garnie & doublée d'or, 1,392 l. — Une boëte à bonbons de porcelaine, garnie d'or, 360 l.

2955. Du 20. — M. le Duc de Villeroy : Deux cuillers d'or & fourchettes d'or, les armes émaillées, dans un étui de maroquin rouge, 2,006 l.

2956. — M. le Cte de Maurepas : Une table à écrire en croiffant plaquée en fleurs de couleur, 216 l.

2957. — M. de Buchelet, fermier général : Un vafe pour mettre des fleurs de porcelaine, gros-bleu, peint à enfans, 432 l. — Une plaque de fer-blanc verni pour mettre des oignons, 3 l.

2958. Du 21. — Mme la Cteffe d'Egmont, douairière : Une taffe couverte à rubans verts & guirlandes de fleurs, 108 l.

2959. Du 22. — Mme de La Bauve : Deux fromagers de porcelaine de France, blanc & or, 120 l.

2960. Mme d'Egmont : douairière ; Deux figures en bifcuit, de Boucher, 84 l.

2961. — M. Hébert, fecrétaire du Roy : Deux grandes bouteilles, vert-céladon, garnies de bronze doré d'or moulu, 840 l.

2962. — M. de Buchelet : Un petit vafe de porcelaine de France fans couverte, 8 l.

2963. — Mme la Marq. de La Ferrière : Avoir paffé trois jours à nettoyer les glaces & les luftres à Clichy, 12 l.

2964. Du 23. — Mme la Cteffe de Lisbonne : Deux fucriers de porcelaine gros-bleu, peints à oifeaux volans, 288 l.

2965. Du 24. — M. le Duc de Duras : Deux petites taffes, gros-bleu, à deux anfes, à 33 l., 66 l. — Deux dites, bleu-célefte, peintes à guirlandes, à 60 l., 120 l. — Une petite taffe verte, 48 l.

2966. — Mme la Princeffe de Robecque : Quatre compotiers de porcelaine de France, 96 l. — Deux feaux à demi-bouteilles, 192 l. — Une petite taffe, 7 l. 10 s.

2967. — Mylord BOLINGBROKE : Deux feaux à bouteilles gros-bleu, peints à oifeaux, & terraffes, à 192 l., 384 — Un broc dans fa jatte ovale, à fleurs en relief, fon vert peint à fleurs dans les cartouches, 600 l. — Quatr compotiers en feuilles de chou, à 36 l., 144 l.—Douz taffes & foucoupes, gros-bleu, peintes à oifeaux v lans, à 42 l. pièce, 504 l. — Deux fucriers à 84 l 168 l. — Un pot à crème, 60 l. — Une jatte gros-ble 120 l. — Six grands gobelets blancs, fans anfes, pein à fleurs, à 12 l., 72 l.—Deux fucriers, de même, à 18 l 36 l. — La caiffe, emballage, frais, 56 l.

2968. Du 27. — S. A. S. Mlle de SENS : Un cabaret à m faïque, 600 l.—Deux vafes à fleurs, pour de foignon peints à enfans, 312 l.

2969. — M. de BOULOGNE, tréforier : Un broc dans ſ jatte, fond blanc, peint à fleurs, 120 l.

2970. Du 28. — Mme de BROU : Une figure en bifcui 48 l.

2971. — Mme la Cteffe de FORCALQUIER : Une petit taffe, 6 l.—Deux petites caiffes, 12 l. — Une lantern dorée d'or moulu; quatre confoles garnies de glace 300 l.

2972. — Mme *(en blanc)*, fœur (1) de M. de CAZE : U taffe à rubans fur un cabaret de lacq, avec fa cuill d'or, 336 l.

2973. — Mme la Ducheffe de MAZARIN : Un déjeune de Vincennes, 72 l.—Une lorgnette garnie d'or, 312 — Une cave d'ancien lacq, garnie de deux pots à t bac de porcelaine de France garnis d'or, 840 l. - Deux taffes & un pot à fucre à rubans gros-bleu,

---

(1) Anne-Nicolas-Robert de Caze, fermier général, né en janvier 171 troifième fils de Gafpard-Hyacinthe & de Marie-Henriette de Wattele avait quatre fœurs : 1° *Henriette-Madeleine* mariée à Jean-Louis Roui d'Orfeuil; 2° *Anne-Marie-Catherine* mariée à François de Louet de M rat de Nogaret, marquis de Calviffon; 3° *Charlotte-Nicolle* mariée Claude-François-Palamède de Forbin, appelé le marquis de la Barbi 4° *Thérèfe-Henriette*. Je ne fais laquelle de ces quatre perfonnes D vaux a voulu défigner.

son cabaret de vernis à anses, 240 l. — Deux figures de Vincennes nouvelles, 72 l.

2974. — Mme la Ctesse de BRIONNE : Deux caisses de porcelaine de France, peintes à enfans, 216 l. — Une corbeille d'étoffe garnie de jais, à guirlandes de fleurs, dans laquelle est un pot à pâte, deux pots à pommade, un gobelet & sa soucoupe, une baignoire de porcelaine de France, gros-bleu & fleurs d'or, & quatre petits flacons remplis d'eau de senteur, 168 l.

2975. — Mme la Ctesse d'EGMONT, jeune : Un saladier bleu-céleste peint à fleurs, 300 l.

2976. — M. de BOULOGNE de PRENINVILLE : Une table plaquée en bois de rose & fleurs de bois violet, garnie de bronze doré d'or moulu, 288 l.

2977. — M. HÉBERT : Un bronze de deux enfans couchés, représentant Notre Seigneur & le petit Jésus (1) sur un pied de marquetterie garni en ornemens dorés d'or moulu, 360 l.

2978. — M. de BOULOGNE, contrôleur général des finances : Un petit déjeuner sur un plateau à anses, verni, 54 l.

2979. — M. de VILLEMORIEN : Une grande grille représentant Apollon & la Sibylle, & son recouvrement de bronze doré d'or moulu, 720 l. — Une paire de grands bras à deux branches, dorés d'or moulu, modèle nouveau, 360 l.

2980. — Mme la Marq. de LA FERRIÈRE : Deux beurriers blancs & frise d'or, 72 l. — Deux moutardiers à guirlandes, 84 l.

2981. Du 29. — M. le Prince de TURENNE : Une garniture d'ancienne porcelaine, petit bleu, ornée de bronze doré d'or moulu, composée de sept pièces, 1,728 l. — Fourni une bouteille qui a été cassée, 144 l.

2982. — Mme la Marq. de POMPADOUR : Deux encoignures d'ancien lacq, garnies de bronze doré d'or moulu & de leurs marbres de vert campan, 1,800 l. —

---

(1) C'est probablement un lapsus. Il faut sans doute lire : « & le petit saint Jean. »

Un bougeoir de porcelaine de France, vert & guir lande, la bobêche dorée, 60 l. — Une boëte à bon bons de porcelaine de France peinte à mosaïque & garnie d'or, 360 l.

2983. — Mme la Marq. de La Ferrière : Deux figures de porcelaine, sans couverte, 84 l.

2984. — M. de La Reynière : Quatre compotiers de por celaine de France, 96 l. — Deux seaux à caraffes, 108

2985. — Mme la Maréchale de Luxembourg : Un mou tardier, blanc & or, 27 l.

2986. — M. Bertin, tréforier des parties casuelles : La monture de six écrans à mains, à filets dorés d'or moulu, les bâtons de bois de rose & frais, 195 l.

2987. — M. de La Boissière, tréforier des Etats de Bretagne : Trois pots à confitures sur leurs plateau de porcelaine de France, 69 l. — Un petit pot pour d'un fruit de porcelaine des Indes, garni de bronz doré d'or moulu, orné de fleurs, 108 l.

2988. — M. de Boulogne, le fils : Un plateau à glace & sept tasses, 96 l. — Un plateau à glaces bleu-célest & six tasses, 264 l.

2989. — Mme la Princesse de Condé : Un petit déjeune sur un plateau carré de porcelaine de France, 72 l.

2990. — M. de Caze, fermier général : Six plats hor d'œuvre, à bords bleus, à 36 l., 216 l.

2991. Du 30. — M. Hébert, secrétaire du Roy : Deu petits seaux de porcelaine de Saxe à caraffes, 72 l.

2992. — Mme la Ctesse d'Egmont, jeune : Une pair de girandoles à berceaux, garnies de bronze doré d'o moulu sur des figures de Saxe, ornées de fleurs, 288 — Une petite figure de Saxe jouant du tambour, 12

2993. — Mme la Princesse de Robecque : Une écuelle d porcelaine de France, blanche, peinte à fleurs, 72 l. - Une petite tasse blanche à filet d'or, 6 l.

2994. — Mme la Ctesse de Valentinois : Une boëte bonbons de porcelaine de France, bleu-céleste, peint à enfans, garnie d'or & bec de diamans, dans son étu de roussette verte, & une petite cuiller d'or, 760 l.

2995. Du 31. — M. de La Reynière : Un alambic d'ar

gent compofé de petites figures de Saxe, orné de bronze doré d'or moulu, de petites fleurs de Vincennes, & le réchaud auffi d'argent, 156 l.

2996. — M. de LA LIVE : Un bougeoir de porcelaine de France & fa bobêche en bronze doré d'or moulu, 27 l. — Une petite taffe à deux anfes, 12 l.

2997. — M. MACHART : Un vafe à fleurs, 48 l.

2998. — M. de LA REYNIÈRE : Un feau de porcelaine de France à compartimens, bleu-célefte, 240 l.

2999. — S. A. M. le Prince de CONDÉ : Deux pots pourris en vert, 576 l. — Un vafe à la hollandoife, 384 l. — Deux vafes Dupleffis, 336 l.

3000. — Mme la Princeffe de ROBECQUE : Un déjeuner blanc & or, 72 l.

3001. — S. M. le ROY, pour compte de M. Bécary : Quatre grands feaux à bouteilles en bleu-célefte, à 300 l., 1,200 l. — Deux fucriers & plateaux, à 240 l., 480 l. — Quatre compotiers ronds, à 120 l., 480 l. — Deux, idem, ovales, à 120 l., 240 l. — Seize figures nouvelles en bifcuit, à 36 l., 576 l. — Un groupe de la Curiofité, 120 l.

3002. — S. M. le ROY, pour lui (du 24 décembre) : Une boëte de lacq noir à mofaïque & relief fur le couvercle, 432 l. — Un cabaret de fix taffes & foucoupes, à 96 l., 576 l. — Le pot à fucre & théière, 216 l. — Le plateau verni, 24 l.

3003. — M. ROUILLÉ : Un déjeuner carré, 84 l.

3004. — Mme la Cteffe de CHATEAURENAULT : Une taffe fur un petit plateau carré peint en camayeu, 20 l. — Le plateau carré d'un déjeuner à fleurs, 18 l.

3005. — M. le CONTROLEUR GÉNÉRAL : Un cabaret à anfes, la taffe & le pot à fucre gros-bleu, 96 l.

3006. — M. le Duc de DURAS : Une taffe verte, 36 l.

3007. — Mme ADÉLAÏDE : Deux enfans nouveaux en bifcuit, à 36 l., 72 l. — Une baignoire d'yeux, 6 l. — Six affiettes, à 18 l., 108 l. — Une autre baignoire, 6 l. Un feau à liqueurs, fleurs, 108 l. — Une corbeille a jour, rouge & or, 192 l.

3008. — Mme VICTOIRE : Deux compotiers verts, à coquilles, 240 l.—Une taffe, guirlande bleue, 13 l.—Un pot à fucre, 18 l. — Six affiettes à 18 l., 108 l. — Une taffe & plateau, guirlandes, 30 l. — Une corbeille à jour, rouge & or, 192 l.

3009. —Mme Sophie : Un fucrier, guirlande rouge, 18 l. — Un fucrier vert nouveau, pour la table, 240 l. — Deux compotiers à bords rouges, 48 l. — Un coquetier, 12 l. — Une corbeille à jour, rouge & or, 192 l.

3010. — Mme Louise : Un pot à l'eau, fleurs-camayeux, 54 l. — Deux petites taffes, gros-bleu, à 66 l., 132 l. Deux taffes guirlandes, à 12 l., 24 l. — Un pot à fucre, 24 l. — Une jatte ronde pour de la crème, 54 l. — Six taffes & foucoupes à godrons, 60 l. — Six pots à jus, à 9 l., 54 l. — Une corbeille à jour, rouge & or, 192 l.

3011. — M. le Dauphin : Une écuelle, bleu-célefte & fon plateau, 432 l. — Un vafe, bleu-célefte, forme antique, 600 l. — Une baignoire, 6 l.

Janvier 1758.

3012. — Mme la Dauphine : Une boëte à bonbons, forme Rondé, peinte à mofaïque, avec une miniature en dedans, garnie d'or, 432 l.

3013. — Mme la Cteffe de Brionne : Une petite taffe, à rubans verts, 48 l.

3014. Du 5.— M. le Baron de Thun : Un plateau de petit déjeuner à guirlande bleue, 24 l. — Un dit, triangle, 18 l. — Un petit pot à fucre, 12 l.

3015. — M. Machart : Deux feaux à verres, à fleurs, de 42 l., 84 l.

3016. — Mme la Marq. de Pompadour : Livré à Verfailles un déjeuner carré à jour, vert, mosaïque, 240 l. — Un petit gobelet & fa foucoupe, 48 l. — La toile, collage & façon de quatre châffis en papier d'Angleterre, pofés dans l'oratoire à Paris, 12 l. — Les ports & d'autres morceaux de porcelaine rapporté de Verfailles, 5 l.

3017. Du 7. — M. de Caze, fermier général : Deux baignoires de porcelaine, de 6 l., 12 l.

3018. — M. de Fontferrière : Un pot à l'eau & fa jatte de porcelaine, 60 l. — La garniture en argent doré, 24 l.

3019. Du 10. — M. le Marq. de Gontaut : Un groupe de porcelaine en bifcuit repréfentant la Curiofité, 120 l.

3020. Du 11. — Mme la Cteffe de Valentinois : Un étui de rouffette verte pour une tablette & un almanach royal, avec port & gain, 18 l.

3021. — M. l'abbé de Bernis : Douze gobelets & foucoupes, à 10 l., 120 l.

3022. Du 12. — M. le Marq. de Gontaut : Trois plateaux de deffert garnis de glaces, montés en cuivre argenté, 102 l. — Six figures de porcelaine blanche, en bifcuit, à 48 l., 288 l. — Deux vafes à fleurs, de 12 l. pièce, 24 l. — Huit autres vafes moins grands, à 7 l. 10 s., 60 l. — Les feuillages & monture de douze rofes ajuftées dans des vafes, garnies de feuillage & boutons, 18 l. — J'ay repris un luftre de criftal pour 600 & une bibliothèque fans portes, 116 l.

3023. Du 14. — M. de Fontferrière : Un paravent à couliffe garni de papier des Indes, 108 l.

3024. — M. de La Reynière : Quatre taffes, pot à fucre le plateau de la Chine, 75 l. — Deux plateaux à glaces & douze taffes, à 78 l. pièce, 156 l.

3025. — S. M. le Roy : Dix-huit couteaux dont les manches font de porcelaine, blanc & or, 216 l. — Les lames d'acier faites par Berge, 264 l. — La boëte en maroquin rouge pour vingt-quatre couteaux, 24 l. — La garniture en argent doré d'un pot à l'eau à rubans verts, 27 l.

3026. — M. Rouillé : Deux petits paravents à couliffe pour le feu, garnis de papier des Indes des deux côtés, 120 l. — Le port à Verfailles, 4 l.

3027. — Mme la Marq. de Pompadour : Une table à écrire plaquée en bois de rofe, ornée d'un quart de rond, pieds, chûtes & moulures en bronze doré d'or moulu avec les cornets argentés, 192 l. — Le port à Verfailles & le rapport d'une table de lacq, 5 l.

3028. Du 15. — Mme de Gacé : Deux vafes à fleurs en forme de rofeaux, de porcelaine céladon fur des pieds dorés d'or moulu, 288 l. — Un chandelier de lit à réverbère, garni de branchages dorés & fleurs, 132 l.

3029. — Mme la Marq. de Pompadour, pour Champs : Une taffe & foucoupe de porcelaine gros-bleu fur un plateau carré, le tout peint à oifeaux, 120 l.

3030. — M. de Saint-Amand : Deux moutardiers à fleurs, 72 l.

3031. — Mme la Marq. de Pompadour : Six corbeilles en bifcuit, à 48 l., 288 l.

3032. — Mme Calabre : Un fucrier rond fur fon plat de porcelaine à fleurs, 60 l.

3033. — Mme la Marq. de Pompadour : Pour caiffes & expédition de porcelaine aux Deux-Ponts, 17 l. — Id. à Soleure, 16 l. — Id. à Grenoble, 6 l. 15 s.

3034. — Mme la Marq. de l'Hospital : Les boëtes & emballage de petites boëtes, garnies de toile cirée, 4 l.

3035. Du 19. — M. le Cte du Luc : Une table de nuit d'amaranthe, d'hazard, 36 l. — Port & rapport d'un feu à vafes, avoir repoli les fers & nettoyé la dorure, 7 l.

3036. — M. de La Reynière : Quatre taffes à thé, à guirlandes en pourpre, 48 l. — Le pot à fucre, théière & pot à crème, à 18 l., 54 l. — Le plateau en vernis vert, 21 l. — Un autre cabaret à caffé, compofé de huit taffes à anfes & foucoupes en blanc & bleu, à 10 l., 80 l. — Quatre dites, à guirlande bleue, à 13 l. 10 s., 54 l.—Le fucrier & la théière, 36 l.—Un grand cabaret la Chine, 36 l. — Un feau à liqueurs peint à fleurs, 120 l.

3037. Du 23. — S. A. Mgr. le Duc de Bouillon : Une paire de bras à double branche, à feuillage doré d'or moulu, garnis de fleurs de porcelaine bleu-célefte, 336 l.

3038. — Mme la Marq. de Pompadour : Un déjeuner de porcelaine gros-bleu, à plateau carré, fon pot à fucre, taffe & foucoupe peints à oifeaux, 168 l. — Une boëte à bonbons de porcelaine à mofaïque en vert, le dedans peint à miniature, garnie de gorge & charnières en or, 432 l. — Un gobelet à rubans verts, à Madame.

— La boëte, emballage & port à Verſailles, 8 l. — Une grande taſſe à Madame, envoyée à Vienne.

3039. — M. le Cte du Luc : Un bureau de travail garni en bronze doré d'or moulu. — Une commode de Boulle à trois tiroirs de hauteur partagés en deux, garnie partout en bronze doré d'or moulu, 600 l. — Augmentation de deux maſques dans les côtés, 60 l. — Une table de nuit de bois d'acajou à marbres d'Antin, portans & chauffons dorés d'or moulu, 66 l.

3040. Du 25. — M. de Boulogne, tréſorier : Une taſſe à chocolat, gros-bleu, 42 l.

3041. — M. de La Reynière : Une table à écrire dont le deſſus à couliſſe, le tiroir garni de quarts de rond, baguettes, pieds, chûtes & ornemens dorés d'or moulu, le placage en bois de roſe à fleurs, 216 l. — Une autre table à tiroirs & tablettes, à quarts de rond & ornemens dorés d'or moulu, plaquée en bois de roſe, & cornets argentés, 192 l. — Un ſecrétaire plaqué en bois de roſe à moſaïque, garni partout en bronze doré d'or moulu, la tablette en velours, & cornets argentés, 456 l. — Une table de nuit à contours plaquée en bois violet, garnie de mains dorées, le marbre de griotte d'Italie, 96 l. — Une table à thé en bois d'acajou maſſif, couverte de marbre d'Alep, les mains & pieds dorés d'or moulu, 54 l. — Un écran à deux feuilles en bois poli, garni de papier des Indes, 30 l. — Deux écrans ſimples garnis de même, 30 l. — Un pot à oille & ſon plat à fleurs, 432 l. — Un couvercle de pot à jus, 6 l. — Les ports, 4 l. — Le nettoyage de quatre luſtres, dont deux de criſtal de roche, 18 l. — Les port & rapport d'un luſtre & poſage, 5 l.

Février.

3042. Du 3. — M. le Cte du Luc : Des guirlandes faites pour les branches d'une grande paire de bras, doré en or moulu leſdites guirlandes, reſaucé les bras & mis à neuf, 48 l. — Une paire de bras à double branche en bronze doré d'or moulu, à figures, d'hazard, 84 l.

— Fait repolir les fers d'un feu, pelle & pincettes, & nettoyé la dorure, 6 l.

3043. — M. de BUCHELET, fermier général : Deux feaux droits en porcelaine truittée, garnis à confoles & pieds de bronze doré d'or moulu, 288 l.

3044. — Mme la Princeffe de TRIVULCI : Un garde-vue de porcelaine de Saxe, garni de branchages dorés d'or moulu, orné de fleurs de porcelaine, 192 l. — Un étui en cuir noir doublé, 20 l.

3045. — Mme la Marq. de POMPADOUR : Un portefeuille de maroquin rouge à deux côtés, avec le port d'un paquet par les voitures, 7 l. — Trois lanternes triangles de cuivre doré d'or moulu, à confoles, garnies en glaces, 580 l. — La garniture en or de chaînes & collets pour deux petits pots à crême de porcelaine, 39 l. — Le port & pofage des lanternes à Verfailles, 12 l.

3046. Du 7. — S. M. le ROY : Un pot pourri, bleu-célefte, en urne, peint à fleurs, pour l'échange d'un autre, 12 l. — Raccommodé la garniture en or d'un pot à l'eau, bleu-célefte, fourni une vis & écrous, 6 l. — Obmis d'écrire, dès le 18 novembre dernier, fourni par la Manufacture deux terrines de laiterie en blanc, de 144 l., 288 l. — Un gobelet & foucoupe à fleurs, 15 l.

3047. — Mme la Marq. de POMPADOUR : Fourni par la Manufacture, dès le 5 janvier dernier, douze taffes à glaces, à fleurs, à 9 l., 108 l. — Deux plateaux contournés, à 24 l., 48 l.

3048. Du 13. — M. le Cte du LUC : Une petite lanterne de garderobe en cuivre argenté, garnie de verre de Bohême, 24 l. — Avoir repoli à neuf une table de Boulle, remis les bronzes en couleur & fait un focle en bois noir & une moulure en cuivre pour porter un groupe dans le pied, 40 l. — Une efpèce de table de nuit en commode, plaquée en bois citron, avec fon marbre de Flandre, 96 l. — Un écran rougi & fa tablette, 15 l. — Une table de piquet brifée en bois d'acajou maffif, garnie de drap de Saxe, 72 l.

3049. Du 15. — Mme la Marq. de POMPADOUR : Livré à M. Gourbillon un affortiment de clous de toutes efpèces, 6 l. — Un collier de velours vert & façon, 3 l.

3050. — M. le Cte du Luc : Une clef cifelée pour une commode de Boulle, 14 l. — Un feu à vafe orné de grenades en cuivre doré d'or moulu, de Boulle, garni de fes pelle & pincettes, 440 l. — Le raccommodage du fer de ladite grille, 15 l.

3051. Du 21. — Mme la Marq. de POMPADOUR, pour fon château de Champs : Deux porte-huiliers de porcelaine de France, peints à fleurs, garnis de leurs caraffes de criftal de Bohême dans leurs montures en argent doré à branches & feuillages, à 168 l., 336 l. — Une taffe & foucoupe fur un plateau carré en gros bleu, peints à oifeaux, 120 l. — Deux petites encoignures à jour & pieds de biche, plaquées en bois de rofe, garnies d'ornemens & baguettes dorés d'or moulu, avec trois tablettes de marbre d'Italie à chacune, 216 l. — Le raccommodage d'une chocolatière d'argent où l'on a remis un bouton d'argent, 7 l. — Les toiles & collage de fix châffis en papier d'Angleterre pour les entre-fols, 20 l. — Trois tables de nuit plaquées de bois des Indes avec leurs marbres fins, à 57 l., 171 l. — Avoir fait revernir une table de lacq, remis les bronzes à neuf ainfi que les cornets d'argent, doublé le tiroir en tabis, 24 l. — Raccommodage d'un plat de lacq, 3 l. — Une lanterne de criftal pour le paffage en bas, avec le contre-poids & cordon, 19 l. — Trois journées d'un garçon & voyage, 20 l. — Le port à trois hommes, 18 l.

3052. — S. E. Mgr l'Evêque de Laon, Ambaffadeur de France à Rome : Un groupe de plufieurs figures d'après Boucher, de porcelaine de France en bifcuit, avec un vafe, 312 l. — Deux autres groupes moins forts dans le même goût, auffi à vafes, 306 l. — Huit figures afforties par regard, à 42 l., 336 l. — Quinze figures nouvelles plus petites auffi en regard, à 36 l., 540 l. — Un petit groupe repréfentant une Curiofité, 120 l. — Huit autres figures, différentes attitudes, repréfentant des blanchisseuses, laitières, bouquetières, à 48 l. 384 l. — Caisse, emballage & frais, 60 l.

3053. — M. de Laborde, de Bayonne : Cinq douzaine d'assiettes à rubans, à 60 l., 3,600 l. — Deux jattes à pans, forme ancienne, 720 l. — Deux compotiers à coquilles, 240 l. — Deux idem, feuilles de chou, 240 l. — Deux idem, à contours, 240 l. — Deux sucriers & leurs plateaux, 480 l. — Deux beurriers & plateaux 432 l. — Deux grands seaux, 600 l. — Deux moutardiers & leurs plateaux, 240 l. — Dix-huit tasses & soucoupes, à 96 l., 1,728 l. — Deux pots à sucre, 192 l. — Une théière, 108 l. — Un pot à crème, 96 l. — Les caisses, emballages, droits & frais, 70 l.

3054. Du 23. — M. le Duc de Villeroy : Pour avoir soudé des collets en or à une tablette, fourni le carton blanc & deux feuilles d'ivoire au retour de deux petits brillans de 6 l., 15 l.

3055. Du 25. — M. le Cte de Maurepas : Un secrétaire en armoire plaqué en bois de rose, à pieds de biche & tiroirs sous l'abattant, 360 l. — Les ports, 2 l.

3056. Du 27. — M. de Fontferrière : Six tasses & soucoupes de porcelaine, à 10 l., 60 l. — Six tasses même sujet, plus petites, à 9 l., 54 l. — Un sucrier & la théière, à 18 l., 36 l. — Un plateau la Chine à deux tasses, 6 l. — Deux tasses & soucoupes la Chine, 4 l.

3057. — M. le Cte d'Usson : Les toile, papier, collage & façon de douze châssis composant un cabinet de toilette, faits de sujétion, 150 l. — Une commode de quatre pieds, plaquée en bois de rose, à deux tiroirs les ornemens dorés d'or moulu, le marbre d'Alep 360 l. — Un secrétaire en armoire, à contours, plaqué en bois de rose à fleurs, garni d'ornemens dorés d'or moulu, le marbre de griotte d'Italie, 360 l. — Une table à écrire dont le dessus est à coulisse, plaquée en bois de rose, les ornemens dorés d'or moulu, 192 l. — Un feu représentant une arcade d'architecture avec des enfans représentant l'Eté & l'Automne, en bronze doré d'or moulu, 360 l. — Une paire de grands bras à deux branches en bronze ciselé & doré d'or moulu d'un nouveau modèle, 400 l. — Une paire de petites girandoles en bronze doré d'or moulu, à double branche, 144 l. — Une lanterne à cinq pans en cuivre doré d'or moulu, garnie de glaces, fon chandelier & chapiteau, 400 l. — Un cordon à deux houppes en foie, 18 l. — Les ports, 5 l.

Mars.

3058. Du 1er. — M. de LA REYNIÈRE : La cuvette en argent d'une grande terrine de porcelaine de France, 282 l.

3059. — Mme la Marq. de POMPADOUR : Une table de nuit plaquée en bois de rofe, pour Champs, 57 l. — Port, 2 l.

3060. — M. le Cte du LUC : Une figure de marbre repréfentant Hercule au berceau, fur fon focle doré d'or moulu, 800 l. — Une lanterne en cloche & un portant de fer placé fur l'efcalier, 15 l.

3061. — M. DUPERRON : Une commode de vernis rouge, garnie partout de bronze doré d'or moulu, avec fon marbre de vert campan de trois pieds & demi, 720 l. — Une toilette à armoire & tiroirs, garnie de toutes fes pièces, en bois de merifier, 120 l. — Les ports, 2 l.

3062. — M. le Cte d'USSON : Une paire de bras à deux branches, vernis, garnis de fleurs de porcelaine, avec fes binets, 66 l.

3063. Du 3. — M. LE BRUN, Peintre : Une pendule à répétition dorée d'or moulu, 360 l. — Une petite paire de bras à une branche, à feuilles & fleurs, 24 l. — Raccommodage d'une grille de feu, 3 l.

3064. — S. M. le ROY, pour fa perfonne : Avoir démonté dix-huit couteaux à manches de porcelaine, avoir fait les manches en bois fur les dites lames, 68 l. — Fourni fix couteaux pareils, les manches & lames en acier. — Un manége à reffort, 45 l. — Le port à Verfailles & rapport d'autres boëtes de bijoux d'Allemagne, 6 l.

3065. Du 7. — Mme la Marq. de Pompadour : Une taffe à rubans verts, riche, & foucoupe, 84 l. — Le po à crème, 60 l. — Un pot à fucre afforti. Le tout pof à Paris dans le cabinet doré, 72 l. — Avoir démonté la garniture d'un pot à l'eau de criftal de roche à Ma dame, y avoir ajouté une anfe en or d'un autre pot & le couvercle, avoir fait un cercle d'or au pied pou aller dans la garniture de la foucoupe ; pour augmen tation d'or & façon dudit pot, 80 l. — Avoir refai une gorge à un pot à tabac deftiné à faire un gobelet pour or augmenté & façon, 60 l.

3066. — M. le Cte du Luc : Une lanterne carrée à con foles, dorée d'or moulu, garnie de fes glaces & de for chandelier à quatre branches & chapiteau de criftal 300 l.

3067. — M. le Cte d'Usson : Deux petits bougeoirs bleu-célefte de deux petits magots fous des groupes garnis de pieds & branchages dorés d'or moulu, le fleurs en bleu-célefte, 84 l.

3068. — S. M. le Roy : Livré à M. l'abbé Cte de Ber nis, miniftre des affaires étrangères, pour S.M. Danoife Un fervice de porcelaine de France, en vert, peint figures, fleurs & oifeaux, compofé de : Un pot, 1,500 l — Deux terrines, à 1,200 l., 2,400 l. — Quinze jattes pour les fruits, à 240 l., 3,600 l. — Vingt compotiers différens, à 120 l., 2,400 l. — Soixante-douze affiettes, à 60 l., 4,320 l. — Quatre fucriers ovales & plateaux, à 300 l., 1,200 l. — Six feaux à bouteilles, à 336 l., 2,016 l. — Quatre dits à demi-bouteilles, à 240 l., 960 l. — Douze dits, à verres, à 120 l., 1,440 l. — Deux dits, à liqueurs, ordinaires, à 144 l., 288 l. — Deux dits, à liqueurs, ovales, à 300 l., 600 l. — Qua tre moutardiers & plateaux, à 120 l., 480 l. — Quatre beurriers & plateaux, à 216 l., 864 l. — Quatre plats d'entrées, grands, à 192 l., 768 l. — Quatre dits, plus petits, à 144 l., 576 l. — Douze dits, de hors-d'œu vres, à 120 l., 1,440 l. — Deux faladiers à mortier, à 360 l., 720 l. — Deux dits, feuilles de chou, à 360 l., 720 l. — Seize pots à jus, à 36 l., 576 l. — Deux plateaux de pots à jus, à 144 l., 288 l. — Vingt-huit taffes à glaces, à 30 l., 840 l. — Quatre foucoupes à pieds, à 120 l., 480 l. — Quatre fromagers & plateaux, à 216 l., 864 l. — Quatre faucières & plateaux, à 300 l., 1,200 l. — Dix falières fimples, à 36 l., 360 l. — Deux dites, doubles, à 72 l., 144 l. — Trois doublures en argent doré d'or moulu, pour le pot à oille & les deux terrines, & avoir fait ajufter par un lapidaire les couvercles dans les dites garnitures, 1,200 l. — La garniture en or, à charnière double, d'une falière à deux côtés, 490 l. — Quinze glaces au tain taillées en rond fuivant les jattes du fruit, 120 l. — Deux vafes couverts en forme d'urnes, à mofaïque en vert dont les cartouches font peints à oifeaux, de 600 l. chaque, 1,200 l. — Avoir fait en dedans deux garnitures à jour dorées d'or moulu, pour arrêter les couvercles, 28 l. — Les caiffes à compartimens en dedans & double caiffe, le papier & découpures, mouffe, foin, ficelle, emballage en toile graffe & emballage en paille, cordages, menus frais à la douane, les ports à la meffagerie, 460 l. — Total, 34,542 l.

3069. Du 9. — M. le Cte d'Usson : Une grande table de piquet brifée, en bois d'acajou maffif, garnie de drap fin, 72 l.

3070. — S. M. le Roy, pour fa perfonne : Un manége à reffort, ouvrage d'Allemagne, 42 l. — Une jatte à punch, à fleurs, 300 l. — Receu de trop fur un article fourni au mois de décembre par erreur de calcul fur des affiettes, 288 l.

3071. — M. le Baron de Thun, envoyé de Wirtemberg : Un garde-vue à réverbère de fer-blanc & fon reffort pour recevoir la bougie, 24 l.

3072. — S. M. le Roy : Un plat ovale à contours en or à 22 karats, pefant 3 marcs, 7 onces, 3 gros, 18 grains, & contrôle, 2,946 l. — Façon, 1,280 l. — Deux plats ronds, même or, pefant fix marcs, 4 onces, 6 gros, 30 grains, 4,927 l. — Façon des deux, 1,860 l. — Deux cuillers d'entrées, pefant 1 marc, 5 onces 3 gros, 18 grains, 1,300 l. — Façon des deux, 480 l.

— Deux couteaux à lames d'or pour les fruits, & manches de porcelaine à mosaïque, à 216 l., 432 l. — Un coffre de maroquin garni en cuivre avec les compartimens en velours pour les dits plats, assiettes & couverts, 120 l. — Receu un lingot d'or pesant 11 marc 5 gros, 24 grains; or pâle, 8,234 l. — Un petit service de porcelaine de France, en vert, composé de: Un pot à oille & son plat, 850 l. — La doublure en argent doré 320 l. — Douze assiettes à 60 l., 720 l. — Deux saladiers feuilles de chou, à 120 l., 240 l. — Deux compotiers carrés, à 120 l., 240 l. — Un beurrier, 216 l. — Un sucrier, 240 l. — Un moutardier, 120 l. — Deux plateaux à fruits, à 120 l., 240 l. — Un porte-huilier, 1 caraffes en cristal, la garniture en argent ciselé & doré 260 l. — Quatre salières à 36 l., 144 l. — Quatre seaux à demi-bouteilles, à 240 l., 960 l. — Six pots à jus, 36 l. 216 l. — Deux petits seaux à verres, à 120 l. 240 l. — Les ports du coffre & des porcelaines, 10

3073. Du 13. — Mme la Marq. de POMPADOUR : S assiettes à rubans verts de porcelaine de France, 60 l. pièce, 360 l.

3074. — M. de LA REYNIÈRE : Les compartimens fai dans un tiroir de table en tabis bleu, garnis de gal d'argent, pour des bijoux, 12 l.

3075. — M. le Cte d'USSON : Une tasse couverte porcelaine de France, gros-bleu, peinte à oiseau fournie en janvier dernier, 48 l. — La boëte, 1 10 s.

3076. — Mme la Marq. de POMPADOUR : Un chapitea en cuivre doré d'or moulu, pour une lanterne pos dans la garderobe à Versailles, 24 l.

3077. — M. de FONTFERRIÈRE : Une grande lanterne cristal, ajustée sur une vieille garniture, 20 l.

3078. — Mme la Marq. de POMPADOUR : Deux cuille à caffé en or, 408 l.

3079. Du 22. — Mme la Marq. de POMPADOUR : U étui de maroquin où l'on a refait le couvercle pour placer un pot de cristal de roche plus grand que cel qui y estoit, 15 l. — Un dessous d'écuelle de Ve failles, de porcelaine, que l'on a refait, 30 l. — Une foucoupe, camayeu bleu, à figures, pour raffortir, 9 l. — Receu en or d'un pot à l'eau de criftal, 145 l.

3080. — M. de La Reynière : Une taffe & foucoupe en blanc & bleu à guirlande, 13 l. 10 s.

3081. Du 24. — S. A. Mgr le Duc de Bouillon : Un feau à liqueurs ovale, de porcelaine, 120 l.

3082. — Mme la Marq. de Pompadour : Le velours & façon d'un collier de chien, 3 l.

3083. — S. A. Mgr le Prince de Soubise : Deux grands vafes cannelés en bleu-célefte à fleurs, 864 l. — Un déjeuner bleu-célefte, baroque, 384 l. — Un petit déjeuner, gros-bleu, peint à enfans, 300 l. — Une écuelle verte à enfans, 480 l. — Deux caiffes, gros-bleu caillouté, à cartouches d'enfans, 432 l. — Les branchages garnis en fleurs de porcelaine, 168 l. — La caiffe, emballage, frais de douane, 35 l.

3084. Du 29. — S. A. Mgr le Duc des Deux-Ponts : Vingt-quatre affiettes de porcelaine de France, nouveaux deffins, à 18 l., 432 l. — Deux plateaux à glaces avec les gobelets, 192 l.

3085. — Mme la Ducheffe de Mazarin : Une table à écrire plaquée à fleurs de couleur, garnie en bronze doré d'or moulu, 240 l. — Une autre table, le deffous à couliffe, plaquée en bois de rofe & ornemens dorés d'or moulu, 216 l. — Un vafe à fleurs de porcelaine, peint à enfans, 240 l.

Avril.

3086. Du 1ᵉʳ. — Mme la Marq. de Pompadour : Six lampes de nuit de porcelaine à fleurs, de 18 l. pièce, 108 l. — Huit falières nouvelles, en bleu, à 9 l., 72 l. — Douze flacons de criftal, 20 l. — Douze vergettes garnies en peau, 14 l. — Les ports à Champs à quatre hommes qui ont porté deux grands vafes de porcelaine pris à l'hoftel, leurs pieds dorés & deux terrines de Saxe, &c., 26 l.

3087. — S. M. le Roy : Fourni à M. l'abbé Cte de Bernis, Miniftre des affaires étrangères, pour Mme la Princeffe de Zerbft (1), (parti le 26 janvier) : en porcelaine de France : un déjeuner gros-bleu fur un plateau carré, 192 l. — Un gobelet à lait, bleu-célefte, dans f jatte en corbeille à jour, 300 l. — Un grand pot pour, vert, d'une forme nouvelle, couvert d'un groupe d fleurs, les cartouches peints à enfans, 1,200 l. — Le caiffes, contre-caiffes, emballage du dedans & du de hors en toile graffe & paille, frais de douane, ports & frais, rendu quitte à Zerbft, 109 l.

3088. Du 2. — S. A. S. Mgr le Duc d'ORLÉANS : Deu grands feaux à bouteilles, à 144 l., 288 l. — Deux dit moyens, à 96 l., 192 l. — Deux feaux ovales à com partimens à 120 l., 240 l. — Douze feaux à verres à 42 l., 504 l. — Un fucrier, 60 l.

3089. Du 4. — Mme la Princeffe de TRIVULCI : Un ca baret la Chine à huit taffes, 21 l. — Un garde-vue mettre fur la tête, 3 l. 10 s.

3090. — Mme la Ducheffe de CRUSSOL : Un petit fucrier gros-bleu, peint à oifeaux, 30 l.

3091. — Receu de Mme de POMPADOUR, pour le mé moire du mois dernier, 1,119 l.

3092. — Receu de S. M. le ROY la fomme de 511 pour folde du mémoire des plats d'or.

3093. — Mme la Marq. de POMPADOUR : Deux boëte de lacq achetées chez le fieur Saide, payées 35 loui pièce, 1,680 l.

3094. Du 7. — M. de MONSAUGE : Une foucoupe, ble & blanc, 6 l.

---

(1) Zerbft, feigneurie & ville d'Allemagne dans la principauté d'A nalt, à quatre lieues nord de Deffau. La principauté d'Analt-Zerb eft fituée près de l'Elbe, entre Wittemberg & Magdebourg. La pri ceffe de Zerbft étoit, à ce moment, Charlotte-Willelmine-Sophie, la maifon de Heffe-Caffel, mariée en 1753 à Frédéric-Augufte, prin de Zerbft, général de cavalerie au fervice de l'Empereur. Il y avoit au une princeffe douairière de Zerbft, Jeanne-Elifabeth de Schlefwi Holftein, mère du prince régnant. Mais comme elle habitoit la Franc je ne crois pas que ce cadeau envoyé en Allemagne lui fût deftiné.

3095. — S. A. S. Mme la Cteſſe de Toulouse : Une terrine de France, 300 l.

3096. —Mme la Marq. de Villeroy : Quatre plats hors-d'œuvre, carrés, 144 l.

3097. — S. M. le Roy, pour les Menus : Livré à M. le Duc d'Aumont un coffre de noyer garni d'une grande ſerrure, charnières, porte, couvercle & portans en fer poli, les compartimens en tabis bleu & argent, contenant quatre flacons de criſtal taillés à vis avec les bonnets d'argent auſſi à vis, un gobelet de criſtal, un pot à pâte & pot à mettre des éponges, les gratte-langues en écaille & éponges pour les dents, 135 l. — Le port à Verſailles, 3 l.

3098. — Mme la Marq. de Pompadour (Verſailles) : Un groupe de porcelaine en biſcuit, repréſentant une loterie, 120 l. — Un paraſol des Indes, 42 l. — Deux ſalières à trois places, en panier, à 24 l., 48 l.

3099. — M. Dubois, de Verſailles : Une paire de bras à fleurs, 24 l.

3100. Du 11. — Mme la Marq. de Pompadour : Douze bouilloires de garderobe en cuivre étamé de différentes grandeurs, 60 l. — Huit taſſes & ſoucoupes de deux grandeurs à fleurs de relief, en blanc & bleu, à 18 l., 144 l. — Six taſſes à fleurs, à 9 l., 54 l. — Une théière, 18 l. — Un pot à ſucre, 15 l. — Un pot à crème dans ſa jatte, 48 l. — Un paraſol des Indes, 42 l. — Le port à Champs, 6.

3101. — S. M. le Roy, pour le compte de M. Bécary : Un petit groupe de la Loterie, 120 l.

3102. — M. le Préſident Ogier : Envoyé à M. le baron Korff : un déjeuner en porte-huilier de porcelaine de France gros-bleu, peint à enfans, 216 l.

3103. Du 13. — M. le Maréchal de Richelieu : Un étui en cuir noir garni de ſes ferrures en cuivre, garni de ſerge rouge, pour une jatte à punch, 42 l.

3104. — Mgr le Duc des Deux-Ponts : Quatre compotiers à moſaïque, à 36 l., 144 l. — Dix-huit taſſes peintes à fleurs, à 10 l., 180 l. — Deux pots à ſucre, à 15 l., 30 l. — Un grand ſaladier en forme de mortier, peint à fleurs, 84 l. — Deux groupes en biscuit, dont un représentant la Curiosité, & l'autre la Loterie, à 120 l., 240 l. — Quinze figures nouvelles, à 36 l. chaque, 540 l. — Un déjeuner dans une corbeille peinte en gris de lin composé d'un pot à sucre, tasse, théière, 180 l. — Quatre gobelets couverts peints à guirlandes, gris de lin, 60 l.— Un pot à sucre, 15 l.

3105. — M. le Cte d'Usson : Une terrasse élevée en bronze doré d'or moulu pour un petit bronze, 30 l.

3106. — Mme la Marq. de Pompadour : Un collier à plaque, grelots, anneaux & boucle en or, 220 l.

3107. — Mme la Duchesse de Mazarin : Les toile & clouage pour sept châssis destinés à mettre du papier avec port & rapport à l'hostel, 9 l.

3108. Du 22. — Mme la Duchesse de Lauraguais : Une lanterne carrée en bronze doré d'or moulu, garnie de glaces avec son chandelier, 300 l. — Un cordon en soie bleue à deux houppes, 24 l.

3109. — M. le Cte du Luc : Un plateau de lacq à contours avec une tasse & soucoupe peintes à enfans, dans une carcasse à feuillage, & cuiller en or, 720 l. — Avoir raccommodé la main d'un bronze antique & remis la terrasse à neuf, 9 l.

3110. Du 23. — Mme Victoire : La garniture en argent doré d'un pot à l'eau de porcelaine de France, 24 l.

3111. — Mme la Marq. de Pompadour : Le raccommodage d'une tabatière émaillée, redressé une enfonçure & fait repeindre l'émail, 13 l.

3112. — M. le Duc d'Aumont, pour le Roy : Un changement fait à une cassette pour le Roy, refait les compartimens en entier, 18 l.

3113. Du 28. — M. Marsollier : Un cornet de cuivre argenté, en boussole. — Trois cornets pour un tiroir de table, 6 l.

3114. — M. le Maréchal de Richelieu : Les fourreaux d'une grosse grille à animaux, 21 l. — Posé dans le cabinet de travail une paire de bras à double branche, dorés d'or moulu, 384 l.

3115. — Mme la Marq. de POMPADOUR, pour Verſailles : un plateau à fromages, 72 l. — Un ſucrier à relief dépendant d'un cabaret envoyé à Champs le 11 du préſent, 18 l.

Mai.

3116. Du 1er. — M. le DAUPHIN : La garniture en argent ciſelé & doré d'or moulu pour un huilier de porcelaine, avec ſes caraffes de criſtal doré, 156 l.

3117. — Mme la Ducheſſe de MAZARIN : Deux pots pourris, porcelaine de France, peints à fleurs, à 72 l., 144 l. — Deux caiſſes blanches, guirlandes bleues, 144 l.

3118. — M. Du VAUDIER : Un vaſe à fleurs peint à figures, 120 l.

3119. — S. M. le ROY, pour Choiſy : Quatre taſſes & ſoucoupes, à 10 l., 40 l.

3120. Du 3. — M. le Cte d'USSON : Un grand vaſe de porcelaine de France en gros-bleu, peint à oiſeaux, pour mettre des fleurs en terre, 384 l. — Deux pots pourris, même porcelaine, ſur des oiſeaux, garnis de pieds & branchages dorés d'or moulu, 960 l. — Deux figures blanches, à 42 l., 84 l.

3121. Du 4. — Mgr le Duc de BOURGOGNE : Par ordre de M. de Fonſpertuis, pour les Menus : un pot à l'eau, peint à oiſeaux, garni d'argent doré avec ſa jatte, porcelaine de France, 156 l. — Un dit, moins grand, peint à fleurs, 132 l. — Deux pots de chambre, à 36 l., 72 l. — Trois balais de crin, 10 l. — Six balais d'âtre en crin noir & manches tournés, 9 l. — Trois brocs de garderobe, fayence blanche, 12 l. — Deux gobelets de criſtal doré & deux dits taillés ſans dorure, 5 l. — Trois bouilloires du Levant différentes grandeurs, 13 l. — Deux pots à l'eau de fayence & jattes, 8 l. — Un ſeau de fayence à laver les pieds, 8 l. — Quatre pots de chambre peints, 8 l. 10 s. — Les ports à Verſailles, 8 l.

3122. — Mme la Marq. de POMPADOUR : Livré à M. de

Ligny, pour l'office, deux gobelets & foucoupes à anfes, bleu & blanc, avec le pot à fucre afforti, 26 l. — Un déjeuner d'une taffe & foucoupe fur un plateau carré, 24 l.

3123. — M. Langlois : Une paire de bras à double branche en bronze doré d'or moulu, 192 l.

3124. Du 8. — Mme la Marq. de Pompadour : Une lampe de nuit de porcelaine ordinaire pour l'hoftel.

3125. — M. le Cte d'Usson : Une grande table de pique de bois d'acajou garnie de drap de Saxe, 72 l.

3126. — Mgr le Duc de Bourgogne : Par ordre de M. de Fonfpertuis, pour les Menus : trois caiffes de feaux gradation pour des fleurs & oignons, à 16 l., 48 l. — Quatre dites carrées, à relief, 13 l., 52 l. — Deux dites carrées, moins grandes, 9 l., 18 l. — Un port & rapport de porcelaine de France & celui des dites caiffes, 9 l.

3127. Du 10. — M. le Duc d'Aumont : Deux affiettes de porcelaine de France, à 18 l., 36 l.

3128. — S. M. le Roy : Pour le château de Saint-Hubert(1), chambre du Roy : Une commode de 56 pouces de long, plaquée en bois de rofe avec des fleurs en bois violet, ornée en bronze doré d'or moulu, les tiroirs doublés d'étoffe, clef cifelée, & fon marbre de brèche violette à moulures deffus & deffous, 1,160 l. — Un feu de bronze doré d'or moulu formé d'un vafe nouveau, pied orné & fourreau de fer-blanc, 366 l. — Deux paires de bras à double branche dorés d'or moulu, à 400 l., 800 l. — Cabinet du Roy. Un fecrétaire en armoire à contours, plaqué en bois de rofe & fleurs, garni en bronze doré d'or moulu, le marbre de Serancolin avec moulures deffus & deffous & trois cornets d'argent, 1,320 l. — Un petit feu à vafe un doré d'or moulu (qui a efté mis ailleurs), 160 l. Une petite paire de bras à double branche, dorés d'or moulu (ils ont efté, mis ailleurs), 126 l. — Salle à man-

---

(1) Seine-&-Oife, arrondiffement & canton de Rambouillet.

ger. Une grande lanterne à fix pans en bronze doré d'or moulu, garnie en glace, 2,850 l. — Un feu à vafe & ornemens dorés d'or moulu, 660 l. — Le cordon de la lanterne, 80 l. — Veftibule. Un gros feu de fer garni de fes pelle & pincettes, 80 l. — Chambre de Mme de Pompadour. Deux commodes de trois pieds & demi, à pieds de biche, plaquées en bois de rofe, ornées en bronze doré d'or moulu, les marbres de brèche violette à moulures deffus & deffous, 860 l. — Un feu à ornemens en bronze doré d'or moulu (placé chez le capitaine des Gardes), 270 l. — Une paire de bras à double branche auffi dorés d'or moulu, 126 l. — Une table à écrire plaquée en bois de rofe, à quart de rond & ornemens dorés d'or moulu, 200 l. — Un fecrétaire à pieds de biche, plaqué en bois de rofe & bois violet, les ornemens dorés d'or moulu, 220 l. — Trois commodes à pieds de biche, pour les chambres de feigneurs, garnies de leurs marbres affortis aux cheminées, 900 l. — Quatre tables à écrire en bois d'acajou maffif couvertes de maroquin, avec les cornets en cuivre argenté, pour des chambres de feigneurs, à 58 l., 232 l. — Cinq feux de fer, pour des cheminées d'antichambres ou autres, & garnitures, à 32 l., 160 l. — Un autre feu plus fort, pofé dans l'antichambre du capitaine des Gardes, 72 l. — Les caiffes, paille, papier, cordages, deux charrettes, les ports de cinq crocheteurs, les journées & voyages de deux garçons qui ont efté placer les dites marchandifes, 479 l.

3129. Du 11. — M. BAILLY, Fayencier : Un beurrier de porcelaine de France, 36 l. — Deux falières, à 12 l., 24 l.

3130. — M. le Duc d'AUMONT : Six pots à confitures, porcelaine de France, à 10 l., 60 l.

3131. — Mme la Cteffe d'HAUSSY : Un fucrier couvert & fon plateau à fleurs, afforti à fon modèle, 60 l. — Repris en échange un deffous de fromager. — Une boëte & emballage pour Verfailles, 1 l.

3132. Du 13. — M. L'ECUYER : Un petit luftre à fonte

dorée, en cristaux de Bohême, 120 l. — Le port à deux hommes, 3 l.

3133. — M. le Cte du Luc : Une lanterne de cristal en cloche pour remplacer une d'escalier cassée, 7 l. — Douze compotiers de porcelaine la Chine en blanc & bleu, 30 l.

3134. — M. Coquinot : Un plumet petit, très-propre, à manche de palissandre, 2 l.

3135. Du 17. — Mme la Marq. de Pompadour : Une tablette de six pieds de haut en vernis poli imitant le placage, pour placer des livres dans l'oratoire de l'entresol à Champs, 68 l. — Le port & voyage d'un garçon, 13 l.

3136. — M. de La Reynière, Fermier-général : Une tablette d'encoignure vernie en rouge commun, pour Clichy, 6 l. 10 s.

3137. — Mme la Duchesse de Mazarin : Une pendule à treillage & terrasse, ornée de figures & animaux de porcelaine, les garnitures dorées d'or moulu, ornées en fleurs, 648 l.

3138. — Mme la Marq. de Pompadour : Un voyage fait à Champs, par ordre, 12 l. — Douze piédestaux en biscuit, à 9 l., 108 l. — Douze, idem, à 7 l. 10 s. 90 l.

3139. Du 25. — Deux parasols de taffetas envoyés à Champs, 26 l. — Réparation d'une toilette de lacq, le port à Choisy, 7 l.

3140. Du 25. — M. Coquinot : Avoir déserti, remis à neuf & reserti la garniture d'un pot à sucre, en or moulu, 3 l.

3141. Du 31. — Mme de La Ferrière : Deux lanternes carrées, vernies & bronzées, garnies de verre de Bohême & de chapiteaux de cristal, à 33 l., 66 l. — Le port à Clichy, 2 l.

3142. — M. Du Clusel : Deux pots à pommade de porcelaine verte, peints à oiseux, 48 l.

3143. — Receu de Mme de Pompadour les fournitures du mois, 386 l. 10 s.

Juin.

3144. Du 1ᵉʳ. — Mme la Marq. de Villeroy : Deux paires de bras à une branche, à feuillage & fleurs, poſées à l'hoſtel de Mazarin, à 84 l., 168 l.

3145. Du 2. — Mme la Marq. de Pompadour : Les toile & papier des Indes pour ſept châſſis d'augmentation à la garderobe des bains de Champs, 14 l. — Deux réchauds d'argent pour des paſtilles, 55 l.

3146. — M. Langlois : Un feu à rouleaux en bronze doré d'or moulu, avec pelle & pincettes, 216 l.

3147. — Mme la Ducheſſe de Mazarin : Deux petits bougeoirs à une branche à feuillage doré d'or moulu, ſur des magots anciens, bleu-céleſte, 120 l.

3148. Du 3. — Mme d'Haussy : Deux encoignures à pieds de biche en lacq rouge, garnies de cartouches & ornemens dorés d'or moulu, les marbres de Campan, 600 l. — Le port, 6 l.

3149. — S. M. le Roy : Quatre cuillers à ſucre en argent, 6 l.

3150. — Mme la Marq. de Pompadour : L'or & façon d'une tabatière de lacq montée en différens ors, avec glace & cercle, pour Vienne, 972 l. — Un carton couvert de velours brodé en or à paillettes avec les armes de M. le baron de Bernſtorff, 400 l. La caiſſe & emballage en toile cirée, 4 l.

3151. Du 5. — M. de La Reynière : Une table à trois tiroirs en bois d'acajou maſſif, avec pieds, mains & quart de rond dorés d'or moulu, 102 l.

3152. — M. L'Ecuyer : Réparation faite à une table à jouer, retourné le drap & remonté à neuf; une autre table réparée de même, 18 l.

3153. Du 6. — M. le Cte du Luc : Livré dès le mois de mars : un ſucrier de porcelaine & ſon plateau, 60 l. — Deux caraffes à liqueurs en criſtal doré, 12 l. — Un paravent de beau papier des Indes des deux côtés, au retour d'un vieux, 60 l. — Deux pieds en conſole en bois ſculpté & doré avec leurs marbres d'Egypte,

480 l. — Un groupe d'un Enlèvement en bronze fur un pied cifelé & doré d'or moulu, 750 l. — Une plaque de fer-blanc pour l'efcalier & un éteignoir fur une baguette, 2 l. — Un pot à fucre de Saxe en vert, 18 l. — Deux foucoupes, 12 l. — Avoir mis à neuf la terraffe d'un bronze & raccommodage du dit bronze. — Une lanterne en cloche pour remplacer une caffée fur l'efcalier, 7 l. — Douze compotiers la Chine, 30 l. — Une table de tri en bois d'acajou, 69 l.

3154. — M. de Versure : Un gardevue à feuillage doré d'or moulu fur un groupe de Saxe, les fleurs de porcelaine de France, 380 l. — La caiffe, emballage & droits, 24 l.

3155. Du 8. — S. M. le Roy : La garniture en argent doré de trois pots à l'eau de porcelaine (St Hubert), 72 l.

3156. — Mme la Marq. de Pompadour : Un flacon de criftal bouché d'un bonnet d'argent monté à vis, dans fon étui de rouffette, 14 l. — Une belière(1) en or pour un étui de couteau émaillé, 4 l. — Une écuelle à fleurs, guirlande-camayeu (pour Paris), 96 l. — Une écuelle à enfans colorés (Mme de Lutzelbourg), 144 l. — Pour caiffe, emballage & frais, 4 l. — Un déjeuner lapis, oifeaux, plateau carré (Mme de Montmorency), 168 l. — Une lanterne carrée montée en cuivre à confoles, dorée d'or moulu, avec fon cordon de foie vert & blanc (pavillon de l'hoftel), 312 l. — Quatre chandeliers dont les pieds font argentés, avec des bouteilles de criftal, à 30 l. la paire, 60 l. — Avec les binets argentés. — Port à l'hoftel.

3157. — Mgr le Duc de Bourgogne : Par ordre de M. de Fonspertuis, pour les Menus : un gobelet à lait dans une jatte de porcelaine de France, 72 l. — Un grand cabaret verni la Chine, 18 l. — Deux feaux à verres,

---

(1) Belière, en terme de metteur en œuvre, fe dit de certains petits anneaux d'or ou d'argent auxquels on fufpend une pendeloque ou un pendant. (*Encyclopédie.*)

même porcelaine, 84 l. — Une boëte envoyée au carroſſe, 2 l.

3158. — S. M. le Roy, pour St Hubert : Sept commodes pour des appartemens de ſeigneurs, garnies en bronze doré d'or moulu & de leurs marbres, à 300 l., 2,100 l. — Huit tables à écrire en bois d'acajou maſſif, couvertes de maroquin, & cornets argentés, à 58 l., 464 l. — Quatre tables de tri, bois d'acajou maſſif, garnies de drap fin, à 60 l., 240 l. — Deux tables de quadrille, idem, à 72 l., 144 l. — Deux tables de piquet, à 72 l., 144 l. — Sept feux de fer, pelles & pincettes, à 32 l., 224 l. — Une lanterne à ſix pans en bronze doré d'or moulu & chandeliers, garnie en glaces & cordons (veſtibule), 1,400 l. — Deux charrettes, 48 l. — Et trois porteurs, 36 l. — Le voyage d'un garçon, 15 l. — Paille, papier, ficelle, cordages, 16 l.

3159. — M. de Fontferrière : Un petit cabaret la Chine, 6 l.

3160. — M. de La Reynière : Un grand gobelet à lait & ſoucoupe, en blanc à friſe d'or, 96 l.

3161. — Receu de S. M. le Roy, à compte ſur les fournitures de St Hubert, la ſomme de 6,000 l., fourni un receu à S. M. de cette ſomme, qui ne ſervira que d'un ſeul avec le préſent.

3162. Du 9. — Mme d'Haussy : Deux pots à confitures de France, à 12 l., 24 l.

3163. — M. L'Ecuyer : Une paire de bras à double branche, à feuillage verni, garnis de fleurs de porcelaine coloriée ; en avoir repeint une paire ſemblable, & mis les fleurs en couleur, 48 l.

3164. — Mme la Marq. de Pompadour : Avoir garni quatre châſſis de toile & de papier d'Angleterre, deſtinés à l'autre chambre des bains de Champs & ports des dits châſſis, 18 l. — Le voyage & trois journées d'un garçon qui a eſté ajuſter les vingt-huit châſſis de papier de la garderobe des bains & poſer les moulures en place, à vis, 26 l. — Deux chandeliers en encoignure, à tiges, portant des S en acier poli, pour l'oratoire de l'entre-ſol à l'hoſtel, 160 l.

3165. — Mme la Duchesse de Mazarin : Une table à écrire à coulisse, tiroirs & écritoire en bois de rose & ornemens de bronze doré d'or moulu, 216 l. — Deux pots pourris de porcelaine ancienne, bleu-céleste, garnis de bronze doré d'or moulu, 240 l.

3166. — M. Trouart, fils : Un déjeuner en porte-huilier peint à enfans, camayeu pourpre, 72 l. — Deux pots à pommade assortis, 12 l.

3167. Du 19. — M. de Jullienne : Une grande urne d'ancienne porcelaine céladon, à bas-reliefs, de très-belle couleur, 1,200 l. — Deux buires de porcelaine bleu-céleste, montées en bronze doré d'or moulu, 600 l. — Receu en dividendes, 1,000 l. — Plus, en dix-neuf dividendes, 720 l.

3168. — M. Gaignat : Trois assiettes de porcelaine de France peintes à oiseaux, 90 l.

3169. Du 22. — S. M. le Roy, pour le château de Saint-Hubert : Une grande lanterne en bronze ciselé & doré d'or moulu à six pans, garnie de glaces, posée dans le salon, 4,850 l. — Le cordon, 190 l. — Un lustre à six branches dorées, monté à consoles, garni en cristaux de Bohême, 600 l. — Le cordon, 84 l. — Un feu à têtes d'animaux pour le salon de compagnie & les fourreaux de fer-blanc, 800 l. — Un feu de fer & garnitures, 32 l. — Quatre commodes à pieds de biche pour des chambres de seigneurs, à 300 l., 1,200 l. — Une table de brelan & toile cirée, 108 l. — Six tables à écrire, bois d'acajou, à 58 l., 348 l. — Un feu à vase nouveau & pieds simples en bronze doré d'or moulu, les garnitures de pelle & pincettes, avec les fourreaux, 350 l. — Une paire de bras moyens, posés dans le cabinet du Roy, 192 l. — Une paire au-dessous chez le capitaine des Gardes, 155 l. — Trois paires plus petites, à 140 l., 420 l. — Cinq paires, à 130 l., 650 l. — Un feu à Saisons de Aumont, 255 l. — Un à enfans tenant une étoile, 180 l. — Un à enfans & architecture (cabinet du Roy), 384 l. — Un à enfans & cors de dé chasse, 230 l. — Un à petit vase uni, 160 l. — Un à ornemens & pieds de fauteuil, 150 l. — Un à ornemens, 150 l. — Un à ornemens & bouquet deſſus, 144 l. — Un à ornemens, plus fort, 165 l. — Un à enfans & berceau, porté chez Mme de Pompadour, 380 l. — Un à perroquets & poupées dorés, 320 l. — Un autre à perroquets, 260 l. — Une commode à pieds de biche, mains, pieds, chutes & moulures dorés d'or moulu, le marbre d'Antin de trois pieds & demi, 270 l. — Deux commodes à trois tiroirs, plaquées en bois des Indes, garnies de boutons & pieds dorées, les marbres de Flandre, 230 l., 460 l. — Cinq caiſſes, paille, papier & ficelle pour les emballages, 50 l. — Deux charrettes, 48 l. — Les ports à ſix hommes & journées, 72 l. — Frais de voyage & journées de deux garçons & ouvriers pendant trois jours, 72 l.

3170. — Mme la Marq. de POMPADOUR : Un plateau loſange à moſaïque, un gobelet & ſoucoupe, pot à ſucre, pot à lait & théière, 192 l.

3171. — M. le Baron de THUN : Un plateau triangle à guirlande bleue, 72 l. — Un dit, deuxième grandeur. — Un dit, loſange. — Un carré, 30 l. — Un dit, plus petit, 12 l. — Un gobelet à lait couvert & ſoucoupe, 72 l. — Une petite théière, 12 l. — Un couvercle de ſucrier, 7 l. 10 s. — Un couvercle de gobelet, 6 l. — Un pot à ſucre, 10 l. — Deux couvercles, 12 l.

Juillet.

3172. Du 2. — Mme la Marq. de POMPADOUR : Les velours, rubans & façon de deux colliers pour des chiens, 6 l.

3173. Du 3. — M. COQUINOT : Un marbre de Flandre de 62 pouces pour un deſſus de buffet, 60 l.

3174. — Mme la Maréchale de MIREPOIX : Un voyage, & journée d'un garçon pour coller des papiers à Verſailles.

3175. Du 7. — Mme la Marq. de VILLEROY : Quatre ſalières à trois places, à anſes, 96 l.

3176. — M. de MEULAN : Un vaſe en biſcuit, 10 l.

3177. — Mme la Marq. de POMPADOUR . Un grand

panneau garni de très-beau papier la Chine à pagodes, avec les toile & raccordage, 96 l. — Le port à l'Ermitage, 6 l.

3178. — Mme Victoire : La garniture en vermeil d'un pot à l'eau blanc à frife d'or, 24 l.

3179. Du 10. — S. M. le Roy, pour Saint-Hubert : Une pendule à enfans & trophées en bronze doré d'or moulu, placée fur la cheminée du falon, 672 l. — Une autre pendule à cartel & répétition pour la chambre de S. M., 432 l. — Le port à Saint-Hubert, 12 l. — Receu le même jour, 1,200 l.

3180. Du 11. — M. de Cury : Avoir dépofé des glaces, placé des pieds, des ports de marbres, bras & autres, 3 l.

3181. — M. Guesnon : Les toile, collage & papier des Indes pour fix châffis, dans lefquels employé trois grandes feuilles à figures & une à fleurs, 48 l.

3182. — Receu de Mme de Pompadour, pour le mémoire du mois dernier, la fomme de 2,662 l.

3183. Du 15. — M. le Préfident Ogier : Un déjeuner vert peint à enfans, chairs colorées, 288 l.

3184. — M. de Belhombre : Deux chaifes de paille, 36 l.

3185. — M. le Baron de Thun : Une foucoupe à pied à guirlande, bleu & or, 48 l.

3186. — S. M. le Roy, envoyé au château de Saint-Hubert : Cinq feux de cheminée en bronze doré d'or moulu, dont un à oifeaux, 220 l. — Un de bergère d'après Boucher, 272 l. — Un avec enfans & travaux de Vulcain, 265 l. — Un à architecture, 245 l. — Un plus grand à ornemens, 192 l. — Quatre paires de bras à double branche, à 130 l., 520 l. — Une dite, à une branche (falle de MM. les officiers des Gardes), 72 l. — Une voiture, caiffe & emballage, 12 l. — Voyage d'un garçon, 12 l. — Une paire de bras à deux branches de bronze cifelé, dorés d'or moulu, 280 l.

3187. Du 22. — M. de Cury : Un grand parquet & moulures avec le cintre fculpté, pour quatre glaces, 33 l.

3188. Du 26. — Mme la Ducheffe de Mazarin : Une

JUILLET 1758.

table plaquée en bois de rose à fleurs, en forme de console avec des armoires & des tiroirs, le tout fermant à secrets, couverte de marbre de griotte d'Italie, 960 l. — Ajouté une tablette & écritoire, 18 l. — Une paire de bras à une branche, vernis, garnis de fleurs de porcelaine, 84 l.

3189. Du 27. — M. de BOULOGNE, fils : Une commode de lacq noir & or de quatre pieds, garnie en bronze doré d'or moulu, le marbre d'Antin, 960 l. — Une autre commode aussi de quatre pieds, garnie de bronze doré d'or moulu, plaquée en bois de rose, le marbre de brèche d'Alep. — Une table à écrire à coulisse, plaquée en bois, garnie en bronze doré d'or moulu, 216 l. — Les ports & rapports de commodes, feux & bras pour essayer en place, 9 l.

3190. Du 28. — Mme la Duchesse de MAZARIN : Deux caisses de porcelaine de France en bleu-céleste peintes à fleurs, de 84 l. pièce, 168 l.

3191. — Mme la Princesse de ROBECQUE : Une assiette de porcelaine de France à fleurs, 18 l. — Cinq pots à jus, idem, à 10 l., 50 l. — Un compotier ovale, haché de pourpre, 24 l. — Quatre coquetiers, à 6 l., 24 l. — Une salière à contours, 24 l.

3192. — M. de JULIENNE : Un socle carré, à moulures, en bronze doré d'or moulu, pour un vase de porcelaine, 96 l.

3193. — M. de CURY : Avoir rétabli & poli à neuf une table de marbre d'un pied à console; avoir remastiqué & repoli à neuf deux petits marbres d'encoignure & deux pierres à papier, 18 l. — La couleur d'une paire de bras à deux branches, 3 l. 10 s. — Rétabli à neuf & verni des girandoles garnies de fleurs & resaucé les terrasses en couleur d'or moulu, 14 l. — Rétabli en entier deux petits pots pourris de porcelaine rouge, recollé les couvercles, refait les ors & fourni des fleurs, 18 l. — Resaucé en or moulu les garnitures de deux pots pourris de terre à relief, fourni un couvercle qui estoit cassé, repeint tous les reliefs, 24 l.

3194. Du 31. — M. de CURY : Remis à neuf deux grandes

girandoles à trois branches de bronze doré d'or moulu & fourni trois binets qui y manquoient, 18 l. — Refaucé à neuf une paire de girandoles de bureau à double branche, dorées d'or moulu, 6 l. — Refait à une paire de bras à double branche un bout d'ornement qui eſtoit caſſé, & refaucé à neuf; rattaché les branches de deux autres paires qui eſtoient caſſées, fourni les vis, & refaucé en couleur d'or moulu, 48 l. — Des ports & rapports, le poſage des glaces, fourniture de friſes, vis & clous, 18 l.

Août.

3195. Du 1ᵉʳ. — M. Schonen : Un beurrier couvert ſur ſon plateau, 36 l.
3196. Du 3. — Receu de Mme la Marq. de Pompadour, pour les fournitures du mois dernier, 108 l.
3197. — M. de Boulogne, le fils : Avoir reverni le pied d'un grand cabaret & attaché le plateau ſur le pied, 6 l. — Un cabaret à ſix taſſes en vernis poli, rouge & vert, 24 l.
3198. — M. de Boulogne, contrôleur général : Un étui couvert de maroquin rouge garni de ferrure en cuivre doré d'or moulu, pour une taſſe & cuiller d'or, doublé en velours & galon doré, 72 l.
3199. Du 7. — Mme Calabre : Une corbeille gris de lin, 72 l. — Deux caiſſes-camayeux, à 36 l., 72 l.
3200. — Mme la Marq. de Pompadour : Avoir reverni en entier une table à écrire en vernis la Chine du pavillon du jardin de l'hoſtel de Paris, 16 l.
3201. Du 9. — S. E. M. le Cte de Cobentzel : Livré à M. de Meulan un corps d'ébéniſterie à l'uſage d'écrire & lire de bout, plaqué dehors & dedans en bois ſatiné & bois de roſe, les dehors & quarts de rond en bronze doré d'or moulu, le deſſus en maroquin, & écritoire garnie de cornets argentés, 960 l. — La caiſſe, emballage en toile graſſe & en toile cirée & paille, frais de plombage & autres, 72 l.

3202. Du 12. — Mme Le Droit : Une figure en bifcuit jouant de la harpe, 72 l.

3203. — M. le Cte du Luc : Le raccommodage & réparation d'un fecrétaire en armoire, pour Savigny.

3204. — M. le Cte de La Marck : Deux feaux à verres en bleu-célefte, peints à payfages, 336 l.

3205. — M. Coquinot : Deux petits plumets à manches propres, 4 l.

3206. Du 31. — Mme la Cteffe d'Haussy : Pour voyage & réparations faites à un cabinet de papier des Indes, 18 l.

3207. — M. Gaudin : Un gobelet & foucoupe en vert peint à fleurs, 96 l.

Septembre.

3208. Du 1er. — Mme la Marq. de Pompadour : Vingt-quatre manches de couteaux de porcelaine en vert, peints à guirlandes, à 24 l., 576 l. — Avoir percé les agathes d'une croix pour y attacher un Chrift de nacre de perle, fourni les clous en or, 21 l. — Une paire de grands cifeaux de Berge dans leurs gaînes de rouffette garnies d'argent, 20 l.

3209. Du 4. — Mme la Marq. de La Ferrière : Deux coquetiers d'argent dans un étui de bois tourné, 66 l.

3210. Du 5. — Mme la Marq. de Pompadour : La caiffe & emballage d'un déjeuner de porcelaine à mofaïque, envoyé à Naples pour Mme la Princeffe de Francavilla, 13 l.

3211. Du 10. — Mme la Cteffe d'Egmont, douairière : Un petit coquetier de porcelaine, blanc & or, en panier, 6 l.

3212. — M. de Boulogne, Tréforier : Un feu à figures en bronze doré d'or moulu repréfentant Vulcain & Vénus, 390 l. — Avoir démonté, nettoyé & remonté un luftre de criftaux de Bohême, 6 l. — Des ports & rapports du luftre, 3 l.

3213. — M. le Maréchal de Richelieu : Une commode de lacq ancien à pagodes, ornée de bronze doré d'or moulu, avec son marbre de griotte d'Italie à moulures dessus & dessous, 2,400 l. — Un feu à cornes d'abondance, orné de fleurs en bronze doré d'or moulu, avec les garnitures de pelle, pincettes & fourreaux de fer-blanc, 450 l. — Une paire de bras à double branche aussi en bronze doré d'or moulu, 290 l. — Les ports à l'hoftel, 6 l.

3214. — Receu de S. M. le Roy, à compte sur les fournitures de Saint-Hubert, la somme de 6,000 l.

3215. Du 16. — M. de Belle-Isle : Deux petites tasses blanches à 7 l. 10 s., 15 l. — Deux dites, gros-bleu, à 24 l., 48 l. — Une dite, verte, 36 l.

3216. — M. le Marq. de Bonnac : Une tasse couverte pour assortir une soucoupe, 10 l.

3217. Du 20. — M. le Baron de Thun : Trois couvercles, à 3 l., 9 l. — Quatre soucoupes, à 6 l., 24 l. — Un sucrier, 12 l. — Un plateau triangle, 30 l.

3218. Du 23. — Mme de Monville : Deux tasses à fleurs, à 10 l., 20 l. — Un pot à sucre, 15 l. — Une théière, 18 l. — Un pot à sucre à pieds, 24 l. — Deux pots à pâte, à 9 l. pièce, 18 l.

3219. — M. de Boulogne, Tréforier : Avoir refaucé quatre paires de bras de bronze doré d'or moulu, dont une paire à trois branches, 40 l.

3220. Du 25. — M. de Boulogne, Tréforier : Avoir repoli des fers & refaucé des garnitures en bronze doré d'or moulu, à recouvrement, 35 l. — Une autre grille à guirlandes, aussi dorée d'or moulu, sans recouvrement, & repoli les fers & les garnitures de pelle & pincettes, 20 l. — Repoli les fers & garnitures d'un feu commun & mis les bronzes en couleur, 9 l. — Démonté les garnitures de trois caisses dorées d'or moulu, refaucé à neuf les dites garnitures & reverni les plantes en cuivre, 26 l. — Les ports & rapports des dites grilles, bras & porcelaines, 6 l.

3221. Du 28. — S. M. le Roy : Vingt-quatre lames de couteaux en argent au titre, & façon sur des manches de porcelaine, blanc & or, 395 l. — Cinq des dits manches qui ont efté cassés en démontant les lames d'acier mifes en premier lieu, 60 l. — Un étui de maroquin rouge & or, 18 l.

3222. — Mme de MARCHAIS : Un couvercle de porcelaine de France pour un deffous de Saxe, 15 l.

3223. Du 29. — S. M. le ROY, pour le château de Choify : Un pot à l'eau à la romaine en gros-bleu, peint a fleurs fans jatte, 150 l.

3224. — Mme GEOFFRIN : Deux taffes gros-bleu, à rubans, à 60 l., 120 l. — Le pot à fucre, 84 l. — Un cabaret à anfe, verni, 21 l.

3225. — Receu de Mme de POMPADOUR, pour les fournitures du mois, la fomme de 630 l.

Octobre.

3226. Du 1er. — M. de BOULOGNE, Tréforier : Le refaufage d'une paire de bras à double branche, pour le cabinet, 8 l.

3227. Du 3. — S. A. S. Mgr le Duc d'ORLÉANS : Un déjeuner en porte-huilier, avec gobelet & pot à fucre, bleu-célefte peint à enfans-camayeux, 216 l.

3228. — M. de BELHOMBRE : Un bureau de travail à tiroirs en bois d'acajou maffif avec un petit ferre-papiers tenant au bureau, les chauffons & entrées dorés d'or moulu, couvert de maroquin, & écritoire à cornets argentés, 150 l. — Le port, 2 l.

3229. — M. de BOULOGNE, Tréforier : Un luftre de criftaux de Bohême à quatre branches, à tige découverte, 192 l. — Un cordon d'hazard, 16 l. — Le port, 1 l.

3230. — S. M. le ROY : envoyé à Choify : Un déjeuner Hébert, frifé d'or, 132 l. — Un déjeuner gros-bleu & l'augmentation d'une théière en place d'une taffe, le tout, 252 l. — Le port à Choify, 4 l.

2231. Du 8. — Mme CALABRE : Un faladier feuille de chou, 72 l. — Un compotier, même efpèce, 36 l.

3232. — M. de BOULOGNE, fils : Une théière blanche & or, 15 l. — Trois taffes à glaces, de 10 l. pièce, 30 l. Un compotier à coquille, blanc & or, 27 l. — Un dit, rond, de même, 27 l.

3233. — S. M. le Roy, envoyé à Fontainebleau : Deux porte-huilier de porcelaine blanche & pourpre, à 27 l. pièce, avec les garnitures en branchages en argent doré & caraffes de criftaux dorés, 414 l. — Quatre corbeilles à jour, à contours en gris de lin, à 192 l. pièce, 768 l. Six dites petites, auffi à jour, de 48 l. pièce, 288 l. — La caiffe & emballage, 15 l.

3234. — Mme la Maréchale de Mirepoix : La caiffe & emballage de porcelaine pour envoyer en Lorraine, 3 l.

3235. — Mme la Marq. de Pompadour : Une tabatière ovale de porcelaine de France peinte d'animaux, 600 l. — La garniture, or de couleur, & doublée, 760 l.

3236. — S. M. le Roy : Envoyé à Fontainebleau : trois déjeuners pour les appartemens des dames, dont : un plateau à contours, fleurs, avec une taffe & foucoupe, & pot à fucre, 54 l. — Un dit, en porte-huilier, blanc à frife, avec un gobelet à anfe & pot à fucre, 42 l. — Un dit, dans un bateau, fleurs, pot à fucre, & gobelet à anfe, 43 l. — La caiffe & emballage, & de trois pots & jattes pour le voyage, 5 l.

3237. Du 11. — M. Coquinot : Un cercle en cuivre doré d'or moulu pour un pot à fucre de la Chine, 9 l.

3238. Du 14. — M. de Boulogne, Tréforier : Un bureau de travail plaqué en bois violet, le ferre-papiers, le caiffon à pieds de biche, porté fur un focle & plaqué de même ; le tout garni en bronze doré d'or moulu, 720 l. — Le port, 2 l.

3239. — Mme la Marq. de Pompadour : Un pot à crème de porcelaine de France, blanc & bleu à relief, pour un cabaret de Saint-Ouen, 27 l. — Un couvercle de fucrier pour un deffous de Saxe, 12 l.

3240. — S. M. le Roy, pour les Menus, livré chez Mgr le Duc de Bourgogne : un corps de bibliothèque à quatre portes bâti de chêne, plaqué en bois de rofe & autre bois des Indes & les portes en retour plaquées à fleurs ; le tout orné en bronze doré d'or moulu, les quatre portes garnies en laiton & taffetas cramoifi, les dedans à tablettes & crémaillières, 4,300 l. — Une pendule à sonnerie de J. Le Roy, compofée d'une figure couchée repréfentant l'Etude en bronze doré d'or moulu, 1,100 l. — Deux vafes couverts de marbre de Sicile à colonnes torfes, 1,200 l. — Deux autres vafes de porcelaine grife, truittée en bleu, ornés de bronze doré d'or moulu, 1,500 l. — Le port à douze hommes, 76 l.

3241. Du 17. — Mme la Cteffe de Valentinois : Deux petites taffes à litron & foucoupes à payfage pourpre, 18 l. — Un pot à fucre afforti, 9 l. — Un cabaret la Chine à rebord, 18 l.

3242. — M. le Cte d'Usson : Six écrans à main avec les bâtons de bois de rofe tournés, 9 l.

3243. — M. le Préfident Ogier : Une taffe & foucoupe lapis à oifeaux, 42 l.

3244. — M. le Baron de Thun : Une foucoupe à guirlande-camayeu, 48 l. — Un plateau à tiroir, 48 l. — Deux couvercles de pots à pâte, à 3 l., 6 l.

3245. Du 21. — Mme la Dauphine : Livré à Mme de Boifgiroux le raccommodage d'une caffetière d'or, 16 l.

3246. — M. le Cte d'Usson : Un écran à deux feuilles garni de très-beau papier à pagodes, 36 l.

3247. — S. M. le Roy : Avoir raccommodé & mis à neuf une falière & poivrière compofées de figures en or, 30 l. — Avoir repoli, nettoyé & mis à neuf une corbeille d'or, coquetiers & falière en or, 14 l.

3248. — Mme la Marq. de Pompadour : Une glace pour un miroir de toilette, 21 l. — Un cadre pour une glace, & le tain de la dite glace; livré à Mme du Hauffet, 8 l.

3249. — S. M. le Roy : Envoyé à Fontainebleau une grande corbeille à jour affortie au fervice, 300 l. — La caiffe & emballage, 3 l.

3250. — M. de Boulogne, Tréforier : Un gobelet à anfe & cerceaux, 7 l. 4 s.

3251. — J'ai receu de S. M. le Roy, à compte fur une ordonnance de 12,699 l., la fomme de 6,000 l., defquelles j'ai laiſſé mon blanc ſeing & l'ordonnance à M. Le Clerc.

3252. Du 28. — M. de Presle : Un petit pied de marquetterie à quatre agraffes aux coins, 12 l.

3253. — M. de Boulogne, fils : Un grand plateau de vernis du Japon pour un bougeoir de lit; avoir démonté le dit bougeoir & ajuſté une garniture en cuivre poli dans la plaque du dit bougeoir, 21 l.

3254. Du 30. — M. de Fontferrière : Un bouton doré d'or moulu pour un tiroir de ſecrétaire, 2 l.

Novembre.

3255. Du 2. — S. A. S. Mme la Cteſſe de Toulouse : Un pot à l'eau de porcelaine de France, garni en vermeil, dans ſa jatte, 120 l. — Un pot pourri à fleurs, 72 l. — Un gobelet à lait dans ſa jatte, 60 l. — Deux taſſes de porcelaine de France, forme ſingulière, à 24 l., 48 l. — Un pot pourri ſur quatre pieds, bleu, 84 l.

3256. Du 3. — M. Schonen, pour MM. les Intéreſſés de Sèvres : Quatre grandes lanternes en cul-de-lampe, de criſtal, garnies en cuivre avec leurs lampes auſſi de cuivre, poulies, contre-poids bronzés & cordons, 96 l.

3257. — Receu de Mme la Marq. de Pompadour ſon mémoire de 1,444 l.

3258. Du 5. — Mme la Marq. de Pompadour : Le nettoyage d'un luſtre de criſtal de roche de l'appartement de Verſailles, & frais de voyage à deux hommes, 18 l.

3259. — M. Hébert : Douze ſoucoupes de porcelaine de France, à 6 l., 72 l.

3260. Du 9. — M. le Cte du Luc : Une pendule de bronze doré d'or moulu, compoſée d'une figure couchée repréſentant l'Etude, le mouvement de J. Le Roy, 960 l.

3261. — M. de Belhombre : Les toile & papier la Chine de huit panneaux formant un cabinet, 54 l. — Le port, 1 l.

3262. — S. A. S. Mgr le Duc d'Orléans : Deux garnitures en or à jour, cifelé & poli, pour une taffe & pot à fucre dans un bateau de porcelaine, 356 l.

3263. — Mme la Marq. de Pompadour : Une foucoupe, gros-bleu, peinte à enfans-camayeux, pour un gobelet à lait, 72 l.

3264. — M. le Cte d'Usson : Les ports & rapports de quatre panneaux de papier la Chine & le raccommodage des dits panneaux qui eftoient crevés, 13 l.

3265. — M. de Saint-Priest : Pour avoir raccommodé les branches caffées de deux paires de bras à trois branches, les avoir redreffées & refaucées à neuf en or moulu & mifes en place, 40 l.

3266. Du 13. — M. de la Boissière, Tréforier des Etats de Bretagne : Un pot pourri de porcelaine de France en gros-bleu & or fur une terraffe dorée & deux figures de Saxe, 480 l.

3267. Du 14. — M. de La Reynière : Un déjeuner à plateau de porcelaine, taffes & foucoupes, pot à fucre & théière, en blanc à fleurs, 126 l. — Un cercle & chaîne d'argent pour des coquetiers, 8 l.

3268. M. le Cte d'Usson : Un luftre de criftaux de Bohême à fix branches, dont la fonte en or de feuille, 580 l. — Une table de quadrille en bois d'acajou maffif, garnie de drap fin, 72 l. — Les ports, 2 l.

3269. — S. M. le Roy : Le raccommodage d'un flacon & fourni un fac de velours, 3 l.

3270. Du 18. — Mme la Marq. de Pompadour : Une tabatière carrée de porcelaine de France très-bien peinte de fujets d'animaux, 600 l. — La garniture double en cage, montée en or de couleur, 900 l.

3271. Du 21. — M. de Caze, Fermier général : Un groupe de figures en bifcuit, avec le vafe, 150 l. — Deux figures nouvelles, à 36 l., 72 l.

3272. — M. de Cury : Un feu à vafe doré d'or moulu, garni de fes pelle & pincettes, 156 l. — Un autre feu auffi à vafe en cuivre argenté & garnitures, 48 l.

3273. Du 21. — M. de LA BOISSIÈRE (1), Tréforier : Un feu à enfans en bronze doré d'or moulu, avec ses garnitures de pelle & pincettes, 188 l. — Un autre feu d'une efpèce de vafe, orné, avec fes garnitures, 144 l. — Deux paires de bras à deux branches, 240 l. — La caiffe, emballage & frais de douane, 39 l.

3274. — M. le Cte de THIARD : Un gobelet à lait, en blanc & filets d'or, 42 l.

3275. Du 22. — Mylord BOLINGBROKE: Six gobelets fans anfes & leurs foucoupes, porcelaine de France, peints à fleurs, à 15 l., 90 l. — La caiffe, emballage & frais de douane, 4 l.

3276. — M. de FONSPERTUIS : Le raccommodage d'une tabatière d'écaille à charnières d'or, 6 l.

3277. Du 29. — M. de BOULOGNE de PRENINVILLE : Avoir fait remettre à neuf un petit luftre de criftaux de Bohême, fourni fept pièces, plufieurs écroux & vis, 15 l. — Les port & rapport, 3 l.

3278. Du 30. — S. M. le ROY : Un huilier de porcelaine de France, vert, garni de fes carcaffe & porte-bouchons des caraffes en or cifelé, & les caraffes en criftal, 1,140 l.

---

(1) L'article de M. de La Boiffière eft le dernier qui foit écrit de la main de Duvaux. Il porte la date du 21 novembre. Le 23, Duvaux mouroit, & le 24 il fut inhumé à Saint-Euftache.

Le 24 novembre 1758, Lazare Duvaux, marchand ordinaire du Roi, âgé de cinquante-cinq ans, ou environ, décédé d'hier, rue Saint-Honoré, a été inhumé dans notre églife, en préfence de Laurent-Charles Boutron, officier, chef des fourriers du Roi, beau-frère, & de Jean-Daniel Vigier, marchand.

(Extrait du *Regiftre des actes de décès de la paroiffe Saint-Euftache*, pour l'an 1758.)

Une main, qui a déjà figuré fur le livre-journal & qui tenoit les écritures de commerce quand Duvaux étoit abfent, continue à configner ici les opérations de la maifon ; cette main, très-ferme (ce qui empêche de l'attribuer au jeune enfant que Duvaux laiffoit de fon mariage), ne peut être que celle de fa femme Françoife-Nicolle Boutron. La lecture des articles des 21 janvier, 12 mars & 24 décembre 1759, des 27 janvier 1760, & 8 août 1761, ne laiffe aucun doute à cet égard. La maifon de commerce de Duvaux, dirigée par la veuve, ne continua fes opérations que jufqu'en avril 1759.

Décembre.

3279. Du 2. — M. Berthier de Sauvigny, fils : Un groupe en bifcuit repréfentant la Curiofité, 120 l.

3280. — Mme la Ducheffe de Chevreuse : Six taffes & foucoupes en porcelaine de France, peintes à mofaique, à 24 l. chaque, 144 l. — Le pot à fucre, 24 l. — La théière, 30 l. — Le pot à crème, 30 l.

3281. Du 5. — Mme Lambert : Six pots à pommade en camayeu, à 6 l. pièce, 36 l.

3282. — M. le Préfident Ogier : Un déjeuner en porte-huilier peint en rubans verts & fleurs, compofé d'une taffe, fa foucoupe & le pot à fucre, 216 l.

3283. Du 6. — M. d'Azincourt : Une très-jolie petite boëte de lacq à magot, 360 l.

3284. Du 9. — Receu de S. M. le Roy 51,010 l., en deux ordonnances montant enfemble à cette fomme ; pour le payement des fournitures pour le Danemarck, 34,542 l. ; d'un fervice de porcelaine, 5,016 l., & d'un mémoire du 25 juin 1757 au 7 février dernier, 11,452 l.

3285. Du 13. — M. la Maréchale de Lautrep : Une petite boëte de montre de porcelaine de France ; la chaîne de la dite montre d'or, garnie de plaques de porcelaine, 471 l.

3286. — M. Vigier : Quatre pots à pommade de porcelaine de France, à 7 l. 10 s., 30 l. — Deux taffes, à 7 l. 10 s., 15 l. — Deux baignoires d'yeux, à 6 l., 12 l. — Deux pots à pommade à frife d'or, 16 l. — Une taffe de même, 8 l. — Une baignoire de même, 6 l.

3287. — Mme Calabre : Un vafe de porcelaine de France en blanc, à la hollandoife, 15 l.

3288. Du 14. — M. de Fontferrière : Un paravent à cinq feuilles en bois d'acajou garni en joli papier des Indes, des deux côtés, 135 l.

3289. — M. le Cte d'Usson : Un pot à boire de porcelaine de France, 27 l.

3290. Du 15. — S. Exc. Mgr le Cte de Cobentzel : Une commode plaquée en bois de rofe & fleurs de bois

violet, garnie partout de bronze doré d'or moulu &
de fon marbre de griotte d'Italie, 960 l. — Un petit
bureau plaqué de même que la commode, garni de
bronze & quarts de rond dorés d'or moulu, le deſſus
couvert en maroquin, 408 l. Les trois caiſſes & l'emballage en toile graſſe, 108 l.

3291. — M. le Préſident Hénault : Un petit pot à ſucre
de porcelaine de France, peint en bleu & blanc, 8 l.

3292. Du 16. — M. Hébert, ſecrétaire du Roy : Un
déjeuner triangle compoſé de deux taſſes, pot à ſucre
& théière en porcelaine de France, fond vert & cartouches à fleurs, 384 l.

3293. — M. le Duc de Bouillon : Une paire de bras à
feuillage doré, garnis de fleurs bleu-céleſte, 336 l. —
Un paravent à trois feuilles, verni, fourni les feuilles
de papier à fleurs qui font les derrières du paravent,
84 l.

3294. — M. le Baron de Thun : Une petite taſſe couverte à guirlande, 15 l.

3295. — Receu de Mme la Marq. de Pompadour la
ſomme de 1,527 l. pour ſolde.

3296. Du 17. — M. d'Azincourt : Un miroir carré
dans une bordure de lacq, 48 l.

3297. Du 18. — Mme la Marq. de La Ferrière : Un
pot à la romaine dans ſa jatte à feuille de chou, porcelaine de France, peint à fleurs, 144 l. — Un groupe en
biſcuit repréſentant la Loterie, 120 l.

3298. Du 20. — Mme la Ducheſſe de Fleury : Une
paire de girandoles à deux branches en bronze doré
d'or moulu, garnies d'oiſeaux & fleurs de porcelaine
de France vert & or, 360 l.

3299. — M. le Cte d'Usson : Un paravent à cinq feuilles
d'acajou garni de très-joli papier des Indes, des deux
côtés, 120 l.

3300. Du 26. — M. de Boulogne, Tréſorier : Un couteau à deux lames d'or émaillé, dans ſon étui de rouſſette, 504 l. — Une taſſe de porcelaine à rubans roſes,
96 l.

3301. Du 27. — S. A. S. Mme la Cteſſe de Toulouse :

Une petite taffe de porcelaine de France fur un petit plateau, 18 l.

3302. — M. le Cte d'Usson : Un gobelet de porcelaine de France à rubans rofes, 96 l. — Un pot à pâte à rubans verts, 30 l. — Deux pots à pommade, de même, 48 l. — Une taffe à mofaïque, gros-bleu, fur un plateau carré, 168 l.

3303. — Mme la Ducheffe de Mazarin : Une taffe de porcelaine de France à rubans rofes, 96 l. — Un plateau à anfes verni, 15 l.

3304. — M. de Boulogne de Preninville : Deux petites taffes, à 30 l. chaque, 60 l. — Un bougeoir à rubans verts, 60 l. — Une taffe, bleu & blanc, 21 l. — Une théière, 24 l. — Un plateau garni de fix petites taffes, bleu & or, 72 l. — Huit pots à jus, à 9 l. chaque, 72 l.

3305. Du 28. — S. M. la Reine : Une très-belle caffette de lacq garnie en or, 1,512 l. — Un déjeuner en corbeille, bleu-célefte, avec une cuiller d'or, 576 l. — Une écuelle, porcelaine de France, gros-bleu, 240 l. — Deux vafes à oignons, de même, 240 l. — Deux pots pourris de lacq montés fur des oifeaux, 600 l. — Un déjeuner à guirlandes bleues, 72 l. — Reçeu à compte 720 l.

3306. Du 29. — Mme la Marq. de La Ferrière : Une petite caffette de lacq, garnie de fes charnières & clefs, 432 l. — Les compartimens en étoffe & le furtout de velours vert de la dite caffette, 36 l. — Un petit déjeuner compofé d'une taffe, pot à fucre & pot à crème en porcelaine de France fur un plateau verni à anfe, 66 l.

3307. Du 30. — M. le Cte de Thiard : Un pot à l'eau dans fa jatte, de porcelaine rofe, garni en vermeil, 408 l.

3308. — M. le Cte d'Egmont : Une taffe à litron de porcelaine rofe, fur un plateau carré, 108 l. — Une théière, même porcelaine, 72 l.

3309. — S. A. Mme la Ducheffe d'Orléans : Un vafe d'ancienne porcelaine, vert-céladon, orné de bronze doré d'or moulu, 600 l.

3310. Du 31. — M. le Marq. de Beuvron : Une toilette en papillon plaquée à fleurs, ornée de bronze doré d'or moulu, les compartimens en étoffe, garnie de flacons de criſtal, pot à pâte, pots à pommade en porcelaine de France roſe, 444 l.

3311. — Mme la Cteſſe de Forcalquier : Une taſſe de porcelaine de France à rubans couleur de roſe, 96 l. — Une taſſe à moſaïque, gros-bleu, 24 l. — Un pet à ſucre, de même, 30 l. — Un cabaret à anſe, verni, 15 l.

3312. — Mme la Ducheſſe de Crussol : Une taſſe de porcelaine de France, bleu-céleſte, à guirlandes, 60 l.

3313. — M. le Prince de Monaco : Deux vaſes à la hollandoiſe de porcelaine de France, en roſe, à rubans & cartouches en miniatures, 864 l. — La caiſſe & emballage en toile graſſe, 8 l.

3314. — M. de Boulogne, fils : Un déjeuner à moſaïque, gros-bleu à fleurs, 360 l. — Un moutardier à rubans verts, 120 l.

Janvier 1759.

3315. Du 3. — M. Trouard, fils : Un ſeau à compartimens pour des liqueurs, 240 l.

3316. — Mme la Cteſſe de Brionne : Trois figures de porcelaine de France en biſcuit, à 48 l. chaque, 144 l. — Six dites, plus petites, à 36 l., 216 l.

3317. Du 7. — M. le Duc d'Aumont : Un ſecrétaire en armoire, plaqué en bois de roſe & fleurs de bois violet, garni partout de bronze doré d'or moulu, & ſon marbre de brèche violette, 550 l. — La garniture en bronze doré d'or moulu de deux vaſes d'ancienne porcelaine, vert-céladon, 480 l. — Un ſocle de bois peint en brèche violette pour un enfant de marbre, 60 l.

3318. — Mme la Ducheſſe de Mazarin : Un vaſe à la hollandoiſe en porcelaine roſe, peint à figures, 576 l.

3319. — M. Caze : Une écritoire d'ancienne porcelaine, doré d'or moulu, 264 l.

3320. Du 9. — M. le Maréchal de Richelieu : Un plateau de deffert conforme au modèle préfenté, compofé de trois parties en cuivre cifelé, couvert d'argent haché, garni de fes glaces, 850 l. — Sur le plateau eft un groupe de la Curiofité, 120 l. — Deux petites figures, 72 l. — Quatre petits vafes en rofe, peints à fleurs, 288 l. — Deux feaux à bouteilles, 480 l. — Deux dits ovales, 480 l. — Deux fromagers, 480 l. — Deux fucriers, 480 l. — Deux plateaux à contours & douze taffes à glaces, 672 l. — Quatorze compotiers de différentes fortes, 168 l. — Vingt-quatre affiettes. — Deux coquetiers. — Deux cuillers d'or à fucre, les armes gravées, 1,250 l. — Le port à Verfailles, 12 l.

3321. Du 18. — M. de VILLAUMONT : Une table à écrire plaquée en bois de rofe & fleurs de bois violet, ornée d'un quart de rond, chutes & pieds de bronze doré d'or moulu & trois cornets argentés dans le tiroir, 216 l. — Un vuide-poche de même bois, garni en bronze doré d'or moulu, 192 l.

3322. Du 21. — Règlé de compte avec M. MARTIN (Étienne) & reçu 55 l. 10 s. pour fournitures que je lui ai faites.

3323. Du 22. — Receu de M. Robert MARTIN, pour folde, 428 l.

3324. — M. le Maréchal d'ESTRÉES : Avoir ajufté un cercle d'or à une taffe de porcelaine & l'avoir élargi, étant trop étroit, 4 l.

3325. Du 24. — M. LE BRUN, Peintre : Une paire de bras à fleurs peintes, 24 l.

3326. Du 28. — M. de VILLAUMONT : Une écuelle de porcelaine de France à guirlandes & rubans bleus, 300 l. — Deux beurriers & leurs plateaux de porcelaine de France, à rubans verts, à 192 l., 384 l.

3327. — Mme la Marq. de POMPADOUR : Une grande tablette peinte en vernis imitant le placage, 68 l. — Le port à Saint-Ouen, 3 l.

3328. — M. le Duc d'AUMONT : Une taffe blanche à frife d'or, 12 l.

3329. — Mme la Marq. de LA FERRIÈRE : Un étui de

jatte à punch, couvert de cuir noir & doublé de ferge verte, 36 l.

3330. Du 31. — M. le Prince de Turenne : Un petit pied à confole en vernis noir poli, 30 l. — M. le Prince de Turenne m'a fait un arrêté de fon mémoire en date de ce jour pour la fomme de 5,647 l.

Février.

3331. Du 1ᵉʳ. — M. le Cte d'Usson : Une tablette à jour en bois d'acajou, 21 l.

3332. — Mme la Maréchale de Mirepoix : Les toile, façon & raccordage de deux cabinets en papier des Indes. — Fourni douze feuilles de papier des Indes à payfages pour les dits cabinets, 96 l. — Deux feuilles de papier pour des deffus de portes, peintes à figures, 18 l. — Une lanterne carrée à confoles de bronze doré d'or moulu & fon chandelier à quatre branches auffi doré, garnie de fon chapiteau, 300 l. — Avoir remis à neuf une lanterne & trois paires de bras, 12 l. — Un paravent à couliffe, garni de papier des Indes, des deux côtés, 84 l.

3333. Du 5. — M. de Villaumont : Une commode de trois pieds, plaquée en bois de rofe & fleurs de bois violet, ornée de bronze doré d'or moulu & de fon marbre de brèche d'Alep, 384 l.

3334. Du 6. — M. de Caze : Un groupe de Vandrevol en bifcuit, 300 l. — Un dit de Boucher & fon petit vafe, 152 l. — Un autre petit vafe, 10 l. — Receu à compte 600 l.

3335. Du 8. — Receu de S. M. la Reine la fomme de 360 l. à compte.

3336. Du 10. — Mme la Maréchale de Mirepoix : Avoir remis à neuf une lanterne & quatre paires de bras dorés garnis de fleurs, 12 l. — Un paravent à couliffe à quatre feuilles, garni de papier des Indes des deux côtés, 84 l. — Trois feuilles de papier des Indes à fleurs & oifeaux, pour deffus de portes, à 4 l. 10 s., 13 l. 10 s.

3337. Du 12. — Mme la Princeſſe de TURENNE : Une très-grande cage formant un luſtre à douze bougies, garnie en bronze doré d'or moulu, ornée de plantes imitant la nature, garnie de fleurs de toutes eſpèces ; dedans la dite cage eſt un cataquois de porcelaine de France, 2,600 l.

3338. Du 13. — M. BONNET, Payeur de rentes : Une navette de porcelaine de France lapis, garnie d'or, 240 l. — Une dite, bleu-céleſte, 144 l. — Une dite, peinte à camayeu, 120 l.

3339. Du 28. — M. de LA REYNIÈRE : Deux armoires de Boulle, à portes de glaces, de ſix pieds de long, 2,000 l.

Mars.

3340. Du 1er. — Mme la Marq. de POMPADOUR : Un portefeuille de velours brodé en or avec les armes de M. le Comte de Kaunitz, 400 l. — Les ports à deux hommes qui ont été chercher deux lanternes & un grand vaſe de porcelaine caſſé à Saint-Ouen, 6 l. — Un petit pot à crème de porcelaine de France, peint à fleurs, 21 l.

3341. Du 2. — Mme la Cteſſe d'EGMONT, jeune : Deux figures de porcelaine de France en biſcuit, 96 l. — Deux dites, plus petites, 72 l.

3342. — Mme la Maréchale de MIREPOIX : Avoir dont elle doit être créditée : pour un paravent à couliſſe, fourni le 1er février, qu'elle a rendu, 84 l. — Pour les trois articles fournis le 10 février, qu'elle a auſſi rendus, enſemble, 109 l. 10 s.

3343. Du 12. — Receu de M. MACHARD, pour ſolde : en un mémoire de fournitures qu'il m'a faites, 192 l. — Pour remiſe de 6 pour 100 que je lui fais, 57 l. 2 s.; en ſon billet du 12 courant, fin novembre prochain, valeur en marchandiſe à mon ordre de 300 livres ; autre billet, fin janvier, *idem*, de 281 l. ; autre billet, fin de mars, *idem*, de 123 l. 18 s.

3344. — Receu de S. M. la REINE, à compte, la ſomme de 480 l.

3345. — Receu de Mme la Dauphine, à compte, la fomme de 16 l.

Avril.

3346. Du 2. — Receu de Mme la Marq. de Pompadour la fomme de 502 l., pour folde.
3347. Du 10. — Receu de S. M. la Reine, à compte, la fomme de 240 l.

Mai.

3348. Du 29. — Receu de S. M. la Reine, à compte, la fomme de 240 l.

Juin.

3349. Du 19. — Receu de S. M. la Reine, à compte, la fomme de 240 l.

Juillet.

3350. Du 13. — Receu de S. M. la Reine, à compte, la fomme de 240 l.

Août.

3351. Du 15. — Receu de S. M. la Reine, à compte, la fomme de 240 l.
3352. Du 30. — Receu de S. M. la Reine, à compte, la fomme de 240 l.

Octobre.

3353. Du 4. — Receu de S. M. la Reine, pour folde, la fomme de 240 l.

Décembre.

3354. Du 3. — Receu de Mme Geoffrin, pour folde, 324 l.; plus, a été déduit 54 l. pour un mémoire qui s'eft trouvé quittancé de feu M. Duvaux.
3355. Du 24. — Repris de M. le Maréchal de Richelieu une commode de lacq ancien, à pagodes, ornée de bronze doré d'or moulu avec fon marbre de griotte

d'Italie, à moulures deſſus & deſſous, qui lui avoit été fournie le 10 ſeptembre 1758, ſuivant l'article du préſent livre au folio 299, qui eſt reſtée en ſouffrance juſqu'à ce jour où il me l'a rendue à ſon retour de Bordeaux, & dont j'avois rempli le prix lors de mon inventaire pour 2,400 l.

Janvier 1760.

3356. Du 27. — Receu de S. M. le Roy une ordonnance, pour les affaires étrangères, de la ſomme de 1,801 l., que j'ai donnée en payement à Meſſieurs de Vincennes; laquelle ordonnance eſt paſſée ſur mon inventaire.

3357. — Receu de Mme la Dauphine, à compte de ce qu'il m'eſt dû, ſavoir : en une ordonnance ſignée de M. de Boiſgiroux de 982 l., qui eſtoit payable le 6 janvier 1754; plus, en une autre ordonnance de la ſomme de 1,950 l., total, 2,932 l.; en payement deſquelles deux ordonnances on m'a donné un contrat ſur les Etats de Bretagne de 2,932 l., paſſé chez Le Noir, notaire, le 17 décembre 1759; auquel j'ai ajouté 68 l. en eſpèces pour faire un capital de 3,000 l., dont la jouiſſance a été à compter du 1er octobre 1759.

Mars.

3358. Du 23. — Receu de S. M. le Roy, pour ſolde des fournitures faites à M. Bécary, la ſomme de 3,402 l.

Mai 1761.

3359. Du 1er. — Receu de S. M. le Roy, ſavoir : pour le mémoire des fournitures faites à Fontainebleau, montant à la ſomme de 3,746 l.

3360. Du 16. — Receu de S. M. le Roy, pour le mémoire des fournitures faites à Choiſy, 578 l.

Août.

3361. Du 8. — Receu de Mme la DAUPHINE la fomme de 1,265 l. pour fournitures faites par ordre de Mme Dufour, favoir : en un contrat de 1,200 l. de principal fur les cuirs, à 3 pour 100 de rente, conftituées à mon profit, & en argent pour appoint, 65 l.

3362. Du 11. — Receu de S. M. le ROY, à compte fur les 6,699 l. reftant fur l'ordonnance de 12,699 l., reftée entre les mains de M. Le Clerc, la fomme de 3,000 l.

3363. Du 19. — Receu de S. M. le ROY, pour le montant des fournitures faites aux Menus, favoir : pour le montant du mémoire qui regarde M. le Duc de Bourgogne, la fomme de 8,729 l. Pour le montant du mémoire remis à M. le Duc d'Aumont, 156 l.

Février 1762.

3364. Du 2. — Receu de S. M. le ROY, pour folde des 6,699 l. reftant fur l'ordonnance de 12,699 l., reftée entre les mains de M. Le Clerc, la fomme de 3,699 l.

Mars.

3365. Du 20. — Receu de S. M. le ROY la fomme de 20,259 l. pour folde des fournitures faites à Saint-Hubert (1).

---

(1) Des payemens, fans intérêt pour le lecteur, continuèrent à être effectués pendant quelques années encore & fe trouvent confignés par la veuve de Duvaux fur fon livre-journal. La date du dernier reçu eft le 26 avril 1766.

ADDITIONS ET CORRECTIONS.

TOME PREMIER.

Page iv, ligne 11. Après le mot « café » mettre la note suivante : Voir les *Mémoires du marquis d'Argenson*, t. VII, p. 50. « Le Roi s'eft mis dans un goût de café fort dangereux. Il en prend au moins trois fois par jour & du café trés-fort; ce qui lui gâte la maffe du fang. »

Ligne 21. Après le mot « bâtir » mettre la note fuivante : Voir d'Argenfon, *Mémoires*, t. VI, p. 73. « Le Roi veut avoir de petits châteaux partout. Il en a un nouveau entre Fontainebleau & Bouron où il va faire la cuifine lui-même & fouper avec la marquife. » Voyez auffi à la date d'août 1750 : « Le Roi bâtit partout. L'on fait une belle falle d'opéra à Choify. On bâtit une maifon de chaffe dans le bois de Verrières. On bâtit à Verfailles un hôtel magnifique pour Mme de Pompadour; un à Fontainebleau. »

Page xvii, ligne 2. Après le mot « l'Infante » mettre cette note : Voir d'Argenfon, *Mémoires*, t. VI, p. 2. « 2 juillet 1749. — Le Roi dépenfe beaucoup pour donner des meubles à Madame Infante. »

Ligne 3. Après le mot « l'Infant » mettre cette note : Voir d'Argenfon, *Mémoires*, t. VI, p. 12. « L'Infante met ici tout fon crédit, fes larmes, fes joies à faire reculer fon voyage d'Italie, quoique les rois doivent l'exemple du devoir & des bons ménages & non des divorces volontaires & de l'éloignement. Pour amufer l'Efpagne & l'Infant on envoie à celui-ci des meubles, des préfens; ce qui coûte bien de l'argent à l'État. On gafpille toujours. »

Page xix, note, ligne 7. Après le mot « porte » ajoutez « outre ».

Page xxvi, ligne 10. Après le mot « Richelieu » mettre cette note : Voir le *Catalogue de tableaux, portraits peints depuis le quatorzième fiècle jufqu'à nos jours, miniatures qui compofoient le cabinet de feu M. le duc de Richelieu*, par J. Folliot, F. Delalande & Ph. F. Julliot fils. Paris, in-8º.

Page xxviii, ligne 9, lire *Montbazon* au lieu de *Monbazon*.

Page xxix. Après la note 3, ajoutez : Cf. les *Mémoires du duc de Luynes*, t. XVI, p. 260. M. le préfident de Banneville (lifez *Bandeville*) achète 1611 livres une pièce rare d'hiftoire naturelle.

Page xxx, ligne 4 de la note, lifez *Belloy* & non *Bellay*.

Page xxxiii, ligne 6. Après le mot « défir » mettre cette note : Voir les

Mémoires de d'Argenfon, t. VIII, p. 7. « Mars 1753. — L'on projette de difgracier M. de Vandières & de lui ôter la direction des Bâtimens, lui donnant pour fucceffeur M. de Voyer, mon neveu, qui a montré tant de goût pour ces fortes d'arts & qui en donne un grand échantillon à fa maifon d'Afnières. »

Le marquis de Voyer d'Argenfon ne réuffit pas à faire écarter Marigny. Il devint par rancune protecteur de l'Académie de Saint-Luc & eut la confolation d'être nommé en 1754 affocié libre de l'Académie de peinture.

Ligne 11. Après le mot « Afnières » mettre cette note : Voir les *Mémoires de d'Argenfon*, t. VI, p. 118. « Janvier 1750. — On parle beaucoup à Verfailles du trop de dépenfe de mon neveu de Voyer, lequel vient d'acheter la maifon de campagne de Mme de Waldner à Afnières 60 à 70 000 livres. Ce qui l'engagera dans une dépenfe extraordinaire. Il y mettra fes beaux tableaux. » Même reproche, t. VI, p. 195, 263, 281. La maifon d'Afnières étoit encore en conftruction au 25 août 1750. Voir auffi t. VIII, p. 181.

Page xxxiv, ligne 17. Au lieu des mots « appartemens de Verfailles, &c..., » lire : « appartemens des palais de Verfailles, &c.... »

Page xxxix, ligne 28. Après le mot « antiquité » mettre cette note : Voir auffi dans le *Catalogue du cabinet de peinture de La Live de Jully*, en 1764, les indications fournies fur le goût du jour de plus en plus porté à l'imitation de l'antique.

Page xl, ligne 6. Après les mots « *ftyle à la Reine* » mettre cette note : Voir le mémoire du tapiffier Sallior publié ci-après, p. cxxvii.

Page xli, ligne 9. Voir fur le comte de Caylus un article du *Moniteur univerfel* du 19 octobre 1860, par M. le comte Clément de Ris.

Ligne dernière : C'eft par erreur que j'ai affimilé au chevalier d'Hénin, chevalier d'honneur de Mme de Pompadour, M. Hennin, maître des comptes, poffeffeur du cabinet vendu le 9 mai 1763. Il faut les diftinguer.

Page xlii. Ajouter à la note fur Jean de Jullienne : Voir dans le *Moniteur univerfel* des 24 & 31 août 1861 les articles de M. le comte Clément de Ris fur cet amateur.

Page xliii. Ajouter à la note 2 : Voir auffi, fur Ange-Laurent de La Live de Jully, né le 20 octobre 1725, le *Bulletin du bibliophile*, août 1869. Article de M. Clément de Ris.

Page lii, ligne 1. Après les mots « Lallemand de Betz » mettre cette note : Une collection porte ce nom au cabinet des eftampes de la Bibliothèque nationale.

Ajouter à la note 3 : Voir auffi Thiéry.

Page liii. Ajouter à la note 2. Sur Auguftin Blondel de Gagny : Voir un article de M. le comte Clément de Ris dans le *Bulletin du bibliophile* de février 1868.

Page lv, ligne 19. Le Duperron qui figure fur le *Journal de Duvaux* eft peut-être, non le directeur de l'Imprimerie royale, mais ce Duperron, auteur d'un *Difcours fur la peinture & l'architecture*, dédié à Mme de Pompadour & publié en 1758. Ce dernier étoit certainement amateur.

Page LVI, ligne 9. Après « Chevalier » mettre cette note : Voir le *Catalogue de tableaux, gouaches, miniatures, émail.... qui compofent le cabinet de M*** (Chevalier); vente le 26 novembre 1779. Paris, in-8°.

Page LVIII. Ajouter à la note 2 : Un exemplaire de ce catalogue a été ainfi annoté par le marchand Rémy :

« J'ai fait la prifée des tableaux de ce cabinet avec feu Colins en deux vacations : nous avons eu chacun 24^{tt} d'honoraires.

« J'ai fait feul ce catalogue en 24 heures; c'eft M. Cayeux fculpteur, bon ami, à qui j'ai l'obligation de cette affaire. Ledit Sr Colins père, fâché de ce qu'on ne l'en avoit pas chargé & de ce que je n'avois pas voulu le confulter, n'a pas dirigé la vente avec moi. J'ai eu pour la conduite de ladite vente & la compofition du catalogue 600^{tt} d'honoraires. M. Barrois, libraire, a fait imprimer le catalogue aux dépens des héritiers. M. Boffet, huiffier-prifeur, a fait la vente. »

Un autre exemplaire du même catalogue appartenant à M. Koënig, à Vienne, porte la note fuivante de la main de Mariette :

« Les autres portraits en émail [ceux dont les prix ne font pas marqués] n'ont pas été vendus parce qu'il ne s'eft trouvé perfonne qui en ait voulu aux prix qu'ils étoient eftimés & que d'ailleurs ils étoient tous affez médiocres, même ceux qui ont été vendus. M. Pafquier les avoit achetés en dupe & comme un homme qui ne s'y connoiffoit pas, à la vente que fit il y a quelques années aux Auguftins un certain M. Cottin qui eut le bonheur de vendre prodigieufement cher une quantité de petits portraits qu'il avoit recueillis & dans le nombre defquels à peine s'en trouvoit-il quelques-uns de Petitot, quoique le catalogue imprimé en eût énoncé un grand nombre. Ce fut pour lors qu'on me fit offrir du mien 1200^{tt}, prix énorme, mais qui n'eut pas cependant le pouvoir de me tenter. Auffi regardois-je mon portrait comme ce qui a été fait & ce que Petitot avoit fait de plus beau en émail. »

Page LIX, ligne 16. Mettre *parvint* au lieu de *trouva*.

Page LXII, ligne 6. Après les mots « hiftoriographe des Bâtimens du Roi, » mettre cette note : Voici le brevet de l'abbé Leblanc :

« A M. de Saint-Florentin.

« Le 9 novembre 1749. — Sa Majefté défirant, Monfieur, à l'exemple du feu Roi, faire travailler à la continuation de l'hiftoire de fes Bâtimens & de fes Académies de peinture & de fculpture & des arts qui en dépendent, a choifi & nommé M. l'abbé Leblanc pour y travailler & remplir la charge d'hiftoriographe defdits Bâtimens ainfi que l'ont fait Félibien & l'abbé Anfelme fes prédéceffeurs. Je joins ici le certificat qu'on donne de cette charge, en conformité duquel je vous fupplie de vouloir bien faire expédier le brevet. J'ai l'honneur, &c.... »

Arch. nat. O^1 1907.

Page LXIV. Ajouter à la note : Voir aussi le *Catalogue du cabinet d'histoire naturelle de Mlle C**** (Clairon), dont la vente se fera rue du Baq, près le pont Royal, dans le mois de févr. 1773. Paris, 1773, in-12 de 116 p.

Page LXV, ligne 20. Après « Janssen » mettre cette note : Voir sur lui le *Journal de Collé* (Ed. Honoré Bonhomme), t. I, p. 378. — D'Argenson, *Mémoires*, t. VI, p. 165; & sur son Jardin de Chaillot, le *Guide des amateurs & des étrangers à Paris*, de Thiéry, en 1787. — Ligne 22. Après « Ximenès » mettre cette note : Voir sur le marquis de Ximenès la *Correspondance de Grimm* à la date du 15 juin 1754. — Ligne 24. Ajouter : (*Mémoires*, t. VI, p. 337). — Ligne 27. Mettre après « Bernstorff » cette note : Voir sur lui les *Mémoires du duc de Luynes*, t. XI, p. 62 & 63.

Page LXVII. Depuis que cette page est imprimée je me suis aperçu que Stroganoff avoit tout simplement copié, sans en rien dire, un article du *Dictionnaire des Arts* de Watelet.

Page LXX. Après la note 2 ajouter : Journal du Garde-Meuble de la couronne. Arch. nat. O' 3315, f° 29 verso (15 octobre 1750), & *ibid.*, f° 35 recto (12 novembre 1750).

Page LXXIX, ligne 16. Après le mot « maîtrise » mettre cette note : « Aucun ne peut être reçu maître dans le corps de l'orfévrerie s'il n'a fait l'apprentissage de 8 ans, servi les maîtres deux autres années en qualité de compagnon, fait chef-d'œuvre & donné caution de la somme de mille livres. » (Savary, *Dictionnaire universel du commerce*.)

Page XCII, ligne 7. Sur Germain : Voir *Gazette des Beaux-Arts*, t. XI, p. 119, 120, 121, 122.

Page XCIII, ligne 15. Sur Roëttiers : Voir *Gaz. des B-A.*, t. XI, p. 131-132.

Page XCVII, ligne 8. Ajoutez : Ce Mercier se retrouve plus tard associé à Paillet dans l'exploitation de l'hôtel d'Aligre.

Ajoutez à la note 3 : Les Joullain furent marchands, de père en fils, pendant trois générations. (*Réflexions sur la peinture, la gravure*, &c..., p. 100, note.) Le membre de cette famille dont il est ici question est celui qui mourut en 1779 & dont la collection & le fonds d'estampes nous sont connus par deux catalogues : 1° *Catalogue de quelques tableaux, dessins & d'une nombreuse & belle collection d'estampes encadrées, en feuilles & en recueil provenans de la succession de M. Joullain, graveur & marchand, dont la vente se fera le lundi 17 mai 1779 & jours suivans de relevée, à l'hôtel d'Aligre, rue St-Honoré, par D. C. Buldet*. A Paris, chez Joullain, marchand de tableaux & d'estampes, quai de la Mégisserie, 1779, in-8°. — 2° *Notice des principaux articles d'estampes en feuilles & en recueils provenant du fond de commerce du feu sieur Joullain, graveur & marchand, dont la vente se fera par continuation le lundi 27 septembre 1779 & jours suivans de relevée, rue St-Honoré, à l'hôtel d'Aligre, par D. C. Buldet*. Paris, chez Joullain, marchand de tableaux & d'estampes, quai de la Mégisserie, 1779, in-12. Le fils du Joullain décédé en 1779 est ce C. F. Joullain, auteur des *Réflexions sur la peinture, la gravure*, &c., retiré à Metz en 1786. On lit dans l'Avertissement du premier des catalogues

ADDITIONS ET CORRECTIONS. 395

cités plus haut : « Depuis la vente de M. Mariette, il ne s'en eft pas fait une plus confidérable pour la quantité & le choix des eftampes que celle que nous offrons aujourd'hui aux amateurs. C'eft le fruit d'un travail de plus de cent années pendant lequel tems on n'a rien négligé pour rendre précieufe cette collection. Nous pouvons dire avec vérité que feu M. Joullain étoit connoiffeur, qu'il étoit doué d'une grande probité & qu'il jouiffoit de l'eftime générale. »

Page xcviii. Ajoutez à la note : En mourant, Ledoux laiffa une collection qu'on peut connoître par le *Catalogue d'une précieufe collection de tableaux, bronzes, marbres, porcelaines, lacques, pierres gravées & autres pierres précieufes, meubles & objets de curiofité provenans du cabinet de M. Ledoux*, dont la vente fe fera le lundi 24 avril 1775 & jours fuivans de relevée, maifon de St-Louis, rue St-Antoine, par F. C. Joullain fils, 1775, in-8º.

Page ciii, ligne 8 de la note. Après les mots : « vente anonyme, » mettre : (M. de St-Jullien).

Page cxxix, ligne 8, lifez : en 1749, au lieu de : en 1949.

Page cxxx, ligne 14. Ajouter après « Martin » : L'auteur des *Idées badines*, 1756, in-12, dit en parlant d'un cabriolet : « Jamais Neumaifons ni Martin n'ont rien fait d'approchant. »

Page clii, ligne 11. Ajouter : Voici quelles étoient les dimenfions des petits originaux. Ces dimenfions peuvent aider à faire reconnoître les peintures. « Les petits originaux des tableaux de 22 pieds ne pafferont pas 7 pieds 4 pouces pour être en proportion avec les mefures des tapifferies. Ils ne doivent avoir que 3 pieds 4 pouces de haut. Mais pour donner plus de grâce à ces tableaux on ajoutera 8 pouces. Il faudra que MM. les Académiciens faffent attention en arrêtant leurs compofitions que cette augmentation fur la hauteur fera retranchée dans la tapifferie & par conféquent dans la grande copie. Les figures qui feront fur le premier plan des petits tableaux ne doivent pas avoir plus de 2 pieds. » (Lettre de Marigny à Cochin du 28 avril 1855.) Arch. nat. O¹ 1917.

Page cliii, ligne 35. Après le mot « proteftations » mettre la note fuivante : Voir une affez habile critique de ce jury dans les *Lettres écrites de Paris à Bruxelles* fur le Salon de peinture de 1748, dans la *Revue univerfelle des arts*, p. 433-442.

Page clvii, ligne 6. Après le mot « élever » placer la note fuivante : Arch. nat. O¹ 1922, 1747, fº 138.

Page clxxxiii, ligne 15. Ajouter : Vien peignit encore en 1752 un tableau de la Vifitation pour l'églife de Crécy. (Lettre de Lépicié du 20 octobre 1752.) Arch. nat. O¹ 1918.

Page ccxxx, ligne 20. Ajouter : Il faut diftinguer le comte de Baudoin d'un autre curieux, fon homonyme, dont la vente eut lieu en 1786. Voir le *Catalogue de tableaux, deffins, eftampes encadrées & en feuilles des plus grands maîtres, des Écoles d'Italie, d'Allemagne, de Hollande, de*

Flandre & de France; miniatures, gouaches, paſtels, vaſes, buſtes, figures de marbre, bronzes, porcelaines, bijoux, meubles divers & autres objets de curioſité provenans du cabinet de feu M. Baudoin, par J. Folliot, F. Delalande & Ph. F. Julliot fils. Vente le 11 mars 1786 à l'hôtel de Bullion. Paris, in-8°.

Ligne 37. Liſez *Thiéry* au lieu de *Thierry.*

Page ccxxxi, ligne 36. Ajoutez : Cf. la deſcription de l'hôtel du comte de Beſenval donnée par Thiéry dans le *Guide des Voyageurs à Paris.*

Page ccxlvi, ligne 6. Liſez *Lundberg* pour *Luneberg.*

Page cclvi, ligne 17. Liſez *Pillement* pour *Villement.*

Page cclxi, ligne 29. Liſez *continence de Scipion* au lieu de *conſtance.*
Ligne 33. Liſez *Reſtout* au lieu de *Reſtoul.*

Page cccix, ligne 32. Après « Smith » mettre : (Georges-Frédéric Schmidt).

TOME SECOND.

Page 9, n° 85. Liſez Loison pour Loisan.

Page 34, n° 341. Liſez *orange* pour *oranger.*

Page 47, n° 476. Liſez *orange* pour *oranger.*

Page 66, n° 648. Liſez *orange* pour *oranger.*

Page 77, n° 740. Liſez *orange* pour *oranger.*

Page 70. Liſez n° 675 au lieu de 475.

Page 74. Liſez n° 717 au lieu de 777.

Page 83, n° 794. Liſez Mortemart au lieu de Mortemar.

Page 84, n° 808, dernière ligne. Liſez Duhalde pour Duhal.

Page 92, n° 882, onzième ligne. Liſez & ponctuez ainſi : Une lanterne de glace à cinq pans, à treillage vernis ; les montans & feuillages dorés d'or moulu, garnis de fleurs de Vincennes.

Page 99, n° 922. Liſez *faite* pour *fait.*

Page 102, n° 948, ſixième ligne. Liſez *reportés* pour *reporté.*

Page 154, n° 1380. Liſez *girandoles* pour *gondoles.*

Page 166, n° 1482, dix-huitième ligne. Liſez *tri* au lieu de *trio.*

Page 174. Supprimez la note.

Page 217, n° 1903, dernière ligne. Liſez *fleurs* au lieu de *fleur.*

Page 271, treizième ligne de la note. Liſez *comment* au lieu de *commnte.*

ADDITIONS ET CORRECTIONS.

Page 289-290. A la note qui se trouve au bas des pages 289 & 290, il faut ajouter les renseignemens suivans sur ce petit meuble du Baradelle & sur son inventeur. On lit dans le *Catalogue d'Angran de Fonspertuis*, par Gersaint, p. 12 :

« N° 35. Une écritoire de poche garnie d'un encrier, d'un poudrier, d'un demi-pied, d'un compas, d'un porte-crayon & de deux plumes, le tout d'argent 36lt

« N° 36. Une autre écritoire portative aussi d'argent & renfermée dans son étui, appelée communément un *baradelle* 15lt 15s

« On donne le nom de baradelle à cette sorte d'écritoire, parce que l'ouvrier qui l'a imaginée se nomme ainsi & son nom en caractérise la forme. »

On lit également dans les *Tablettes royales de correspondance* (Paris, 1785, in-8°) :

« Instrumens de physique, de mathématique & d'optique : Baradelle l'aîné, quai de l'Horloge, au Palais, n° 35, ingénieur breveté du Roi. — Baradelle le jeune, rue du Coq St-Honoré. »

On lit encore dans les *Idées badines*, 1756, in-12 :

« De tous les bijoux de poche, une écritoire de poche est sans contredit le plus utile.... Oronoc lui glisse son baradel (espèce de cornet à encre inventé par Baradel). »

On voit que, à tort ou à raison, le nom de Baradelle resta au petit meuble de poche que nous avons décrit. Mais l'invention de cet ustensile fut contestée à ce marchand.

En 1728, Baradelle fit insérer dans le *Mercure de France*, p. 2696, la note suivante : « Le sieur Baradelle, fabricateur d'instrumens de mathématique qui travaille pour l'Observatoire, demeurant quay de l'Horloge du Palais, a fait un encrier qui a un grand débit par son extrême utilité, surtout pour les voyageurs. L'encre s'y conserve plus d'un an sans se gâter n'y s'épaissir, dans quelque situation qu'il se trouve, étant bouché de manière que l'encre ne sçauroit se répandre. Ce qui est très-commode pour la campagne & pour le cabinet. » Le *Journal de Trévoux* (1729, p. 569) avoit reçu également une réclame conçue dans des termes à peu près identiques, se terminant par l'adresse du fabricant : « Il demeure vis-à-vis le grand degré de la rivière, attenant la porte Lamoignon, sur le quai de l'Horloge du Palais, à l'enseigne de l'Observatoire. »

Cette double annonce éveilla l'attention d'un concurrent, peut-être la jalousie d'un confrère, & le *Mercure* de mai 1729, p. 983, contenait la note suivante : « C'est lui (le sieur Lefebvre) qui a inventé une petite écritoire de poche d'environ un pouce & demi en quarré long, où il y a deux plumes du même métal que l'on veut l'écritoire, & cinq ou six plumes naturelles, un compas, un porte-crayon, une mesure de deux pouces & un canif. Le cornet de cette écritoire tient l'encre liquide & sans coton, sans fuïr. Ce fut en l'année 1710 qu'il fit la première pour M. le duc du Maine. Il avoit déjà inventé le cornet, qui est propre aux grandes écritoires de cabinet, qui conserve l'encre plusieurs années sans s'épaissir, se fermant exactement & empêchant l'air d'y entrer. Cependant le sieur Baradelle, de la même profession, s'est avisé d'annoncer ledit cornet comme nouveau & de son génie, dans le *Mercure* du mois de décembre 1728 & dans le *Journal de Trévoux*. — Le fils dudit sieur Lefebvre, aussi ingénieur pour les mêmes instrumens, qui a été élève & instruit par son père dans la fabrication desdits ouvrages, les fait & vend, dans la même boutique, quay des Morfondus, aux Deux Globes. "

Le débat sur une aussi importante question ne fut pas clos par cette réponse. Baradelle riposta, je ne sais où, que ni lui ni Lefebvre n'avoient inventé le fameux encrier, mais que la découverte appartenoit à un certain Père Sébastien. Le *Mercure de France*, en septembre 1729, p. 2244, prêta encore fort gravement sa publicité à la réfutation des allégations de Baradelle. On y lit notamment ce passage : « S'il ne faut que le témoignage de M. Deshugères, exempt des Cent-Suisses du Roi, il est tout prêt de certifier que feu M. son père en est vraiment l'inventeur (de l'encrier); il fut même l'occasion de la découverte des petites écritoires dont S. A. Mgr le duc du Maine a eu la première. Le sieur Baradelle voulant enlever à feu M. Lefebvre, l'invention des encriers, en les attribuant au P. Sébastien, prétend avoir enchéri sur cette invention en changeant la forme extérieure du cornet. On est étonné qu'il ose se faire un mérite de cette prétendue correction ; il devroit même convenir que la principale partie de ce cornet, qui est la fermeture & qui en fait tout le mérite, peut s'appliquer sur toutes sortes de figures extérieures. Le sieur Lefebvre en fait même actuellement de ronds, de quarrés, d'octogones & d'oblongs, toutes figures arbitraires suivant le goût de ceux qui les lui demandent. »

Les diverses formes de l'encrier de poche bien connues maintenant nous n'insisterons pas davantage sur cette futile contestation.

Page 290, neuvième & dixième lignes de la note. Lisez *fabricant* au lieu de *fabriquant*.

Page 320, n° 2807, seizième ligne. Lisez *fromagers* au lieu de *fromages*.

Page 340, n° 2949. Lisez *M. le marquis de* MARIGNY au lieu de *Mme la marquise de* MARIGNY.

Page 340, première ligne de la note. Lisez *annexée* au lieu de *annexe*.

Page 347, n° 3020, troisième ligne. Lisez *avec perte & gain* au lieu de *avec port & gain*.

Page 364, n° 3142, deuxième ligne. Lisez *oiseaux* au lieu de *oiseux*.

Page 375. Lisez n° 3231 au lieu de 2231.

Page 381, n° 3285. Lisez *Lautrec* au lieu de *Lautrep*.

Page 384, n° 3319. Lisez *de Caze* au lieu de *Caze*, & *dorée* au lieu de *doré*.

TABLE DES MATIÈRES

DU SECOND VOLUME.

Avertissement................................. Pages 1 & 11

Livre-Journal de Duvaux.

Ire PARTIE, formée par le premier volume du manufcrit du *Livre-Journal de Duvaux*, allant du 16 feptembre 1748 au 1er janvier 1755... 1 à 230

IIe PARTIE, formée par le fecond volume du manufcrit du *Livre-Journal de Duvaux*, allant du 1er janvier 1755 au 20 mars 1762.. 230 à 390

ADDITIONS ET CORRECTIONS des tomes I & II........ 391 à 398

PARIS. — TYPOGRAPHIE LAHURE
Rue de Fleurus, 9